Der Java-Profi: Persistenzlösungen und REST-Services

D1672210

Dipl.-Inform. Michael Inden ist Oracle-zertifizierter Java-Entwickler für JDK 6. Nach seinem Studium in Oldenburg war er lange Zeit als Softwareentwickler und -architekt bei verschiedenen internationalen Firmen tätig.

Dabei hat er über 15 Jahre Erfahrung beim Entwurf objektorientierter Softwaresysteme gesammelt, an diversen Fortbildungen und an mehreren Java-One-Konferenzen in San Francisco teilgenommen. Sein besonderes Interesse gilt dem Design qualitativ hochwertiger Applikationen mit ergonomischen, grafischen Oberflächen sowie dem Coaching von Kollegen.

Michael Inden

Der Java-Profi: Persistenzlösungen und REST-Services

Datenaustauschformate, Datenbankentwicklung und verteilte Anwendungen

dpunkt.verlag

Michael Inden
michael_inden@hotmail.com

Lektorat: Dr. Michael Barabas
Fachgutachter: Torsten Horn
Copy-Editing: Ursula Zimpfer, Herrenberg
Satz: Michael Inden
Herstellung: Susanne Bröckelmann
Umschlaggestaltung: Helmut Kraus, www.exclam.de
Druck und Bindung: M.P. Media-Print Informationstechnologie GmbH, 33100 Paderborn

Bibliografische Information der Deutschen Nationalbibliothek
Die Deutsche Nationalbibliothek verzeichnet diese Publikation in der Deutschen Nationalbibliografie;
detaillierte bibliografische Daten sind im Internet über http://dnb.d-nb.de abrufbar.

ISBN:
Print   978-3-86490-374-8
PDF   978-3-86491-960-2
ePub   978-3-86491-961-9
mobi   978-3-86491-962-6

1. Auflage 2016
Copyright © 2016 dpunkt.verlag GmbH
Wieblinger Weg 17
69123 Heidelberg

5 4 3 2 1 0

Inhaltsverzeichnis

Vorwort

Zunächst einmal bedanke ich mich bei Ihnen, dass Sie sich für dieses Buch entschieden haben. Hierin finden Sie Informationen zu den Datenaustauschformaten XML und JSON sowie zum Zugriff auf Datenbanken mit JDBC und JPA als auch auf MongoDB. Darüber hinaus werden RESTful Webservices mit JAX-RS und Jersey behandelt. Diese für Unternehmensanwendungen wichtigen Themen möchte ich Ihnen anhand von praxisnahen Beispielen näherbringen. Dabei kommen die vielfältigen Neuerungen aus JDK 8 zum Einsatz, um die Beispiele prägnanter zu machen. Für einen fundierten Einstieg in Java 8 möchte ich Sie auf meine Bücher »Java 8 – Die Neuerungen« [9] oder alternativ »Der Weg zum Java-Profi« [8] verweisen. Beide können ergänzend, aber auch unabhängig von diesem Buch gelesen werden.

Motivation

Wenn Sie bereits komplexe Java-Applikationen für den Desktop-Bereich schreiben und sich vertraut mit der Sprache Java fühlen, dann sind Sie schon recht gut für das Berufsleben gerüstet. Allerdings kommen Sie dort früher oder später mit Datenbanken, dem Informationsaustausch basierend auf XML oder JSON und vermutlich auch verteilten Applikationen in Berührung. Darunter versteht man Programme, die auf mehreren JVMs (und gewöhnlich somit auf mehreren Rechnern) ausgeführt werden. Um zusammenzuarbeiten, müssen diese miteinander kommunizieren, wodurch ganz neue Herausforderungen, aber auch Möglichkeiten entstehen.

Vielleicht haben Sie sich bisher auf den Desktop-Bereich konzentriert und wollen nun per JDBC oder JPA mit einer Datenbank kommunizieren. Dann erhalten Sie in diesem Buch eine fundierte Einführung in die Persistenz mit Java, SQL, JDBC und JPA. Oftmals benötigen Sie aber weiteres Know-how, da die Programmanwender zunehmend anspruchsvoller werden: Neben einer gut bedienbaren Benutzeroberfläche kommt für viele Applikationen der Wunsch auf, deren Funktionalität – zumindest teilweise – auch im Netzwerk bereitzustellen. Dazu existieren vielfältige Technologien. In diesem Buch wollen wir uns auf die populären RESTful Webservices konzentrieren und mit der Programmierung einer sogenannten Client-Server-Applikation beschäftigen.

Wie Sie sehen, sind Unternehmensanwendungen ein spannendes, aber auch weitreichendes Feld, was deutlich mehr Anforderungen als reine Java-SE-Anwendungen an den Entwickler stellt. Dieses Buch gibt Ihnen einen fundierten Einstieg. Wie schon bei meinem Buch »Der Weg zum Java-Profi« war es auch diesmal mein Ziel, ein Buch zu schreiben, wie ich es mir selbst immer als Hilfe gewünscht habe, um mich auf die Herausforderungen und Aufgaben im Berufsleben vorzubereiten.

Wer sollte dieses Buch lesen?

Dieses Buch ist kein Buch für Programmierneulinge, sondern richtet sich an all diejenigen Leser, die solides Java-Know-how besitzen und ihren Horizont auf die interessante Welt der Unternehmensanwendungen erweitern wollen. Dazu werden die dafür benötigten Themen Datenaustauschformate (XML, JSON) sowie Datenbankentwicklung (RDBMS, SQL, JDBC, JPA und auch NoSQL-DBs mit MongoDB) sowie die Kommunikation in verteilten Applikationen mit REST-Webservices (JAX-RS) vorgestellt.

Dieses Buch richtet sich im Speziellen an zwei Zielgruppen:

1. Zum einen sind dies engagierte Hobbyprogrammierer, Informatikstudenten und Berufseinsteiger, die Java als Sprache beherrschen und nun neugierig auf die zuvor genannten Themen sind.
2. Zum anderen ist das Buch für erfahrene Softwareentwickler und -architekten gedacht, die ihr Wissen ergänzen oder auffrischen wollen.

Was soll mithilfe dieses Buchs gelernt werden?

Dieses Buch zeigt und erklärt einige wesentliche Themen, die bei der Realisierung von Unternehmensapplikationen von Bedeutung sind. Sollte ein Thema bei Ihnen besonderes Interesse wecken und Sie weitere Informationen wünschen, so finden sich in den meisten Kapiteln Hinweise auf weiterführende Literatur.

Zwar ist Literaturstudium hilfreich, aber nur durch Übung und Einsatz in der Praxis können wir unsere Fähigkeiten signifikant verbessern. Deshalb ermuntere ich Sie, die gezeigten Beispiele (zumindest teilweise) durchzuarbeiten. Manchmal werde ich bei der Lösung eines Problems bewusst zunächst einen Irrweg einschlagen, um anhand der anschließend vorgestellten Korrektur die Vorteile deutlicher herauszustellen. Mit dieser Darstellungsweise hoffe ich, Ihnen mögliche Fallstricke und Lösungen aufzeigen zu können.

Des Weiteren lege ich Wert darauf, auch den kleinen, scheinbar nicht ganz so wichtigen Dingen ausreichend Beachtung zu schenken. Zum Beispiel ist es von großem Nutzen, wenn Klassen, Methoden, Attribute usw. einen sinnvollen Namen tragen.

Auch auf der Ebene des Designs lässt sich einiges falsch machen. Die Komplexität in der zu modellierenden Fachlichkeit dient häufig als Ausrede für konfuse und verwirrende Lösungen. Beim professionellen Entwickeln sollte man aber viel Wert auf klares Design legen. Grundsätzlich sollte alles möglichst einfach und vor allem gut verständlich gehalten werden, sodass eine ausgereifte und wartbare Lösung entsteht.

Sourcecode und ausführbare Programme

Da der Fokus des Buchs auf dem praktischen Nutzen und der Vorbereitung auf das Berufsleben bzw. dessen besserer Meisterung liegt, werden praxisnahe Beispiele vorgestellt. Um den Rahmen des Buchs nicht zu sprengen, stellen die Listings häufig nur Ausschnitte aus lauffähigen Programmen dar – zum besseren Verständnis sind wichtige Passagen dort mitunter fett hervorgehoben. Die in den Listings abgebildeten Sourcecode-Fragmente stehen als kompilierbare und lauffähige Programme (Gradle-Tasks) auf der Webseite zu diesem Buch `www.dpunkt.de/java-persistenz` zum Download bereit. Der Programmname bzw. der Name des ausführbaren Gradle-Tasks wird in Kapitälchenschrift, etwa FIRSTSAXEXAMPLE, angegeben.

Neben dem Sourcecode befindet sich auf der Webseite ein Eclipse-Projekt, über das sich alle Programme ausführen lassen. Idealerweise nutzen Sie dazu Eclipse 4.5 oder neuer, weil diese Version der IDE bereits Java 8 unterstützt und die Beispiele dieses Buchs immer wieder auch Funktionalitäten aus JDK 8 nutzen.

Neben dem Eclipse-Projekt wird eine Datei `build.gradle` mitgeliefert, die den Ablauf des Builds für Gradle beschreibt. Dieses Build-Tool besitzt viele Vorzüge wie die kompakte und gut lesbare Notation und vereinfacht die Verwaltung von Abhängigkeiten enorm. Gradle wird im Anhang A einführend beschrieben. Als Grundlage für spätere Ergänzungen dient folgende Datei `build.gradle`, die JUnit als Abhängigkeit definiert und trotz der Kürze schon ein vollständiges Release als `jar`-Datei namens `java-profi-db-rest.jar` erzeugt:

```
apply plugin: 'java'
apply plugin: 'eclipse'

sourceCompatibility=1.8

// create special jar containing the starter app
jar
{
    baseName = "java-profi-db-rest"

    manifest
    {
        attributes ( "Main-Class" : "de.inden.starter.ApplicationStarter" )
    }
}

repositories
{
    mavenCentral()
}

dependencies
{
    testCompile 'junit:junit:4.11'

    // Weitere Abhängigkeiten hier eintragen
}
```

Aufbau dieses Buchs

Nachdem Sie nun einen groben Überblick über den Inhalt dieses Buchs haben, möchte ich die Themen der einzelnen Kapitel kurz vorstellen.

Kapitel 1 – Einstieg in XML und JSON   Weil proprietäre Formate beim Datenaustausch oftmals Probleme bereiten, spielt in heutigen Applikationen die standardisierte Darstellung von Daten eine immer größere Rolle. Kapitel 1 stellt die Datenaustauschformate XML und JSON vor, die die Interoperabilität zwischen verschiedenen Programmen erleichtern und sogar einen Austausch erlauben, wenn diese Programme in unterschiedlichen Programmiersprachen erstellt wurden.

Kapitel 2 – Einführung in Persistenz und relationale Datenbanken   Dieses Kapitel stellt wichtige Grundlagen zu Datenbanken und zu SQL vor. Insbesondere wird auch auf Möglichkeiten der Transformation von Objekten in entsprechende Repräsentationen in Datenbanken eingegangen. Dabei wird vor allem auch der sogenannte Impedance Mismatch, die Schwierigkeiten bei der Abbildung von Objekten auf Tabellen einer Datenbank, thematisiert.

Kapitel 3 – Persistenz mit JDBC   Wie man mit Java-Bordmitteln auf Datenbanken zugreifen kann, ist Thema von Kapitel 3. Zunächst betrachten wir JDBC als Basistechnologie und erstellen verschiedene Beispielapplikationen bis hin zum Mapping von Objekten in die Datenbank, dem sogenannten ORM (Object-Relational Mapping).

Kapitel 4 – Persistenz mit JPA   Das JPA (Java Persistence API) stellt eine Alternative zu JDBC dar und erleichtert die Realisierung von Persistenzlösungen mit Java, insbesondere das ORM. In Kapitel 4 werden zunächst Grundlagen besprochen und dann gezeigt, wie sich selbst komplexere Objektgraphen mithilfe von JPA persistieren lassen.

Kapitel 5 – NoSQL-Datenbanken am Beispiel von MongoDB   Neben relationalen Datenbanken gewinnen NoSQL-Datenbanken immer mehr an Bedeutung. Ein Vertreter ist MongoDB, das in Kapitel 5 behandelt wird. Neben einer Einführung in die Theorie und ersten Experimenten mit der Mongo Console schauen wir uns die Verarbeitung mit Java, im Speziellen unter Zuhilfenahme von Spring Data MongoDB, an.

Kapitel 6 – REST-Services mit JAX-RS und Jersey   Kapitel 6 stellt RESTful Webservices vor, die seit geraumer Zeit im praktischen Alltag immer wichtiger werden: Viele Systeme binden die Funktionalität anderer Systeme basierend auf REST ein. Nach einer Einführung in die Thematik zeige ich einige Varianten, wie sich die Funktionalität eigener Applikationen als RESTful Webservice bereitstellen lassen.

Kapitel 7 – Entwurf einer Beispielapplikation   Den Abschluss des Hauptteils dieses Buchs bildet ein Kapitel, in dem eine Beispielapplikation entwickelt wird, die eine Vielzahl der zuvor im Buch vorgestellten Technologien einsetzt. Wir folgen einer iterativ inkrementellen Vorgehensweise und sehen dabei, wie man Erweiterungen schrittweise geschickt in bestehende Applikationen integrieren kann.

Anhang A – Einführung Gradle   Anhang A liefert eine Einführung in das Build-Tool Gradle, mit dem die Beispiele dieses Buchs übersetzt wurden. Mit dem vermittelten Wissen können Sie dann auch kleinere eigene Projekte mit einem Build-System ausstatten.

Anhang B – Einführung Client-Server und HTTP   Im Anhang B erhalten Sie einen Einstieg in die Client-Server-Kommunikation und HTTP, weil beides für verteilte Applikationen und REST-Services von zentraler Bedeutung ist.

Anhang C – Grundlagenwissen HTML   HTML und XML sind wichtige Standards, deren Kenntnis einem Java-Entwickler immer mal wieder nützlich sein kann. In diesem Anhang werden verschiedene Grundlagen zu HTML so weit vorgestellt, wie diese für das Verständnis einiger Beispiele aus diesem Buch notwendig sind.

Anhang D – Grundlagenwissen JavaScript   Das in Kapitel 7 entwickelte Abschlussbeispiel verwendet mitunter etwas JavaScript, um ein interaktives Web-GUI mit Zugriffen auf REST-Services zu erstellen. Die dazu benötigten Grundlagen zur Sprache JavaScript werden in diesem Anhang behandelt.

Konventionen

Verwendete Zeichensätze

In diesem Buch gelten folgende Konventionen bezüglich der Schriftart: Neben der vorliegenden Schriftart werden wichtige Textpassagen *kursiv* oder ***kursiv und fett*** markiert. Englische Fachbegriffe werden eingedeutscht großgeschrieben, etwa Event Handling. Zusammensetzungen aus englischen und deutschen (oder eingedeutschten) Begriffen werden mit Bindestrich verbunden, z. B. Plugin-Manager. Namen von Programmen und Entwurfsmustern werden in KAPITÄLCHEN geschrieben. Listings mit Sourcecode sind in der Schrift `courier` gesetzt, um zu verdeutlichen, dass dies einen Ausschnitt aus einem Java-Programm darstellt. Auch im normalen Text wird für Klassen, Methoden, Konstanten und Parameter diese Schriftart genutzt.

Verwendete Klassen aus dem JDK

Werden Klassen des JDKs erstmalig im Text erwähnt, so wird deren voll qualifizierter Name, d. h. inklusive der Package-Struktur, angegeben: Die Klasse String würde dann einmal als java.lang.String notiert – alle weiteren Nennungen erfolgen dann ohne Angabe des Package-Namens. Diese Regelung erleichtert initial die Orientierung und ein Auffinden im JDK und zudem wird der nachfolgende Text nicht zu sehr aufgebläht. Die voll qualifizierte Angabe hilft insbesondere, da in den Listings eher selten import-Anweisungen abgebildet werden.

Im Text beschriebene Methodenaufrufe enthalten in der Regel die Typen der Übergabeparameter, etwa substring(int, int). Sind die Parameter in einem Kontext nicht entscheidend, wird mitunter auf deren Angabe aus Gründen der besseren Lesbarkeit verzichtet – das gilt ganz besonders für Methoden mit generischen Parametern.

Klassen- und Tabellennamen

Zur besseren Unterscheidbarkeit von Objekt- und Datenbankwelt werde ich für dieses Buch als Konvention deutsche Tabellen- und Spaltennamen verwenden. Zudem werden Tabellen im Plural benannt, z. B. Personen. Beides hilft, die in Englisch gehaltene Objektwelt leichter von der in Deutsch repräsentierten Datenbankwelt abzugrenzen.

Verwendete Abkürzungen

Im Buch verwende ich die in der nachfolgenden Tabelle aufgelisteten Abkürzungen. Weitere Abkürzungen werden im laufenden Text in Klammern nach ihrer ersten Definition aufgeführt und anschließend bei Bedarf genutzt.

Abkürzung	Bedeutung
API	Application Programming Interface
ASCII	American Standard Code for Information Interchange
DB	Datenbank
(G)UI	(Graphical) User Interface
IDE	Integrated Development Environment
JDBC	Java Database Connectivity
JDK	Java Development Kit
JLS	Java Language Specification
JPA	Java Persistence API
JRE	Java Runtime Environment
JSON	JavaScript Object Notation
JVM	Java Virtual Machine
XML	eXtensible Markup Language

Tipps und Hinweise aus der Praxis

Dieses Buch ist mit diversen Praxistipps gespickt. In diesen werden interessante Hintergrundinformationen präsentiert oder es wird auf Fallstricke hingewiesen.

Tipp: Praxistipp

In derart formatierten Kästen finden sich im späteren Verlauf des Buchs immer wieder einige wissenswerte Tipps und ergänzende Hinweise zum eigentlichen Text.

Danksagung

Ein Fachbuch zu schreiben ist eine schöne, aber arbeitsreiche und langwierige Aufgabe. Alleine kann man eine solche Aufgabe kaum bewältigen. Daher möchte ich mich an dieser Stelle bei allen bedanken, die direkt oder indirekt zum Gelingen des Buchs beigetragen haben. Insbesondere konnte ich bei der Erstellung des Manuskripts auf ein starkes Team an Korrekturlesern zurückgreifen. Es ist hilfreich, von den unterschiedlichen Sichtweisen und Erfahrungen profitieren zu dürfen.

Zunächst einmal möchte ich mich bei Michael Kulla, der als Trainer für Java SE und Java EE bekannt ist, für sein Review vieler Kapitel und die fundierten Anmerkungen bedanken. Auch Tobias Trelle als MongoDB-Experte hat sein Know-how in das Kapitel zu NoSQL-Datenbanken eingebracht. Vielen Dank!

Merten Driemeyer, Dr. Clemens Gugenberger und Prof. Dr. Carsten Kern haben mit verschiedenen hilfreichen Anmerkungen zu einer Verbesserung beigetragen. Zudem hat Ralph Willenborg mal wieder ganz genau gelesen und so diverse Tippfehler gefunden. Vielen Dank dafür! Ein ganz besonderer Dank geht an Andreas Schöneck für die schnellen Rückmeldungen auch zu später Stunde mit wertvollen Hinweisen und Anregungen.

Schließlich möchte ich verschiedenen Kollegen meines Arbeitgebers Zühlke Engineering AG danken: Jeton Memeti, Joachim Prinzbach, Marius Reusch, Dr. Christoph Schmitz, Dr. Hendrik Schöneberg und Dr. Michael Springmann. Sie trugen durch ihre Kommentare zur Klarheit und Präzisierung bei.

Ebenso geht ein Dankeschön an das Team des dpunkt.verlags (Dr. Michael Barabas, Martin Wohlrab, Miriam Metsch und Birgit Bäuerlein) für die tolle Zusammenarbeit. Außerdem möchte ich mich bei Torsten Horn für die fundierte fachliche Durchsicht sowie bei Ursula Zimpfer für ihre Adleraugen beim Copy-Editing bedanken.

Abschließend geht ein lieber Dank an meine Frau Lilija für ihr Verständnis und die Unterstützung. Glücklicherweise musste sie beim Entstehen dieses Erweiterungsbandes einen weit weniger gestressten Autor ertragen, als dies früher bei der Erstellung meines Buchs »Der Weg zum Java-Profi« der Fall war.

Anregungen und Kritik

Trotz großer Sorgfalt und mehrfachen Korrekturlesens lassen sich missverständliche Formulierungen oder sogar Fehler leider nicht vollständig ausschließen. Falls Ihnen etwas Derartiges auffällt, so zögern Sie bitte nicht, mir dies mitzuteilen. Gerne nehme ich auch sonstige Anregungen oder Verbesserungsvorschläge entgegen. Kontaktieren Sie mich bitte per Mail unter:

```
michael_inden@hotmail.com
```

Zürich und Aachen, im April 2016
Michael Inden

1 Einstieg in XML und JSON

Oftmals müssen Programme gewisse Daten speichern oder untereinander austauschen. Dazu gibt es verschiedene Möglichkeiten. Während früher oft proprietäre Formate verwendet wurden, hat sich dies mittlerweile geändert. Vielfach setzt man nun auf Standards wie *XML* (*eXtensible Markup Language*) und neuerdings auch *JSON* (*JavaScript Object Notation*). Um dem Trend nach Standardisierung Rechnung zu tragen, beschäftigt sich dieses Kapitel mit der Verarbeitung von Dokumenten. Wir schauen auf XML und JSON und welche Vorzüge man durch deren Einsatz erzielt.

Zunächst einmal ist erwähnenswert, dass XML eine strukturierte, standardisierte und doch flexible Art der Darstellung und Verarbeitung von Informationen erlaubt. Hilfreich ist dabei vor allem, dass die Daten und die strukturierenden Elemente (nahezu) frei wählbar sind. Dabei werden spezielle Zeichenfolgen, sogenanntes Markup, verwendet. Man spricht bei XML deshalb auch von einer sogenannten *Auszeichnungssprache* (Markup Language). Ähnlich wie Sie es vielleicht von HTML kennen, existieren auch in XML spezielle Zeichenfolgen, die eine steuernde oder besondere Bedeutung tragen. Das erlaubt es, Daten nahezu selbstbeschreibend darzustellen.

XML spielt auch beim Datenaustausch zwischen Programmkomponenten oder Systemen eine wichtige Rolle. Das liegt insbesondere an der einfach zu verarbeitenden Darstellung als textbasiertes Format, das sich zudem problemlos über das Netzwerk übertragen lässt. Für die Auswertung gibt es vom W3C (World Wide Web Consortium) verschiedene Varianten, die eine Vielzahl an Frameworks hervorgebracht haben, sodass eine Verarbeitung von XML in gebräuchlichen Programmiersprachen sowie der Austausch zwischen unterschiedlichen Systemen und Programmen einfach möglich wird.

Nach dieser Motivation möchte ich Ihnen kurz darlegen, was dieses Kapitel beinhaltet. Zu Beginn gebe ich eine kurze Einführung in XML, um für diejenigen Leser, für die dieses Thema neu ist, eine gemeinsame Basis mit bereits erfahreneren Kollegen zu schaffen. Dabei lernen wir einige Grundbausteine eines XML-Dokuments kennen. Anschließend gehe ich kurz auf Möglichkeiten zur semantischen Beschreibung mithilfe von DTDs (Document Type Definition) sowie XSDs (XML Schema Definition) ein. Mit diesem Grundwissen wenden wir uns der Verarbeitung von XML mit verschiedenen Java-APIs zu. Wir betrachten SAX (Simple API for XML) und DOM (Document Object Model) sowie StAX (Streaming API for XML). Zum Auswerten von XML-basierten Daten werfen wir abschließend einen Blick auf XPath und XSLT (eXtensible Stylesheet Language Transformations). Außerdem betrachten wir noch JAXB (Java Architecture for XML Binding) und abschließend JSON.

1.1 Basiswissen XML

Sowohl HTML als auch XML sind textuelle Repräsentationen von Daten. Während in HTML eine vordefinierte Menge an Auszeichnungselementen, sogenannten ***Tags***, etwa `body`, `head`, `ol` und `table` existiert, sind im Gegensatz dazu die Tags in XML nicht fest vorgegeben, sondern frei wählbar. Dies ermöglicht eine flexible Beschreibung und Strukturierung der Daten.

Weil sich Erklärungen anhand eines konkreten Beispiels in der Regel leichter nachvollziehen lassen, werfen wir einen Blick auf ein einfaches XML-Dokument, das eine Menge von Personen wie folgt modelliert:

```
<?xml version="1.0" encoding="ISO-8859-1" ?>
<!-- Dies ist ein Kommentar: Die erste Zeile ist der Prolog -->

<!-- Hier folgen nun die eigentlichen Daten -->
<Personen>
    <Person vorname="Michael" name="Inden" alter="44"></Person>
    <Person vorname="Hans" name="Meyer" alter="32"></Person>

    <!-- Kurzschreibweise für leere Elemente / leer. d. h. keine Subelemente -->
    <Person vorname="Peter" name="Muster" alter="55" />
</Personen>
```

An diesem Beispiel erkennt man verschiedene Dinge: XML-Dokumente speichern ihre Daten in sogenannten ***Elementen***, die ineinander geschachtelt sein können. Das alle anderen umschließende Element nennt sich ***Wurzelelement***. Im Beispiel gibt es drei Subelemente `Person` unter dem Wurzelelement `Personen`. Es wäre aber auch problemlos möglich, weitere Hierarchieebenen – etwa eine Adresse unterhalb eines `Person`-Elements – wie folgt einzufügen:

```
<Person vorname="Hans" name="Meyer" alter="32">
    <!-- Verschachtelte Subelemente -->
    <Adresse>
        <Stadt PLZ="24106">Kiel</Stadt>
    </Adresse>
</Person>
```

Ergänzend zu den textuellen Angaben von Werten innerhalb von Elementen sowie durch deren Verschachtelung können Informationen in sogenannten ***Attributen*** hinterlegt werden, wie dies für die Attribute `vorname`, `name` und `alter` des Elements `Person` gezeigt ist. Zudem können XML-Dokumente auch ***Kommentare*** enthalten, die mit der Zeichenfolge `<!--` eingeleitet und mit `-->` abgeschlossen werden.

Schaut man auf das gezeigte XML-Dokument, so erkennt man, dass jedes Element eine Start- und Endmarkierung, ***Start-*** und ***End-Tag*** genannt, besitzt. Ebenso wie bei HTML werden diese Tags in spitzen Klammern notiert. Gewöhnlich treten öffnendes und schließendes Tag paarweise auf, also in der Notation `<Person> ... </Person>`. Die dritte Angabe einer Person zeigt eine Kurzschreibweise, bei der das Element durch die Notation `/>` abgeschlossen werden kann, sofern in dem Element keine Subelemente vorhanden sind.

Wohlgeformte und valide XML-Dokumente

Ergänzend zu diesen ersten syntaktischen, wenig formalen Regeln sollten XML-Dokumente zwei Anforderungen erfüllen: Sie sollten **wohlgeformt** und *valide* sein. Wohlgeformt bedeutet, dass alle vom XML-Standard geforderten, später ausführlicher genannten Regeln zur Syntax eingehalten werden – etwa dass Elemente ein korrespondierendes Start- und End-Tag besitzen. Neben diesen syntaktischen Anforderungen können auch semantische Anforderungen an ein XML-Dokument aufgestellt werden, unter anderem, welche Tags gültige Elemente darstellen und wie diese miteinander kombiniert werden dürfen. Erfüllt ein XML-Dokument diese Regeln ebenfalls, so ist es nicht nur wohlgeformt, sondern im Hinblick auf diese Anforderungen auch valide.

Abgrenzung von XML zu anderen Formaten

Neben XML sind weitere Formen der Datenspeicherung bzw. -repräsentation denkbar, etwa die in Java integrierte Serialisierung oder eine Repräsentation als Comma Separated Values (CSV) bzw. das immer populärer werdende JSON. Zudem gibt es alternativ auch immer noch proprietäre Formate.

Welche Argumente sprechen für den Einsatz von XML, welche dagegen? Jedes Format besitzt seine spezifischen Stärken und Schwächen. Die Verständlichkeit und die Interoperabilität leiden bei proprietären Formaten – insbesondere weil diese nicht immer voll umfänglich dokumentiert sind. Gerade bei der Kommunikation zwischen verschiedenen Rechnern mit gegebenenfalls unterschiedlichen Betriebssystemen spielen Dinge wie die Byte-Reihenfolge (Big vs. Little Endian) sowie Zeichensatzcodierungen und verschiedene Zeilenumbruchzeichenfolgen (\r\n oder nur \n) eine Rolle. Diese Feinheiten erschweren den Datenaustausch und machen ihn recht fehleranfällig. Ähnliche Probleme bergen auch binäre Formate, mit denen sich beispielsweise die Inspektion und Modifikation von Daten schwieriger gestalten. Diese Negativpunkte gelten eingeschränkt auch für die in Java integrierte Serialisierung. Wenn eine menschenlesbare Darstellung gewünscht ist, kann man CSV nutzen, das sich vor allem für Listen von Daten eignet, sich gut in Excel importieren und dort verarbeiten lässt. Eine Schwäche von CSV ist aber, dass damit hierarchische Strukturen nur umständlich abbildbar sind. Darüber hinaus lassen sich Metainformationen – wie z. B. die Informationen über die Bedeutung der einzelnen Daten – mithilfe von CSV nur mühsam transportieren. Als Abhilfe sieht man manchmal, dass die erste Zeile als eine Art Kommentar ausgelegt ist und dort die Spalten statt den Nutzinhalt die Bedeutung der Daten bzw. Attributnamen enthalten, etwa wie folgt:

```
Vorname,   Name,          Wohnort
Michael,   Inden,         Zürich
Clemens,   Gugenberger,   Aachen
Carsten,   Kern,          Düren
...
```

Zwar ist diese Art der Dokumentation für uns als Menschen hilfreich, jedoch kann dies die Verarbeitung mit Programmen erschweren, da hier wieder spezielle Prüfungen erfolgen müssen und Sonderfälle zu behandeln sind.

Nach diesem kurzen Ausflug zu CSV kommen wir wieder zu XML. Es ist sicherlich keine eierlegende Wollmilchsau, jedoch besitzt es gegenüber anderen Formaten unter anderem folgende positive Eigenschaften:

- **Einfache Handhabung** – Aufgrund der Darstellung als simples Textdokument ist die maschinelle Verarbeitung von XML relativ einfach. Zudem können – sofern nötig – mithilfe eines Texteditors Änderungen vorgenommen werden.
- **Robustheit** – Informationen lassen sich in XML leicht extrahieren und korrekt zuordnen, während bei CSV Angaben versehentlich aufgrund der falschen Position verwechselt werden können. In XML spielt oftmals die Reihenfolge der Angabe von Elementen keine wesentliche Rolle, da sich aufgrund des Elementnamens die Daten problemlos zuordnen lassen.
- **Einfache Repräsentation** – In XML lassen sich Daten gut strukturieren und im Gegensatz zu HTML findet keine Vermischung mit Darstellungsinformationen statt. Bei geeignetem Layout ergibt sich eine gut erkennbare Dokumentenstruktur.
- **Einfache Verarbeitung** – XML kann recht einfach in eigenen Programmen verarbeitet werden, wenn man die gängigen Frameworks nutzt.
- **Einfache Transformierbarkeit** – Mithilfe der später vorgestellten Transformationen (XSLT) lassen sich die Daten von XML in andere Darstellungsformen, etwa HTML oder CSV, überführen.
- **Umfangreiche Such- und Abfragemöglichkeiten** – Die textuelle Darstellung von XML erlaubt es, Daten auf einfache Weise zu suchen. Es lassen sich sogar komplexere Suchen und Abfragen, die Hierarchieebenen und Filterung nutzen, mithilfe von XPath ausführen.

Neben diesen ganzen positiven Aspekten sollte man allerdings nicht verschweigen, dass XML-Dokumente durch die Vielzahl an Tags mitunter schwerfällig zu lesen sind und schnell recht umfangreich und unübersichtlich werden. Schlimmer noch: Durch die Wiederholung der Tag-Namen in Start- und End-Tag findet man eigentlich fast immer mehr Tags als Nutzinformationen. Als Folge wird es mitunter schwierig, relevante Informationen aus der »Textwüste« herauszulesen. Deswegen wird XML auch als »*overly verbose*« bezeichnet. Gerade wenn viele Datensätze im XML repräsentiert werden, steht die Größe des XML-Dokuments in keinem guten Verhältnis zu den tatsächlich zu transportierenden Nutzdaten. Als Alternative zu XML erfreut sich daher das deutlich kompaktere Datenformat JSON wachsender Beliebtheit. Darauf werde ich in Abschnitt 1.5 eingehen.

Abschließend möchte ich in noch erwähnen, dass XML die Grundlage für verschiedene spezifische Auszeichnungssprachen bildet, z. B. SVG (Scalable Vector Graphics) zur Beschreibung von Vektorgrafiken oder MathML zur Beschreibung mathematischer Formeln.

Tipp: Auswertung von XML-Dokumenten und Parser

Die Extraktion von Daten aus XML-Dokumenten wird zu einer fehlerträchtigen und mühsamen Arbeit, wenn man sie selbst programmiert. Glücklicherweise unterstützen uns hierbei sogenannte **Parser**. Diese Softwarekomponenten übernehmen den Vorgang der Auswertung von XML-Dokumenten. Dabei werden alle Besonderheiten berücksichtigt, etwa wie das Markup zu interpretieren ist, wo ein Element startet und wo dieses endet, ob und welche Attribute es besitzt u. v. m. Das Java-XML-API bietet zudem noch folgende Vorteile:

- Man muss sich nicht um Zeichensatzcodierungen kümmern.

- Die Behandlung von Whitespaces wird erleichtert.

- Die Daten können bequem abgefragt werden und müssen nicht selbst aus dem Markup extrahiert werden.

- Man kann sich darauf verlassen, dass das Dokument korrekt verarbeitet wird.

Der letzte Punkt klingt so selbstverständlich, ist er aber leider nicht: Mir ist einmal ein firmeneigener, nicht ausgereifter, selbst geschriebener Parser untergekommen, der nicht mit Kommentaren innerhalb von XML klarkam.

1.1.1 Bestandteile und Aufbau eines XML-Dokuments

Wie bereits angedeutet, hat jedes XML-Dokument einen definierten Aufbau und muss gewissen Regeln folgen, beispielsweise müssen Elemente korrekt verschachtelt sein. Schauen wir nun auf einige Vorgaben zum Aufbau eines XML-Dokuments.

Elemente, Tags und Attribute

Die Kombination aus öffnendem und schließendem Tag sowie alles, was dazwischen steht, wird als **Element** bezeichnet. Elemente beschreiben Daten und können weitere Subelemente, Attribute und auch textuelle Nutzdaten enthalten. Ein Element definiert eine semantische Einheit und dient zur Strukturierung der Daten.. Nachfolgend schauen wir nochmals auf das schon gezeigte Beispiel der Personen:

```
<Personen>
    <Person vorname="Michael" name="Inden" alter="44"></Person>
    <Person vorname="Hans" name="Meyer" alter="32"></Person>
    <Person vorname="Peter" name="Muster" alter="55" />
</Personen>
```

Die Eigenschaften von Elementen lassen sich entweder durch Subelemente oder in Form von Attributen definieren. In der XML-Gemeinde ist man sich nicht immer einig, wann man Subelemente nutzen sollte und wann Attribute zu bevorzugen sind. Grundsätzlich können allerdings nur solche Eigenschaften als Attribut modelliert werden, die sich sinnvoll als Text darstellen lassen – also Zahlen und Texte, jedoch keine komplexeren Informationen.

Attribute besitzen in XML einen Namen und einen Wert, wobei Attributwerte immer textueller Natur sind und daher in Anführungszeichen notiert werden. Das ist ein Unterschied zu HTML, das die Angabe von Zahlenliteralen erlaubt, etwa `width=100`.

Darüber hinaus ist im Gegensatz zu HTML die Groß-/Kleinschreibung für Tags in XML von Relevanz: Die Angaben `<Person>` und `<person>` werden beim Auswerten eines XML-Dokuments als unterschiedliche Elemente angesehen.

Die Namen für Elemente kann man relativ frei vergeben, jedoch darf der Name nicht mit `xml` oder Zahlen, Bindestrichen usw., sondern nur mit Buchstaben beginnen, ansonsten ist man in den nachfolgenden Zeichen recht frei. Allerdings sollte man bei der Namensgebung auf Verständlichkeit achten.

Bedeutung von Tags und Elementen   In XML dienen Elemente bekanntermaßen der Beschreibung der Daten. Sofern die Namen der Elemente und die ihrer Attribute sinnvoll gewählt sind, lässt sich eine verständliche, im Idealfall fast selbsterklärende Beschreibung und Repräsentation von Daten vornehmen.

Die im einführenden Beispiel genutzten Tags hätten auch anders benannt sein können, etwa `Mitglieder` und `Mitglied` für eine Vereinsverwaltung oder `Kundenstamm` und `Kunde` für eine Kundenverwaltung. Das Besondere an XML ist, dass man mit Tags Semantik beschreiben kann und dies dabei hilft, eine sprechende, verständliche und menschenlesbare Repräsentation der Nutzdaten aufzubereiten. Das ist ein großer Vorteil von XML gegenüber vielen anderen Notationsformen.

Prolog und Processing Instructions

Neben den eigentlichen Nutzdaten können in einem XML-Dokument auch Metainformationen in Form von sogenannten *Processing Instructions* hinterlegt werden. Diese werden im XML-Dokument durch `<? ?>` markiert. Derart gekennzeichnete Informationen werden bei der Auswertung (dem sogenannten *Parsing*) des XML-Dokuments speziell behandelt und können spezifische Verarbeitungsschritte auslösen.

Ganz elementar ist jedoch eine Prolog genannte Metainformation, die von ihrer Syntax stark an eine Processing Instruction erinnert. Jedes XML-Dokument sollte mit einem Prolog ähnlich zu Folgendem starten, um festzulegen, dass die nachfolgenden Daten ein XML-Dokument gemäß der Version 1.0 der XML-Spezifikation[1] sind, in dem das angegebene Zeichensatz-Encoding, hier `UTF-8`, genutzt wird:

```
<?xml version="1.0" encoding="UTF-8" ?>
```

Zwar ist ein Prolog optional, wird er aber angegeben, so muss er am Beginn des XML-Dokuments stehen. Weil XML-Dokumente auch Sonderzeichen oder Umlaute enthalten können, die in unterschiedlichen Zeichensatz-Encodings unterschiedlich dargestellt werden, ist es sehr sinnvoll, das verwendete Zeichensatz-Encoding anzugeben und das

---

[1]Zwar gibt es bereits eine Version 1.1, doch die meisten Parser unterstützen nur Version 1.0.

XML-Dokument auch gemäß des angegebenen Encodings abzuspeichern.[2] Falls nichts angegeben wurde, wird standardmäßig UTF-8 genutzt. Als Codierungen findet man auch `ISO-8859-1` oder `UTF-16`.

Kommentare

Mitunter ist es zum Verständnis der Daten sinnvoll, diese mit Kommentaren zu versehen, die bei der Auswertung des Dokuments ignoriert werden. Im einführenden Beispiel haben wir Kommentare und deren Syntax `<!-- Kommentar -->` bereits kennengelernt – eine Verschachtelung ist jedoch nicht erlaubt.

Spezialzeichen

Bei der Beschreibung der Syntax von XML haben wir gesehen, dass diverse Zeichen eine Bedeutung tragen, etwa <, >, ", ' und &. Teilweise sollen diese Zeichen Bestandteil der Werte von Elementen und Attributen sein, etwa wenn in einer XML-Datei mathematische Ausdrücke abzubilden sind. Etwas naiv könnte man diese wie folgt notieren:

```
<Spezialzeichen>
    <Frage>Bitte antworte: Wie lautet das Ergebnis der Berechnung 44 / 11? &
            wen interessiert das?</Frage>
    <Gleichung formel="a < b & b < c => a < c"/>
</Spezialzeichen>
```

Dadurch käme es beim Parsing zu Fehlern. Weil es mitunter nötig ist, diese Zeichen in XML repräsentieren zu können, gibt es die in Tabelle 1-1 gezeigten vordefinierten Ersatzzeichenfolgen.

Tabelle 1-1 *Vordefinierte Ersetzungszeichenfolgen bei XML*

Zeichen	Bedeutung
<	`&lt;`
>	`&gt;`
"	`&quot;`
'	`&apos;`
&	`&amp;`

---

[2] Achten Sie beim Bearbeiten penibel darauf, mit welchem Zeichensatz-Encoding Sie Dateien abspeichern sowie einlesen und verarbeiten – insbesondere sollte die Prolog-Angabe konsistent mit der Dateicodierung sein. Ansonsten kann es zu Problemen kommen, im Speziellen bei der Verarbeitung von Sonderzeichen und Umlauten. Vor allem dann, wenn unterschiedliche Programme die XML-Dokumente verarbeiten, führt eine Abweichung zwischen tatsächlich genutztem Zeichensatz-Encoding und dessen Angabe im XML-Dokument zu Fehlern in der Interpretation.

Mit diesem Wissen machen wir uns an die Korrektur und schreiben Folgendes:

```
<Spezialzeichen>
    <Frage>Bitte antworte: Wie lautet das Ergebnis der Berechnung 44 / 11? &amp;
        wen interessiert das?</Frage>

    <!-- a < b & b < c => a < c -->
    <Gleichung formel="a &lt; b &amp; b &lt; c =&gt; a &lt; c"/>

    <Antwort>https://www.google.de/?gws_rd=ssl#q=44%2F11</Antwort>
</Spezialzeichen>
```

Im gezeigten XML habe ich noch eine Antwort hinzugefügt. Gerade im Zusammenhang mit URLs bzw. deren Query-Parametern, die in XML angegeben werden, ist der Einsatz des Zeichens & oftmals sinnvoll.

Syntaktische Anforderungen an ein XML-Dokument

Damit ein XML-Dokument als wohlgeformt angesehen wird, müssen gewisse Voraussetzungen erfüllt sein – einige davon habe ich bereits erwähnt:

1. Ein XML-Dokument kann mit einem Prolog beginnen. Davor dürfen keine Zeichen stehen.[3] Im Speziellen auch keine Leerzeilen oder Kommentare!
2. Es darf nur genau ein Wurzelelement geben.
3. Jedes Element besitzt ein Start- und ein End-Tag, wobei das Start-Tag immer vor dem End-Tag notiert werden muss. Als Abkürzung für ein leeres Element (d. h. ohne textuellen Inhalt und ohne Subelemente) gibt es die Kurzform />.
4. Elemente dürfen nur hierarchisch ineinander geschachtelt werden, also wie folgt: `<a> <b> </b> </a>`, aber nicht alternierend: `<a> <b> </a> </b>`.
5. Werte von Attributen sind immer textuell und daher in Anführungszeichen notiert.

Falls eine dieser Bedingungen *nicht* erfüllt ist, so wird gemäß W3C-Spezifikation gefordert, dass bei der Auswertung des XML-Dokuments ein Fehler auftreten muss und die Abarbeitung gestoppt wird. XML-Parser sind da rigoros: Ein kleiner (struktureller) Fehler führt sofort zum Abbruch des Parsings. Allerdings ist das nicht nur zur getreuen Erfüllung des Standards so geregelt; meist ist nach dem ersten Fehler schon keine sinnvolle Interpretation des Inhalts mehr möglich, weil die Verarbeitung semantisch nicht mehr fortgesetzt werden kann.

Das steht stark im Gegensatz zur Auswertung von HTML, bei der der Webbrowser versucht, Fehler auszubügeln und trotz eventuell inkonsistenter Eingabedaten möglichst immer eine Darstellung aufbereiten zu können. Dadurch, dass die erlaubten Tags bekannt sind, kann ein HTML-Parser besser mögliche Korrekturen anwenden. Mitunter ist aber je nach Fehler die Darstellung dann recht dürftig.

---

[3] Außer einer Byte Order Mark, einer Kennzeichnung der Bytereihenfolge. Können Editoren damit nicht umgehen, so sieht man oftmals »Schmutzzeichen« wie folgende: ï»¿.

Nun kann man sich fragen, wie denn bei benutzerdefinierten Tags eine inhaltliche Prüfung möglich wird. Dazu erlaubt es XML, eine Vorgabe zum Aufbau eines XML-Dokuments zu definieren. Damit beschäftigen wir uns gleich in Abschnitt 1.1.2.

Namensräume

Kommen wir nachfolgend zu Namensräumen. Diese sind immer dann wichtig, wenn man mehrere XML-Dokumente verschiedener Herkunft miteinander kombinieren möchte. Derartige XML-Dokumente könnten gleichnamige Elemente enthalten, die dann nicht mehr eindeutig zuzuordnen wären. Denken Sie beispielsweise an eine Personenliste und eine CD-Sammlung, wo in beiden ein Element Name definiert ist.

Mithilfe von Namensräumen verhindert man Konflikte bei ansonsten gleichnamigen Elementen. Namensräume kann man sich ähnlich wie die Strukturierung von Verzeichnissen und Packages vorstellen, die jeweils nur eindeutige Dateinamen bzw. Klassennamen enthalten dürfen.

Zur Definition eines Namensraums nutzt man URIs, die Webadressen repräsentieren können. Für einen Namensraum muss dies keiner realen Webadresse entsprechen. Im nachfolgenden Listing wird der Namensraum jp definiert. Dazu wird im ersten Tag das Attribut xmlns (xmlns = XML name space, also XML-Namensraum) genutzt.

```
<jp:Person xmlns:jp="http://www.javaprofi.de">
    <jp:Name>Inden</jp:Name>
</jp:Person>
```

Nachfolgend wird das Mixen zweier gleichnamiger Elemente gezeigt:

```
<root>
    <jp:Person xmlns:jp="http://www.javaprofi.de">
        <jp:Name>Inden</jp:Name>
    </jp:Person>
    <CD>
        <Name>Best of 80's</Name>
    </CD>
</root>
```

Ein etwas realistischeres Beispiel liefert SELFHTML.[4] Dort findet man eine Überschneidung der Elemente nummer und name, die durch die Namensräume produkt und kunde eindeutig identifiziert werden:

```
<?xml version="1.0" encoding="ISO-8859-1" ?>
<bestellung xmlns:produkt="http://localhost/XML/produkt"
                 xmlns:kunde="http://localhost/XML/kunde">
    <produkt:nummer>p49393</produkt:nummer>
    <produkt:name>JXY Rasierer VC100</produkt:name>
    <produkt:menge>1</produkt:menge>
    <produkt:preis>69,--</produkt:preis>
    <kunde:nummer>k2029</kunde:nummer>
    <kunde:name>Meier, Fritz</kunde:name>
    <kunde:lieferadresse>Donnerbalkenstr.14, 80111 München</kunde:lieferadresse>
</bestellung>
```

---

[4]http://wiki.selfhtml.org/wiki/XML/Regeln/XML-Namensr%C3%A4ume

1.1.2   Validierung eines XML-Dokuments

Neben den rein syntaktischen Anforderungen an ein XML-Dokument ist es wünschenswert, auch semantische Forderungen aufstellen zu können, die beschreiben, welche Elemente in welcher Kombination und Häufigkeit vorkommen dürfen. Das kann in Form einer DTD (Document Type Definition) oder einer XSD (XML Schema Definition) geschehen. Beide ermöglichen eine Festlegung dessen, was wir für HTML vielfach als selbstverständlich erachten, nämlich, dass es gewisse Schlüsselwörter bzw. Tag-Namen gibt, die wiederum bestimmte Attribute besitzen können und wie Elemente geschachtelt werden dürfen.

Sowohl DTD als auch XSD erlauben es, den strukturellen Aufbau eines XML-Dokuments festzulegen. In der Strukturbeschreibung werden Elemente sowie deren Subelemente und Attribute definiert. Auf DTDs und auf XSDs werden wir einen kurzen Blick werfen, damit Sie in der Praxis zumindest so viel Grundlagenwissen besitzen, dass Sie eine solche Datei grob entschlüsseln können. DTDs werden hier behandelt, obwohl sie veraltet und ein wenig angestaubt sind und beispielsweise die Spezifikation zeitgemäßer zusätzlicher Typeinschränkungen nicht erlauben. Allerdings findet man sie immer noch recht häufig und ihre Kenntnis erleichtert das Verständnis von XSDs.

Validierung mit DTD

Wie zuvor kurz angedeutet, sind im XML-Standard keine Tags zur Datenbeschreibung vordefiniert. Wollen zwei Applikationen Daten untereinander austauschen, so müssen beide das gleiche Verständnis vom strukturellen Aufbau, also der verwendeten Elemente und Attribute sowie deren erlaubten Kombinationen, besitzen. Genau dies wird durch eine DTD festgelegt. Anders gesagt: Eine DTD definiert, welche Elemente im XML-Dokument vorkommen dürfen und wie diese dort angeordnet werden (dürfen).

Schauen wir auf folgende DTD (`Personen.dtd`) für das eingangs des Kapitels präsentierte XML-Dokument, das eine Menge von Personen definiert:

```
<!ELEMENT Personen (Person)* >
<!ELEMENT Person EMPTY >
<!ATTLIST Person vorname  CDATA #REQUIRED
                 name     CDATA #REQUIRED
                 alter    CDATA #REQUIRED>
```

Die gezeigte DTD enthält sowohl die Beschreibung für Elemente mit `!ELEMENT` sowie für Attribute mit `!ATTLIST`. Es werden sowohl die für das Beispiel gültigen Elemente (also `Personen` und `Person`) sowie Attribute (`vorname`, `name` und `alter`) als auch deren Kombination festgelegt – in unserem Beispiel gilt, dass alle drei Attribute für das Element `Person` angegeben werden müssen. Durch `(Person)*` wird festgelegt, dass 0 bis beliebig viele `Person`-Elemente innerhalb von `Personen` vorkommen dürfen

Notation von Attributen   Die Daten eines `Person`-Elements können durch Attribute festgelegt werden. In der DTD wird durch die Angabe von `!ATTLIST` beschrieben, wie der Aufbau aussieht. Im Beispiel gilt demnach, dass ein `Person`-Element die drei Attribute `vorname`, `name` und `alter` besitzt. Diese sind alle vom Typ `CDATA`[5], was für Character Data steht. Damit sind textuelle Informationen gemeint, die keine Tags (also kein weiteres Markup) enthalten. Darüber hinaus sind die Attribute als notwendig (`#REQUIRED`) definiert.

Integration oder Verweis auf DTD   Zur Validierung eines Dokuments kann man die DTD in die XML-Datei aufnehmen. Da es verschiedene Ausprägungen der Daten, aber nur eine beschreibende DTD geben sollte, *ist es nahezu immer sinnvoller, einen Verweis auf eine Datei aufzunehmen, die die DTD enthält, anstatt die DTD im XML-Dokument explizit aufzuführen*. Den Verweis notiert man wie folgt:

```xml
<?xml version="1.0" encoding="utf-8" ?>
<!DOCTYPE Personen SYSTEM "Personen.dtd">
<Personen>
    <Person vorname="Michael" name="Inden" alter="44"></Person>
    <Person vorname="Hans" name="Meyer" alter="32"></Person>
    <Person vorname="Peter" name="Muster" alter="55" />
</Personen>
```

Neben der Kürze besitzt dieses Vorgehen den Vorteil, dass eine bessere Trennung von Zuständigkeiten vorgenommen wird und es dadurch auch zu Erleichterungen bei möglichen Änderungen oder Wartungsarbeiten an der DTD kommt: Diese müssen nur einmal zentral ausgeführt werden und nicht in jedem nutzenden XML-Dokument, sodass Inkonsistenzen zwischen den DTDs in den Dateien leichter als bei direkt in XML-Dokumenten definierten DTDs vermieden werden können – zwischen DTD und XML werden diese automatisch verhindert.

Tipp: Öffentliche DTDs

Die gerade gezeigte Form einer sogenannten externen DTD (weil diese in einer eigenen Datei gespeichert ist) nutzt man insbesondere für eigene nicht öffentliche Applikationen. Soll eine DTD auch anderen zugänglich gemacht werden, so kann man eine externe öffentliche DTD definieren. Dazu dient das Schlüsselwort `PUBLIC` sowie die Angabe eines Namens (nachfolgend symbolisch als `<DTD-Name>` notiert) und einer URL (`<DTD-Location>`):

```
<!DOCTYPE root_element PUBLIC "<DTD-Name>" "<DTD-Location>">
```

---

[5]Das darf nicht mit dem `#PCDATA` für Parsed Character Data für Elemente verwechselt werden. `#PCDATA` ist zwar ähnlich zu `CDATA`, erlaubt aber beliebig viel Text und auch Zeilenumbrüche. Allerdings sind keine inneren Elemente erlaubt. Wollte man den Namen statt als Attribut als Element definieren, so würde man in der gezeigten DTD `<!ELEMENT Person (name)>` notieren. Damit im Namen nur Text auftreten kann, schreibt man: `<!ELEMENT name (#PCDATA)>`.

Validierung mit XSD-Schema

Wie schon erwähnt, wird die eben gezeigte Prüfung eines XML-Dokuments über eine DTD mittlerweile nicht mehr empfohlen. Stattdessen sollte eine XSD genutzt werden. Das hat mehrere Gründe: Einer besteht darin, dass DTDs selbst kein gültiges XML sind. Ein weiterer ist, dass eine DTD als Typangaben nur Zeichenketten, aber keine anderen Datentypen kennt. Dadurch fehlen beim Einsatz einer DTD einige semantische Ausdrucksmöglichkeiten, etwa eine Festlegung eines Werts auf positive Ganzzahlen.

Elementare Typen   Mit XSD kann man einfache Datentypen nutzen und wie in Programmiersprachen daraus komplexere Typen definieren. Als Basistypen stehen unter anderem folgende bereit:

- `xs:string` für textuelle Informationen,
- `xs:integer` und `xs:float` für Ganz- und Fließkommazahlen,
- `xs:boolean` für Wahrheitswerte sowie
- `xs:date` für Datumsangaben.

Tipp: Einschränkungen definieren

Im nachfolgenden Beispiel sehen wir die Einschränkung eines Wertebereichs für eine Altersangabe. Dazu stehen einige Attribute mit den selbsterklärenden Namen `minExclusive`, `minInclusive`, `maxExclusive`, `maxInclusive` zur Verfügung:

```
<xs:simpleType name="Alter">
  <xs:restriction base="xs:integer">
    <xs:minInclusive value="1"/>
    <xs:maxInclusive value="150"/>
  </xs:restriction>
</xs:simpleType>
```

Für nicht ganzzahlige Wertebereiche kann mithilfe der Attribute `totalDigits` und `fractionDigits` festgelegt werden, wie viele Ziffern insgesamt vorkommen dürfen und wie viele davon Nachkommastellen sind.

Soll eine Aufzählung gültiger Werte nachgebildet werden, so nutzt man das Element `enumeration`, etwa zur Definition eines Typs `Geschlecht`:

```
<xs:simpleType name="Geschlecht">
  <xs:restriction base="xs:string">
    <xs:enumeration value="männlich"/>
    <xs:enumeration value="weiblich"/>
  </xs:restriction>
</xs:simpleType>
```

Es ist auch möglich, einen regulären Ausdruck als Gültigkeitsmuster anzugeben. Zur Validierung einer internationalen Telefonnummer mit Vorwahl notiert man:
```
<xs:pattern value="(+|00)?[0-9]{2}-[0-9]{2,4}-[0-9]{5,8}"/>
```

Komplexe Typen Die eben erwähnten elementaren Typen erleichtern die Definition von zusammengesetzten komplexeren Typen, etwa einer Liste von Personen. Zu deren Beschreibung benötigt man noch weitere Modellierungs- bzw. Ausdrucksmittel wie unter anderem die Komposition von Typen aus anderen Typen. Das ist ähnlich zum objektorientierten Programmieren, jedoch arbeitet man bei XML auf textueller Ebene. Im Beispiel wird eine Person durch drei Attribute modelliert:

```
<xs:complexType name="Person">
    <xs:attribute name="vorname" type="xs:string" />
    <xs:attribute name="name" type="xs:string" />
    <xs:attribute name="alter" type="xs:positiveInteger" />
</xs:complexType>
```

Neben einer Zusammensetzung aus Attributen kann man einen neuen Typ auch wie folgt als Menge von Elementen[6] definieren:

```
<xs:element name="Personen">
    <xs:complexType>
        <xs:sequence>
            <xs:element name="Person" minOccurs="0" maxOccurs="unbounded" />
        </xs:sequence>
    </xs:complexType>
</xs:element>
```

Wir sehen hier, dass sich die Menge der Personen im Wurzelelement `Personen` als komplexer Typ (`xs:complexType`) aus einer Folge (`xs:sequence`) von Elementen vom Typ `Person` zusammensetzt. Zudem kann die Anzahl der erlaubten Vorkommen festgelegt werden: Über die Angabe `minOccurs` und `maxOccurs` lässt sich der gültige Wertebereich einschränken, hier von 0 bis unbeschränkt (`unbounded`). Erfolgt keine Mengenangabe in der XSD, so wird standardmäßig genau ein Vorkommen erwartet.

Strukturbeschreibung mit einer XSD

Schauen wir nun auf eine XSD für die `Personen`-XML-Datei aus dem einleitenden Beispiel. Diese definieren wir mithilfe anonymer Typen folgendermaßen:

```
<?xml version="1.0" ?>
<xs:schema xmlns:xs="http://www.w3.org/2001/XMLSchema">
    <xs:element name="Personen">
        <xs:complexType>
            <xs:sequence>
                <xs:element name="Person" minOccurs="0" maxOccurs="unbounded">
                    <xs:complexType>
                        <xs:attribute name="vorname" type="xs:string" />
                        <xs:attribute name="name" type="xs:string" />
                        <xs:attribute name="alter" type="xs:positiveInteger" />
                    </xs:complexType>
                </xs:element>
            </xs:sequence>
        </xs:complexType>
    </xs:element>
</xs:schema>
```

---

[6]und in Kombination mit Attributen

Verweis auf XSD   Soll zur Validierung eines XML-Dokuments statt einer DTD eine XSD genutzt werden, so ändert sich die Referenzierung im Dokument wie folgt:

```
<?xml version="1.0" ?>
<Personen xmlns:xsi="http://www.w3.org/2001/XMLSchema-instance"
xsi:schemaLocation="http://meinnamespace.meinefirma.de/Personen.xsd"
              xmlns="http://meinnamespace.meinefirma.de">
    <Person vorname="Michael" name="Inden" alter="44" />
    <!-- ... -->
</Personen>
```

> ### Hinweis: IDE zum Validieren nutzen
>
> Das händische Editieren innerhalb umfangreicher XML-Dokumente wird schnell ein wenig fummelig und fehlerträchtig. Um XML-Dateien analysieren und mögliche Fehler einfacher finden zu können, ist die VALIDATE-Funktionalität aus dem Eclipse-Kontextmenü hilfreich. Sofern im XML-Dokument eine DTD oder XSD angegeben und für Eclipse zugreifbar ist, können die Daten validiert werden. In jedem Fall wird geprüft, ob ein XML-Dokument wohlgeformt ist.

1.2   XML-Verarbeitung mit JAXP

Nachdem wir nun wissen, wie wir Daten mit XML beschreiben, wollen wir uns anschauen, wie wir als XML vorliegende Informationen mit Java verarbeiten können. Dafür ist ein sogenannter *Parser* zuständig, von dem verschiedene Ausprägungen existieren: Typische Vertreter sind *SAX*- und *DOM*-Parser. Dabei steht SAX für *Simple API for XML* und DOM für *Document Object Model*. Beide Varianten sind zwar schon älter, jedoch immer noch recht gebräuchlich. Mit JDK 6 wurde mit *StAX* (Streaming API for XML) ein neueres API zur XML-Verarbeitung eingeführt. Diese APIs, die zusammen mit XSLT das *JAXP* (*Java API for XML Processing*) bilden, werden nun anhand prägnanter Beispiele vorgestellt. Für Details verweise ich auf die weiterführende Literatur am Kapitelende.

Event-basierte Arbeitsweise (SAX und StAX)

Beim SAX wird ein XML-Dokument stückweise gelesen und bei jedem Auffinden eines relevanten XML-Bestandteils eine spezifische Aktion ausgelöst. Bei diesem Event-basierten Ansatz registriert eine Applikation beim Parser spezielle Callback-Listener (sogenannte Content Handler). Beim Einlesen von Bestandteilen des XML-Dokuments werden Methoden dieser Content Handler aufgerufen. Modifikationen am XML-Dokument können mit SAX nicht vorgenommen werden. Recht ähnlich arbeitet StAX: Hier wird ein Iterator-basierter Ansatz gefahren, bei dem die Applikation die Kontrolle hat und das XML mithilfe eines Parsers analysiert. Jeder Bestandteil eines XML-Dokuments wird vom Parser als Token oder XMLEvent repräsentiert. Im Gegensatz zu SAX kann man mit StAX auch XML-Dokumente schreiben.

Dokumentbasierte Arbeitsweise (DOM)

Im Gegensatz zu SAX und StAX wird bei DOM immer das gesamte XML-Dokument eingelesen und daraus ein korrespondierendes Objektmodell in Form eines Baums im Speicher erzeugt. Auf diesem Baum kann die Applikation navigieren, suchen oder auch Veränderungen durchführen.

1.2.1 Einfaches Parsing mit SAX

Wie bereits kurz erwähnt, wird beim SAX-Parsing das XML-Dokument sequenziell durchlaufen. Zudem besitzt man nur Zugriff auf das aktuelle Element. Vorhergehende Elemente werden vom Parser nicht im Speicher gehalten, und man kann auch nicht auf nachfolgende Elemente zugreifen. Dadurch ist die Verarbeitung mit SAX ressourcenschonend und selbst sehr umfangreiche XML-Dokumente können problemlos verarbeitet werden. Bei SAX sind zwei Interfaces von Bedeutung:

- Der Typ `javax.xml.parsers.SAXParser` abstrahiert den Parser.
- Der Typ `org.xml.sax.ContentHandler` definiert die Menge der Callback-Methoden beim Verarbeiten eines XML-Dokuments.

Schauen wir nun genauer darauf, was beim SAX-Parsing passiert und wie `SAXParser` und `ContentHandler` zusammenspielen.

Das Interface `ContentHandler`

Das Parsing beschreibt den Vorgang des Einlesens eines XML-Dokuments. Zum Auswerten der dort enthaltenen Informationen wird in SAX eine Spezialisierung des folgenden im JDK definierten Interface `ContentHandler` genutzt:

```java
// gekürzter Auszug aus dem JDK
public interface ContentHandler
{
    public void startDocument() throws SAXException;
    public void endDocument() throws SAXException;

    public void startElement(String uri, String localName,
                             String qName, Attributes atts) throws SAXException;
    public void endElement(String uri, String localName,
                           String qName) throws SAXException;

    public void characters(char ch[], int start, int length)
            throws SAXException;
    public void processingInstruction (String target, String data)
            throws SAXException;
}
```

Wird beim Parsing etwa der Anfang eines Elements oder dessen Ende gelesen, werden je nach erkanntem Inhalt verschiedene korrespondierende Methoden des `ContentHandler`s aufgerufen, z. B. `startElement()`. Eine Applikation, die das

XML-Dokument analysieren möchte, kann dazu eine konkrete Realisierung des Interface `ContentHandler` beim Parser registrieren. Die Implementierung des `Content-Handler`s gibt dann vor, welche Aktionen als Reaktion ausgeführt werden.

Für eigene `ContentHandler` wären allerdings über zehn Methoden zu realisieren. Da man meistens nur auf ein paar der Ereignisse reagieren möchte, kann man praktischerweise auf die Klasse `org.xml.sax.helpers.DefaultHandler` aus dem JDK zurückgreifen, die alle Methoden des `ContentHandler`s leer implementiert. Auf dem `DefaultHandler` basierende eigene Realisierungen müssen nur noch diejenigen Methoden überschreiben, die tatsächlich benötigt werden, um die gewünschten Informationen aus einem XML-Dokument zu extrahieren.

Realisierung eines `ContentHandler`s

Die folgende Klasse `ConsoleOutputContentHandler` realisiert eine Konsolenausgabe für Elemente. Hierdurch wollen wir einige Rückmeldungen über den Ablauf des Parsings auf der Konsole ausgegeben, um die Details besser zu verstehen. Bei der Realisierung profitieren wir vom Einsatz der Basisklasse `DefaultHandler`. In diesem Fall müssen wir für die simple Protokollierung nur noch die beiden Callback-Methoden `startElement()` und `endElement()` wie folgt implementieren:

```java
public class ConsoleOutputContentHandler extends DefaultHandler
{
    @Override
    public void startElement(final String uri, final String localName,
                             final String qName, final Attributes atts)
                             throws SAXException
    {
        System.out.println("start of element: " + qName);
        printAttributes(atts);
    }

    @Override
    public void endElement(final String uri, final String localName,
                           final String qName) throws SAXException
    {
        System.out.println("end of element: " + qName);
    }

    protected void printAttributes(final Attributes attributes)
    {
        for (int i = 0; i < attributes.getLength(); i++)
        {
            System.out.println(attributes.getLocalName(i) + "=" +
                               attributes.getValue(i));
        }
    }
}
```

Erwähnenswert ist, dass die Auswertung der Informationen aus dem XML-Dokument vollständig in dieser Implementierung basierend auf einem `DefaultHandler` geschieht.

Parsing

Kommen wir zum Parsing mit SAX. Dazu erzeugt man zunächst mithilfe einer `javax.xml.parsers.SAXParserFactory` eine Instanz eines `SAXParser`s. Das Parsing geschieht durch dessen Methode `parse(File, DefaultHandler)`. Mit diesem Wissen erstellen wir eine Einlesemethode `parseXmlWithSAX()`. Diese müssen wir nur noch geeignet aufrufen, wie es die nachfolgende `main()`-Methode zeigt:[7]

```java
public static void main(final String[] args)
{
    final File xmlFile = new File("resources/ch01/xml/jaxp/sax/Personen.xml");
    parseXmlWithSAX(xmlFile, new ConsoleOutputContentHandler());
}

public static void parseXmlWithSAX(final File xmlFile,
                                   final DefaultHandler contentHandler)
{
    final SAXParserFactory factory = SAXParserFactory.newInstance();

    try
    {
        final SAXParser parser = factory.newSAXParser();
        parser.parse(xmlFile, contentHandler);
    }
    catch (final ParserConfigurationException | SAXException | IOException e)
    {
        System.out.println("Error parsing xml: " + e);
    }
}
```

Listing 1.1 *Ausführbar als* 'FIRSTSAXEXAMPLE'

Startet man das Programm FIRSTSAXEXAMPLE, das die eingangs gezeigte Datei `Personen.xml` verarbeitet, so kommt es zu der nachfolgend gezeigten Protokollierung auf der Konsole. Wir erkennen erwartungsgemäß drei `Person`-Elemente samt Attributen sowie deren Einbettung in ein alle Elemente umschließendes `Personen`-Element:

```
start of element: Personen
start of element: Person
vorname=Michael
name=Inden
alter=44
end of element: Person
start of element: Person
vorname=Hans
name=Meyer
alter=32
end of element: Person
start of element: Person
vorname=Peter
name=Muster
alter=55
end of element: Person
end of element: Personen
```

---

[7]Wir müssen hier statt des generellen Interface `ContentHandler` eine Instanz eines spezifischen `DefaultHandler`s an die eigene Methode übergeben, weil die Methode `parse(File, DefaultHandler)` diese Spezialisierung benötigt.

1.2.2 Komplexere Parsing-Aufgaben mit SAX

Um ein besseres Gespür für die Verarbeitung mit SAX zu bekommen, wollen wir die bereits verwendete Personen-XML-Datei einlesen und als HTML aufbereiten.

Für den Export der XML-Datei in eine einfache HTML-Tabelle nutzen wir die beiden Methoden `startDocument()` und `endDocument()`, um die initialen und abschließenden Teile der HTML-Darstellung zu generieren. Die einzelnen Tabellenzeilen werden in den Methoden `startElement()` und `endElement()` erzeugt. Für die Generierung des Tabellenheaders müssen wir ein wenig tricksen – hier greifen wir auf ein boolesches Flag `useAsHeader` und die Methode `handleAttributesAsHeaderOnce()` zurück:

```
public class SimpleXmlToHtmlConverter extends DefaultHandler
{
    private final StringBuilder sb = new StringBuilder();
    private boolean useAsHeader = true;

    @Override
    public void startDocument() throws SAXException
    {
        sb.append("<HTML>" + "\n");
        sb.append("    <BODY>" + "\n");
        sb.append("        <TABLE BORDER='1'>" + "\n");
    }

    @Override
    public void endDocument() throws SAXException
    {
        sb.append("        </TABLE>" + "\n");
        sb.append("    </BODY>" + "\n");
        sb.append("</HTML>" + "\n");
    }

    @Override
    public void startElement(final String uri, final String localName,
                             final String qName, final Attributes attributes)
                             throws SAXException
    {
        if (qName.equals("Person"))
        {
            handleAttributesAsHeaderOnce(attributes);

            sb.append("<TR>" + "\n");
            handleAttributes(attributes);
        }
    }

    @Override
    public void endElement(final String uri,
                           final String localName,
                           final String qName)
                           throws SAXException
    {
        if (qName.equals("Person"))
        {
            sb.append("</TR>" + "\n");
        }
    }
```

```
public String contentAsHtml()
{
    return sb.toString();
}

private void handleAttributesAsHeaderOnce(final Attributes atts)
{
    if (useAsHeader)
    {
        for (int i = 0; i < atts.getLength(); i++)
        {
            sb.append("<TH>" + atts.getLocalName(i) + "</TH>" + "\n");
        }
        useAsHeader = false;
    }
}

private void handleAttributes(final Attributes atts)
{
    for (int i = 0; i < atts.getLength(); i++)
    {
        sb.append("<TD>" + atts.getValue(i) + "</TD>" + "\n");
    }
}
}
```

Wie schon zuvor haben wir den schwierigeren Teil der Datenauswertung bereits implementiert und müssen uns nur noch um die Darstellung in einem Browser kümmern. Wir nutzen hier den in JavaFX bereitgestellten `javafx.scene.web.WebView` zur Darstellung der erzeugten HTML-Seite. Diese erhalten wir als String von unserer Klasse `SimpleXmlToHtmlConverter`, die das Interface `ContentHandler` erfüllt. Dann benötigen wir lediglich noch einen Zugriff auf die `javafx.scene.web.WebEngine` und deren Methode `loadContent()`:

```
@Override
public void start(final Stage primaryStage)
{
    final File xmlFile = new File("resources/ch01/xml/jaxp/sax/Personen.xml");
    final SimpleXmlToHtmlConverter contentHandler =
                                    new SimpleXmlToHtmlConverter();
    FirstSaxExample.parseXmlWithSAX(xmlFile, contentHandler);

    final WebView webView = new WebView();
    final WebEngine webEngine = webView.getEngine();
    final String htmlContent = contentHandler.contentAsHtml();
    webEngine.loadContent(htmlContent);

    primaryStage.setScene(new Scene(webView, 350, 150));
    primaryStage.setTitle(getClass().getSimpleName());
    primaryStage.show();
}

public static void main(final String[] args)
{
    launch(args);
}
```

Listing 1.2 *Ausführbar als* **'XmlToHtmlConverterSaxExample'**

Das im Listing gezeigte Programm XMLTOHTMLCONVERTERSAXEXAMPLE basiert auf der Klasse `javafx.application.Application` aus JavaFX.[8] Startet man das Programm, so wird eine HTML-Tabelle ähnlich zu Abbildung 1-1 aufbereitet.

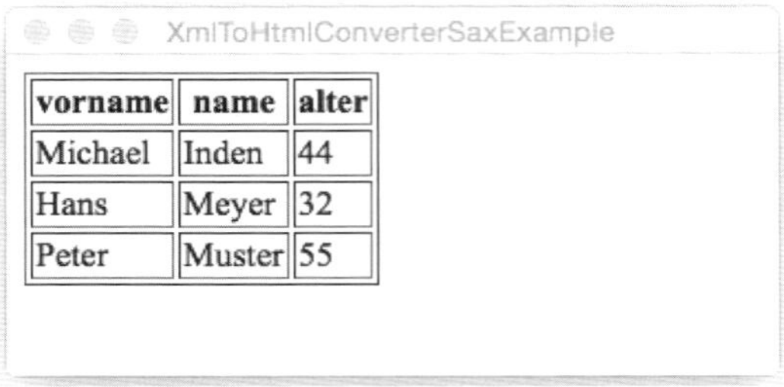

vorname	name	alter
Michael	Inden	44
Hans	Meyer	32
Peter	Muster	55

Abbildung 1-1 *Mit* XMLTOHTMLCONVERTERSAXEXAMPLE *aufbereitete Tabelle*

Eine grafische Aufbereitung von XML-Daten mit SAX stößt schnell an Grenzen und ist in der Flexibilität doch recht beschränkt. Oftmals benötigt man mehr Funktionalität. Dann wird das Parsing jedoch unverhältnismäßig aufwendig. In diesem Fall bieten sich XSL-Transformationen an, die umfangreiche Möglichkeiten zur Transformation bereitstellen. Einen kleinen Einblick liefert Abschnitt 1.2.8.

Aufbereitung von Objekten

Beim SAX-Parsing kann man aus den Informationen mit etwas mehr Aufwand auch Objekte aufbereiten und bereitstellen. Nehmen wir an, wir wollen `Person`-Objekte erzeugen. Das ist aufgrund der einfachen Struktur des XML-Dokuments recht simpel, wird jedoch bei komplexeren XML-Dokumenten mit unterschiedlichen Typen von Elementen ungleich aufwendiger. Manchmal lässt sich die Auswertung dann verständlicher mithilfe von DOM realisieren, da man hier mit Objekten arbeitet und auf den geparsten Daten navigieren kann. Noch leichter wird die Konvertierung von XML in Java-Objekte und umgekehrt durch den Einsatz von JAXB. Die Thematik der Aufbereitung von Objekten aus XML-Dokumenten und deren Varianten werde ich nach der Beschreibung von DOM, StAX und JAXB in Abschnitt 1.4.2 beleuchten.

Fazit zum SAX-Parsing

Wir haben einige Beispiele zur Verarbeitung von XML-Dokumenten mit SAX kennengelernt. Obwohl die Verarbeitung mit SAX oftmals unhandlich oder kompliziert werden kann, ist das grundlegende Verständnis für die Abläufe beim SAX-Parsing dennoch wichtig, da es Anwendungsfälle gibt, bei denen man sehr umfangreiche XML-Dokumente verarbeiten muss, die beim Parsing mit DOM zu Hauptspeicherplatzproblemen führen würden.

[8] Einen Einstieg und weiterführende Informationen zu JavaFX finden Sie in meinen Büchern »Der Weg zum Java-Profi« [8] und »Java 8 – Die Neuerungen« [9].

1.2.3 Parsing mit DOM

Wie bereits kurz erwähnt, liest ein DOM-Parser das gesamte XML-Dokument ein. Im Gegensatz zu SAX, wo während des Parsings lediglich über Callback-Methoden kommuniziert wird, steht bei der DOM-Verarbeitung nach dem Parsing ein Objekt zur Verfügung, das das XML-Dokument in Form eines Baums enthält. Dadurch kann man Aktionen auf den Daten durch Baumoperationen abbilden.

Der beim Parsing entstehende Baum besitzt als Wurzel ein `Document`-Objekt und Knoten mit dem Basistyp `Node`. Verschiedene weitere Interfaces aus den Package `org.w3c.dom` repräsentieren Elemente, Attribute und vieles andere mehr.

Programmgerüst zum Parsing

Ebenso wie bei SAX kann man auch für DOM ein Programmgerüst zum Parsen erstellen. Hier nutzt man eine `DocumentBuilderFactory`, mit deren Hilfe eine Instanz eines `DocumentBuilders` erzeugt wird. Beide Klassen stammen aus dem Package `javax.xml.parsers`. Die zum Parsing notwendigen Schritte sind folgende:

1. Per `DocumentBuilderFactory.newInstance()` erhält man eine Instanz einer `DocumentBuilderFactory` zum Erzeugen eines `DocumentBuilder`-Objekts.
2. Mit der genannten Instanz erstellt man durch Aufruf der statischen Methode `newDocumentBuilder()` ein `DocumentBuilder`-Objekt.
3. Dieses bietet verschiedene `parse()`-Methoden, die ein `Document`-Objekt zurückliefern, auf dem dann die XML-Verarbeitung starten kann.

Das Parsing geschieht durch Aufruf der Methode `parse(File)`. Im Gegensatz zu SAX sieht man bei DOM den Parser nicht im Sourcecode und es wird auch kein Content Handler benötigt.

Mit diesem Wissen implementieren wir ein Grundgerüst zum Verarbeiten von DOM – vorerst nur mit rudimentärer Fehlerbehandlung.

```java
public static void main(final String[] args)
{
    final File xmlFile = new File("resources/ch01/xml/jaxp/dom/Personen.xml");

    final DocumentBuilderFactory factory = DocumentBuilderFactory.newInstance();

    try
    {
        final DocumentBuilder docBuilder = factory.newDocumentBuilder();
        final Document doc = docBuilder.parse(xmlFile);

        processDocument(doc);
    }
    catch (final ParserConfigurationException | SAXException | IOException e)
    {
        System.out.println("Error processing xml: " + e);
    }
}
```

Listing 1.3 *Ausführbar als* '**FirstDomExample**'

Für die Auswertung der Elemente und ihrer Attribute mit DOM nutzen wir hier die Methode `processDocument(Document)`, die wir folgendermaßen implementieren:

```java
private static void processDocument(final Document doc)
{
    final Element root = doc.getDocumentElement();
    final NodeList nodes = root.getChildNodes();

    // API-Unschönheit: NodeList bietet keinen Iterator
    for (int i = 0; i < nodes.getLength(); i++)
    {
        printNodeInfos(nodes.item(i));
    }
}

public static void printNodeInfos(final Node node)
{
    if (node.getNodeType() == Node.TEXT_NODE &&
        node.getNodeValue().trim().length() == 0)
    {
        return;
    }

    System.out.print("Node-Name:  " + node.getNodeName() + ", ");
    System.out.print("Node-Value: " + node.getNodeValue() + ", ");
    System.out.println("Node-Type: " + node.getNodeType());

    // API-Unschönheit: liefert null statt leerer Map
    final NamedNodeMap attributes = node.getAttributes();
    if (attributes != null)
    {
        System.out.print("Attributes: ");
        // JDK 8: StringJoiner zur kommaseparierten Aufbereitung
        final StringJoiner joiner = new StringJoiner(", ");
        for (int i = 0; i < attributes.getLength(); i++)
        {
            joiner.add(attributes.item(i).toString());
        }
        System.out.println(joiner.toString());
    }
}
```

Starten wir das Programm FIRSTDOMEXAMPLE, so erhalten wir folgende Ausgaben:

```
Node-Name:  Person, Node-Value: null, Node-Type: 1
Attributes: alter="44", name="Inden", vorname="Michael"
Node-Name:  Person, Node-Value: null, Node-Type: 1
Attributes: alter="32", name="Meyer", vorname="Hans"
Node-Name:  #comment, Node-Value:  Kurzschreibweise für leere Elemente / leer, d
    .h. keine Subelemente , Node-Type: 8
Node-Name:  Person, Node-Value: null, Node-Type: 1
Attributes: alter="55", name="Muster", vorname="Peter"
```

Anhand dieser Ausgaben erkennt man recht gut, dass Elemente den Typ 1, definiert als `Node.ELEMENT_NODE`, besitzen, für diese jedoch kein Wert existiert, dafür oftmals aber Attribute. Zur Aufbereitung einer kommaseparierten Darstellung nutzen wir die in JDK 8 neu eingeführte Klasse `java.util.StringJoiner`. Kommentare besitzen als Namen die Kennung `#comment` und als Wert den textuellen Inhalt zwischen den Zeichenfolgen `<!--` und `-->`.

Nachdem wir einen ersten Eindruck von der Arbeitsweise der DOM-Verarbeitung gewonnen haben, wollen wir die Implementierung etwas besser verstehen. Dafür haben wir verschiedene, bislang unbekannte Methoden und Klassen verwendet:

- Zugriff auf die Wurzel des Baums erhält man mit `getDocumentElement()` der Klasse `org.w3c.dom.Document`.
- Knoten in diesem Baum repräsentieren Elemente, Attribute usw. In der Java-Welt sind dies dann Instanzen vom Typ `org.w3c.dom.Node`, die Spezialisierungen wie `Element` und `Attribute` besitzen.
- Die Knoten unterhalb eines Knotens erhält man durch Aufruf der Methode `getChildNodes()` als eine Liste von Knoten vom Typ `Node`, die durch den Typ `org.w3c.dom.NodeList` gekapselt ist.
- Attribute werden durch den Typ `org.w3c.dom.NamedNodeMap` repräsentiert.

Anhand des Listings erkennen wir einen Vorteil von DOM gegenüber SAX: Die objekt-orientierte Arbeitsweise erlaubt es, sich stärker auf die Auswertung der Daten zu konzentrieren – selbst wenn das API einem das Leben manchmal etwas schwer macht, weil es eigene Typen nutzt und nicht die Containerklassen des Collections-Frameworks.[9]

Zentrale Interfaces im Überblick

Zum besseren Verständnis der folgenden Beispiele schauen wir auf die dafür zentralen Interfaces `Document`, `Node`, `NodeList`, `NamedNodeMap` sowie `Element`.[10]

Das Interface `Document`   Das Interface `Document` ist der Ausgangspunkt zur Verarbeitung von XML und ist im JDK wie folgt definiert (gekürzt):

```
public interface Document extends Node
{
    public Element getDocumentElement();

    public Element createElement(String tagName) throws DOMException;
    public Comment createComment(String data);

    // ...
}
```

Hier findet man Methoden zur Erzeugung von Knoten unterschiedlichen Typs sowie zum Zugriff auf das Wurzelelement.

---

[9]Vielleicht fragen Sie sich, wieso dies nicht über die Containerklassen des Collections-Frameworks abgebildet wurde. Der Grund besteht darin, dass DOM einen plattform- und sprach-unabhängigen Standard des W3C (World Wide Web Consortium) darstellt. Die Bibliothek JDOM (`http://www.jdom.org/`) bietet eine auf Java ausgelegte DOM-Realisierung.

[10]Generell habe ich hier alle Methoden und Varianten von Zugriffen mit Namensräumen der Übersichtlichkeit halber außen vor gelassen.

Das Interface `Node`   Nachfolgend schauen wir auf das Interface `Node`, das die Basis für alle mit DOM verarbeitbaren Knoten darstellt:

```
public interface Node
{
    public static final short ELEMENT_NODE = 1;
    public static final short ATTRIBUTE_NODE = 2;
    public static final short TEXT_NODE = 3;
    // ..
    public static final short COMMENT_NODE = 8;
    // ...
    public short getNodeType();
    public String getNodeName();
    public String getNodeValue() throws DOMException;
    public NamedNodeMap getAttributes();
    // ...
    public Node getParentNode();
    public NodeList getChildNodes();
    public Node insertBefore(Node newChild, Node refChild) throws DOMException;
    // ...
}
```

Neben Methoden zum Bestimmen des Knotentyps, dessen Namen und Wert finden wir verschiedene Methoden zur Verwaltung der Hierarchie und von Subknoten. Schließlich ist der Zugriff auf die Attribute noch erwähnenswert.

Das Interface `NodeList`   Wie schon angedeutet, werden die Subknoten nicht durch eine `List<Node>`, sondern eine eigene Datenstruktur, die nachfolgend gezeigte `NodeList`, repräsentiert – hier scheint einmal wieder durch, dass DOM als minimalistische plattformunabhängige Schnittstelle entworfen wurde und in DOM nur ein indizierter Zugriff auf die Subknoten geboten wird:

```
public interface NodeList
{
    public Node item(int index);
    public int getLength();
}
```

Das Interface `NamedNodeMap`   Die Attribute eines Knotens erhält man durch Aufruf von `getAttributes()` als `NamedNodeMap`:

```
public interface NamedNodeMap
{
    public Node getNamedItem(String name);
    public Node setNamedItem(Node arg) throws DOMException;
    public Node removeNamedItem(String name) throws DOMException;
    public Node item(int index);
    public int getLength();
    // ...
}
```

Möglicherweise etwas überraschend wirkt dieses Interface eher wie eine »verzuckerte« Liste als eine Map, weil hier wieder (wie oben) indizierte Zugriffe angeboten werden.

Das Interface `Element`   Zu guter Letzt betrachten wir die Definition des Interface `Element`, bevor wir uns dann der Verarbeitung von Daten mit DOM und Java mit einem besseren Grundverständnis widmen können.

```java
public interface Element extends Node
{
    public String getTagName();
    public NodeList getElementsByTagName(String name);

    public String getAttribute(String name);
    public void setAttribute(String name, String value) throws DOMException;
    public void removeAttribute(String name)  throws DOMException;
    public boolean hasAttribute(String name);
    // ...
}
```

Neben der Basisfunktionalität aus dem Interface `Node` bietet das Interface `Element` insbesondere Zugriff auf den Namen des Tags (`getTagName()`) sowie auf benannte Elemente (`getElementsByTagName()`). Auch die Verwaltung von Attributen ist gegenüber dem Basisinterface etwas erleichtert.

1.2.4   Verarbeiten und Speichern mit DOM

Mit DOM kann man im Gegensatz zu SAX nicht nur Daten lesen, sondern diese auch wieder speichern! Das Schöne daran ist, dass man die Änderungen im Objektmodell durchführt und die Speicherung dann weitestgehend automatisch durch die DOM-Klassen des JDKs erfolgt. Schauen wir uns dies schrittweise an.

Schritt 1: Baustein für Änderungen im Objektmodell

Das folgende Listing zeigt das Einfügen eines neuen `Person`-Elements sowie eines Kommentars. Diese Funktionalität implementieren wir in der Methode `attachInfos-ToDocument(Document, Element, Comment)` wie folgt:

```java
private static void attachInfosToDocument(final Document doc,
                                          final Element personElement,
                                          final Comment commentNode)
{
    final Element root = doc.getDocumentElement();
    root.appendChild(personElement);
    root.appendChild(commentNode);
}

private static Element createPersonElement(final Document doc,
                                           final String vorname,
                                           final String name,
                                           final int age)
{
    final Element personElement = doc.createElement("Person");
    personElement.setAttribute("vorname", vorname);
    personElement.setAttribute("name", name);
    personElement.setAttribute("alter", "" + age);
    return personElement;
}
```

Zur Modifikation des Baums nutzen wir die Methode `appendChild(Node)`. Damit weisen wir dem Element `root` zwei Subelemente zu. Für das etwas komplexere `Person`-Element nutzen wir eine Hilfsmethode zur Elementerzeugung. Dort setzen wir die Werte der Attribute per `setAttribute(String, String)`.

Schritt 2: Methode zur Speicherung in einer Datei

Nach den eben vorgestellten Änderungen im Baum implementieren wir das Speichern der Daten in einer Datei. Leider gibt es keine Methode `writeTo(OutputStream)` oder `store(OutputStream)` analog zu `parse(File)`. Das erklärt sich dadurch, dass DOM in erster Linie für In-Memory-Modifikationen gedacht ist. Als Abhilfe erstellen wir eine Hilfsmethode `writeDomToFile()`. Diese nutzt einige Klassen wie die `TransformerFactory`, den `Transformer`, das `StreamResult` sowie die `DOMSource` aus dem Package `javax.xml.transform` und dessen Unterpackages `dom` sowie `stream`. Alle diese Klassen dienen eigentlich der Verarbeitung von XSLT. Wenn man die Funktionalität des Speicherns – wie im nachfolgenden Listing – in einer Hilfsmethode kapselt, so benötigt man das Wissen um diese Details nur einmalig beim Erstellen der Methode. Die dazu notwendigen Schritte sind die Folgenden:

1. Für die Speicherung wird ein `StreamResult` basierend auf einem `File` erzeugt.
2. Zudem wird eine `DOMSource` aus einem `Document` erstellt.
3. Zunächst benötigen wir einer Instanz einer `TransformerFactory`, die wir durch Aufruf der statischen Methode `newInstance()` erhalten.
4. Für die Transformation und damit implizit die Speicherung benötigen wir einen `Transformer`, den wir durch Aufruf von `newTransformer()` instanziieren.
5. Mithilfe der Methode `transform()`, die eigentlich für Transformationen gedacht ist, kann man das Speichern von Daten als XML in einer Datei realisieren.

Mit diesem Wissen implementieren wir die Methode zum Speichern wie folgt (wobei die Zahlen in den Kommentaren den obigen Aufzählungswerten entsprechen):

```java
private static void writeDomToFile(final String fileName,
                                   final Document doc)
        throws TransformerFactoryConfigurationError,
               TransformerConfigurationException,
               TransformerException
{
    final File xmlOut = new File(fileName);

    final StreamResult outputTarget = new StreamResult(xmlOut);         // 1

    final DOMSource xmlSource = new DOMSource(doc);                     // 2

    final TransformerFactory transformerFactory =
                        TransformerFactory.newInstance();              // 3

    final Transformer transformer = transformerFactory.newTransformer(); // 4

    transformer.transform(xmlSource, outputTarget);                    // 5
}
```

Schritt 3: Kombination der Schritte um Modifikationen auszuführen

Zuvor habe ich sowohl die Methode zum Hinzufügen von Elementen als auch zum Speichern des DOM in einer Datei vorgestellt. Wir wollen die beiden Methoden nun nutzen, um ein XML-Dokument als DOM einzulesen, dieses zu modifizieren und wieder zu speichern. Die Implementierung in der `main()`-Methode unterscheidet sich im Nutzcode kaum von den bisher gesehenen Beispielen, weicht jedoch beim Exception Handling deutlich ab. Mein Anliegen ist es hier, ein Bewusstsein für die Fehlerbehandlung zu schaffen. Auf Varianten davon geht der nachfolgende Praxistipp »Gestaltung der Fehlerbehandlung« ein.

```java
private static final Logger logger =
                        Logger.getLogger("ParseAndModifyDOMExample");

public static void main(final String[] args)
{
    final String SRC_FILE_NAME = "resources/ch01/xml/jaxp/dom/Personen.xml";
    final String DST_FILE_NAME = "resources/ch01/xml/jaxp/dom/PersonenModified.
        xml";

    final DocumentBuilderFactory factory = DocumentBuilderFactory.newInstance();
    try
    {
        final DocumentBuilder docBuilder = factory.newDocumentBuilder();
        final Document doc = docBuilder.parse(new File(SRC_FILE_NAME));

        final Element person = createPersonElement(doc, "Mike", "Inden", 44);
        final Comment commentNode = doc.createComment("Dieser Kommentar wird " +
                                        "neu eingefügt!");
        attachInfosToDocument(doc, person, commentNode);
        writeDomToFile(DST_FILE_NAME, doc);
    }
    catch (final ParserConfigurationException | SAXException e)
    {
        logger.log(Level.WARNING, "Error parsing file: " + SRC_FILE_NAME, e);
    }
    catch (final TransformerException e)
    {
        throw new IllegalStateException("transformer not working properly", e);
    }
    catch (final IOException e)
    {
        logger.log(Level.SEVERE, "Error reading or writing file", e);
    }
}
```

Listing 1.4 *Ausführbar als* '**PARSEANDMODIFYDOMEXAMPLE**'

Durch das Programm PARSEANDMODIFYDOMEXAMPLE werden die fett markierten Zeilen hinten im XML-Dokument angefügt:

```xml
<?xml version="1.0" encoding="UTF-8" standalone="no"?>
<Personen>
    <Person alter="44" name="Inden" vorname="Michael"/>
    ...
    <Person alter="44" name="Inden" vorname="Mike"></Person>
    <!-- Dieser Kommentar wird neu eingefügt! -->
</Personen>
```

Tipp: Gestaltung der Fehlerbehandlung

Ich möchte noch auf eine Besonderheit im Listing eingehen. Teilweise sieht man in der Literatur und im Internet einen saloppen Umgang mit Fehlern, oftmals einfach eine Ausgabe per `e.printStackTrace()`. Natürlich kann man in einem Beispiel in einem Buch nicht immer eine ausgefeilte Fehlerbehandlung vornehmen, jedoch sollte man versuchen, anzudeuten, auf was man dabei in der Praxis Wert legen sollte. Diskutieren wir nun einige mögliche Varianten der Fehlerbehandlung.

Da bei der Verarbeitung von XML eine ganze Reihe unterschiedlicher Exceptions ausgelöst werden können, könnte man auf die Idee kommen, aus Bequemlichkeit einfach den allgemeinsten Typ `Exception` abzufangen. Dadurch wird jedoch eine sinnvolle Behandlung stark erschwert: Zur gezielten Behandlung spezifischer Fehlerfälle müsste man im `catch`-Block eine `instanceof`-Prüfung nutzen. Außerdem würden sich im `catch`-Block verschiedene Fehlerbehandlungsroutinen wiederfinden müssen und somit den Sourcecode recht lang werden lassen. Obendrein werden Exceptions gefangen und falsch oder gar nicht bearbeitet, die man nicht erwartet hat sowie natürlich alle `RuntimeException`s.

Das andere Extrem besteht darin, jeden Typ von Exception spezifisch abzufangen. Das führt in der Regel nur zu aufgeblähtem Sourcecode und ist zur Fehlerbehandlung für den Benutzer meistens wenig hilfreich. Vielmehr gilt es, Fehlersituationen geschickt zu gruppieren.[a] In diesem Beispiel finden wir drei Gruppen:

1. Einleseprobleme bei den Eingabedaten

2. Verarbeitungsprobleme bei der Ausgabe

3. Zugriffsprobleme auf das Dateisystem

Der erste Fall mit Parsing-Problemen lässt sich durch uns selbst vermeiden, da die Eingabedatei durch uns vorgegeben ist. Daher loggen wir Probleme auf der Stufe `WARNING`. Ein Verarbeitungsproblem mit dem `Transformer` kann für das Speichern hier nicht auftreten, weshalb wir eine `IllegalStateException` wählen. Schließlich ist es noch möglich, dass es Probleme bei Zugriffen auf das Dateisystem gibt. Weil wir hier nicht steuernd eingreifen können, protokollieren wir dies als schwerwiegende Ausnahmesituation auf der Stufe `SEVERE`. In beiden Fällen des Loggings schreiben wir die Exception vollständig mit Stacktrace in ein Logfile bzw. auf die Konsole, was eine spätere Fehleranalyse oftmals erleichtert. Im Beispiel kommt hier der Einfachheit halber das in Java integrierte Logging zum Einsatz. Für die Praxis empfiehlt sich log4j, Logback oder ein anderes Logging-Framework.

---

[a] Die Ideen sind ähnlich zu dem Konzept der Äquivalenzklassen, die Sie vielleicht aus der Mathematik kennen. Diese macht man sich beim Unit-Testen zunutze, um die Anzahl der Testfälle auf ein vernünftiges Maß zu beschränken. Das ist sinnvoll, um nicht einfach »blind« alle möglichen konkreten Werte, sondern nur relevante Vertreter der Äquivalenzklassen zu prüfen. Für weitere Details zum Unit-Testen verweise ich Sie auf mein Buch »Der Weg zum Java-Profi« [8].

1.2.5   StAX als Alternative zu SAX oder DOM?

Neben SAX und DOM gibt es zur Verarbeitung von XML im JDK das StAX (Streaming API for XML). StAX bietet zwei APIs: das Cursor-API und das Event-Iterator-API. Beide liefern eine Abstraktion eines XML-Dokuments als Folge von Daten, jedoch mit leicht unterschiedlicher Ausrichtung. Die Cursor-Variante arbeitet auf Strings, während die Event-Iterator-Variante den Basistyp `javax.xml.stream.events.XMLEvent` und Spezialisierungen davon verwendet, um Bestandteile eines XML-Dokuments zu modellieren. Beide APIs verarbeiten XML-Dokumente sukzessive vom Anfang zum Ende und erlauben das Lesen sowie Schreiben von XML-Dokumenten.

Motivation

Rekapitulieren wir kurz: Bekanntermaßen wird beim dokumentbasierten DOM das gesamte Dokument eingelesen und in eine im Hauptspeicher befindliche Baumstruktur überführt. Danach hat eine nutzende Anwendung wahlfreien Zugriff, kann beliebig häufig lesen und sogar Daten ändern. Beim Event-basierten SAX ist es Aufgabe der Anwendung, die Daten auszuwerten, wenn bestimmte Bestandteile innerhalb eines XML-Dokuments erkannt werden. Der SAX-Parser nimmt selbst keine Speicherung von Daten vor, weshalb man Daten nicht mehrfach auslesen kann. Insgesamt benötigt das SAX-Parsing weniger Hauptspeicherplatz als das DOM-Parsing. Zudem ist das Parsing mit SAX oftmals merklich schneller als mit DOM.

Wieso gibt es StAX? Es wurde entwickelt, um verschiedene Vorteile beider Varianten zu vereinen. Der Grundgedanke ist die Iteration über ein Dokument ähnlich wie bei SAX, jedoch bleibt die Kontrolle bei der Applikation. Man spricht hier von ***Pull***, weil der Parser aktiv vom Entwickler gesteuert und bei Bedarf nach neuen Daten gefragt wird. Das steht im Gegensatz zu SAX, das einen ***Push***-Ansatz verfolgt, der mit Callback-Methoden arbeitet.

XML-Verarbeitung mit dem Cursor-API

Das Cursor-API ermöglicht es, den Inhalt eines XML-Dokuments als Stream von Strings (Token) zu verarbeiten. Dazu wird ein XML-Dokument sukzessive von Anfang bis zum Ende traversiert. Das Cursor-API bietet nur eine geringe Abstraktion: Der jeweilige Bestandteil des XML-Dokuments wird als String repräsentiert und entspricht z. B. einem Start-Tag, einem Kommentar oder einem Textknoten. Die zur Verarbeitung wesentlichen Interfaces, auf die ich im Folgenden eingehe, sind `XMLStreamReader` und `XMLStreamWriter` aus dem Package `javax.xml.stream`.

XMLStreamReader   Einen `XMLStreamReader` kann man aus diversen Quellen erzeugen, bevorzugt aus solchen, die auf dem Interface `java.io.Reader` basieren. Der `XMLStreamReader` selbst bietet verschiedene Zugriffsmethoden und ist im JDK wie folgt definiert:

```
public interface XMLStreamReader
{
    public int next() throws XMLStreamException;
    public boolean hasNext() throws XMLStreamException;

    public String getLocalName()
    public String getText();

    ...
}
```

Der Aufruf von Methoden wie z. B. `getLocalName()` oder `getText()` auf dem `XMLStreamReader` liefert Informationen über das Element, an dem der Cursor derzeit positioniert ist. Das eigentliche Durchlaufen eines XML-Dokuments geschieht ähnlich wie mit einem Iterator mithilfe der Methoden `next()` und `hasNext()`. Die Methode `next()` liefert einen `int`, der beschreibt, von welchem Typ der derzeit gelesene Bestandteil des XML-Dokuments ist. Mögliche Kandidaten sind im Typ `javax.xml.stream.XMLStreamConstants` definiert – gebräuchlich sind unter anderem folgende:

- `START_DOCUMENT` – Der Anfang eines XML-Dokuments
- `START_ELEMENT` – Das Start-Tag eines Elements. Hier können Informationen zu Attributen ermittelt werden.[11]
- `END_ELEMENT` – Das End-Tag eines Elements
- `CHARACTERS` – Textuelle Informationen innerhalb eines Elements

Kommen wir zum Auswerten und Einlesen eines XML-Dokuments. Das geschieht in der Regel innerhalb einer Schleife, in der dann abhängig vom gerade erkannten Typ eine bestimmte Aktion ausgeführt wird – dabei sind je nach gefundenem Typ verschiedene Methoden aus dem `XMLStreamReader`-Interface aufrufbar:

```
public static void parseXmlWithStAX(final XMLStreamReader xmlStreamReader)
                                    throws XMLStreamException
{
    while (xmlStreamReader.hasNext())
    {
        final int event = xmlStreamReader.next();
        switch (event)
        {
            case XMLStreamConstants.START_ELEMENT:
                System.out.println("Start: " + xmlStreamReader.getLocalName());
                System.out.println("Attributes: " +
                                    readAttributes(xmlStreamReader));
                break;
            case XMLStreamConstants.END_ELEMENT:
                System.out.println("End: " + xmlStreamReader.getLocalName());
                break;
        }
    }
}
```

---

[11]Zwar gibt es den Aufzählungswert `ATTRIBUTE`, jedoch wird dieser durch den Parser nicht für die Attribute eines Elements geliefert.

```
protected static String readAttributes(final XMLStreamReader xmlStreamReader)
{
    final int attributeCount = xmlStreamReader.getAttributeCount();

    // JDK 8: StringJoiner zur kommaseparierten Aufbereitung
    final StringJoiner joiner = new StringJoiner(", ");
    for (int i = 0; i < attributeCount; i++)
    {
        joiner.add(xmlStreamReader.getAttributeLocalName(i) + "=" +
                xmlStreamReader.getAttributeValue(i));
    }
    return joiner.toString();
}
```

Das Ganze rufen wir in folgender `main()`-Methode auf:

```
public static void main(final String[] args) throws XMLStreamException,
    IOException
{
    final File file = new File("resources/ch01/xml/jaxp/stax/Personen.xml");
    try (final FileReader reader = new FileReader(file))
    {
        final XMLInputFactory factory = XMLInputFactory.newInstance();
        final XMLStreamReader xmlStreamReader =
                            factory.createXMLStreamReader(reader);

        parseXmlWithStAX(xmlStreamReader);
        xmlStreamReader.close();
    }
}
```

Listing 1.5 *Ausführbar als* **'STAXCURSORBASEDREADEREXAMPLE'**

Führt man das obige Programm STAXCURSORBASEDREADEREXAMPLE aus, so erhält man folgende Ausgaben, an denen man gut das sukzessive Durchlaufen erkennt:

```
Start: Personen
Attributes:
Start: Person
Attributes: vorname=Michael, name=Inden, alter=44
End: Person
Start: Person
Attributes: vorname=Hans, name=Meyer, alter=32
End: Person
Start: Person
Attributes: vorname=Peter, name=Muster, alter=55
End: Person
End: Personen
```

Hinweis: Speicherplatzeffizienz von SAX und StAX

Das Cursor-API ist hinsichtlich der guten Speicherplatzeffizienz recht ähnlich zu SAX, da kaum Objekte erzeugt werden, weil nahezu alle Methoden auf den Typen `int` oder `String` arbeiten.

XMLStreamWriter   Zum Schreiben von XML-Dokumenten kann man einen `XML-StreamWriter` nutzen. In diesem Interface sind diverse Methoden mit nahezu selbsterklärenden Namen definiert:

```
public interface XMLStreamWriter
{
    public void writeStartDocument() throws XMLStreamException;
    public void writeEndDocument() throws XMLStreamException;

    public void writeStartElement(String localName) throws XMLStreamException;
    public void writeEndElement() throws XMLStreamException;
    public void writeCharacters(String text) throws XMLStreamException;

    public void writeAttribute(String localName, String value) throws
        XMLStreamException;
    ...

    public void close() throws XMLStreamException;
}
```

Um dieses Interface in seiner Funktionalität kennenzulernen, wollen wir ein Personen-XML-Dokument mit einem Datensatz ähnlich zum initialen Beispiel schreiben. Wir realisieren das mithilfe des `XMLStreamWriter`s wie folgt:

```
public static void main(final String[] args) throws XMLStreamException,
                                                     IOException
{
    final XMLOutputFactory outFactory = XMLOutputFactory.newInstance();
    // outFactory.setProperty(OutputKeys.INDENT, "yes");
    final XMLStreamWriter writer = outFactory.createXMLStreamWriter(System.out);

    writer.writeStartDocument();

    // öffnende Elemente schreiben
    writer.writeStartElement("Personen");
    writer.writeStartElement("Person");

    // Attribute schreiben
    writer.writeAttribute("vorname", "Michael");
    writer.writeAttribute("name", "Inden");
    writer.writeAttribute("alter", "44");
    writer.writeEndElement();

    // Spezialzeichen schreiben
    writer.writeStartElement("Spezialtext");
    writer.writeCharacters("Dies ist ein Text mit Spezialzeichen >> ? <<");
    writer.writeEndElement();

    writer.writeEndElement();
    writer.writeEndDocument();

    writer.close();
}
```

Listing 1.6 *Ausführbar als* 'S**TAXCURSORBASEDWRITEREXAMPLE**'

Durch die recht sprechenden Namen ist eigentlich nur noch erwähnenswert, dass die Methode `writeCharacters()` die Angabe von Spezialzeichen wie <, > usw., die in XML normalerweise zu escapen sind, erlaubt, und das Escaping automatisch geschieht.

Ausblick: Keine Indentation

Zwar gibt es das Property `OutputKeys.INDENT`. Leider führt es nicht zu einer Formatierung, sondern in JDK 8 Update 45 werden die Tags einfach kompakt hintereinander weg in einer Zeile geschrieben und mit JDK 8 Update 65 kommt es gar zu einer `IllegalArgumentException` mit dem Hinweis `Property indentis not supported` – tatsächlich mit dem Schreibfehler `indentis` statt `indent is`.

Starten wir das obige Programm STAXCURSORBASEDWRITEREXAMPLE, erhalten wir folgende Ausgabe (leider in einer Zeile, nur hier im Listing schöner aufbereitet):

```
<?xml version="1.0" ?>
<Personen>
    <Person vorname="Michael" name="Inden" alter="44"></Person>
    <Spezialtext>Dies ist ein Text mit Spezialzeichen &gt;&gt; ? &lt;&lt;
    </Spezialtext>
</Personen>
```

Ein komplexeres Beispiel zum Schreiben von Objektdaten zeige ich in Abschnitt 1.5.2.

XML-Verarbeitung mit dem Event-Iterator-API

Das Event-Iterator-API ist konzeptionell etwas höher angesiedelt und erlaubt es, XML-Dokumente als eine Folge von `XMLEvent`-Objekten zu verarbeiten. Das Event-Iterator-API bietet zwei wichtige Schnittstellen: den `XMLEventReader` zum Parsen von XML und den `XMLEventWriter` zum Erzeugen von XML-Dokumenten. Beide stammen aus dem Package `javax.xml.stream`.

XMLEventReader Das Interface `XMLEventReader` besitzt nur wenige Methoden, wobei das Paar `nextEvent()` und `hasNext()` dem Durchlaufen des XML-Dokuments dient:

```
public interface XMLEventReader extends Iterator
{
    public XMLEvent nextEvent() throws XMLStreamException;
    public boolean hasNext();

    ...

    public void close() throws XMLStreamException;
}
```

Mit diesem Wissen können wir uns daran machen, das bereits bestens bekannte XML-Dokument der Personen auszulesen. Die Implementierung sieht wie folgt aus:

```
public static void parseXmlWithStAX(final XMLEventReader xmlEventReader)
                    throws XMLStreamException
{
    while (xmlEventReader.hasNext())
    {
        final XMLEvent xmlEvent = xmlEventReader.nextEvent();
        if (xmlEvent.isStartElement())
        {
            final StartElement startElement = xmlEvent.asStartElement();
            System.out.println("Start: " + startElement);
        }
        if (xmlEvent.isEndElement())
        {
            System.out.println("End: " + xmlEvent.asEndElement());
        }
    }
}
```

Der Aufruf geschieht wieder in einer `main()`-Methode, die nahezu so aussieht wie für den `XMLStreamReader`, jedoch einen `XMLEventReader` nutzt:

```
public static void main(final String[] args) throws XMLStreamException,
    IOException
{
    final File file = new File("resources/ch01/xml/jaxp/stax/Personen.xml");
    try (final FileReader reader = new FileReader(file))
    {
        final XMLInputFactory factory = XMLInputFactory.newInstance();
        final XMLEventReader xmlStreamReader =
                        factory.createXMLEventReader(reader);

        parseXmlWithStAX(xmlStreamReader);
        xmlStreamReader.close();
    }
}
```

Listing 1.7 Ausführbar als 'STAXEVENTREADEREXAMPLE'

Das Programm STAXEVENTREADEREXAMPLE erzeugt folgende Ausgaben:

```
Start: <Personen>
Start: <Person vorname='Michael' name='Inden' alter='44'>
End: </Person>
Start: <Person vorname='Hans' name='Meyer' alter='32'>
End: </Person>
Start: <Person vorname='Peter' name='Muster' alter='55'>
End: </Person>
End: </Personen>
```

Man erkennt, dass hier bereits die Attribute für die Start-Elemente vorliegen. Die Auswertung wird dadurch gegenüber der mit `XMLStreamReader` etwas einfacher.

XMLEventWriter   Während das Schreiben mit dem Cursor-API dem Aufbau des XML-Dokuments folgen muss, ist man beim Event-Iterator-API flexibler, jedoch ist das Nachvollziehen mitunter ein wenig schwieriger. Wie schon beim `XMLEventReader` arbeitet man auch hier mit Objekten vom Typ `XMLEvent` und Subtypen. Dazu sind im Interface `XMLEventWriter` u. a. folgende Methoden definiert:

```
public interface XMLEventWriter
{
    public void add(XMLEvent e) throws XMLStreamException;
    public void close() throws XMLStreamException;
    // ...
}
```

Das Schreiben eines XML-Dokuments mit einem `XMLEventWriter` umfasst folgende Schritte: Man erzeugt beliebige `XMLEvent`-Objekte mithilfe einer `XMLEventFactory`. Die `XMLEvents` werden dann an den `XMLEventWriter` per `add(XMLEvent)` zum Schreiben übergeben und (spätestens) durch Aufruf von `close()` geschrieben.

Im folgenden Programm schreiben wir einen Personen-Datensatz. Dort werden die `XMLEvents` teils direkt erzeugt und teils in lokalen Variablen gehalten:

```
public static void main(final String[] args) throws FileNotFoundException,
                                                     XMLStreamException
{
    final XMLOutputFactory outputFactory = XMLOutputFactory.newInstance();
    final XMLEventWriter writer = outputFactory.createXMLEventWriter(System.out);
    try
    {
        final XMLEventFactory eventFactory = XMLEventFactory.newInstance();
        final XMLEvent startPerson = eventFactory.createStartElement("", "",
                                                                     "Person");
        final XMLEvent attrVorname = eventFactory.createAttribute("vorname",
                                                                  "Joe");
        final XMLEvent attrName = eventFactory.createAttribute("name", "Black");
        final XMLEvent attrAlter = eventFactory.createAttribute("alter", "51");
        final XMLEvent endPerson = eventFactory.createEndElement("", "",
                                                                 "Person");

        writer.add(eventFactory.createStartDocument());
        writer.add(eventFactory.createStartElement("", "", "Personen"));
        writer.add(startPerson);
        writer.add(attrVorname);
        writer.add(attrName);
        writer.add(attrAlter);
        writer.add(endPerson);
        writer.add(eventFactory.createEndElement("", "", "Personen"));
        writer.add(eventFactory.createEndDocument());
    }
    finally
    {
        writer.close();
    }
}
```

Listing 1.8 *Ausführbar als* 'StAXEventWriterExample'

Man sieht, dass sowohl der Sourcecode zum Erzeugen der `XMLEvents` als auch zum Schreiben nicht besonders gut lesbar sind. Für diese Fälle ist oftmals das Cursor-API zu bevorzugen. Mitunter kann jedoch ein `XMLEventWriter` sinnvoll sein, vor allem, wenn man dynamisch Daten schreiben muss, die als Folge von `XMLEvents` vorliegen. Das werden wir später in Abschnitt 1.4 genauer betrachten.

1.2.6 SAX, StAX oder DOM?

Wir haben einige Beispiele der XML-Verarbeitung mit SAX, DOM und StAX kennengelernt. Dabei bin ich bereits auf einige Stärken und Schwächen der jeweiligen Ansätze eingegangen. Rekapitulieren wir: Wann sollte man welche Parsing-Variante wählen?

- **Wenig komplexe Daten** ⇒ **SAX und StAX** – Für einfache Auswertungen nicht besonders komplexer Daten eignen sich SAX und StAX recht gut.
- **Hierarchische oder komplexe Daten** ⇒ **DOM** – DOM stellt die natürliche Wahl dar, wenn die Datenbestände komplexer werden oder hierarchisch organisiert sind. Dann wird die Verarbeitung mit SAX und StAX mitunter ziemlich aufwendig.
- **Riesige Datenmenge** ⇒ **SAX und StAX** – Wenn eine riesige Datenmenge eingelesen oder verarbeitet werden muss, dann empfiehlt sich häufig der Einsatz von SAX bzw. StAX, weil hier nur ein kleiner Ausschnitt aus den Daten und nicht wie bei DOM der gesamte Datenbestand eingelesen wird. Zudem können wir mit SAX und StAX ganz selektiv jeweils interessante Elemente auslesen, wodurch wesentlich speicherplatzeffizienter als mit DOM gearbeitet werden kann.
- **Spezifische Suchanfragen** ⇒ **SAX und StAX** – SAX und StAX besitzen Vorteile, wenn man Suchabfragen auf die Daten absetzen muss, die nach dem Short-Circuit-Prinzip arbeiten: Das bedeutet, dass beim Auffinden eines ersten Treffers die Suche beendet werden kann, etwa wenn es nur darum geht, die Existenz eines Datensatzes mit bestimmten Eigenschaften nachzuweisen. Bei DOM wäre wieder zunächst das gesamte Dokument einzulesen und dann zu durchsuchen. Mit SAX bzw. StAX kann man also Speicher und Zeit sparen.
- **Effizienz** ⇒ **SAX und StAX** – SAX und StAX erlauben eine effiziente Verarbeitung, die weniger Hauptspeicher und Rechenzeit als DOM benötigt. StAX lässt sich zudem gewinnbringend mit JAXB kombinieren (vgl. Abschnitt 1.4).
- **Schreiben von XML** ⇒ **DOM und StAX** – Im Gegensatz zu SAX erlauben sowohl DOM als auch StAX das Schreiben von XML-Dokumenten.
- **Änderungen im Datenbestand** ⇒ **DOM** – Sobald man Änderungen an den Daten vornehmen muss, fällt die Wahl auf DOM, weil SAX nur Lesezugriffe bietet. Zwar kann man mit StAX auch XML-Dokumente schreiben, jedoch erlaubt nur DOM das Modifizieren eines XML-Dokuments im Speicher.
- **Gezielter Zugriff auf im Dokument »verstreute« Daten** ⇒ **DOM** – Möchte man ganz spezifische Subelemente auslesen, so empfiehlt sich DOM, weil damit wahlfrei auf die Daten zugegriffen werden kann. SAX und StAX erlauben jeweils nur das einmalige Verarbeiten eines Bestandteils eines XML-Dokuments.
- **Verwendbarkeit mit XPath** ⇒ **DOM** – Nur DOM eignet sich für Abfragen mit dem in Anschluss beschriebenen XPath. Ist die Verarbeitung mit XPath ein wichtiges Kriterium, so fallen SAX und StAX von vornherein aus.

Tatsächlich sind obige Hinweise nur Empfehlungen. Die einzigen harten Regeln sind diejenigen bezüglich des verfügbaren Speichers (⇒ SAX und StAX) und bezüglich Änderungen im Dokument oder der Verarbeitung mit XPath (⇒ DOM).

1.2.7   XPath im Überblick

Die bislang vorgestellten SAX-, StAX- und DOM-Parser ermöglichen die Abfrage von Daten. Jedoch muss dies immer explizit ausprogrammiert werden, was sich mitunter recht mühsam gestaltet. Schauen wir nun auf XPath als Alternative.

XPath ist eine Art Sprache, um Knoten in einem XML-Dokument zu referenzieren und deren Werte auszulesen. Dies geschieht mit nachfolgend beschriebener Syntax.

Syntax von XPath-Abfragen

Ein XML-Dokument wird in XPath wie auch in DOM als Baum modelliert. Dort sind alle Bestandteile wiederum Knoten. Zu jedem Bestandteil (Element, Attribut usw.) kann man einen Pfad von der Wurzel aus beschreiben. Dabei gelten unter anderem folgende Navigationsregeln:

- `/` – Definiert die Wurzel.
- `/Element/Subelement` – Referenziert das Element `Subelement`, das ein Unterelement von `Element` darstellt.
- `/Element/@Attribute` – Wählt das Attribut `Attribute`, das zu `Element` gehört.
- `//` – Lässt eine oder mehrere Bestandteilebenen unspezifiziert aus.
- `/*/` – Dient als Platzhalter für eine Hierarchieebene.
- `Element1|Element2` – Beschreibt Alternativen. Im Beispiel werden also entweder `Element1` oder `Element2` gewählt.
- `Element[i]` – Führt zu einem indizierten Zugriff auf das i-te Element einer Aufzählung, wobei der Index 1-basiert ist.
- `@Attribute` – Bietet Zugriff auf das Attribut mit dem Namen `Attribute`.

Im Folgenden wenden wir einige der Regeln auf unser Eingangsbeispiel an:

Tabelle 1-2 *Beispiele für Zugriffe auf die* `Personen.xml`

XPath-Ausdruck	Bedeutung
`/Personen/Person`	Menge der `Person`-Elemente
`/Personen/Person[2]`	Zweites `Person`-Element (Index 2)
`//Person`	Menge der `Person`-Elemente. Wäre der Aufbau der Datei komplexer, würden beliebige `Person`-Elemente adressiert, auch solche, die nicht direkt unter `/Personen` zu finden sind.
`/*/Person/@name`	Attribut `name` für alle `Person`-Elemente

Zur Verdeutlichung der Arbeitsweise wollen wir diese Abfragen auf das eingangs gezeigte und hier nochmals zur Erinnerung aufgelistete XML-Dokument ausführen:

```
<Personen>
    <Person vorname="Michael" name="Inden" alter="44"></Person>
    <Person vorname="Hans" name="Meyer" alter="32"></Person>
    <Person vorname="Peter" name="Muster" alter="55" />
</Personen>
```

Wir erhalten dafür folgende Resultate:

```
/Personen/Person
    <Person vorname="Michael" name="Inden" alter="44"></Person>
    <Person vorname="Hans" name="Meyer" alter="32"></Person>
    <Person vorname="Peter" name="Muster" alter="55" />

/Personen/Person[2]
    <Person vorname="Hans" name="Meyer" alter="32"></Person>

/*/Person
    <Person vorname="Michael" name="Inden" alter="44"></Person>
    <Person vorname="Hans" name="Meyer" alter="32"></Person>
    <Person vorname="Peter" name="Muster" alter="55" />

/*/Person/@name
Inden, Meyer, Muster
```

Nach der zuvor gegebenen Einführung sollten die Ergebnisse relativ selbsterklärend sein. Mitunter stolpert man vielleicht über den 1-basierten Index und wundert sich, dass der Wert 2 in diesem Beispiel nicht den letzten Datensatz liefert, wie man es etwa aus dem Collections-Framework oder von Arrays gewohnt ist.

Hinweis: Vielfältige Ausdrucksmöglichkeiten von XPath

Die Ausdrucksmöglichkeiten von XPath sind deutlich vielfältiger, als ich es hier aus Platzgründen darlegen kann. Es werden bedingte Ausdrücke, verschiedene arithmetische Funktionen oder auch Stringoperationen geboten. Ein erstes Gespür dafür werden wir durch den Einsatz von XPath in Java-Programmen erhalten.

XPath in Java

Seit JDK 5 gibt es im JDK das Package `javax.xml.xpath`, um einzelne Bestandteile eines XML-Dokuments per XPath ansprechen und Werte auslesen zu können.

Grundlegendes zu XPath in Java   Auf ein konkretes `XPath`-Objekt erhält man Zugriff durch eine Factory, hier eine `XPathFactory`:

```
final XPathFactory xPathFactory = XPathFactory.newInstance();
final XPath xpath = xPathFactory.newXPath();
```

Darüber hinaus benötigt man noch ein als `Document` vorliegendes XML-Dokument, um etwa eine einfache Abfrage auszuführen. Zunächst wird durch Aufruf von `compile()` aus einer textuellen Repräsentation eine `XPathExpression` erzeugt, die anschließend per `evaluate()` ausgewertet wird. Dabei wird der Rückgabetyp über einen Parameter bestimmt. Sollen die `Person`-Elemente in Form einer `NodeList` geliefert werden, so müssen wir Folgendes schreiben:

```
final XPathExpression expression = xpath.compile("/Personen/Person");
final NodeList persons = (NodeList) expression.evaluate(document,
                                            XPathConstants.NODESET);
```

Man sieht zwei kleinere Unschönheiten: Zum einen muss man den Rückgabewert von `evaluate()` jeweils geeignet casten und zum anderen erhält man hier eine `NodeList`, spezifiziert als Typ jedoch `XPathConstants.NODESET`.

Für Abfragen, die einzelne Ergebnisse liefern (z. B. `//Personen/Person[2]`), ändert sich lediglich der Rückgabetyp und natürlich die textuelle Ausprägung der Abfrage. Für das Beispiel schreibt man Folgendes:

```
final XPathExpression expression = xpath.compile("/Personen/Person[2]");
final Node person = (Node) expression.evaluate(document,
                                            XPathConstants.NODE);
```

In `XPathConstants` finden sich weitere Konstanten für andere Rückgabetypen, etwa `NUMBER` für Gleitkommazahlen sowie `BOOLEAN` für den Typ `Boolean`.

XPath im Einsatz Das nun aufgebaute Wissen wollen wir in einem etwas umfangreicheren Beispiel einsetzen, bei dem wir alle zuvor aufgelisteten Abfragen ausführen und darüber hinaus noch Daten zählen und Bedingungen auswerten. Damit ergibt sich folgende `main()`-Methode als Grundgerüst zur XPath-Verarbeitung mit dem JDK:

```
public static void main(final String[] args) throws XPathExpressionException,
                    ParserConfigurationException, SAXException, IOException
{
    // DOM
    final DocumentBuilderFactory factory = DocumentBuilderFactory.newInstance();
    final DocumentBuilder builder = factory.newDocumentBuilder();
    final Document doc = builder.parse(XPathQueryExample.class.
        getResourceAsStream("Personen.xml"));

    // XPath
    final XPathFactory xFactory = XPathFactory.newInstance();
    final XPath xpath = xFactory.newXPath();

    // Queries
    System.out.println("performXPathQueries");
    System.out.println("-------------------");
    performXPathQueries(doc, xpath);

    final long count = countMichaels(doc, xpath);
    System.out.println("\ncountMichaels => " + count);

    final int age = 40;
    final boolean check = twoOrMorePersonsOlderThan(doc, xpath, age);
    System.out.println("\n2 or more older than " + age + " years? " + check);
}
```

Listing 1.9 *Ausführbar als '*XPathQueryExample*'*

Die im Listing gezeigte Methode `performXPathQueries()` wertet die auf Seite 37 in Tabelle 1-2 angegebenen XPath-Ausdrücke aus und gibt das Ergebnis jeweils auf der Konsole aus. Wir implementieren das Ganze wie folgt:

```java
private static void performXPathQueries(final Document doc, final XPath xpath)
    throws XPathExpressionException
{
    final Map<String, QName> queriesAndTypes = new LinkedHashMap<>();
    queriesAndTypes.put("/Personen/Person", XPathConstants.NODESET);
    queriesAndTypes.put("/Personen/Person[2]", XPathConstants.NODE);
    queriesAndTypes.put("/*/Person", XPathConstants.NODESET);
    queriesAndTypes.put("/*/Person/@name", XPathConstants.NODESET);

    for (final Map.Entry<String, QName> entry : queriesAndTypes.entrySet())
    {
        final List<Node> nodes = performQuery(entry.getKey(), doc, xpath,
                                              entry.getValue());
        nodes.forEach(FirstDomExample::printNodeInfos);
    }
}
```

Wir bedienen uns zum Ausführen der Queries des folgenden Tricks: In einer Map speichern wir die auszuführenden Query-Strings sowie den erwarteten Ergebnistyp. Dann können wir die folgende Methode `performQuery()` geeignet aufrufen:

```java
private static List<Node> performQuery(final String query, final Document doc,
                                       final XPath xpath, final QName mode)
                                       throws XPathExpressionException
{
    System.out.println("\nQuery: " + query);

    final XPathExpression expr = xpath.compile(query);
    if (mode == XPathConstants.NODESET)
    {
        final List<Node> nodes = new ArrayList<>();

        final NodeList nodeList = (NodeList) expr.evaluate(doc, mode);
        for (int i = 0; i < nodeList.getLength(); i++)
        {
            nodes.add(nodeList.item(i));
        }

        return nodes;
    }
    if (mode == XPathConstants.NODE)
    {
        final Node node = (Node) expr.evaluate(doc, mode);
        return Collections.singletonList(node);
    }

    return Collections.emptyList();
}
```

Wie schon angedeutet, lassen sich auch Auswertungen auf dem Inhalt von Dokumenten vornehmen. Das möchte ich mithilfe von zwei Methoden zeigen. Im ersten Fall zählen wir die `Person`-Elemente, deren Attribut `vorname` den Wert `Michael` besitzt, mit der Methode `countMichaels()`. Im zweiten Fall zählen wir all diejenigen Elemente, deren Alter einen übergebenen Wert übersteigt, und prüfen, ob diese Anzahl mindestens 2 beträgt. In beiden Varianten liefert der Aufruf von `evaluate()` den Typ `Object`, der für die weitere Auswertung geeignet gecastet werden muss.[12]

```
private static long countMichaels(final Document doc, final XPath xpath)
                                throws XPathExpressionException
{
    final String countMikes = "count(//Person[@vorname='Michael'])";
    final XPathExpression expr = xpath.compile(countMikes);

    return ((Double) expr.evaluate(doc, XPathConstants.NUMBER)).longValue();
}

private static boolean twoOrMorePersonsOlderThan(final Document doc,
                                final XPath xpath,
                                final int age)
                                throws XPathExpressionException
{
    final String moreThan2Persons = "count(//Person[@alter >= " + age + "]) >= 2
        ";
    final XPathExpression expr = xpath.compile(moreThan2Persons);

    return (Boolean) expr.evaluate(doc, XPathConstants.BOOLEAN);
}
```

Das Programm XPATHQUERYEXAMPLE produziert folgende Ausgaben:

```
performXPathQueries
-------------------
Query: /Personen/Person
Node-Name:  Person, Node-Value: null, Node-Type: 1
Attributes: alter="44", name="Inden", vorname="Michael"
Node-Name:  Person, Node-Value: null, Node-Type: 1
Attributes: alter="32", name="Meyer", vorname="Hans"
Node-Name:  Person, Node-Value: null, Node-Type: 1
Attributes: alter="55", name="Muster", vorname="Peter"

Query: /Personen/Person[2]
Node-Name:  Person, Node-Value: null, Node-Type: 1
Attributes: alter="32", name="Meyer", vorname="Hans"

Query: /*/Person
Node-Name:  Person, Node-Value: null, Node-Type: 1
Attributes: alter="44", name="Inden", vorname="Michael"
Node-Name:  Person, Node-Value: null, Node-Type: 1
Attributes: alter="32", name="Meyer", vorname="Hans"
Node-Name:  Person, Node-Value: null, Node-Type: 1
Attributes: alter="55", name="Muster", vorname="Peter"

Query: /*/Person/@name
Node-Name:  name, Node-Value: Inden, Node-Type: 2
Node-Name:  name, Node-Value: Meyer, Node-Type: 2
Node-Name:  name, Node-Value: Muster, Node-Type: 2

countMichaels => 1

2 or more older than 40 years? true
```

Sie sollten ein erstes Gespür für XPath entwickelt haben. Wir vertiefen dieses Wissen, indem wir im Anschluss XPath als Basistechnologie für XSL-Transformationen nutzen.

---

[12]Eine der wenigen Stellen, an denen sich Casts kaum vermeiden lassen.

1.2.8   XSLT im Überblick

XPath benötigt man vor allem im Zusammenhang mit XSL-Transformationen. Diese erlauben es, ein XML-Dokument in nahezu jede beliebige andere Repräsentationsform zu konvertieren. In diesem Unterkapitel werden wir uns eine Transformation von XML nach HTML sowie von XML nach CSV anschauen. Schließlich betrachten wir noch eine XML-zu-XML-Konvertierung. Zunächst zeige ich die Resultate der Transformationen, bevor wir diese Konvertierungen dann in einem Java-Programm implementieren.

XSLT-Basiskommandos

Zur Beschreibung der Abläufe bei der Transformation sind in XSL einige Kommandos definiert. Mit diesen lassen sich Werte auslesen, sortieren, bedingte Anweisungen sowie Subtransformationen, aber auch einiges mehr ausführen. Wichtige Kommandos sind:

1. `<xsl:template>` – Ein Template enthält Regeln, die ausgeführt werden, wenn eine Übereinstimmung mit einem Knoten festgestellt wird.
2. `<xsl:value-of>` – Dieses Kommando extrahiert den Wert des aktuellen Knotens.
3. `<xsl:for-each>` – Durchläuft (selektiert) alle Knoten einer speziellen Menge von Nodes.
4. `<xsl:sort>` – Sortiert die Elemente einer Menge von Nodes.
5. `<xsl:if>` – Erlaubt die Prüfung auf eine boolesche Bedingung.
6. `<xsl:apply-templates>` – Führt Transformationen auf Elementen aus.

Konvertierung in HTML

Mithilfe von XSLT ist es recht leicht, ansprechende HTML-Seiten aus einem XML-Dokument zu erzeugen. Dazu wird in einer XSL-Datei der HTML-Quelltext notiert und die gewünschten Informationen aus dem XML per XSL-Kommando an passender Stelle eingefügt. Zunächst selektieren wir mit `<xsl:template match="Personen">` das oberste Element im XML-Dokument. Dann durchlaufen wir alle `Person`-Subelemente mit `xsl:for-each`. Um eine Tabelle aufzubereiten, bedienen wir uns der dazu passenden HTML-Kommandos `table` sowie `th` für Table Header, `tr` für Table Row und `td` für Table Data. Pro `Person`-Element erzeugen wir eine Tabellenzeile mit drei Spalten. Die Daten der gewünschten Attribute lesen wir mit `xsl:value-of` aus. Um die einzelnen Daten zu charakterisieren, geben wir eine Kopfzeile mit Attributnamen an. Wir schreiben folgendes XSL:

```
<?xml version="1.0" encoding="ISO-8859-1"?>
<xsl:stylesheet version="1.0"
                xmlns:xsl="http://www.w3.org/1999/XSL/Transform">
  <xsl:output method="html" version="5" indent="yes" encoding="ISO-8859-1"/>
  <xsl:template match="Personen">
    <xsl:text disable-output-escaping='yes'>&lt;!DOCTYPE html&gt;&#xa;
    </xsl:text>
    <html>
```

```
        <body>
            <h2>Personen</h2>
            <table border="1" cellspacing="0" cellpadding="5">
                <tr><th>Vorname</th><th>Name</th><th>Alter</th></tr>
                <xsl:for-each select="Person">
                    <tr>
                        <td><xsl:value-of select="@vorname"/></td>
                        <td><xsl:value-of select="@name"/></td>
                        <td><xsl:value-of select="@alter"/></td>
                    </tr>
                </xsl:for-each>
            </table>
        </body>
    </html>
    </xsl:template>
</xsl:stylesheet>
```

Führen wir unsere XSL-Transformation aus, so erhalten wir folgendes Ergebnis:

```
<!DOCTYPE html>
<html>
<body>
<h2>Personen</h2>
<table border="1" cellspacing="0" cellpadding="5">
<tr>
<th>Vorname</th><th>Name</th><th>Alter</th>
</tr>
<tr>
<td>Michael</td><td>Inden</td><td>44</td>
</tr>
<tr>
<td>Hans</td><td>Meyer</td><td>32</td>
</tr>
<tr>
<td>Peter</td><td>Muster</td><td>55</td>
</tr>
</table>
</body>
</html>
```

Schauen wir die erzeugte Datei im Browser an, so sehen wir eine unscheinbare Tabelle, wie in Abbildung 1-2 dargestellt.

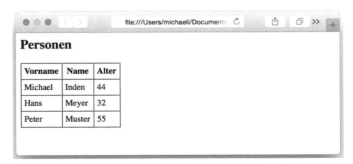

Abbildung 1-2 *Darstellung der Datei* `Personen.html` *im Browser*

Eine schönere grafische Aufbereitung erhält man durch ein Styling per CSS.

Konvertierung in CSV

Mithilfe von XSLT ist es auch möglich, CSV-Daten aus einem XML-Dokument aufzubereiten. In diesem Fall greifen wir mittels `xsl:for-each` auf eine Schleife zurück, in der wir per `xsl:value-of` die gewünschten Attribute auslesen. Für die separierenden Kommas nutzen wir `xsl:text`, weil wir nur so auch ein Leerzeichen in die Ausgabe schreiben können. Ein solches würde ansonsten bei der Transformation ignoriert. Um die einzelnen Daten zu charakterisieren, geben wir eine Kopfzeile mit Attributnamen an. Wir schreiben folgendes XSL:

```
<?xml version="1.0" encoding="ISO-8859-1"?>
<xsl:stylesheet version="1.0" xmlns:xsl="http://www.w3.org/1999/XSL/Transform">
<xsl:output method="text" encoding="ISO-8859-1"/>
    <xsl:template match="Personen">
        <xsl:text>Vorname, Name, Alter</xsl:text>
        <xsl:text>&#xA;</xsl:text>
        <xsl:for-each select="Person">
            <xsl:value-of select="@vorname"/> <xsl:text>, </xsl:text>
            <xsl:value-of select="@name"/> <xsl:text>, </xsl:text>
            <xsl:value-of select="@alter"/>
            <xsl:text>&#xA;</xsl:text>
        </xsl:for-each>
    </xsl:template>
</xsl:stylesheet>
```

Im Listing sehen wir die Angabe von `<xsl:text>&#xA;</xsl:text>`. Damit erzeugen wir Zeilenumbrüche in der auszugebenden Datei. Führen wir das später gezeigte Programm XMLTRANSFORMATIONSEXAMPLE aus, so erhalten wir folgendes CSV:

```
Vorname, Name, Alter
Michael, Inden, 44
Hans, Meyer, 32
Peter, Muster, 55
```

Transformation von XML zu XML

Wie eingangs dieses Kapitels angedeutet, hätte man für die Datei `Personen.xml` auch andere Tags wie `Kundenstamm` und `Kunde` verwenden können. Zudem wäre denkbar, die Attribute aus den `Person`-Elementen als Subelemente eines `Kunde`-Elements zu modellieren. Diese Konvertierung von einem XML in ein anderes kann man mit folgender XSLT realisieren, wobei nur die relevanten Zeilen gezeigt werden:

```
<xsl:template match="Personen">
<kundenstamm>
    <xsl:for-each select="Person">
        <kunde>
            <vorname><xsl:value-of select="@vorname"/></vorname>
            <name><xsl:value-of select="@name"/></name>
            <alter><xsl:value-of select="@alter"/></alter>
        </kunde>
    </xsl:for-each>
</kundenstamm>
</xsl:template>
```

Die Rücktransformation ist ebenfalls möglich, wird hier aber nicht mehr als XSL gezeigt. Diese und auch alle vorherigen Transformationen werden wir nun in Form eines Java-Programms realisieren.

Tipp: Browserunterstützung

Nahezu alle modernen Browser erlauben es, XSL-Transformationen automatisch beim Öffnen einer XML-Datei auszuführen. Damit das funktioniert, muss man eine Processing Instruction wie z. B. folgende im XML-Dokument angeben:

```
<?xml-stylesheet type="text/xsl" href="PersonenToHtml.xsl" ?>
```

Transformationen in Java ausführen

Nachdem wir uns bislang mit XSL-Transformationen ohne den Einsatz von Java auseinandergesetzt haben, betrachten wir nun, wie man das Ganze mit Java ausführen kann. Die grundsätzlichen Schritte habe ich bereits beim Schreiben von DOM in Dateien erwähnt, sodass ich hier nicht mehr auf alle Details der Transformationsmethode `transformXmlDoc()` eingehe. Die Methode führt im Beispiel mit einer Konsolenausgabe nur eine rudimentäre Behandlung möglicher Exceptions durch und delegiert diese nicht weiter. Wir implementieren die Transformation allgemeingültig wie folgt:

```java
private static void transformXmlDoc(final Document doc,
                                    final String xslFileName,
                                    final String destFileName)
{
    final File xmlOut = new File(destFileName);
    final StreamResult outputTarget = new StreamResult(xmlOut);
    final DOMSource xmlSource = new DOMSource(doc);

    try (final InputStream xslInputStream = new FileInputStream(xslFileName))
    {
        final Source xslSource = new StreamSource(xslInputStream);

        final TransformerFactory transformerFactory =
                            TransformerFactory.newInstance();
        final Transformer transformer =
                    transformerFactory.newTransformer(xslSource);

        transformer.transform(xmlSource, outputTarget);
    }
    catch (final IOException | TransformerFactoryConfigurationError |
        TransformerException e)
    {
        System.out.println("Error processing xsl: " + e);
    }
}
```

Dadurch die Implementierung dieser Methode `transformXmlDoc()` wird der Transformationsprozess mehr oder weniger ein Einzeiler, wie es die Aufrufe in der `main()`-Methode zeigen:

```
public static void main(final String[] args)
{
    final String PATH = "resources/ch01/xml/transform/";
    final File xmlFile = new File(PATH + "Personen.xml");

    try
    {
        final DocumentBuilderFactory factory =
                            DocumentBuilderFactory.newInstance();
        final DocumentBuilder docBuilder = factory.newDocumentBuilder();
        final Document doc = docBuilder.parse(xmlFile);

        transformXmlDoc(doc, PATH + "PersonenToCsv.xsl",
                        PATH + "output/" + "Personen.csv");
        transformXmlDoc(doc, PATH + "PersonenToHtml.xsl",
                        PATH + "output/" + "Personen.html");
        transformXmlDoc(doc, PATH + "PersonenToKundenstamm.xsl",
                        PATH + "output/" + "Kundenstamm.xml");
    }
    catch (final ParserConfigurationException | SAXException | IOException e)
    {
        System.out.println("Error processing file: " + e);
    }
}
```

Listing 1.10 *Ausführbar als* '**XMLTRANSFORMATIONSEXAMPLE**'

1.2.9 `XMLEncoder` und `XMLDecoder` im Überblick

Bislang haben wir das Extrahieren von Daten bzw. die Umwandlung in XML auf einer recht technischen Ebene betrachtet. Manchmal möchte man Objekte einfach in XML überführen und daraus lesen, ohne sich großartig darüber Gedanken machen zu müssen, wie das im Detail geschieht. Eine Möglichkeit besteht dann im Einsatz der Klassen XMLEncoder und XMLDecoder aus dem Package `java.beans`, die eine Verarbeitung ähnlich wie bei der Serialisierung ermöglichen, nur dass diese als XML erfolgt. Grundvoraussetzung für die Nutzung von XMLEncoder und XMLDecoder ist, dass die Klassen der zu verarbeitenden Objekte dem JavaBeans-Standard folgen. In diesem Kontext bedeutet das, dass die Klassen im Wesentlichen einen öffentlichen Defaultkonstruktor anbieten und für die Attribute öffentliche `get()`- und `set()`-Methoden bereitstellen.

Schauen wir uns nun die `main()`-Methode sowie danach zwei Hilfsmethoden an:

```
public static void main(final String[] args) throws Exception
{
    final Person mike = new Person("Mike", 44);
    final Person lili = new Person("Lili", 36);
    final List<Person> persons = new ArrayList<>(Arrays.asList(mike, lili));

    final String filename = "resources/ch01/xml/serialize/persons.xml";
    write(persons, filename);

    final List<Person> readPersons = read(filename);
    System.out.println("read Persons: " + readPersons);
}
```

Listing 1.11 *Ausführbar als* '**XMLENCODERDECODEREXAMPLE**'

Zum Speichern und Einlesen von `Person`-Objekten schreiben wir uns folgende zwei Hilfsmethoden:

```java
public static void write(final List<Person> persons,
                         final String filename) throws Exception
{
    try (final OutputStream os = new BufferedOutputStream(
                          new FileOutputStream(filename));
         final XMLEncoder encoder = new XMLEncoder(os))
    {
        encoder.writeObject(persons);
    }
}

public static List<Person> read(final String filename) throws Exception
{
    try (final InputStream is = new BufferedInputStream(
                          new FileInputStream(filename));
         final XMLDecoder decoder = new XMLDecoder(is))
    {
        return (List<Person>) decoder.readObject();
    }
}
```

Tipp: Fallstricke bei Collections

Um Probleme zu vermeiden, achten Sie bitte darauf, dass zu serialisierende Collections das Interface `Serializable` erfüllen. Aber es lauern auch versteckte Fehler. Würde man die Liste der Personen statt wie im Listing folgendermaßen definieren:

```java
final List<Person> persons = Arrays.asList(person1, person2);
```

dann würde eine `java.lang.InstantiationException` mit dem Hinweis `java.util.Arrays$ArrayList` ausgelöst. Das liegt daran, dass die durch `Arrays.asList()` gelieferte innere Klasse zwar serialisierbar ist, aber nicht nach außen zugänglich, sodass es hier zu einer `InstantiationException` kommt.

Führen wir das obige Programm XMLENCODERDECODEREXAMPLE aus, so wird für die Liste mit zwei Personen die nachfolgend gezeigte XML-Datei geschrieben:

```xml
<?xml version="1.0" encoding="UTF-8"?>
<java version="1.8.0_60" class="java.beans.XMLDecoder">
 <object class="java.util.ArrayList">
  <void method="add">
   <object class="xml.serialize.Person">
    <void property="age">
     <int>44</int>
    </void>
    <void property="name">
     <string>Mike</string>
    </void>
   </object>
  </void>
  ...
</java>
```

Trotz der gekürzt gezeigten Ausgabe wird deutlich, dass man kaum Steuerungsmöglichkeiten bezüglich Formatierung und Ausgabe hat. Mehr Einflussmöglichkeiten auf das
erzeugte XML erhält man durch JAXB, das ich anschließend in Abschnitt 1.3 vorstelle.

Die Klasse `XMLStreamWriter` als Alternative zum Schreiben

Manchmal möchte man XML-Dokumente ohne viel Aufwand aus Objekten generieren. Mitunter ist dann eine Instanz eines `javax.xml.stream.XMLStreamWriter`s
eine gute Wahl, da hier ein verständliches menschenlesbares API, etwa `writeStart-`
`Document()` und `writeStartElement()`, angeboten wird. Schauen wir uns an, wie
wir damit eine Liste von Personen als XML speichern können:

```java
public static void write(final List<Person> persons,
                        final String filename) throws Exception
{
    try (final OutputStream os = new BufferedOutputStream(
                        new FileOutputStream(filename)))
    {
        final XMLOutputFactory outFactory = XMLOutputFactory.newInstance();
        final XMLStreamWriter writer = outFactory.createXMLStreamWriter(os);

        try
        {
            writer.writeStartDocument();
            writer.writeCharacters("\n");
            writer.writeStartElement("persons");
            writer.writeCharacters("\n");

            for (final Person person : persons)
            {
                writer.writeStartElement("person");
                writer.writeAttribute("name", person.getName());
                writer.writeAttribute("age", String.valueOf(person.getAge()));
                writer.writeEndElement();
                writer.writeCharacters("\n");
            }

            writer.writeEndElement();
            writer.writeEndDocument();
        }
        finally
        {
            writer.close();
        }
    }
}
```

Listing 1.12 *Ausführbar als* 'PERSONSXMLSTREAMWRITEREXAMPLE'

Startet man das Programm PERSONSXMLSTREAMWRITEREXAMPLE, so wird folgender Dateiinhalt geschrieben, der deutlich übersichtlicher und lesbarer ist als die Variante
mit `XMLEncoder`:

```
<?xml version="1.0" ?>
<persons>
<person name="Mike" age="44"></person>
<person name="Lili" age="36"></person>
</persons>
```

Trotz dieser positiven Eigenschaft sollte man erwähnen, dass man als Entwickler selbst die Verantwortung trägt, die Validität des Dokuments sicherzustellen und nicht versehentlich öffnende oder schließende Elemente zu schreiben. Zwar wird ein Aufruf von `writeEndElement()` ohne vorheriges `writeStartElement()` erkannt und löst eine `javax.xml.stream.XMLStreamException` aus, allerdings gibt es andere problematische Aufrufkombinationen: Würde beim Schreiben im Beispiel kein Aufruf von `writeEndElement()` erfolgen, so würden das jeweilige Element trotzdem automatisch geschlossen. Allerdings würde dann eine Dreifachverschachtelung entstehen, also persons → person → person wie folgt:

```
<?xml version="1.0" ?>
<persons>
    <person name="Mike" age="44">
        <person name="Lili" age="36"></person>
    </person>
</persons>
```

1.3   XML-Verarbeitung mit JAXB

Häufig steht man bei der Verarbeitung von XML vor der Aufgabe, die Daten eines XML-Dokuments zur weiteren Verarbeitung in Java-Objekte umzuwandeln, z. B. die Daten aus dem einführenden Beispiel des Personen-XML-Dokuments in eine `List<Person>` zu konvertieren. Unabhängig davon, mit welcher der zuvor genannten Techniken (SAX, DOM oder StAX) man auch arbeitet, so verbleiben das Auslesen der Informationen aus dem XML, die Umwandlung in die Java-Welt und später wieder die Rückwandlung in ein korrespondierendes XML-Dokument als Aufgaben für den Entwickler. Beim Serialisieren und in der Netzwerkkommunikation kennt man Ähnliches unter den Begriffen (Un-)Marshalling sowie bei Datenbanken als objektrelationales Mapping. Für diesen Transformationsschritt existiert seit JDK 6 ein spezielles API namens *JAXB* (Java Architecture for XML Binding). Hier interagiert das Java-Programm zur Auswertung nicht mit einem Parser, sondern die Daten werden zwischen XML-Dokument und Java-Objekten automatisch abgeglichen. Dabei wird mithilfe von Konventionen und Annotations festgelegt, wie Objekte von XML nach Java und zurück konvertiert werden sollen.

Grundlegende Annotations

Bevor ich auf JAXB eingehe, schauen wir kurz auf einige wesentliche Annotations:

- `@XmlRootElement(namespace = "namespace")` – Legt das Root-Element im XML-Dokument fest.
- `@XmlElement(name = "neuName")` – Spezifiziert, dass ein Attribut einer Java-Klasse auf ein XML-Element abgebildet wird. Standardmäßig entsprechen die Namen der Elemente denen der Attribute der Java-Klasse. Mithilfe einer optionalen Namensangabe kann man steuernd eingreifen, falls eine abweichende Namensgebung für einzelne Elemente benötigt wird, etwa weil man eine Schnittstelle anbinden soll, deren Sprachstil man nicht im Sourcecode übernehmen möchte.
- `@XmlType(propOrder = { "field2", "field1",.. })` – Diese optionale Angabe erlaubt es, die Reihenfolge der Elemente im XML-Dokument zu steuern.
- `@XmlAttribute` – Spezifiziert, dass ein Java-Attribut auf ein XML-Attribut abgebildet wird.

Bitte beachten Sie noch Folgendes: Falls Sie keine Annotation im Sourcecode angeben, wird `@XmlElement` als Default verwendet.

1.3.1 Schritt 1: Passende Java-Klassen erstellen

Im ersten Schritt gilt es, solche Java-Klassen für die XML-Verarbeitung zu erstellen, die ein Datenmodell für die in XML repräsentierten Daten bilden. JAXB unterstützt zwei Varianten, wie man XML und Java verknüpft:

1. **XML first** – Der Aufbau der XML-Dokumente ist bekannt und durch XSD oder DTD definiert. Basierend darauf können passende Java-Klassen erzeugt werden.
2. **Java first** – Es existiert ein Datenmodell in Java, das per XML verarbeitet werden soll. Die Klassen werden dazu mit Annotations angereichert.

XML first

Nutzen wir wieder die eingangs gezeigte Personenliste und die zugehörige XSD bzw. DTD. Basierend darauf lassen wir uns passende Java-Klassen generieren. Dafür gibt es im JDK das `xjc`-Tool, das drei wesentliche Parameter besitzt, wobei einer der Dateiname ist. Mit `-d` wird ein Verzeichnis spezifiziert, das den Basispfad bestimmt, wohin die Klassen generiert werden.[13] Mit `-p` kann man Packages angeben, die wiederum als Unterverzeichnisse erzeugt werden.

```
xjc -d <dir> -p <packages> <xsd-file-name>
```

---

[13]Das Verzeichnis muss existieren, ansonsten kommt es bei der Generierung zu Fehlern.

Versuch 1: Generierung von Klassen basierend auf `Personen.xsd` Als Erinnerung zeige ich hier nochmals die XSD, die wir nachfolgend nutzen:

```xml
<?xml version="1.0" ?>
<xs:schema xmlns:xs="http://www.w3.org/2001/XMLSchema">
    <xs:element name="Personen">
        <xs:complexType>
            <xs:sequence>
                <xs:element name="Person" minOccurs="0" maxOccurs="unbounded">
                    <xs:complexType>
                        <xs:attribute name="vorname" type="xs:string" />
                        <xs:attribute name="name" type="xs:string" />
                        <xs:attribute name="alter" type="xs:positiveInteger" />
                    </xs:complexType>
                </xs:element>
            </xs:sequence>
        </xs:complexType>
    </xs:element>
</xs:schema>
```

Für unser Beispiel der Personen würde man etwa folgendes Kommando eingeben:

```
> xjc -encoding UTF-8 -p org.javaprofi.xml Personen.xsd
Ein Schema wird geparst ...
Ein Schema wird kompiliert ...
org/javaprofi/xml/ObjectFactory.java
org/javaprofi/xml/Personen.java
```

Wir sehen anhand der obigen Konsolenausgaben, dass nur zwei Dateien generiert wurden. Die `ObjectFactory` dient zum Erzeugen von Instanzen. Die andere ist die Containerklasse `Personen`. Etwas verwunderlich ist, dass keine `Person`-Klasse generiert wurde. Das liegt am Aufbau unserer XSD-Datei, in der die Personenangaben als unbekannter Typ modelliert sind. Demzufolge wird von `xjc` die `Person`-Klasse nur als statische innere Klasse innerhalb der Containerklasse `Personen` erzeugt:

```java
@XmlAccessorType(XmlAccessType.FIELD)
@XmlType(name = "", propOrder = { "person" })
@XmlRootElement(name = "Personen")
public class Personen
{
    // ...

    @XmlAccessorType(XmlAccessType.FIELD)
    @XmlType(name = "")
    public static class Person
    {
        // ...
    }
}
```

Zur Korrektur können wir die XSD wie folgt modifizieren und einen Typ für das Element `Person` separat definieren sowie im `Personen`-Element darauf verweisen:

```
<?xml version="1.0" ?>
<xs:schema xmlns:xs="http://www.w3.org/2001/XMLSchema">

    <xs:complexType name="Person">
        <xs:attribute name="vorname" type="xs:string" />
        <xs:attribute name="name" type="xs:string" />
        <xs:attribute name="alter" type="xs:positiveInteger" />
    </xs:complexType>

    <xs:element name="Personen">
        <xs:complexType>
            <xs:sequence>
                <xs:element name="Person" minOccurs="0" maxOccurs="unbounded" />
            </xs:sequence>
        </xs:complexType>
    </xs:element>
</xs:schema>
```

Versuch 2: Generierung von Klassen basierend auf `Personen.xsd`   Mit
dieser neuen XSD werden nun die Klassen erwartungskonform generiert, wobei allerdings die Liste der Personen überraschenderweise als `List<Object>` erzeugt wird:

```
@XmlAccessorType(XmlAccessType.FIELD)
@XmlType(name = "", propOrder = { "person" })
@XmlRootElement(name = "Personen")
public class Personen
{

    @XmlElement(name = "Person")
    protected List<Object> person;

    public List<Object> getPerson()
    {
        if (person == null)
        {
            person = new ArrayList<Object>();
        }
        return this.person;
    }
}
```

Werfen wir auch noch einen Blick auf die generierte Klasse `Person`:[14]

```
@XmlAccessorType(XmlAccessType.FIELD)
@XmlType(name = "Person")
public class Person
{
    @XmlAttribute(name = "vorname")
    protected String vorname;
    @XmlAttribute(name = "name")
    protected String name;
    @XmlAttribute(name = "alter")
    @XmlSchemaType(name = "positiveInteger")
    protected BigInteger alter;
```

---

[14]Das Attribut vom Typ `BigInteger` ist ziemlich umständlich in der weiteren Verarbeitung.
Es lässt sich leicht vermeiden, wenn statt des XML-Typs `Integer` die Typen `int` oder `long`
verwendet wird.

```java
public String getVorname()
{
    return vorname;
}

public void setVorname(String value)
{
    this.vorname = value;
}

public String getName()
{
    return name;
}

public void setName(String value)
{
    this.name = value;
}

public BigInteger getAlter()
{
    return alter;
}

public void setAlter(BigInteger value)
{
    this.alter = value;
}
}
```

Hinweis: Generierung basierend auf DTD

Heutzutage wird `xjc` wohl meistens auf Basis einer XSD genutzt. Es ist aber auch möglich, die Klassengenerierung basierend auf einer DTD vorzunehmen. In diesem Fall ist lediglich der Kommandozeilenparameter `-dtd` anzugeben. Man schreibt etwa Folgendes:

```
> xjc -dtd Personen.dtd
```

Die generierte Klasse `Personen` ist nahezu identisch, einen entscheidenden Unterschied sieht man aber in der `Person`-Klasse. Basierend auf der XSD wurde das Attribut `alter` als `BigInteger` geniert. In DTDs stehen kaum Typinformationen zur Verfügung und so wird dort das Alter als `String` repräsentiert.

Kritische Anmerkungen   Die aus einer DTD oder XSD generierten Klassen weisen das Problem auf, dass die Namen für Collections unpassend als Singular gewählt sind und zudem mit Lazy Initialization gearbeitet wird, was hier unnötig erscheint.

Darüber hinaus sind die generierten Klassen voller unnützer Kommentare der Accessor-Methoden und enthalten einen Haufen Annotations. Wie geht es besser?

Java first

Die Variante »Java first« besteht darin, eine Java-Klasse (oder mehrere) zur Modellierung der Daten zu erstellen. Mithilfe von Annotations ist festzulegen, wie eine Transformation in und aus XML erfolgen soll. Dabei müssen wir die Attribute der Klasse nicht explizit mit `@XmlElement` kennzeichnen – diese werden automatisch als Elemente behandelt. Die schon bekannte Menge von Personen realisieren wir wie folgt:

```java
@XmlRootElement(name = "Person")
@XmlType(propOrder = { "alter", "name", "vorname" }) // Ändern der Reihenfolge
public class Person
{
    private String vorname;
    private String name;
    private int alter;

    public Person()    // durch JAXB benötigt
    {
    }

    public Person(final String vorname, final String name, final int alter)
    {
        this.vorname = vorname;
        this.name = name;
        this.alter = alter;
    }

    public String getVorname()
    {
        return vorname;
    }

    public String getName()
    {
        return name;
    }

    // weitere get() und set()-Methoden
    // ...
}
```

1.3.2   Schritt 2: Marshalling und Unmarshalling

Nachdem wir die benötigte(n) Java-Klasse(n) erstellt haben, schauen wir uns die Verarbeitung konkret im Einsatz an. Folgende Komponenten aus JAXB und dem Package `javax.xml.bind` setzen wir ein:

■ Einen `JAXBContext`, den wir per `newInstance()`-Methode unter Angabe des Typs der zu verarbeitenden Klasse erstellen.

■ Ein `Marshaller`- sowie ein `Unmarshaller`-Objekt mit den dort definierten Methoden `marshal(Object, OutputStream)` bzw. `unmarshal(InputStream)` zur Umwandlung der Daten. Es existieren diverse überladene Varianten der beiden Methoden, z. B. mit `Writer` bzw. `Reader` als Parameter, mit denen die Verarbeitung von Umlauten leichter fällt.

Verarbeitung einzelner Objekte

Beginnen wir die JAXB-Verarbeitung anhand eines `Person`-Objekts. Wir schreiben die
zwei Methoden `writePerson(Person, String)` und `readPerson(String)` zum
Speichern und Einlesen in bzw. aus einer Datei. Eine ansprechend formatierte Ausgabe
erfordert einen Aufruf von `setProperty(JAXB_FORMATTED_OUTPUT, true)`:

```java
public static void main(final String[] args) throws Exception
{
    final Person person = new Person("Michael", "Inden", 44);
    final String filename = "resources/ch01/xml/jaxb/person.xml";
    writePerson(person, filename);

    final Person readPerson = readPerson(filename);
    System.out.println("read Person: " + readPerson);
}

public static void writePerson(final Person person,
                               final String filename) throws Exception
{
    final JAXBContext context = JAXBContext.newInstance(Person.class);
    final Marshaller marshaller = context.createMarshaller();
    marshaller.setProperty(Marshaller.JAXB_FORMATTED_OUTPUT, true);

    try (final OutputStream os = new BufferedOutputStream(
                       new FileOutputStream(filename)))
    {
        marshaller.marshal(person, os);
    }
}

public static Person readPerson(final String filename) throws Exception
{
    final JAXBContext context = JAXBContext.newInstance(Person.class);
    final Unmarshaller unmarshaller = context.createUnmarshaller();

    try (final InputStream is = new BufferedInputStream(
                       new FileInputStream(filename)))
    {
        return (Person) unmarshaller.unmarshal(is);
    }
}
```

Listing 1.13 *Ausführbar als* '**JAXBMARSHALANDUNMARSHALEXAMPLE**'

Führt man das obige Programm JAXBMARSHALANDUNMARSHALEXAMPLE aus, so
erhält man folgende Ausgabe in das XML-Dokument `person.xml`:

```xml
<?xml version="1.0" encoding="UTF-8" standalone="yes"?>
<Person>
    <alter>44</alter>
    <name>Inden</name>
    <vorname>Michael</vorname>
</Person>
```

Bitte beachten Sie, dass die Reihenfolge der Elemente laut der Angabe in der Annotation `@XmlType(propOrder = { "alter", "name", "vorname" })` erfolgt, sich
dies aber nicht auf den Abgleich zwischen XML und Java-Objekt auswirkt:

Steuerungsmöglichkeiten   Manchmal ist es nötig, dass der Name eines Attributs der Klasse von dem Namen des Elements abweicht. Dann lässt sich dies einfach über eine Annotation steuern, etwa um den Nachnamen im XML in `lastname` zu ändern:

```
@XmlElement(name = "lastname")
public String getName()
{
    return name;
}
```

Wollte man beispielsweise das Alter statt als XML-Element als XML-Attribut mit dem Namen `age` repräsentieren, so müsste man die `get()`-Methode wie folgt annotieren:

```
@XmlAttribute(name="age")
public int getAlter()
{
    return alter;
}
```

Bislang haben wir immer die Attribute der Klasse annotiert, wieso hier nicht? Würde man die Attribute annotieren, so würden von JAXB zwei Properties gleichen Namens gefunden: zum einen über den JavaBean-Mechanismus (`get()`-Methoden) und zum anderen über Reflection durch die Annotation am Attribut. Das löst dann eine Exception aus. Mit der Annotation `@XmlAccessorType(XmlAccessType.FIELD)` an der Klasse kann man den JavaBean-Mechanismus ausschalten und die Attribute annotieren.

Verarbeitung von Collections

Oftmals möchte man eine Menge oder Liste von Elementen speichern. Ohne viel nachzudenken, könnte man auf die Idee kommen, einfach eine Liste wie folgt zu nutzen:

```
public static void main(final String[] args) throws Exception
{
    final Person person1 = new Person("Michael", "Inden", 44);
    final Person person2 = new Person("Joshua", "Bloch", 54);

    final String filename = "resources/ch01/xml/jaxb/persons.xml";
    writePersons(Arrays.asList(person1, person2), filename);

    final List<Person> readPersons = readPersons(filename);
    System.out.println("read Persons: " + readPersons);
}
```

Listing 1.14   *Ausführbar als* 'JAXBMARSHALANDUNMARSHALLISTEXAMPLE'

Die Lese- und Schreibmethoden implementieren wir zunächst wie folgt:

```
private static void writePersons(final List<Person> personList,
                                 final String filename) throws Exception
{
    final JAXBContext context = JAXBContext.newInstance(Person.class);
    final Marshaller marshaller = context.createMarshaller();

    try (final OutputStream os = new BufferedOutputStream(
                                 new FileOutputStream(filename)))
```

```
        {
            marshaller.marshal(personList, os);
        }
    }

    private static List<Person> readPersons(final String filename) throws Exception
    {
        final JAXBContext context = JAXBContext.newInstance(Person.class);
        final Unmarshaller unmarshaller = context.createUnmarshaller();

        try (final InputStream is = new BufferedInputStream(
                                    new FileInputStream(filename)))
        {
            return (List<Person>) unmarshaller.unmarshal(is);
        }
    }
```

Dabei kommt es jedoch zu einer `javax.xml.bind.JAXBException` und der Meldung, dass die Klasse `java.util.Arrays$ArrayList` nicht im JAXB-Kontext bekannt ist. Mit ein wenig Überlegen wird klar, dass wir Listen in XML nicht direkt als Folge von Elementen darstellen können, sondern dafür ein übergeordnetes Collection-Element benötigen – genau deshalb wurde von `xjc` auch eine Klasse `Personen` generiert. Diese ermöglicht eine zusätzliche Strukturstufe im XML für folgende Ausgabe:

```
<?xml version="1.0" encoding="UTF-8" standalone="yes"?>
<Personen>
    <Person>
        <alter>44</alter>
        <name>Inden</name>
        <vorname>Michael</vorname>
    </Person>
    <Person>
        <alter>54</alter>
        <name>Bloch</name>
        <vorname>Joshua</vorname>
    </Person>
</Personen>
```

Um ein solches Dokument auch bei dem nun verwendeten »Java first«-Ansatz zu erhalten, definieren wir zunächst eine korrespondierende Klasse `Personen` wie folgt:

```
@XmlRootElement(name = "Personen")
@XmlAccessorType(XmlAccessType.FIELD)
public class Personen
{
    @XmlElement(name = "Person")
    private List<Person> persons;

    public List<Person> getPersons()
    {
        return persons;
    }

    public void setPersons(List<Person> persons)
    {
        this.persons = persons;
    }
}
```

Im Programm JAXBMARSHALANDUNMARSHALLISTEXAMPLE müssen wir nur Details in den Persistierungsmethoden anpassen. Neben der geänderten Registrierung im `JAXBContext` wird nun mit einer selbst gestrickten Containerklasse gearbeitet, und im API werden die Listen aus dem Collections-Framework genutzt:

```java
public static void writePersons(final List<Person> persons,
                                final String filename) throws Exception
{
    final JAXBContext context = JAXBContext.newInstance(Personen.class);
    final Marshaller marshaller = context.createMarshaller();
    marshaller.setProperty(Marshaller.JAXB_FORMATTED_OUTPUT, true);

    final Personen personen = new Personen();
    personen.setPersons(persons);

    try (final OutputStream os = new BufferedOutputStream(
                            new FileOutputStream(filename)))
    {
        marshaller.marshal(personen, os);
    }
}

public static List<Person> readPersons(final String filename) throws Exception
{
    final JAXBContext context = JAXBContext.newInstance(Personen.class);
    final Unmarshaller unmarshaller = context.createUnmarshaller();

    try (final InputStream is = new BufferedInputStream(
                            new FileInputStream(filename)))
    {
        final Personen personen = (Personen) unmarshaller.unmarshal(is);
        return personen.getPersons();
    }
}
```

1.3.3 JAXB: Stärken und Schwächen

JAXB besitzt diverse Vorteile, aber auch kleinere Nachteile gegenüber einer händischen Verarbeitung von XML. Die Stärken von JAXB sind:

- Es ist einfacher in der Handhabung als SAX und DOM.
- Man muss sich nicht mit Parsing-Details auseinandersetzen.
- Man arbeitet mit Objekten und nicht Event-getrieben oder auf dem DOM-Baum.
- Man kann verschiedene Ein- und Ausgabequellen nutzen.

JAXB besitzt auch ein paar Schwächen:

- Zur Verarbeitung muss immer das gesamte XML-Dokument im Speicher vorgehalten werden, was bei sehr umfangreichen Dokumenten zu Problemen führen kann.
- JAXB kapselt die XML-Verarbeitung und bietet kaum Steuerungsmöglichkeiten – fast immer ist dies jedoch eher eine Stärke.
- Aufgrund der Abstraktion gegenüber SAX und DOM ist eine Verarbeitung mit JAXB etwas langsamer.

1.4   JAXB und StAX in Kombination

Alle bislang vorgestellten Techniken haben ihre spezifischen Stärken und Schwächen. Während DOM eine objektorientierte Arbeit ermöglicht, dafür aber problematisch im Umgang mit größeren Dokumenten ist, erlauben es SAX und StAX, die XML-Dokumente jeweils sukzessive und hauptspeichersparend zu verarbeiten. Aufwendig war jedoch oft die Rekonstruktion von Objekten aus dem XML. Dazu bietet sich JAXB an, das eine einfache Transformation in und aus XML ermöglicht, aber bei umfangreichen Dokumenten wiederum standardmäßig das gesamte XML-Dokument einliest und damit viel Speicher benötigt, was zu einem `OutOfMemoryError` führen kann. Betrachten wir nun eine mögliche Abhilfe durch die Kombination von JAXB und StAX als Alternative zur Konvertierung von Java-Objekten zu XML und umgekehrt.

1.4.1   Rekonstruktion von Objekten mit JAXB und StAX

In vielen Fällen kann man JAXB und StAX gewinnbringend kombinieren, um eine speichereffiziente Verarbeitung zu erreichen. Bevor wir uns anschauen, wie man das machen kann, rekapitulieren wir nochmals kurz, was JAXB und StAX auszeichnet: JAXB wird zum Abbilden von XML auf Java-Objekte verwendet und bedient sich dazu einer Schemadefinition (meistens einer XSD). StAX ermöglicht die sukzessive Verarbeitung, entweder als Folge von Strings oder von `XMLEvent`s. Zudem erlaubt es die gezielte Navigation zu einzelnen Elementen, wodurch nur die für eine Verarbeitung relevanten Stellen angesprungen werden können – der Rest wird einfach ignoriert.

Wenn wir JAXB und StAX kombinieren, wird nicht das XML-Root-Element mit JAXB geparst, sondern stattdessen nur einzelne XML-Bestandteile, sogenannte Fragmente. Dabei nutzen wir StAX, um im XML-Dokument zu den relevanten Informationen (also speziellen Unterelementen) zu navigieren, etwa zu einem `Person`-Element. Dann transformieren wir mithilfe von JAXB die darauffolgenden XML-Fragmente in Java-Objekte. Dadurch wird jeweils immer nur wenig Hauptspeicher benötigt, weil JAXB auf jeweils einzelne Elemente eingeschränkt zum Einsatz kommt.

Kombination von JAXB und StAX zum Lesen von Objekten

Wir wollen nun ein XML-Dokument mit StAX durchlaufen und einzelne Objekte per JAXB extrahieren. Als Datenbasis dient das altbekannte Personen-Dokument, hier nochmals zur besseren Nachvollziehbarkeit abgebildet:

```
<Personen>
    <Person vorname="Michael" name="Inden" alter="44"></Person>
    <Person vorname="Hans" name="Meyer" alter="32"></Person>
    <Person vorname="Peter" name="Muster" alter="55" />
</Personen>
```

Die Aufgabe ist es, daraus eine `List<Person>` aufzubereiten. Weil wir hier XML-Attribute nutzen, muss die Klasse `Person` zur Verarbeitung wie folgt angepasst werden:

```
@XmlRootElement(name = "Person")
@XmlAccessorType(XmlAccessType.FIELD)
public class Person {

    @XmlAttribute
    private String vorname;
    @XmlAttribute
    private String name;
    @XmlAttribute
    private int alter;

    // ..
}
```

Kommen wir nun zur eigentlichen Verarbeitung. Diese geschieht in der folgenden Methode readPersons(). Dazu werden dort die Methoden isPersonElement() sowie extractPersonWithJAXB() aufgerufen, um die relevanten Fragmente der Daten einer Person aus dem XML per JAXB einzulesen:

```
public static void main(final String[] args) throws Exception
{
    final String input = "resources/ch01/xml/jaxb/stax/Personen.xml";
    final List<Person> persons = readPersons(input);

    System.out.println(persons);
}

private static List<Person> readPersons(final String input)
                throws FactoryConfigurationError,
                      XMLStreamException, JAXBException
{
    final StreamSource xml = new StreamSource(input);
    final XMLInputFactory xif = XMLInputFactory.newFactory();
    final XMLStreamReader xsr = xif.createXMLStreamReader(xml);

    try
    {
        final List<Person> persons = new ArrayList<>();
        while (xsr.hasNext())
        {
            xsr.next();

            if (isPersonElement(xsr))
            {
                persons.add(extractPersonWithJAXB(xsr));
            }
        }
        return persons;
    }
    finally
    {
        xsr.close();
    }
}

private static boolean isPersonElement(final XMLStreamReader xsr)
{
    return xsr.isStartElement() && xsr.getLocalName().equals("Person");
}
```

```
private static Person extractPersonWithJAXB(final XMLStreamReader xsr)
                                        throws JAXBException
{
    final JAXBContext jaxbContext = JAXBContext.newInstance(Person.class);
    final Unmarshaller unmarshaller = jaxbContext.createUnmarshaller();

    return unmarshaller.unmarshal(xsr, Person.class).getValue();
}
```

Listing 1.15 *Ausführbar als* '**PERSONUNMARSHALWITHSTAXANDJAXBEXAMPLE**'

Das Programm PERSONUNMARSHALWITHSTAXANDJAXBEXAMPLE produziert folgende Ausgabe:

```
[Person [vorname=Michael, name=Inden, alter=44], Person [vorname=Hans, name=
    Meyer, alter=32], Person [vorname=Peter, name=Muster, alter=55]]
```

Kombination von JAXB und StAX zum Schreiben von Objekten

Man kann auch mit dem XMLStreamWriter arbeiten, etwa um eine SOAP-Nachricht zu erzeugen, deren Struktur XML-Elemente vom Typ Envelope und Body besitzt. Anschließend schreiben wir mit writePersonWithJAXB() die Objektdaten:

```
public static void main(final String[] args)
                throws FactoryConfigurationError, XMLStreamException,
                       JAXBException, PropertyException
{
    final XMLOutputFactory xof = XMLOutputFactory.newFactory();
    final XMLStreamWriter streamWriter = xof.createXMLStreamWriter(System.out);

    try
    {
        streamWriter.writeStartDocument();
        final String namespaceURI = "http://schemas.xmlsoap.org/soap/envelope/";
        streamWriter.writeStartElement("s", "Envelope", namespaceURI);
        streamWriter.writeStartElement("s", "Body", namespaceURI);
        streamWriter.writeStartElement("jp", "Content",
                                       "http://www.java-profi.de/soap");
        writePersonWithJAXB(streamWriter, new Person("Michael", "Inden", 44));
        streamWriter.writeEndDocument();
    }
    finally
    {
        streamWriter.close();
    }
}

private static void writePersonWithJAXB(final XMLStreamWriter streamWriter,
                                        final Person person)
            throws JAXBException, PropertyException
{
    final JAXBContext jaxbContext = JAXBContext.newInstance(Person.class);
    final Marshaller marshaller = jaxbContext.createMarshaller();
    marshaller.setProperty(Marshaller.JAXB_FRAGMENT, true);
    marshaller.marshal(person, streamWriter);
}
```

Listing 1.16 *Ausführbar als* '**SOAPMARSHALEXAMPLE**'

Starten wir das Programm SOAPMARSHALEXAMPLE, so erhalten wir folgende Ausgabe (anders als dargestellt leider auch wieder unformatiert in einer Zeile):

```xml
<?xml version="1.0" ?>
<s:Envelope>
    <s:Body>
        <jp:Content>
            <Person vorname="Michael" name="Inden" alter="44"></Person>
        </jp:Content>
    </s:Body>
</s:Envelope>
```

1.4.2   Vergleich zu SAX, DOM und JAXB

Um die zuvor geführte Argumentation ein wenig besser einordnen zu können, zeige ich jeweils anhand kurzer Beispiele, wie man die Objektrekonstruktion mit SAX, DOM und JAXB realisieren kann.

Variante mit SAX

Beginnen wir die Rekonstruktion einer Personenliste basierend auf einem Parsing mit SAX. Das erfordert bereits für die recht einfach aufgebaute Klasse `Person` einiges an Arbeit, um daraus ein korrespondierendes Objekt erzeugen zu können. Zentraler Bestandteil ist hier eine eigene Realisierung eines `ContentHandler`s:

```java
public static void main(final String[] args) throws FileNotFoundException,
                                                     SAXException, IOException,
                                                     ParserConfigurationException
{
    final String input = "resources/ch01/xml/jaxb/stax/Personen.xml";
    final SAXParserFactory factory = SAXParserFactory.newInstance();
    final SAXParser saxParser = factory.newSAXParser();

    final PersonExtractHandler handler = new PersonExtractHandler();
    saxParser.parse(new File(input), handler);

    System.out.println("Extracted persons: " + handler.persons);
}

private static class PersonExtractHandler extends DefaultHandler
{
    final List<Person> persons = new ArrayList<>();

    @Override
    public void startElement(final String uri, final String localName,
                             final String qName, final Attributes attributes)
                             throws SAXException
    {
        if (qName.equalsIgnoreCase("Person"))
        {
            persons.add(extractPerson(attributes) );
        }
    }
}
```

```
    private Person extractPerson(final Attributes attributes)
    {
        return new Person(attributes.getValue("vorname"),
                          attributes.getValue("name"),
                          Integer.valueOf(attributes.getValue("alter")));
    }
}
```

Listing 1.17 *Ausführbar als* **'SaxReadPersonExample'**

Startet man das obige Programm SaxReadPersonExample, so extrahiert es aus den Attributen des `Person`-Elements die für die Konstruktion eines `Person`-Objekts benötigten Daten und es kommt zu folgenden Ausgaben (hier lesbar ausgerichtet):

```
Extracted persons: [Person [vorname=Michael, name=Inden, alter=44],
                    Person [vorname=Hans, name=Meyer, alter=32],
                    Person [vorname=Peter, name=Muster, alter=55]]
```

Variante mit DOM

Nach der aufwendigen Verarbeitung mit SAX, die noch ungleich komplexer wäre, wenn wir statt Attributen Elemente verwenden würden, schauen wir auf eine Vereinfachung durch den Einsatz von DOM. Hier können wir auf `Nodes` arbeiten und daraus die jeweiligen `Person`-Objekte sowie die gewünschte Ergebnisliste erstellen:

```
public static void main(final String[] args) throws SAXException, IOException,
                                                    ParserConfigurationException
{
    final String input = "resources/ch01/xml/jaxb/stax/Personen.xml";
    final DocumentBuilderFactory factory = DocumentBuilderFactory.newInstance();
    final DocumentBuilder builder = factory.newDocumentBuilder();

    final Document doc = builder.parse(input);

    final List<Person> persons = extractPersonsFrom(doc);
    System.out.println("Extracted persons: " + persons);
}

private static List<Person> extractPersonsFrom(final Document doc)
{
    final List<Person> persons = new ArrayList<>();

    final NodeList personElements = doc.getElementsByTagName("Person");
    for (int i = 0; i < personElements.getLength(); i++)
    {
        final Element personElement = (Element) personElements.item(i);
        persons.add(extractPerson(personElement.getAttributes()));
    }
    return persons;
}

private static Person extractPerson(final NamedNodeMap attributes)
{
    return new Person(getValue(attributes, "vorname"),
                      getValue(attributes, "name"),
                      Integer.valueOf(getValue(attributes, "alter")));
}
```

```
private static String getValue(final NamedNodeMap attributes,
                              final String name)
{
    return attributes.getNamedItem(name).getNodeValue();
}
```

Listing 1.18 *Ausführbar als* '**DOMREADPERSONEXAMPLE**'

Startet man das obige Programm DOMREADPERSONEXAMPLE, so erhält man dieselben Ausgaben wie bei SAX.

Variante mit JAXB

Als Letztes schauen wir uns an, wie man die gesamte Datei ausschließlich mit JAXB einlesen könnte. Das haben wir bereits in Abschnitt 1.3.2 mit seinen kleineren Fallstricken bezüglich der Verarbeitung von Collections und der Notwendigkeit einer eigenen `Personen`-Klasse, die eine `List<Person>` zurückliefern kann, besprochen. Demnach schreiben wir etwa Folgendes:

```
public static void main(final String[] args)
            throws FileNotFoundException, JAXBException, IOException
{
    final String input = "resources/ch01/xml/jaxb/stax/Personen.xml";

    final List<Person> persons = readPersons(input);
    System.out.println("Extracted persons: " + persons);
}

private static List<Person> readPersons(final String filename)
            throws JAXBException, FileNotFoundException, IOException
{
    final JAXBContext context = JAXBContext.newInstance(Personen.class);
    final Unmarshaller unmarshaller = context.createUnmarshaller();

    try (final InputStream is = new BufferedInputStream(
                            new FileInputStream(filename)))
    {
        final Personen personen = (Personen) unmarshaller.unmarshal(is);
        return personen.getPersons();
    }
}
```

Listing 1.19 *Ausführbar als* '**JAXBREADEXAMPLE**'

Das Programm JAXBREADEXAMPLE ist mit Abstand das kürzeste und am besten lesbare der drei Varianten. Es versteckt sämtliche Details des Auslese- und Konvertierungsvorgangs. Beides erfolgt durch JAXB. Die Ausgaben sind identisch zu denen der Varianten mit SAX und DOM (hier lesbar ausgerichtet):

```
Extracted persons: [Person [vorname=Michael, name=Inden, alter=44],
                    Person [vorname=Hans, name=Meyer, alter=32],
                    Person [vorname=Peter, name=Muster, alter=55]]
```

1.4.3   On-the-Fly-Modifikation von Objekten

Wir haben gesehen, wie sich StAX und JAXB gewinnbringend kombinieren lassen und wie dies gegenüber SAX, DOM und JAXB jeweils als Einzeltechnologie vorteilhaft ist.

Abschließend möchte ich Ihnen noch demonstrieren, wie man XML-Dokumente während des Einlesevorgangs modifizieren kann. Dabei zeige ich zudem eine Filterung. Die eigentliche Verarbeitung geschieht in der Methode processElement(). Mithilfe der Methode isPersonElement() separieren wir Person-Elemente von anderen Elementen. Diese werden so, wie sie eingelesen werden, an den XMLEventWriter durchgereicht. Für Person-Elemente modifizieren wir deren Alter, sofern sie nicht dem Datensatz Michael entsprechen, den wir herausfiltern.

```
private static void processElement(final XMLEventReader xer,
                                   final XMLEventWriter xew,
                                   final Unmarshaller unmarshaller,
                                   final Marshaller marshaller)
             throws XMLStreamException, JAXBException
{
    if (isPersonElement(xer))
    {
        final Person currentPerson = (Person) unmarshaller.unmarshal(xer);
        System.out.println("Read: " + currentPerson);

        if (!isMichael(currentPerson))
        {
            currentPerson.setAlter(currentPerson.getAlter() - 10);

            marshaller.marshal(currentPerson, xew);
            System.out.println("Wrote: " + currentPerson);
        }
    }
    else
    {
        // Durchleiten nicht relevanter Events
        xew.add(xer.nextEvent());
    }
}

private static boolean isPersonElement(final XMLEventReader xer)
             throws XMLStreamException
{
    return xer.peek().isStartElement() &&
           xer.peek().asStartElement().getName().getLocalPart().equals("Person");
}

private static boolean isMichael(final Person currentPerson)
{
    return currentPerson.getVorname().equals("Michael");
}
```

In der folgenden main()-Methode werden alle zur XML-Verarbeitung relevanten Klassen instanziiert. Dann wird das XML-Dokument sukzessive mit einem XMLEventReader durchlaufen, solange dieser noch Daten liefern kann. Die so gelesenen XMLEvents werden mit processElement() wie oben gezeigt verarbeitet. Im Listing sehen wir das Property Marshaller.JAXB_FRAGMENT. Dieses wird benötigt, weil wir ja nur Teile, also Fragmente, des XMLs schreiben.

```
public static void main(final String[] args)
            throws FileNotFoundException, IOException,
                    XMLStreamException, JAXBException
{
    final String PATH = "resources/ch01/xml/jaxb/stax/";
    try (final InputStream in = new FileInputStream(PATH + "Personen.xml");
         final OutputStream out = new FileOutputStream(PATH + "Modified.xml"))
    {
        final XMLInputFactory xif = XMLInputFactory.newFactory();
        final XMLOutputFactory xof = XMLOutputFactory.newFactory();
        final XMLEventReader xer = xif.createXMLEventReader(in);
        final XMLEventWriter xew = xof.createXMLEventWriter(out);


        try
        {
            final JAXBContext jc = JAXBContext.newInstance(Person.class);
            final Unmarshaller unmarshaller = jc.createUnmarshaller();
            final Marshaller marshaller = jc.createMarshaller();
            marshaller.setProperty(Marshaller.JAXB_FRAGMENT, true);


            while (xer.hasNext())
            {
                processElement(xer, xew, unmarshaller, marshaller);
            }
        }
        finally
        {
            xer.close();
            xew.close();
        }
    }
}
```

Listing 1.20 *Ausführbar als* '**ONTHEFLYMODIFICATIONEXAMPLE**'

Starten wir das obige Programm ONTHEFLYMODIFICATIONEXAMPLE, so kommt es zum einen zu folgenden Konsolenausgaben, die die Verarbeitung protokollieren:

```
Read: Person [vorname=Michael, name=Inden, alter=44]
Read: Person [vorname=Hans, name=Meyer, alter=32]
Wrote: Person [vorname=Hans, name=Meyer, alter=22]
Read: Person [vorname=Peter, name=Muster, alter=55]
Wrote: Person [vorname=Peter, name=Muster, alter=45]
```

Zum anderen wird folgendes XML-Dokument geschrieben, in dem man sehr schön die Modifikation nachvollziehen kann:

```
<Personen>
    <Person vorname="Hans" name="Meyer" alter="22"></Person>
    <Person vorname="Peter" name="Muster" alter="45"></Person>
</Personen>
```

Fazit

Die geschickte Kombination von Technologien ergibt manchmal mehr als die Summe der Teile: In diesem Fall wurde dies für die Vorteile von StAX und JAXB demonstriert. Damit man diese nutzen kann, muss man eine geeignete Balance finden, insbesondere für die Granularität der mit JAXB eingelesenen XML-Fragmente.

1.5 JSON – das bessere XML?

In den vorherigen Abschnitten habe ich die Vorzüge von XML dargestellt und gezeigt, dass sich damit vielfältige Aufgabenstellungen inklusive Transformationen in andere Darstellungen (recht) einfach umsetzen lassen.

Einer der größten Kritikpunkte an XML ist seine Gesprächigkeit und die damit einhergehende mangelnde Übersichtlichkeit sowie die großen Redundanzen textueller Natur, wodurch XML teilweise etwas schwerfällig wirkt. Deshalb hat sich wohl *JSON* (*JavaScript Object Notation*) mittlerweile als eine leichtgewichtigere Darstellungsform für Daten als Konkurrenz etabliert. JSON ist vor allem im Bereich von Webapplikationen und Webservices sehr populär und weit verbreitet. Bei Oracle besitzt das Thema hohen Stellenwert und daher wurde eine Unterstützung in den Standard Java EE 7 aufgenommen. Leider bietet JDK 8 keine direkte Unterstützung – außer man verwendet einen Trick und nutzt die in Java integrierte JavaScript-Engine. Man kann aber auf externe Bibliotheken wie XStream oder das recht populäre Jackson zurückgreifen. Weitere Informationen finden Sie auf den folgenden Webseiten: `http://x-stream.github.io/` und `https://github.com/FasterXML`.

1.5.1 Crashkurs JSON

JSON ist ein einfach aufgebautes und leicht zu verstehendes Format, das auf Schlüssel-Wert-Definitionen beruht. JSON benutzt die Syntax von JavaScript, um Daten und Objekte zu beschreiben. Es bietet primitive Datentypen wie Zahlen, aber auch textuelle Werte. Letztere werden wie für Strings üblich in Hochkommata eingeschlossen – wobei auch einfache Anführungszeichen erlaubt sind. Selbstverständlich lassen sich Werte zu Arrays zusammenfassen. Dabei gelten folgende Regeln:

- Die Daten werden als Paar `Name : Wert` angegeben.
- Die Daten werden durch Kommata separiert.
- Objekte werden durch geschweifte Klammern definiert.
- Eckige Klammern beschreiben Arrays.

Tatsächlich reichen diese wenigen Regeln, um selbst komplexe Objekte beschreiben zu können. Schauen wir uns zunächst ein einfaches Beispiel an:

```
{
   "boolean" : true,
   "number" : 4711,
   "string" : "Text",
   "object" : { "Attribute1" : "Value1", "Attribute2" : "Value2" },
   "array" : [ "Element1", "Element2", "Element3", "Element4" ]
}
```

Abschließend bleibt Folgendes zu erwähnen: Leerzeichen tragen keine semantische Bedeutung und können beliebig zur Formatierung genutzt werden.

1.5.2   JSON mit Java verarbeiten

Bislang konnten wir alle Programme ohne externe Abhängigkeiten realisieren. Da die
JSON-Verarbeitung nicht Bestandteil des JDKS ist, benötigen wir nun externe Bibliotheken. Eingangs erwähnte ich bereits die Bibliotheken XStream und Jackson. Mit beiden wollen wir uns die Verarbeitung von JSON in Java anschauen und erstellen kleine
Beispielapplikationen. Für diese implementieren wir eine Klasse `Person`.

Abhängigkeiten im Build

Um die benötigten Klassen aus den Bibliotheken zur Verfügung zu haben, müssen folgende Dependencies in unserem Gradle-Build angegeben werden:

```
compile 'com.thoughtworks.xstream:xstream:1.4.8'
compile 'com.fasterxml.jackson.core:jackson-core:2.6.2'
compile 'org.codehaus.jettison:jettison:1.3.7'
```

Beispielklasse

Als Basis nutzen wir wieder Personen, diesmal jedoch um eine Menge von Hobbys erweitert. Die korrespondierende Klasse definieren wir als POJO (Plain Old Java Object)
wie folgt:

```java
public class Person
{
    private String firstName;
    private String lastName;
    private int age;

    private final Set<String> hobbies = new TreeSet<>();

    public Person()
    {
    }

    public Person(final String firstName, final String lastName,
                  final int age, final Collection<String> hobbies)
    {
        this.firstName = firstName;
        this.lastName = lastName;
        this.age = age;
        this.hobbies.addAll(hobbies);
    }

    @Override
    public String toString()
    {
        return "Person [firstName=" + firstName + ", lastName=" + lastName +
            ", age=" + age + ", hobbies=" + hobbies + "]";
    }
}
```

Bemerkenswert an dieser Implementierung ist, dass wir keine Getter- und Setter-Methoden bereitstellen, sondern lediglich einen Defaultkonstruktor sowie einen, der mit allen Attributen ein passendes Objekt erzeugen kann.

XML und JSON mit XStream verarbeiten

In diesem Abschnitt betrachten wir, wie man XML und JSON mit XStream verarbeiten kann. Zunächst ist noch erwähnenswert, dass es uns XStream ziemlich einfach macht, Objekte nach XML zu exportieren und wieder daraus zu importieren. Dazu ist nur eine minimale Konfiguration notwendig.

Zur Verarbeitung erzeugt man eine Instanz vom Typ `XStream`, die für JSON jedoch noch geeignet mit einer Instanz eines `JettisonMappedXmlDriver` initialisiert werden muss. Zur Ausgabe wird in beiden Fällen die Methode `toXml()` genutzt. Damit XStream die Klassen und das XML abgleichen kann, müssen die zu verarbeitenden Klassen mit `alias()` registriert werden. Schauen wir uns einfach die Implementierung an, wodurch sich eventuelle Fragen sicher umgehend klären:

```java
public static void main(final String[] args)
{
    final List<Person> persons = createDemoPersons();

    final XStream xStreamForXml = createXStreamForXml();
    final XStream xStreamForJson = createXStreamForJson();

    final String personsAsXml = xStreamForXml.toXML(persons);
    final String personsAsJson = xStreamForJson.toXML(persons);
    System.out.println("XML: \n" + personsAsXml);
    System.out.println("\nJSON:\n" + personsAsJson);

    final List<Person> readPersonsFromXml =
                    (List<Person>)xStreamForXml.fromXML(personsAsXml);
    final List<Person> readPersonsFromJson =
                    (List<Person>)xStreamForJson.fromXML(personsAsJson);
    System.out.println("\nRead from XML :\n" + readPersonsFromXml);
    System.out.println("\nRead from JSON:\n" + readPersonsFromJson);
}

private static XStream createXStreamForXml()
{
    final XStream xStream = new XStream();
    xStream.alias("Person", Person.class);
    return xStream;
}

private static XStream createXStreamForJson()
{
    final XStream xStreamJson = new XStream(new JettisonMappedXmlDriver());
    xStreamJson.alias("Person", Person.class);
    return xStreamJson;
}
```

Listing 1.21 *Ausführbar als* '**XSTREAMXMLANDJSONEXAMPLE**'

Nicht nur hier, sondern auch für die weiteren Beispiele nutzen wir folgende Metho-de zur Datenerzeugung, die ihre zurückgegeben Daten wieder in eine `ArrayList<E>` wrappen muss, um Fehler[15] zu vermeiden – das haben wir schon im Praxistipp »Fall-stricke bei Collections« auf Seite 47 für die Klasse `XMLDecoder` besprochen.

```java
private static List<Person> createDemoPersons()
{
    final List<String> michasHobbies = Arrays.asList("Java", "Fotografie");
    final List<String> timsHobbies = Arrays.asList("Hifi", "Java");

    final Person micha = new Person("Michael", "Inden", 44, michasHobbies);
    final Person tim = new Person("Tim", "Bötz", 44, timsHobbies);

    // new ArrayList<>(() ist wichtig, um Probleme zu vermeiden
    return new ArrayList<>(Arrays.asList(micha, tim));
}
```

Führt man das obige Programm XSTREAMXMLANDJSONEXAMPLE aus, so erhält man folgende Ausgaben (gekürzt):

```
XML:
<java.util.Arrays_-ArrayList>
  <a class="Person-array">
    <Person>
      <firstName>Michael</firstName>
      <lastName>Inden</lastName>
      <age>44</age>
      <hobbies class="sorted-set">
        <string>Fotografie</string>
        <string>Java</string>
      </hobbies>
    </Person>
...
  </a>
</java.util.Arrays_-ArrayList>

JSON:
{"java.util.Arrays$ArrayList": {"a":{"@class":"Person-array",
"Person":[{"firstName":"Michael","lastName":"Inden","age":44,
    "hobbies":{"@class":"sorted-set","string":["Fotografie", "Java"]}},
    {"firstName":"Tim","lastName":"Bötz","age":44,
    "hobbies":{"@class":"sorted-set","string":["Hifi","Java"]}}]}}}

Read from XML :
[Person [firstName=Michael, lastName=Inden, age=44, hobbies=[Fotografie, Java]],
 Person [firstName=Tim, lastName=Bötz, age=44, hobbies=[Hifi, Java]]]

Read from JSON:
[Person [firstName=Michael, lastName=Inden, age=44, hobbies=[Fotografie, Java]],
 Person [firstName=Tim, lastName=Bötz, age=44, hobbies=[Hifi, Java]]]
```

Man erkennt, dass die Ausgabe der Collections nicht besonders übersichtlich ist. Zudem könnte man kritisieren, dass die Verarbeitung von JSON über die Methoden `toXML()` und `fromXML()` nicht wirklich intuitiv ist – das im Anschluss vorgestellte Jackson macht es besser.

---

[15] No such field java.util.Arrays$ArrayList.java.util.Arrays$ArrayList

Abgesehen von diesen Kritikpunkten bietet XStream aber eine gute Unterstützung beim Verarbeiten von XML und JSON.

JSON mit Jackson verarbeiten

Nachdem wir nun ein wenig über die Verarbeitung von JSON mit XStream wissen, werfen wir zur Abrundung einen Blick auf eine Realisierung der JSON-Aufbereitung mit Jackson. Erneut wird eine Liste von Personen mit einer Menge von Hobbys als JSON aufbereitet. Dazu dient in Jackson eine Instanz vom Typ ObjectMapper. Während man bei XStream problemlos auch Attribute verarbeiten kann, muss man für Jackson die ObjectMapper-Instanz dazu mit setVisibility() geeignet parametrieren. Alternativ kann man für die zu verarbeitende Klasse auch als public definierte Zugriffsmethoden bereitstellen – wie es für viele Klassen ohnehin schon der Fall ist. Positiv an Jackson ist, dass keine Tricksereien beim Einsatz von Arrays.asList() nötig sind:

```
public static void main(final String[] args) throws Exception
{
    final List<Person> persons = createDemoPersons();

    final ObjectMapper mapper = new ObjectMapper();
    mapper.setVisibility(PropertyAccessor.FIELD, Visibility.ANY);

    final String jsonAsString = mapper.writeValueAsString(persons);
    System.out.println("List -> JSON: " + jsonAsString);

    final List<Person> readInPersons =
                    mapper.readValue(jsonAsString, List.class);
    System.out.println("\nJSON -> List: " +readInPersons);
}

private static List<Person> createDemoPersons()
{
    final List<String> michasHbbies = Arrays.asList("Java", "Fotografie");
    final List<String> timsHobbies = Arrays.asList("Hifi", "Java");

    final Person micha = new Person("Michael", "Inden", 44, michasHbbies);
    final Person tim = new Person("Tim", "Bötz", 44, timsHobbies);

    // Jackson benötigt KEIN new ArrayList<>()
    return Arrays.asList(micha, tim);
}
```

Listing 1.22   Ausführbar als 'JACKSONJSONEXAMPLE'

Das Programm JACKSONJSONEXAMPLE erzeugt folgende Ausgaben:

```
List -> JSON: [{"firstName":"Michael","lastName":"Inden","age":44,
               "hobbies":["Fotografie","Java"]},
              {"firstName":"Tim","lastName":"Bötz","age":44,
               "hobbies":["Hifi","Java"]}]

JSON -> List: [{firstName=Michael, lastName=Inden, age=44,
               hobbies=[Fotografie, Java]},
              {firstName=Tim, lastName=Bötz, age=44, hobbies=[Hifi, Java]}]
```

Jackson erlaubt es auch, die Daten in eine Datei per `OutputStream`s oder `Writer` zu schreiben bzw. aus Dateien per `InputStream` oder mit einem `Reader` zu lesen.

Utility-Klasse zum Mapping   Die für XStream und Jackson erstellten Beispiele haben die Umwandlung von Objekten in JSON und zurück auf einer sehr technischen, feingranularen Ebene gezeigt. Für die Lesbarkeit, Wartbarkeit, Verständlichkeit sowie Erweiterbarkeit ist es aber besser, im Applikationscode die Abläufe auf einer konzeptionellen Ebene beschreiben zu können und von Details zu abstrahieren. Um dies zu erreichen, erstellen wir eine kleine Utility-Klasse `JsonMapper`, die die Umwandlungen wie folgt realisiert:

```java
public class JsonMapper
{
    private static final ObjectMapper mapper = new ObjectMapper();
    static
    {
        mapper.setVisibility(PropertyAccessor.FIELD, Visibility.ANY);
    }

    public static String toJsonString(final Object obj)
                                throws JsonProcessingException
    {
        return mapper.writeValueAsString(obj);
    }

    public static <T> T fromJsonString(final String jsonAsString,
                                final Class<T> type)
                            throws JsonParseException,
                                JsonMappingException,
                                IOException
    {
        return mapper.readValue(jsonAsString, type);
    }
}
```

Mit diesen beiden Hilfsmethoden können wir die eigentliche Applikation deutlich vereinfachen:

```java
public static void main(final String[] args) throws Exception
{
    final List<Person> persons = createDemoPersons();

    final String jsonAsString = JsonMapper.toJsonString(persons);
    System.out.println("List -> JSON: " + jsonAsString);

    final List<Person> readInPersons =
                    JsonMapper.fromJsonString(jsonAsString, List.class);
    System.out.println("\nJSON -> List: " +readInPersons);
}
```

Listing 1.23 Ausführbar als '**JSONMAPPEREXAMPLE**'

Starten wir das Programm JSONMAPPEREXAMPLE, so erhalten wir exakt die gleichen Ausgaben wie zuvor.

1.5.3 JSON vs. XML

Tatsächlich bietet JSON zur reinen Repräsentation und auch zur Serialisierung von Daten gegenüber XML den Vorteil, deutlich weniger »Noise« zu enthalten und einfach besser lesbar zu sein. In XML-Dokumenten erkennt man manchmal vor lauter Tag-Namen kaum mehr den eigentlichen Nutzinhalt. Aufgrund seiner Kompaktheit ist JSON außerdem schneller zu verarbeiten und leichter zu parsen als XML. Zudem lassen sich Listen und Maps mittels JSON recht einfach und kurz notieren. Ein entscheidender Unterschied und Vorteil von JSON gegenüber XML besteht darin, dass die Daten in JSON typisiert sind, im Gegensatz zu XML, wo diese textuell vorliegen. Jedoch werden nur wenige Datentypen etwa für Zahlen, boolesche Werte und Strings unterstützt.

Sowohl für JSON als auch XML kann man eine (nahezu) selbstbeschreibende Repräsentation erreichen – für JSON durch gut gewählte Attributnamen, für XML durch passende Tag-Namen.

Allerdings besitzt XML auch Vorteile, die JSON nicht ins Feld führen kann. Nachfolgend sind einige Beispiele aufgeführt:

- Die Angabe von Semantik und Struktur über DTD bzw. XSD
- Die Ausführung von Verarbeitungsprozessen mithilfe von XSLT
- Das Auslesen von Daten mithilfe von XPath
- Die Möglichkeit, ergänzende Hinweise in Kommentaren hinterlegen zu können

XML wird derzeit durch verschiedenste Java-APIs unterstützt. Dies gilt ähnlich für viele andere Programmiersprachen. Für JSON sieht das jedoch anders aus: Leider hinkt hier die Unterstützung durch das JDK hinterher. Allerdings ermöglichen es Groovy, JavaScript sowie einige andere Sprachen, JSON nativ zu verarbeiten. Für Java haben wir mit XStream und Jackson zwei gängige Bibliotheken angeschaut, sodass Sie für erste Aufgaben gerüstet sind.

Fazit

Es hängt (wie fast immer) sehr stark von dem jeweiligen Anwendungsfall ab, ob man sich für XML oder JSON entscheiden sollte. Als reines Serialisierungs- und Datenaustauschformat bietet sich häufig JSON als schlanke Lösung an. XML kann immer dann punkten, wenn für die Daten eine Validierung oder eine Transformation in andere Repräsentationsformen gewünscht oder benötigt werden.

1.6   Weiterführende Literatur

XML und JSON bilden die Basis für den Austausch von Informationen zwischen unterschiedlichen Systemen. Dieses Themengebiet ist sehr vielschichtig. Viele für die Praxis relevante Dinge wurden in diesem Kapitel behandelt. Ergänzende Informationen zu XML finden Sie in folgendem Buch:

- »**XML**« von Thomas J. Sebestyen [16]
  Dieses Buch bietet einen gut verständlichen Überblick über XML und eignet sich besonders für den Einstieg in die Thematik. Es wird nur XML an sich behandelt, nicht jedoch in Kombination mit Java.

2 Einführung in Persistenz und relationale Datenbanken

In nahezu allen Geschäftsanwendungen muss eine Vielzahl unterschiedlicher Daten verarbeitet, verwaltet und dauerhaft, d. h. über das Programmende hinaus, gesichert werden. Letzteres bezeichnet man als *Datenpersistenz* oder auch kürzer als *Persistenz*. Diese ist deswegen von so großer Bedeutung, weil Objekte die Ausführungsdauer eines Programms nicht »überleben«. Demnach geht der durch die einzelnen Objektzustände beschriebene Anwendungszustand verloren. Häufig ist genau das jedoch nicht akzeptabel, weil die Daten der Objekte auch zu späteren Zeitpunkten weiterhin verfügbar sein müssen, etwa die Bestellungen eines Onlineshops.

Zur Realisierung von Persistenz gibt es verschiedene Varianten, unter anderem die Speicherung der Daten in Dateien. Zur Verwaltung größerer Datenmengen ist dies jedoch aufgrund verschiedener Beschränkungen, z. B. schlechter Suchmöglichkeiten in den gespeicherten Daten, ungünstig. Stattdessen verwendet man Datenbanksysteme oder *Datenbankmanagementsysteme* (*DBMS*) – man spricht vereinfachend oft auch von *Datenbanken* (*DB*). Das sind Programme, die auf die Speicherung, die Suche und den Zugriff auf umfangreiche Datenmengen spezialisiert sind und daher diese Aufgaben dementsprechend effizient ausführen können. Der Einsatz eines DBMS ermöglicht es, Daten zentral zu verwalten und diese durch verschiedene Applikationen abzufragen. In Abbildung 2-1 ist das angedeutet.

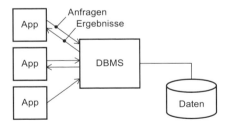

Abbildung 2-1 *Prinzipieller Ablauf beim Datenbankzugriff*

Ein DBMS kann zwar parallel zu den darauf zugreifenden Applikationen auf demselben Rechner ausgeführt werden, jedoch läuft es gewöhnlich auf einem leistungsfähigen, eigenständigen Rechner – häufig ist dieser speziell gegen Ausfall gesichert (etwa durch eine redundante Stromversorgung und Netzwerkanbindung, RAID/SAN für Daten oder auch Failover-Server in identischer Konfiguration). Einen separaten, speziellen Rechner für das DBMS zu nutzen, ist auch deshalb sinnvoll, wenn mehrere Anwendungen oder Benutzer die gleiche Datenbank nutzen.

Bevor wir uns im Verlauf dieses Kapitels der Verarbeitung von Daten mithilfe eines DBMS widmen, wollen wir in Abschnitt 2.1 einige grundsätzliche Überlegungen zur Persistierung von Daten anstellen sowie Grundlagen zu relationalen Datenbanken kennenlernen. Diese gelten jedoch nicht für die mittlerweile immer populärer werdenden NoSQL-Datenbanken, die eine abweichende Datenmodellierung besitzen, etwa in Form sogenannter Document Stores. Auf diese gehe ich in Kapitel 5 ein, wenn ich MongoDB als typischen Vertreter von Document Stores beschreibe.

In Abschnitt 2.3 wird HSQLDB als frei verfügbares DBMS vorgestellt, das wir in diversen Beispielen verwenden. Das Thema von Abschnitt 2.4 ist die **_Structured Query Language_** (**_SQL_**) als spezielle Sprache, um Abfragen und Änderungen von Daten in relationalen Datenbanken vorzunehmen. Wir erwerben dabei so viel Grundlagenwissen zu SQL, sodass wir in der Praxis ausreichend gut für viele alltägliche Aufgaben gerüstet sind. Abschließend gehe ich in Abschnitt 2.5 kurz auf die Themen Ausfallsicherheit und Replikation ein.

2.1 Grundlagen zur Persistenz

In diesem Abschnitt betrachten wir zunächst, was es bedeutet, ein Objekt zu speichern, und welche Herausforderungen sowie Problemstellungen dabei gemeistert werden müssen. Anschließend schauen wir uns sogenannte n-Tupel als eine mögliche Form an, um die Wertebelegung der Attribute von Objekten darzustellen. Dies führt uns schlussendlich zu den Tabellen relationaler Datenbanken und im Speziellen vor allem zu den Besonderheiten, um dort Objekte und ihre Beziehungen zu speichern.

2.1.1 Beschränkungen einfacher Persistenzlösungen

Ein Objekt wird durch sein Verhalten und durch seinen Zustand beschrieben sowie durch die über seine Referenz definierte Identität, die vom Zustand unabhängig ist. Wie wir im Verlauf das Kapitels sehen werden, ist ein Datensatz in einer Datenbank auch durch die Daten bestimmt, wodurch die Zuordnung zwischen Java-Objekt und Datenbankdaten knifflig werden kann.

Zur Persistierung muss ein Objekt nur seinen Zustand, d. h. die Wertebelegung seiner Attribute, sichern, nicht jedoch sein Verhalten, da dieses durch den Programmcode[1] beschrieben ist. Später kann ein Objekt dann anhand der gespeicherten Daten rekonstruiert werden. Der Einsatz von `DataInput`- bzw. `DataOutputStream`s oder Serialisierung ist für einzelne Objekte noch gut geeignet, sofern die zu verarbeitenden Daten hauptsächlich aus primitiven Typen bestehen und darüber hinaus nur wenige Referenzen auf andere Objekte besitzen. In der Regel verwaltet ein Programm aber eine

---

[1]Implizit über die Bytecode-Anweisungen in der `.class`-Datei.

Vielzahl an Objekten unterschiedlicher Typen. Nachfolgend möchte ich exemplarisch auf einige Einschränkungen und Probleme eingehen.

Auffinden von Daten   Eine Suche von Daten innerhalb von Dateien bzw. Streams mithilfe von `InputStream`s erfordert einigen Programmieraufwand, weil die Daten nur sequenziell verarbeitet werden können. Der häufig benötigte wahlfreie Zugriff auf einzelne Datensätze muss selbst programmiert werden und erfordert oft das Auslesen und Zwischenspeichern einer nicht unerheblichen Menge an Daten. Ähnliches gilt für das Auslesen einzelner Werte eines Datensatzes, etwa zur Suche oder Filterung. Noch mehr Komplexität entsteht durch verschiedene zu verarbeitende Typen.

Datenbestände geringeren Umfangs können für die genannten Aufgaben oder einfach nur zum Zugriff sicherlich ohne allzu großen Ressourcenverbrauch vollständig im Hauptspeicher rekonstruiert und anschließend dort verarbeitet werden. Auch sind bei dieser Vorgehensweise für kleinere Datenbestände kaum Performance-Einbußen zu erwarten. Für größere Datenbestände ist diese Art der Rekonstruktion hingegen aufwendig und sollte daher möglichst vermieden werden.

Redundanz und Speicherung von Referenzen   Normalerweise interagieren die Objekte einer Applikation und besitzen dazu Referenzen auf andere Objekte. Verweisen mehrere Objekte auf dieselben Daten, so entsteht ein Objektgraph ähnlich zu dem in Abbildung 2-2.

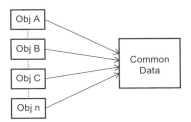

Abbildung 2-2 *Referenzierung gemeinsamer Daten*

Ein solcher Objektgraph ist in der Objektwelt unproblematisch und häufig sogar gewünscht. Bei der Persistierung derartiger Objektgraphen stellt sich jedoch die Frage, wie die mehrfach referenzierten Daten möglichst redundanzfrei gesichert werden können. Eine naive Implementierung würde für jedes Objekt dessen referenzierte Daten selbst dann mehrfach speichern, wenn diese gemeinsame Daten darstellen. Eine redundante Speicherung führt zu Speicherplatzverschwendung. Und das ist nur die Spitze des Eisbergs. Wenn Änderungen an den gemeinsamen Daten erfolgen, dann müssen diese an allen redundant gespeicherten Daten nachgezogen werden, da es ansonsten zu Inkonsistenzen kommt.

Die Gefahr für derartige Situationen ist in der Praxis relativ groß: Nehmen wir an, die drei Objekte A, B und C verweisen auf gemeinsame Daten (Common Data). Nehmen wir weiterhin an, in einem ersten Schritt werden die Objekte A und B inklusive der gemeinsamen Daten gespeichert und es kommt anschließend zu einer Änderung an den gemeinsamen Daten im Hauptspeicher. Erfolgt nun die Verarbeitung und Speicherung von Objekt C, so sind die zuvor gespeicherten gemeinsamen Daten für die Objekte A und B bereits inkonsistent zu den Werten der gemeinsamen Daten, die für Objekt C gespeichert werden. Änderungen in jedem Fall konsistent nachzuführen ist aufwendig bis (nahezu) unmöglich. Das Problem ist, dass die Speicherung nicht atomar in einem Schritt erfolgt und sich somit Inkonsistenzen nur schwierig vermeiden lassen.

Wünschenswert ist es daher, gemeinsame Daten nur einmal zu speichern und in allen referenzierenden Objekten darauf zu verweisen. »Von Hand« ist eine derartige Speicherung mühselig zu realisieren. Eine besondere Herausforderung stellen dabei mögliche Zyklen im Objektgraphen dar (Abbildung 2-3).

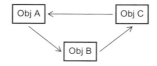

Abbildung 2-3 *Zyklen im Objektgraphen*

Nutzt man Serialisierung zur Persistierung sind selbst Zyklen unproblematisch, weil diese von den in das JDK integrierten Serialisierungsmechanismen erkannt und korrekt behandelt werden. Allerdings ist der Einsatz von Serialisierung kein Allheilmittel, da sich Redundanzen damit nicht so einfach vermeiden lassen. Das erfordert vielmehr die geschickte Wahl von Datenstrukturen: Befinden sich alle Objekte in einem Container des Collections-Frameworks, so sorgen die Serialisierungsmechanismen für Redundanzfreiheit. Wird dagegen jedes Objekt »per Hand« einzeln serialisiert, so gilt das nicht, und es kommt weiterhin zu Redundanzen und der damit verbundenen Gefahr von Inkonsistenzen. Auch löst Serialisierung nicht die Probleme des direkten Zugriffs und von Suchen nach bestimmten Kriterien.

Diese Themen möchte ich hier nicht vertiefen, sondern wir werden nachfolgend besprechen, wie uns Datenbanken dabei unterstützen, die genannten Beschränkungen zu vermeiden.

2.1.2   Modelle zur Persistierung von Objekten

Nach diesen ersten Überlegungen zur Persistenz wollen wir nachfolgend mit n-Tupeln und Tabellen zwei Darstellungsformen von Objekten kennenlernen.

Darstellung von Objekten als n-Tupel

Betrachten wir zunächst den einfachsten Fall, dass sich ein Objekt nur aus primitiven oder elementaren Datentypen zusammensetzt. Man kann ein solches Objekt, wie natürlich jedes andere auch, als sogenanntes n-Tupel darstellen, vereinfacht ausgedrückt bedeutet das als eine Folge von n Werten. Innerhalb eines n-Tupels besitzt jede Position eine Bedeutung – im folgenden Beispiel eines `Person`-Objekts ist die Bedeutung durch das Tupel (Vorname, Name, Geburtstag, PLZ, Stadt) vorgegeben:

$$(Michael, Inden, 7.2.1971, 52070, Aachen)$$

Mehrere Personen lassen sich dann folgendermaßen als Menge von n-Tupeln notieren:

```
(Peter, Muster, 1.7.1973, 24106, Kiel),
(Michael, Inden, 7.2.1971, 52070, Aachen),
(Karl, Käfer, 5.5.1966, 26122, Oldenburg)
```

Objekte als Einträge in Tabellen relationaler Datenbanken

Am Beispiel einer Person haben wir die Daten der Attribute eines Objekts in Form eines n-Tupels beschrieben. Häufig ist jedoch eine tabellarische Darstellung der Daten intuitiver. Werfen Sie zur Verdeutlichung einen Blick auf Abbildung 2-4.

Vorname	Name	Geburtstag	...
Peter	Muster	1.7.1973	...
Michael	Inden	7.2.1971	...
...	...	...	...

Abbildung 2-4 *Objekte als Einträge einer Tabelle*

Diese Art der Darstellung zeigt bereits oberflächlich einige Ideen zu relationalen Datenbanken. Dort werden *Tabellen* zur Speicherung von Daten verwendet.[2] Im einfachsten Fall repräsentiert jede Zeile die Daten eines Objekts.[3] Die so modellierten Objekte werden in der Datenbankterminologie als *Entitäten* bezeichnet. Deren Attribute werden als Spalten einer Tabellenzeile dargestellt. Eine solche Zeile nennt man auch *Datensatz*, *row* oder *record*. Für Spalten verwendet man auch den Begriff *column*.

2.1.3 Speicherung von Daten in relationalen Datenbanken

Nachdem ein erstes Verständnis für die Speicherung von Daten in Tabellen aufgebaut worden ist, möchte ich in diesem Abschnitt einige Informationen zu Besonderheiten bei der Datenverarbeitung mithilfe relationaler Datenbanken vorstellen. Dazu verwenden wir eine Tabelle `Personen` mit folgendem Aufbau und Inhalt:

```
Vorname | Name    | Geburtstag | Strasse          | HausNr | PLZ    | Stadt
---------------------------------------------------------------------------------
Peter   | Muster  | 1.7.1973   | Holtenauer Str.  |    397 | 24106  | Kiel
Hans    | Muster  | 7.2.1971   | Elendsredder     |     32 | 24106  | Kiel
```

---

[2] Die theoretischen Grundlagen von Datenbanken werden durch die relationale Algebra beschrieben. Dabei handelt es sich um ein von Edgar F. Codd entwickeltes mathematisches Modell.

[3] Sofern diese Objektdaten nicht durch die später erklärte Normalisierung oder die Abbildung von Vererbung auf verschiedene Tabellen verteilt werden.

Zur besseren Unterscheidbarkeit von Objekt- und Datenbankwelt werde ich für dieses Buch als Konvention deutsche Tabellen- und Spaltennamen verwenden. Zudem werden Tabellen, wie zuvor für die Tabelle `Personen` gezeigt, im Plural benannt. Durch diese Konventionen lässt sich die *in Englisch gehaltene Objektwelt* leichter von der *in Deutsch repräsentierten Datenbankwelt* abgrenzen.

Eindeutigkeit und Identifizierung von Datensätzen

In der Realität und beim objektorientierten Programmieren kann man inhaltliche Gleichheit und Identität unterscheiden. Zwei Dinge oder Objekte sind gleich, wenn sie in allen betrachteten Eigenschaften übereinstimmen. Zwei Dinge sind identisch, wenn es sich um dasselbe Ding handelt. In Java existiert zur Prüfung der inhaltlichen Gleichheit die Methode `equals()`. Referenzielle Gleichheit wird über den Operator `==` geprüft. Details dazu finden Sie in meinem Buch »Der Weg zum Java-Profi« [8].

Im Objektmodell hat man über die Objektreferenz direkten Zugriff auf das jeweilige Objekt. In der Datenbankwelt ist das zunächst so nicht möglich, da die in Tabellen gespeicherten Datensätze nach unserem bisherigen Kenntnisstand nur eine ungeordnete Sammlung von Werten darstellen. Will man aber gezielt auf einen Datensatz zugreifen, um z. B. eine Änderung durchzuführen, so wäre es ziemlich unpraktisch, wenn dazu immer notwendig wäre, die vollständige Wertebelegung der Attribute zu kennen und diese dann mit allen gespeicherten Werten der Tabelle zu vergleichen, um den gewünschten Datensatz auffinden zu können. Stellen Sie sich einmal vor, Sie wollten die Lieferadresse Ihrer Bestellung ändern und müssten zur Suche des betreffenden Datensatzes alle Details Ihrer Bestellung eingeben. Das wäre umständlich und inakzeptabel. Wie geht es besser?

Identität von Datensätzen   Zur Verarbeitung von Datensätzen wäre es hilfreich, wenn man auf Datensätze direkt zugreifen könnte, ähnlich wie es beim objektorientierten Programmieren mithilfe der eindeutigen Objektreferenz möglich ist. Da es in Tabellen keine Referenzen gibt, muss man sich folgender Alternative bedienen: Häufig existiert in einer Tabelle ein spezielles Attribut, das über alle Datensätze hinweg verschieden ist und es dadurch ermöglicht, einen Datensatz eindeutig zu identifizieren: Für Personen könnte das etwa die Personalausweisnummer sein. Für Bestellungen ist dies oftmals eine Bestellnummer – eine solche erlaubt die Zuordnung und das Auffinden der betreffenden Bestellung, etwa bei Reklamationen oder Rückfragen.

Folgende Eigenschaften sind für ein solches Attribut zur Identifikation wichtig:

- Es ist eindeutig.
- Es ist generiert bzw. folgt einem Erzeugungsschema.
- Es ändert sich während seiner Lebensdauer nicht.

In einigen Fällen erfüllt ein einzelnes Attribut diese Anforderungen nicht. Dann lassen sich diese meistens erreichen, indem man eine Gruppe von Attributen (z. B. `Vorname`, `Name` und `Geburtstag`) zusammenfasst.

Aber selbst bei Existenz eines solchen besonderen Attributs oder eine Menge davon, mit dem bzw. denen eine Identifikation möglich wird, ist es häufig empfehlenswert, das Datenmodell um ein vor allem technisch motiviertes Attribut zur Identifikation, z. B. eine Spalte namens `ID`, zu erweitern. Eindeutigkeit kann man etwa durch die Vergabe einer fortlaufenden Nummer für dieses Attribut erreichen und so lassen sich Datensätze dann eindeutig referenzieren.

Zwar kann man etwa für Bestellungen allein mit der Bestellnummer bereits Eindeutigkeit erzielen. Trotz geringem Mehraufwand ist aber ein künstliches Attribut `ID` sinnvoll, weil es oftmals zwei Problemfelder gibt, in denen diese `ID` Abhilfe schafft:

- Vermeintliche Eindeutigkeit – Nicht immer ist die Eindeutigkeit wirklich gegeben, obwohl man als Entwickler vielleicht davon ausgegangen ist. Für den Fall, dass man Dinge wie Telefonnummern, E-Mail-Adressen usw. als ID nutzt, kann es zu Problemen kommen, da sich diese Daten mitunter ändern.
- Formatänderungen – Wenn sich das Format eines ursprünglich eindeutigen Attributs ändert, sind aufwendige Änderungen zu erwarten, beispielsweise für die Fälle, dass Bestellnummern von numerisch auf alphanumerisch geändert werden.

Tipp: Einsatz eines Index zum performanten Zugriff bei Suchen

Soll in einer Tabelle nach einem bestimmten Datensatz gesucht werden, so müssen zum Auffinden des passenden Datensatzes im schlimmsten Falle alle Datensätze durchlaufen und auf Übereinstimmung mit dem gewünschten Suchkriterium geprüft werden. Diesen Vorgang nennt man *Full Table Scan*, der bei größerem Datenbestand schnell aufwendig wird. Zur Vermeidung sollte man einen sogenannten *Index* definieren. Dort beschreibt man die Attribute, nach denen die Datensätze geordnet werden sollen. Im Prinzip kann man sich einen solchen Index als geordneten Baum ähnlich zu einem `TreeSet<E>` mit einem Sortierkriterium vorstellen. Sofern die Suche nach den Attributen des Index erfolgt, kann man eine aufwendige Suche über alle Einträge vermeiden. Dann verringert sich die Zugriffszeit von linearer auf logarithmische Laufzeit. Betrachten wir exemplarisch die Vorteile: Wenn ein binärer Suchbaum, eine Art `TreeSet<E>`, genutzt wird, muss man mit der Basis 2 rechnen. Dann ergibt sich ein Aufwand von 1.000 zu 10 Zugriffen. Bei 1.000.000 Datensätzen ist damit das Verhältnis bereits 1.000.000 zu 20. Folglich lassen sich eine Million Datensätze mit lediglich 20 Suchzugriffen bearbeiten, um einen gewünschten Datensatz zu ermitteln oder dessen Nichtexistenz festzustellen. Und es wird noch besser: Relationale Datenbanken (RDBMS) nutzen ausgefeiltere Verfahren, um die Anzahl an Zugriffen weiter zu reduzieren: Hier kommen sogenannte B*-Bäume für Indizes zum Einsatz, bei denen die Zugriffe noch deutlich stärker als nur zur Basis 2 reduziert werden.

In Abschnitt 2.4 beschreibe ich, wie Sie mithilfe von SQL-Anweisungen einen Index für eine Tabelle anlegen können.

Primärschlüssel   Ein Attribut bzw. eine Menge von Attributen, die einen Daten-satz innerhalb einer Tabelle eindeutig identifizieren, nennt man *Schlüssel*. Zum Teil existieren auch mehrere Schüssel für die Datensätze. Denjenigen, der primär zur Iden-tifikation genutzt wird, nennt man *Primärschlüssel* oder *primary key*. Besteht ein sol-cher Primärschlüssel lediglich aus einem künstlichen Attribut, häufig ID genannt, so spricht man von einem *künstlichen Primärschlüssel*. Ansonsten nennt man ihn *natür-lichen Primärschlüssel*. Besteht der Primärschlüssel aus einer Kombination verschie-dener Attribute, so bilden diese Attribute einen *zusammengesetzten Primärschlüssel* oder *composite primary key*.

Durch einen künstlichen Primärschlüssel ergibt sich eine Vereinfachung bei der Modellierung von Referenzen, was wir später detaillierter betrachten werden. Hier sei zunächst festgehalten, dass mithilfe eines künstlichen Primärschlüssels (Attributs ID) die Eindeutigkeit leichter sicherzustellen ist als mit einem natürlichen Schlüssel:

- Man kann die ID selbst bei parallelen Zugriffen immer atomar so vergeben (hoch-zählen), dass es nicht zu Dopplungen kommt. Dazu besitzen Datenbanken spezielle Vergabemechanismen für Schlüssel.
- Eine Änderung an den Werten des Datensatzes führt nicht zu einer Änderung der ID: Der Schlüssel bleibt gleich. Bei natürlichen Schlüsseln gilt diese Aussage oft-mals nicht: Wenn sich Daten ändern und die betroffenen Attribute Bestandteil eines Schlüssels sind, so ändert sich dieser, wodurch die Sicherstellung von Konsistenz aufwendiger wird. Auch kann nicht mehr in derselben Weise zugegriffen werden. Bildlich gesprochen könnte man sagen: Man braucht einen anderen Schlüssel für dieselbe »Wohnung«.

Als Schlussfolgerung kann man ableiten: *Um die Datenmodellierung und die Darstel-lung von Referenzen nicht miteinander zu vermischen, sollte bevorzugt ein künst-licher Primärschlüssel genutzt werden*. Das wird insbesondere klar, wenn sich eine Änderung in der Fachlichkeit ergibt, die eine andere Zusammensetzung des Primär-schlüssels erfordert. Des Weiteren lässt sich durch den Einsatz eines künstlichen Pri-märschlüssels eine bessere Performance beim Zugriff erzielen.

Ganz allgemein gilt ohnehin, dass eine klare Trennung von Fachlichkeit und Tech-nik für alle Arten von Architekturebenen empfehlenswert ist. Sehr anschaulich be-schreibt dies Johannes Siedersleben in seinem Buch »Moderne Softwarearchitektur: Umsichtig planen, robust bauen mit Quasar« [17].

Tipp: Fehlende Eindeutigkeit und Modellierungsprobleme

Bei der Vorstellung der Identität eines Datensatzes habe ich darauf hingewiesen, dass sich möglicherweise nicht in jedem Fall eine Eindeutigkeit mithilfe einer Kombination von Attributen ergibt: Manchmal sind die gespeicherten Daten eines Objekts wertgleich zu denen eines anderen Objekts. Für die zuvor gezeigten Datensätze der Tabelle `Personen` ist das nicht der Fall. Verändern wir daher den Inhalt, sodass dort zwei Einträge »Hans Meyer« mit gleicher Wertebelegung ihrer Attribute wie folgt gespeichert sind:

```
Vorname | Name    | Geburtstag | Straße     | HausNr | PLZ    | Stadt
------------------------------------------------------------------------
Hans    | Meyer   | 3.3.1971   | Musterstr. |     44 | 24106  | Kiel
Hans    | Meyer   | 3.3.1971   | Musterstr. |     44 | 24106  | Kiel
```

Wenn man Eindeutigkeit nicht über die Wertebelegung von Attributen sicherstellen kann, so hat man möglicherweise ein Modellierungsproblem. Betrachten wir das im Folgenden etwas detaillierter.

Nehmen wir an, dass die beiden Datensätze trotz gleicher Wertebelegung im Datenbankmodell unterschiedliche `Person`-Objekte beschreiben. In der Objektwelt besitzt man im Gegensatz zur Datenbankwelt die Zusatzinformation »Identität«. In der Datenbank würde ein künstliches Attribut `ID` zur Eindeutigkeit führen. Damit könnte man zwar Objekte bzw. Datensätze durch unterschiedliche Referenzen bzw. durch unterschiedliche IDs auseinanderhalten. Allerdings ist das für viele Anwendungsfälle nicht ausreichend: Wie soll man in Programmteilen, die nur die Wertebelegungen der Attribute kennen, die Objekte bzw. Datensätze unterscheiden? *Wenn sich fachliche Objekte, also etwa Personen, Bestellungen usw., nicht basierend auf ihren Wertebelegungen unterscheiden lassen, kann dies ein Indiz sein, dass man das Datenmodell überdenken sollte*. Fehlzuordnungen und Inkonsistenzen sind ansonsten eine wahrscheinliche Folge.

Redundanzfreiheit und Normalisierung

Ziel beim Entwurf eines Datenbankmodells ist es, die Speicherung von Daten möglichst redundanzfrei zu halten. Dazu sind sogenannte *Normalformen* definiert. Diese beschreiben verschiedene Forderungen zum Aufbau des Datenbankmodells.

Wieso ist es so erstrebenswert, keine Redundanzen zu haben? Ganz offensichtlich erhöhen diese den Bedarf an Speicherplatz. Eingangs haben wir zudem erkannt, dass eine redundante Speicherung den Aufwand bei Änderungen von Daten sowie die Gefahr von Inkonsistenzen erhöhen. Im Extremfall werden die gespeicherten Informationen durch fehlenden Abgleich der redundant in mehreren Datensätzen gespeicherten Daten derart widersprüchlich, dass mit diesen keine sinnvolle Arbeit mehr möglich ist. Ziel ist es also, die durch Redundanzen notwendigen Mehrfachänderungen zu vermeiden. Dazu werden die einzelnen Tabellen in einfachere Tabellen unterteilt – je nach Normalform so weit, dass keine sinnvolle weitere Unterteilung mehr möglich ist. Im Idealfall erfordert dann eine Datenänderung lediglich eine Modifikation an einer Stelle einer Tabelle, wodurch sich Konsistenz leicht sicherstellen lässt.

Das mag noch etwas verwirrend klingen. Um das etwas besser zu verstehen, werfen wir nun stellvertretend für die weiteren Normalformen einen Blick auf die erste Normalform.

Erste Normalform (1NF)   Für die erste Normalform lautet die Forderung: *Jedes Attribut muss einen atomaren Wert besitzen*. Was heißt das in der Praxis? Betrachten wir zur Verdeutlichung eine Variante der zuvor vorgestellten Tabelle `Personen`. Nehmen wir an, ein unerfahrener Entwickler hätte folgenden Datenbankentwurf dafür vorgesehen:

```
Name        | Geburtstag | Adresse
---------------------------------------------------------
Hans Muster | 6.10.1970  | Elendsredder 55, 12345, Berlin
Hans Muster | 7.2.1971   | Elendsredder 32, 24106, Kiel
Micha Inden | 7.2.1971   | Musterstr. 32, 24106, Kiel
```

Offensichtlich sind die Inhalte der Spalten `Name` und `Adresse` nicht atomar (unteilbar), da dort mehrere Informationen gespeichert werden. Im Fall der Spalte `Name` sind dies Informationen zu Vorname und Nachname, und im Fall der Spalte `Adresse` sind dies die Informationen zu Straße, Hausnummer, PLZ und Stadt. Sinnvollerweise werden die Werte in eigenständigen Spalten gespeichert. Außerdem besteht eine Inkonsistenz in der Darstellung der Daten: Die Namensbestandteile sind durch Leerzeichen getrennt, die Adressbestandteile dagegen durch Kommata. Ein einheitliches Parsing wird so erschwert. Ganz allgemein gilt: *Wenn zur Auswertung von Daten ein Parsing benötigt wird, dann ist die Tabelle höchstwahrscheinlich nicht in der ersten Normalform*.

Was ist an dieser Art der Modellierung darüber hinaus ungünstig? Abfragen nach Namen oder Adressen sind kompliziert. Das gilt vor allem, wenn beispielsweise nur der Vorname oder der Wohnort von Interesse ist. Auch eine Sortierung nach genau einem Kriterium der Daten wird erschwert. Des Weiteren ist nahezu jede Datenänderung mit viel Aufwand verbunden. Soll etwa die Postleitzahl erweitert werden, wie dies nach der deutschen Einheit notwendig wurde (von 4 auf 5 Stellen), müssen Werte aufeinander abgebildet werden. Dann muss zur Sicherstellung von Konsistenz in jedem Datensatz ein Parsing, eine Prüfung und gegebenenfalls eine Korrektur erfolgen. Die Einhaltung der ersten Normalform erleichtert dagegen die Verarbeitung von Daten. Änderungen der PLZ betreffen dann ausschließlich eine Spalte für die Postleitzahl ohne Einfluss auf andere Informationen und ohne Parsing-Aufwand zu erfordern. Außerdem ist diese Art der Modellierung atomarer Daten natürlicher und eingängiger, da einzelne voneinander unabhängige Eigenschaften die Realität besser widerspiegeln. Damit ergibt sich ein Datenmodell, das besser strukturiert ist, als dies durch das Zusammenfassen von Daten in »One-For-All«-Spalten möglich ist. Der Argumentation folgend können wir einige Korrekturen gemäß den Forderungen der ersten Normalform vornehmen. Danach sieht die obige Tabelle wie folgt aus:

```
Vorname | Name   | Geburtstag | Strasse       | HausNr | PLZ   | Stadt
----------------------------------------------------------------------
Hans    | Muster | 6.10.1970  | Elendsredder  |     55 | 12345 | Berlin
Hans    | Muster | 7.2.1971   | Elendsredder  |     32 | 24106 | Kiel
Micha   | Inden  | 7.2.1971   | Musterstr.    |     32 | 24106 | Kiel
```

Ausblick und Fazit Es gibt diverse weitere Normalformen, deren Beschreibung jedoch den Rahmen dieses Buchs sprengen würde. Weitere Details entnehmen Sie bitte der am Kapitelende aufgeführten Literatur zum Thema SQL und zu relationalen Datenbanken. Bei dieser Beschreibung ging es mir darum, ein erstes Verständnis für mögliche Randbedingungen bei der Modellierung von Objekten und deren Abbildung in die Datenbank zu schaffen. Darauf gehe ich später in Abschnitt 2.2 noch genauer ein. Auch wurde ein erster Eindruck für die Abbildung von Referenzen vermittelt. Zudem habe ich erläutert, warum künstliche Primärschlüssel häufig ein sinnvolles Modellierungsmittel darstellen.

Datenkonsistenz und Transaktionen

Die in einer Datenbank gespeicherten Daten werden oftmals von verschiedenen Anwendungen oder von mehreren Threads der eigenen Anwendung parallel genutzt. Ähnlich wie beim Multithreading muss man auch hier Wege finden, verschiedene Aktionen zu isolieren, d. h. diese nicht gleichzeitig auf gemeinsamen Daten operieren zu lassen. In Java nutzt man zur Definition kritischer Abschnitte beispielsweise das Schlüsselwort `synchronized` oder `Lock`-Objekte. In Datenbanken verwendet man sogenannte *Transaktionen*. Darunter versteht man eine Abfolge von Anweisungen, die im Resultat entweder vollständig als eine atomare Gesamtaktion oder überhaupt nicht ausgeführt wird.

Können alle Verarbeitungsschritte oder Anweisungen einer Transaktion erfolgreich bearbeitet werden, so wird die Transaktion als Ganzes beendet und das Ergebnis in der Datenbank gesichert. Man spricht dann von einem *Commit*. Tritt dagegen bei einem der Verarbeitungsschritte ein Fehler auf, so sollten alle zuvor gemachten Änderungen automatisch von der Datenbank rückgängig gemacht werden. Durch diesen sogenannten *Rollback* befindet sich die Datenbank anschließend für die betroffenen Datensätze wieder in einem Zustand, der dem entspricht, wie er vor der Transaktion war.

Transaktionen lassen sich durch folgende ACID-Eigenschaften charakterisieren:

- **A**tomicity – Die gesamte Transaktion erfolgt (logisch) atomar, d. h., sie wirkt wie eine unteilbare Gesamtaktion, obwohl sie aus Teilaktionen besteht.
- **C**onsistency – Die Aktionen einer Transaktion hinterlassen die Datenbank in einem konsistenten Zustand, sofern sich die Datenbank zuvor in einem solchen befand.
- **I**solation – Eine Transaktion wird (inhaltlich) nicht durch andere Aktionen, etwa parallel stattfindende Zugriffe und Transaktionen, beeinflusst.
- **D**urability – Die Änderungen werden dauerhaft gespeichert.

Anmerkung   Um trotz konkurrierender Zugriffe einen guten Durchsatz sowie eine hohe Performance zu erzielen, erlauben Datenbanksysteme verschiedene Lockerungen bezüglich der Forderung nach Isolation. Bei einer strikten Isolation erfolgt eher eine sequenzielle Abarbeitung statt einer Parallelverarbeitung. Welche Transaktionslevel mit JDBC möglich sind, beschreibe ich später in Abschnitt 3.1.6.

Eine lesenswerte und informative Beschreibung zum Thema finden Sie in dem Buch »Java Persistence with Hibernate« [2] von Christian Bauer und Gavin King, den bedeutenden Köpfen des Hibernate-Entwicklerteams.

Im Bereich der schon erwähnten NoSQL-Datenbanken findet sich häufig keine Unterstützung der ACID-Transaktionen mehr, weil dies für verteilte Systeme aufwendig werden kann und es diverse Anwendungsfälle gibt, die keine ACID-Garantie benötigen. Viele NoSQL-Datenbanken lockern die Forderung nach Konsistenz auf, um eine höhere Parallelisierung der Zugriffe zu ermöglichen. Man spricht dort von *Eventual Consistency*, was meint, dass die Daten eines Schreibvorgangs erst nach einiger Zeit schlussendlich konsistent sind. Dadurch ist es allerdings mitunter auch möglich, dass man veraltete Daten liest, weil diese noch nicht durch eine Schreiboperation aktualisiert wurden.

> **Hinweis: Datenschutz und Datensicherheit**
>
> Datenbanken bieten die Möglichkeit, Zugriffsberechtigungen benutzerspezifisch zu vergeben und zu berücksichtigen. Man kann sich dadurch vor Fehlbedienungen oder Missbrauch schützen. Die Vergabe von Zugriffsrechten geschieht durch einen *Datenbankadministrator*, der für die Verwaltung und Pflege des Datenbanksystems verantwortlich ist. Dieser Datenbankadministrator kann für jeden Datenbanknutzer festlegen, welche Aktionen diesem erlaubt sind. Es kann detailliert gesteuert werden, welche Tabellen für welchen Nutzer zugreifbar sind und ob dieser das Recht besitzt, dort Daten zu speichern, abzufragen oder zu verändern.
>
> Zur Sicherstellung der korrekten Berechtigungen (*Autorisierung*) wird beim Zugriff auf eine Datenbank in der Regel initial eine *Authentifizierung* (z. B. mit Benutzername und Passwort) durchgeführt. Im Zusammenhang mit Datenbankzugriffen per JDBC werden wir darauf in Abschnitt 3.1 noch etwas genauer eingehen.

2.2   Abbildung zwischen Objekt- und Datenbankmodell

Den Vorgang bzw. das Konzept der Abbildung von Objekten auf Tabellen einer relationalen Datenbank nennt man *objektrelationales Mapping* (*ORM*). Nachfolgend werde ich mögliche Schwierigkeiten und Lösungsmöglichkeiten vorstellen, wie sich Objekte in Datenbanken speichern lassen.

Klassen und Tabellen wirken zunächst so, als ob man sie problemlos aufeinander abbilden könnte. In der Tat ist dieser Vorgang relativ einfach möglich, sofern man nur Basisdatentypen verwendet und man die Beziehungen zwischen Klassen außen vor lässt. Die Diskrepanz, die zwischen der Modellierung von Klassen in der Objektwelt (Objekte mit Attributen, Assoziationen und Vererbung) und deren Abbildung in der Datenbankwelt (Tabellen mit Spalten) besteht, wird ***Object Relational Impedance Mismatch*** oder kurz ***Impedance Mismatch*** genannt. Im Folgenden schauen wir uns dies anhand eines einfachen Beispiels an und versuchen dabei, Schritt für Schritt die Frage zu klären, wie man ein Objektmodell mitsamt seinen Beziehungen auf ein relationales Datenbankmodell abbilden kann.

Einführendes Beispiel

Beginnen wir die Betrachtung des ORMs mit folgender Aufgabe: Es sollen Objekte der Klassen `Person` und `Address` in zwei korrespondierenden Datenbanktabellen gespeichert werden, wie es vereinfachend in Abbildung 2-5 dargestellt ist.

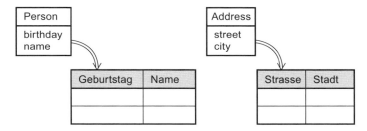

Abbildung 2-5 *Einfache Abbildung von Objekten auf Datenbanktabellen*

In der Regel interagieren Objekte miteinander und benötigen daher Verbindungen untereinander. Diese Objektbeziehungen liegen in Form von Referenzen (Assoziationen und Aggregationen) sowie Vererbung vor. Abbildung 2-6 bettet die beiden Klassen in einen etwas größeren Anwendungskontext ein: Im dargestellten Klassendiagramm sind Personen als Mitarbeiter (`Employee`) einer Firma (`Company`) modelliert. Personen und Firmen besitzen Adressen. Mitarbeiter sind hier zur Demonstration der Abbildung einer Vererbungshierarchie in die Datenbank als eine Spezialisierung von Personen realisiert.

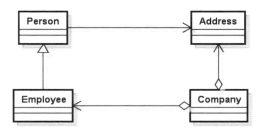

Abbildung 2-6 *Beziehungen im Objektmodell*

Wollen wir nun dieses Modell auf Tabellen einer Datenbank abbilden, so ergeben sich dabei folgende Fragen:

1. Wie stellt man Referenzen in der Datenbank dar?
2. Wie stellt man Assoziationen bzw. Aggregationen in der Datenbank dar?
3. Wie bildet man Vererbung auf Tabellen ab?

Betrachten wir die Sachverhalte in den folgenden Abschnitten genauer.

2.2.1 Abbildung von Referenzen

In der Objektwelt können Objekte von beliebigen Objekten referenziert werden. Im folgenden Beispiel werden die `Address`-Objekte A1 und A2 jeweils von den `Person`-Objekten P1 und P2 bzw. P3 und P4 referenziert. Die linke Seite der Abbildung 2-7 zeigt das Objektmodell, die rechte Seite veranschaulicht, wie wir uns eine Umsetzung in der Datenbank vorstellen können.

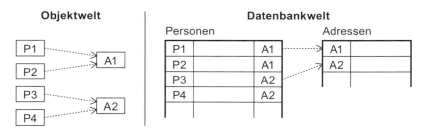

Abbildung 2-7 *Symbolische Referenzierung in Objekt- und Datenbankwelt*

Praktisch ist das so jedoch nicht möglich, da man keinen Wert einer Referenz, etwa A1, in einer Spalte einer Datenbanktabelle speichern sollte. Der Grund ist einfach: Referenzen werden von der JVM zur Adressierung von Objekten eingesetzt. Diese Werte eignen sich aber nicht zur Speicherung in Datenbanken, da sich dieser Wert bei jeder Ausführung eines Programms in einer JVM ändert. Abgesehen davon hat man in Java (im Gegensatz zu beispielsweise C++) keine Möglichkeit, den tatsächlichen Wert der Referenz auszulesen.

Um Referenzen im relationalen Modell nachzubilden, nutzen wir das Wissen, dass man eine eindeutige Identifikation eines Datensatzes mithilfe eines Primärschlüssels erreicht. Man könnte auf die Idee kommen, Referenzierungen analog zum Objektmodell dadurch umzusetzen, dass man die referenzierende Tabelle um Spalten zur Speicherung der Primärschlüssel einer referenzierten Tabelle erweitert. Das ist in Abbildung 2-7 für die Verbindung von Personen und Adressen angedeutet. In diesem Beispiel besitzt die Tabelle `Personen` eine Spalte, die den Primärschlüssel des referenzierten Datensatzes der Tabelle `Adressen` speichert. Derartige Spalten, die Primärschlüsselwerte anderer

Tabellen enthalten, nennt man *Fremdschlüssel* oder *foreign key*.[4] Abbildung 2-8 zeigt eine konkrete Umsetzung.

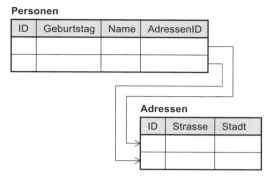

Abbildung 2-8 *Referenzierung von Personen auf deren Adressen*

Diese Art der Speicherung von Referenzen kann ausreichend sein. Oftmals ist dieser intuitiv eingeschlagene Weg aber nicht der richtige. Das erkläre ich im Folgenden.

Abbildung von Mehrfachreferenzierungen   Mithilfe der zuvor gezeigten Umsetzung, die eine Fremdschlüsselspalte innerhalb der referenzierenden Tabelle nutzt, kann man zwar 1:1-Beziehungen zwischen zwei Tabellen modellieren. Obwohl das für einige Anwendungsfälle bereits ausreicht, wird es aber dann problematisch, wenn man mehrere Objekte referenzieren möchte, also eine 1:n-Abbildung benötigt, etwa wenn man für eine Person mehrere Adressen vergeben möchte. Wie soll man die n Referenzen in den Tabellen speichern?

Für kleine n könnte man dafür weitere Fremdschlüsselspalten einführen, die eine Art Array nachbilden. Allerdings muss dann die Applikation und nicht die Datenbank die Verwaltung übernehmen. Da man zudem auf eine Maximalzahl an Spalten festgelegt ist, kann man auf diese Weise nicht beliebig viele Referenzierungen abbilden. Daher verwerfen wir diese Idee.

Die Modellierung von Referenzen in der referenzierenden Tabelle besitzt aber noch einen weiteren entscheidenderen Haken: In der Objektwelt des Beispiels kann man über die Anweisung `person.getAddress()` die Adresse zu dieser Person ermitteln. In Datenbanken besitzen wir aber nur Datensätze bzw. deren IDs. Selbst wenn wir die ID der gewünschten Person kennen, können wir daraus nicht direkt die zugehörige Adresse ermitteln. Stattdessen müssen wir dazu bei der gezeigten Form der Datenmodellierung mehrere Zugriffe auf die Datenbank ausführen: In Schritt 1 wird aus der `Personen`-Tabelle mithilfe der `ID` der Person der korrespondierende Datensatz ermittelt und daraus

---

[4]Nutzt man für Tabellen durchgängig künstliche Primärschlüssel, so muss man weniger Spalten zur Darstellung der Referenzierung verwenden, als wenn die Referenzierung durch mehrere Spalten eines natürlichen Schlüssel erfolgen würde. Allerdings erschwert dies die Lesbarkeit der Abbildung der Referenzierungen und die Navigation, wenn man manuell auf den Daten arbeitet.

die ID der Adresse ausgelesen. In Schritt 2 muss dann die `Adressen`-Tabelle nach der zuvor ermittelten Adressen-ID durchsucht werden. Abbildung 2-9 stellt den Ablauf dar.

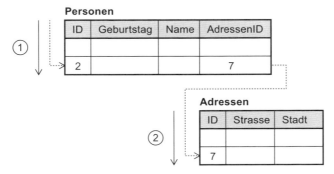

Abbildung 2-9 *Suchvorgänge bei der Ermittlung der Adresse zu einer Person*

Offensichtlich ist eine solche zweistufige Suche nicht optimal, weil dies zu vielen Zugriffen auf die Datenbank führt, wodurch wiederum die Performance leidet. Um also die Anzahl der Datenbankabfragen zu reduzieren, bietet sich eine andere Art der Modellierung von Fremdschlüsseln an, die nun beschrieben wird.

Hinweis: Modellierung von Referenzierungen

Bitte beachten Sie bei dieser und der folgenden Beschreibung, dass sich dies auf eine 1:n-Abbildung bezieht, wie wir sie zwischen Personen und Adressen modelliert haben. Wenn eine n:1-Abbildung modelliert werden soll, dann müsste der Fremdschlüssel in der anderen Tabellen definiert werden.

Wahl einer anderen Art der Modellierung von Fremdschlüsseln   Störend an der eben gezeigten Art der Suche einer Adresse zu einer Person war, dass dazu zwei Suchvorgänge benötigt werden. Das Ganze lässt sich beschleunigen, indem man die Modellierung von Referenzen in relationalen Datenbanken anders vornimmt: Statt in der `Personen`-Tabelle die Fremdschlüssel auf die Datensätze der `Adressen`-Tabelle zu speichern, dreht man hier den Bezug um: In der `Adressen`-Tabelle sind dann Personen-IDs als Verweise auf `Personen`-Datensätze gespeichert. Aus der »has-a«-Beziehung in der Objektwelt wird in der Datenbankmodellierung eine »belongs-to«-Beziehung. Die Tabelle `Adressen` wird dazu um eine Spalte `PersonenID` erweitert. Auf diese Weise wird die Verbindung zwischen den Tabellen `Personen` und `Adressen` realisiert. Abbildung 2-10 zeigt die Rückabbildung von `Adressen`-Datensätzen auf `Personen`-Datensätze per Fremdschlüssel.

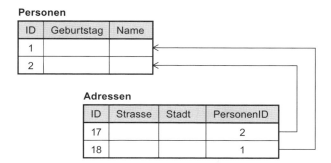

Abbildung 2-10 *Rückabbildung von Adressen auf Personen per Fremdschlüssel*

Durch diese Art der Modellierung kann man mit bekannter `PersonenID` direkt in der `Adressen`-Tabelle suchen. Somit lässt sich der Suchvorgang in der `Personen`-Tabelle einsparen. Ganz wesentlich ist darüber hinaus, dass diese Art der Modellierung es ermöglicht, die Abbildung von Assoziationen zu realisieren.

> **Hinweis: Technische Ausrichtung des Datenbankmodells**
>
> In der Objektwelt des Beispiels erhält man durch den Aufruf von `person.get-Addresses()` eine Liste von `Address`-Objekten. Die Richtung der Abfrage – hier also von einer Person deren Adressen zu erhalten – erscheint »natürlich«. Dagegen stellt sich die Abbildung von Assoziationen (und auch Aggregationen) in der Datenbankwelt eher technisch motiviert und ein wenig »unnatürlich« dar: Hier speichern die Adressen die Referenzen zu den Personen, zu denen sie gehören.

2.2.2   Abbildung von Assoziationen und Aggregationen

Nachdem wir nun einer Person einzelne Adressen zuordnen und diese abfragen können, greifen wir den etwas komplexeren Fall von mehreren Adressen für eine Person wieder auf. In unserem Beispiel erfolgt die Modellierung der Referenzierung mit einem Fremdschlüssel `PersonenID` in der Tabelle `Adressen`. Zur Umsetzung einer Assoziation, also einer 1:n-Beziehung, werden für einen `Personen`-Datensatz mehrere Datensätze in der Tabelle `Adressen` mit gleicher `PersonenID` gespeichert. In folgendem Beispiel besitzt die über den Wert 1 in der Fremdschlüsselspalte `PersonenID` referenzierte Person drei verschiedene Adressen:

```
ID | Strasse         | HausNr |   PLZ | Stadt  | PersonenID
-------------------------------------------------------------
1  | Musterweg       |   55 A | 12345 | Berlin |          1
2  | Elendsredder    |     32 | 24106 | Kiel   |         47
3  | Scharnhorststr. |     27 | 24107 | Kiel   |          1
4  | Rheinallee      |  475 C | 28816 | Stuhr  |          1
```

Nachdem wir nun auch Assoziationen bzw. Aggregationen modellieren können, sind wir ein gutes Stück weiter, wenn wir unser Objektmodell in ein Datenbankmodell überführen wollen.

Allerdings gibt es immer noch einige Aufgaben zu lösen, denn die bisherige Art der Datenmodellierung *erlaubt* uns Folgendes *nicht*:

- **Mehrfachabbildung zwischen Tabellen** – Eine Mehrfachabbildung, auch m:n-Beziehung genannt, ist beispielsweise notwendig, wenn wir die Anwendungsfälle »jede Person kann mehrere Adressen besitzen« und »jede Adresse kann mehreren Personen zugeordnet sein« realisieren wollen.

- **Mehrfachabbildung auf dieselbe Tabelle** – In der modellierten Fachlichkeit besitzen sowohl Firmen als auch Personen Adressen. Dies wird im Objektmodell durch die Referenzierung der Klasse `Address` aus den Klassen `Company` und `Person` umgesetzt. Ganz allgemein erfolgt hier die Referenzierung von Objekten gleichen Typs (Adressen) durch Objekte unterschiedlichen Typs (Personen bzw. Firmen), die sich in verschiedenen Tabellen befinden (aber potenziell sogar dieselben Werte für Primärschlüssel haben können). Zur Abbildung dieser Referenzierungen in die Datenbank sind demnach mehrere 1:n-Beziehungen zu modellieren.

Mehrfachabbildung zwischen Tabellen   Eine m:n-Beziehung wird in der Objektwelt häufig durch Listen auf beiden Seiten der Abbildung (also für beide Klassen) oder aber durch eine Abbildungsklasse modelliert. Beim Entwurf des Datenbankmodells hat man nur die Möglichkeit, analog zu Letzterem, eine sogenannte ***Abbildungstabelle*** zu nutzen. In dieser bestehen die Datensätze in der Regel nur aus den Spalten, die die Werte der Primärschlüssel der beiden zu verknüpfenden Tabellen enthalten.

Im folgenden Beispiel ist dies für die Verknüpfung von Personen und Adressen gezeigt. Der `Personen`-Datensatz mit der `PersonenID` 11 verweist auf die `Adressen`-Datensätze mit den `AdressenID`s 1 und 4. Der `Adressen`-Datensatz mit der `AdressenID` 3 ist den `Personen`-Datensätzen 25 und 304 zugeordnet:

```
AdressenID | PersonenID
----------------------
1          |         11
2          |         47
3          |        304
3          |         25
4          |         11
...
```

Eine erste Betrachtung dieser Tabelle könnte die Frage aufwerfen, ob nicht die Regeln für die Eindeutigkeit des Primärschlüssels dadurch verletzt sind, dass in Spalte `AdressenID` zweimal der Wert 3 aufgeführt ist. Bestünde der Primärschlüssel lediglich aus der Spalte `AdressenID`, wäre das so. In Abbildungstabellen bilden aber alle Spalten den Primärschlüssel, sodass hier Eindeutigkeit gegeben ist.

Mehrfachabbildung auf dieselbe Tabelle Im Objektmodell referenzieren die Klassen `Person` und `Company` beide die Klasse `Address`. Dadurch sind zwei 1:n-Beziehungen gegeben. Zur Modellierung der Beziehung zwischen Personen und Adressen haben wir bisher in der Tabelle `Adressen` eine Spalte `PersonenID` zur Verknüpfung mit `Personen`-Datensätzen genutzt. Jetzt benötigen wir auch eine Verbindung zwischen Firmen und Adressen. Wie wird dies im Datenbankmodell abgebildet?

Eine erste Idee könnte sein, in der Spalte `PersonenID` auch die IDs der Datensätze der Tabelle `Firmen` zu speichern. Das ist wenig sinnvoll: Tun wir dies doch, so drohen immer dann Inkonsistenzen in unserem Datenmodell, wenn sich die Nummernkreise der IDs der Personen und Firmen überschneiden. Aber selbst wenn die IDs über beide Tabellen hinweg eindeutig sind, ist diese Art der Realisierung immer noch unübersichtlich, schlecht nachvollziehbar und auch fehleranfällig. Daher sollten wir in der Spalte `PersonenID` auf keinen Fall die ID eines Datensatzes der Tabelle `Firmen` speichern. Wie können wir es also besser machen?

Die zweite Idee besteht darin, die Tabelle `Adressen` um eine Spalte `FirmenID` zu erweitern. Das ist zwar möglich, hat aber verschiedene Nachteile. Diese Lösung ist wenig flexibel und außerdem wartungsanfällig: Für jede weitere Tabelle, die referenziert werden soll, müssen Spalten für die Fremdschlüssel ergänzt werden. Auf diese zweite Idee gehe ich hier deshalb nicht weiter ein.

Als dritte Variante könnte man statt der Spalten `PersonenID` und `FirmenID` eine personen- und firmenneutrale Spalte `RefID` und eine sogenannte *Diskriminatorspalte* `RefType` nutzen. Letztere bestimmt dann, ob der in der Spalte `RefID` gespeicherte Wert einem `Personen`- oder einem `Firmen`-Datensatz entspricht. Diese Variante ist leicht auf andere zu referenzierende Typen erweiterbar und wird nachfolgend gezeigt:

```
ID | Strasse       | HausNr |   PLZ | Stadt  | RefID | RefType
-----------------------------------------------------------------
1  | Musterweg     |   55 A | 12345 | Berlin |     1 | Personen
2  | Scharnhorststr. |   27 | 24107 | Kiel   |     1 | Personen
3  | Dr. Hell-Str. |      1 | 24105 | Kiel   |    22 | Firmen
4  | Elendsredder  |     32 | 24106 | Kiel   |    47 | Firmen
```

Variante eins haben wir sofort ausgeschlossen. Aber auch die Varianten zwei und drei wollen wir hier nicht näher betrachten, da diese zu einer redundanten Speicherung der Daten führen und auch darüber hinaus problematisch sind. Beispielsweise lässt sich bei Variante drei mit Diskriminatorspalte eine Adresse, die mehreren Personen und mehreren Firmen zugeordnet ist, nicht mehr als eindeutiger Datensatz darstellen. Im Folgenden ist diese Problematik für den `Adressen`-Datensatz 'Musterweg, 55 A, 12345, Berlin' gezeigt, dem ein `Firmen`-Datensatz und zwei `Personen`-Datensätze zugeordnet sind:

```
ID | Strasse    | HausNr |   PLZ | Stadt  | RefID | RefType
--------------------------------------------------------------
1  | Musterweg  |   55 A | 12345 | Berlin |     1 | Personen
2  | Musterweg  |   55 A | 12345 | Berlin |     2 | Personen
3  | Musterweg  |   55 A | 12345 | Berlin |     3 | Firmen
```

Durch diese Art der Modellierung lässt sich die sogenannte *referenzielle Integrität* nicht mehr automatisch sicherstellen. Die Datenbank muss dazu Abgleiche der Werte einer Fremdschlüsselspalte mit den Werten der korrespondierenden Primärschlüsselspalte der referenzierten Tabelle durchführen. Für die gezeigte Art der Modellierung lassen sich die Werte in der Spalte `RefID` aber nur mit der Zusatzinformation `RefType` eindeutig dem Primärschlüssel der `Personen`- bzw. `Adressen`-Tabelle zuordnen.

Außerdem ist eine Änderung der Adresse problematisch. Stellen wir uns vor, die Straße soll in 'Musterallee' umbenannt werden. Hierzu reicht es nicht mehr, nur einen Datensatz zu ändern, sondern die Namensänderung der Straße müsste in allen Datensätzen nachgezogen werden, die diese Adresse widerspiegeln. Sie sehen, dass diese redundante Speicherung Inkonsistenzen geradezu heraufbeschwört.

Für eine elegantere Umsetzung nutzt man mehrere der zuvor kennengelernten Abbildungstabellen und kann so die referenzielle Integrität leicht sicherstellen.

2.2.3   Abbildung von Vererbung

Wir wissen mittlerweile, wie komplexere Referenzierungen in einem Datenbankmodell abgebildet werden können. Für ein ORM fehlt uns nur noch die Betrachtung der Vererbung. Weil aber RDBMS keine Vererbung kennen, ist folglich die Abbildung einer hierarchischen Klassenstruktur auf ein geeignetes Datenbankmodell selbst festzulegen. Zur Abbildung von Vererbungsbeziehungen sind drei Verfahren gebräuchlich:

1. »**Single Table**« – Eine Tabelle pro Vererbungshierarchie
2. »**Joined**« – Eine Tabelle pro Basis- und pro Subklasse
3. »**Table per Class**« – Eine Tabelle pro konkreter Klasse

Diese drei Varianten besitzen jeweils spezifische Stärken und Schwächen, die ich hier kurz erwähne, damit Sie ein erstes Verständnis dafür entwickeln können. Für eine ausführliche Behandlung dieser Thematik verweise ich auf spezielle Literatur zum Thema SQL und Datenbanken, die Sie am Kapitelende finden.

»Single Table« – Eine Tabelle pro Vererbungshierarchie

Diese Form der Abbildung fasst alle Klassen einer Vererbungshierarchie in einer »One-For-All«-Tabelle oder »Single Table« zusammen, die sowohl die Attribute der Basisklasse als auch alle Attribute der Subklassen speichert.

Folgende Tabellenstruktur verdeutlicht den Aufbau für eine Klassenhierarchie mit einer Basisklasse `Base` und zwei Subklassen `Sub1` und `Sub2`. Die Spalten für die jeweiligen Attribute der Klassen sind hier symbolisch mit dem Klassennamen, gefolgt von den Postfixes -1, -2 usw., dargestellt:

```
Base-1 | Base-2 | Sub1-1 | Sub1-2 | Sub1-3 | Sub1-4 | Sub2-1 | Sub2-2 | Typ
-------------------------------------------------------------------------------
Müller | 27     | value1 | value2 | value3 | value4 | NULL   | NULL   | Sub1
Meyer  | 33     | NULL   | NULL   | NULL   | NULL   | value1 | value2 | Sub2
```

Um ermitteln zu können, welcher Klasse ein Datensatz angehört, benötigt man – wie schon bei Mehrfachabbildungen – eine (rein technisch motivierte) zusätzliche Spalte im Datenbankmodell. Diese Spalte wird bekanntlich ***Diskriminatorspalte*** genannt. Im Beispiel ist dies die Spalte `Typ`. Verdeutlichen wir uns diese Variante an einer Basisklasse `Person` sowie den Subklassen `Sportler` (mit HF=Herzfrequenz) und `Mitarbeiter`:

```
Person | Person | Sportler | Sportler | Mitarbeiter | Mitarbeiter | Typ
Name   | Alter  | HF-MIN   | HF-MAX   | Abteilung   | Titel       |
----------------------------------------------------------------------------
Müller | 27     | 48       | 198      | NULL        | NULL        | Sportler
Meyer  | 33     | NULL     | NULL     | Entwicklung | Dr.         | Mitarbeiter
```

An diesem Beispiel erkennt man eine Besonderheit dieser Art der Abbildung einer Vererbungshierarchie auf eine Tabelle: Für Subklassen sind jeweils diverse Spalten nicht relevant. Damit diese für eine Klasse »überflüssigen« Spalten aber in das Datenbankmodell integriert werden können, wurden hier `NULL`-Werte genutzt, um auszudrücken, dass in der Spalte kein Wert existiert. Spalten, die einen `NULL`-Wert enthalten können, nennt man `NULLABLE`-Spalten. Deren Nutzung kann aber dann problematisch werden, wenn man sogenannte ***Constraints*** – spezielle Bedingungen, die von der Datenbank automatisch auf deren Einhaltung überprüft werden – definieren möchte. Momentan wäre es nicht möglich, für Mitarbeiter zu fordern, dass diese einen Wert in der Spalte `Abteilung` enthalten. Darauf gehe ich später in Abschnitt 2.4 noch genauer ein.

Ein Vorteil dieser Strategie liegt in der sehr guten Performance. Alle Abfragen und Änderungen über die gesamte Vererbungshierarchie hinweg können auf derselben Tabelle erfolgen. Diese Strategie besitzt aber auch einige recht offensichtliche Nachteile. Je nach Ausprägung der Subklassen kann diese Form der Abbildung zu umfangreichen Tabellen führen, die sehr viele Spalten besitzen. Außerdem ist die Zuordnung von Spalten zu Klassen nur mühselig nachvollziehbar. Insgesamt wird bei dieser Umsetzung das Datenmodell oftmals unübersichtlich und fehleranfällig. Zwei Kriterien spielen dabei eine wesentliche Rolle: der Umfang der Vererbungshierarchie sowie die Gesamtzahl der Attribute über alle abzubildenden Klassen der Vererbungshierarchie.

»Joined« – Eine Tabelle pro Basis- und je eine pro Subklasse

Bei dieser Form der Abbildung wird für jede Klasse in einer Vererbungshierarchie eine eigenständige Tabelle genutzt. Die Attribute einer Klasse werden auf die Spalten der klassenspezifischen Tabelle abgebildet. Diese Variante ähnelt dem objektorientierten Gedanken, wo Subklassen nur die Unterschiede zu den jeweiligen Basisklassen beschreiben.

Für das Beispiel ergeben sich dann drei Tabellen. Beginnen wir mit der Tabelle `Personen`, die die Daten der Basisklasse `Person` speichert:

```
Tabelle Personen
ID | Name   | Alter
--------------------
1  | Müller | 27
2  | Meyer  | 33
```

Zudem nutzen wir die beiden folgenden Tabellen `Mitarbeiter` und `Sportler`, die jeweils Spalten für die Attribute der korrespondierenden Subklassen besitzen:

```
Tabelle Sportler
HF-MIN   | HF-MAX | PersonenID
--------------------------------
48       | 198    | 1

Tabelle Mitarbeiter
Abteilung   | Titel | PersonenID
--------------------------------
Entwicklung | Dr.   | 2
```

Diese Art der Abbildung ist intuitiv verständlich und erlaubt es, Constraints zu definieren. Vorteilhaft ist außerdem die klare Struktur, bei der die Zuordnung von Attributen zu Klassen offensichtlich ist. Zudem lassen sich neue Klassen sehr leicht in das Datenbankmodell integrieren. Dazu ist lediglich eine weitere Tabelle zu erstellen. Im Gegensatz zu »Single Table« müssen keine Änderungen an dem bestehenden Datenbankmodell vorgenommen werden, und es ist auch keine spezielle Diskriminatorspalte erforderlich. Allerdings wird beim Zugriff auf ein Objekt eine Verbindung der Tabellen benötigt, die die Klassenhierarchie beschreibt. Dies lässt sich durch Fremdschlüsselbeziehungen und die Verknüpfung von Tabellen, sogenannten Joins, relativ einfach lösen. Nachteilig an dieser Strategie ist vor allem ihr möglicher negativer Einfluss auf die Performance bei tieferen Vererbungshierarchien: Für Abfragen müssen alle Tabellen, die einen Typ beschreiben, miteinander verknüpft werden. Dadurch kann die Ermittlung aller Werte eines Objekts aufwendig sein. Datenänderungen oder das Erzeugen neuer Datensätze müssen außerdem in mehreren Tabellen durchgeführt werden.

»Table per Class« – Eine Tabelle pro konkreter Klasse

Hierbei werden nur solche Klassen auf eine eigene Tabelle abgebildet, die tatsächlich instanziiert werden können, die also nicht abstrakt sind. Im Gegensatz zur vorherigen Strategie werden abstrakte Basisklassen nicht als eigenständige Tabellen modelliert. Somit umfasst diese Strategie in der Regel jene Klassen ohne weitere Subklassen. Für jede konkrete Subklasse gibt es genau eine Tabelle, die die Attribute der korrespondierenden Klasse sowie all ihrer Basisklassen enthält: Durch diese Form der Speicherung befinden sich alle Daten einer Klasse in genau einem Datensatz einer Tabelle.

Beim Einsatz der Strategie »Table per Class« resultieren für die Vererbungshierarchie unseres Beispiels die zwei Tabellen `Sportler` und `Mitarbeiter`:

```
Tabelle Sportler
Name   | Alter | HF-MIN   | HF-MAX
-----------------------------------
Müller | 27    | 48       | 198

Tabelle Mitarbeiter
Name   | Alter | Abteilung   | Titel
-----------------------------------
Meyer  | 33    | Entwicklung | Dr.
```

Diese Art der Abbildung ist intuitiv verständlich und erlaubt außerdem die Definition von Constraints. Wie bei der »Joined«-Strategie lassen sich Erweiterungen im Datenmodell leicht durchführen, es wird lediglich eine neue Tabelle benötigt. Bei »Table per Class« sind durch die kompakte Speicherung Abfragen auf konkrete Objekte effizient möglich, da hier nur eine Tabelle betroffen ist und diese auch nur solche Spalten enthält, die tatsächlich zur Abbildung der Klasse erforderlich sind. Man kann somit auf Joins verzichten. Auch müssen keine Fremdschlüsselbeziehungen gepflegt werden. Dadurch sind alle typischerweise benötigten Datenbankoperationen, die sogenannten CRUD-Operationen (**C**reate, **R**ead, **U**pdate und **D**elete), sehr effizient möglich.

Problematisch wird bei dieser Abbildungsstrategie alles, was mit Basisklassen zu tun hat. Das beginnt schon bei den Auswirkungen selbst kleinerer struktureller Änderungen: Diese sind in allen Tabellen durchzuführen, die eine Subklasse beschreiben, deren Basisklasse geändert wurde. Die Probleme enden mit der erschwerten Abfrage von Daten, die sich auf Informationen aus Basisklassen über verschiedene Klassen hinweg (etwa Namen aller Personen) beziehen. Im Beispiel müssen diese Informationen zur Klasse `Person` aus den Tabellen `Sportler` und `Mitarbeiter` extrahiert werden.

Fazit

Die vorangegangenen Abschnitte haben einen einführenden Überblick über die Modellierung und die Abbildung von Objekten in die Datenbankwelt gegeben. Dabei haben wir verschiedene für ein ORM wichtige Kenntnisse erworben. Diese erleichtern das Verständnis der folgenden Abschnitte und Kapitel über SQL, JDBC und JPA.

Hinweise zur Abbildung von Assoziationen   Die Wahl einer passenden Abbildung von Assoziationen hängt von der zu modellierenden Art der Beziehung ab. Sowohl eine 1:1- als auch eine 1:n-Beziehung modelliert man über Fremdschlüsselbeziehungen. Weil sich m:n-Beziehungen bekanntermaßen so nicht abbilden lassen, nutzt man hier Abbildungstabellen.

Hinweise zur Abbildung von Vererbung   Die Wahl einer passenden Abbildung der Vererbung hängt stark von den jeweiligen Anwendungsfällen ab. Für nicht allzu umfangreiche Vererbungshierarchien bieten sich die Strategien »Joined« bzw. »Table per Class« an. Letztere kann bei einer sehr stabilen Klassenhierarchie sinnvoll sein. Ansonsten wiegen die Performance-Vorteile die Wartungsaufwände nicht immer auf. Beide Strategien ermöglichen zudem die Definition von Constraints. Mit zunehmender Fokussierung auf Performance sind die Strategien »Table per Class« bzw. »Single Table« in Betracht zu ziehen. Bei letzterer muss man aber auf die Definition von `NOT NULL`- und `UNIQUE`-Constraints verzichten. Außerdem entstehen bei »Single Table« relativ dünn mit Werten belegte Tabellen. Trotz der genannten Nachteile können teilweise aber Performance-Gründe für den Einsatz dieses Verfahrens sprechen.

2.3 Das Datenbanksystem HSQLDB im Kurzüberblick

In den nachfolgenden Abschnitten werde ich einige Beispiele präsentieren, die Zugriff auf eine Datenbank benötigen. Dazu stelle ich kurz das frei verfügbare Datenbanksystem HSQLDB vor, das ein einfach zu bedienendes RDBMS mit einer grafischen Benutzeroberfläche ist. Alternativ können Sie zum Nachvollziehen auch ein anderes RDBMS nutzen, z. B. Java DB.

In der Regel wird ein DBMS auf einem eigenständigen, leistungsstarken Rechner ausgeführt. Für einfache, kleinere Desktop-Anwendungen ist es aber manchmal wünschenswert, die Datenbank nicht auf einem dedizierten Rechner laufen zu lassen, sondern parallel auf dem eigenen Rechner (oder gar in die eigene Applikation eingebettet). Mit der nachfolgend vorgestellten HSQLDB ist das alles problemlos möglich.

HSQLDB

Die für die Beispiele des Buchs genutzte HSQLDB steht unter `http://hsqldb.org/` frei zum Download zur Verfügung. Parallel dazu gibt es auch eine kommerzielle Ausprägung (`http://www.hxsql.com/`).

Die Wahl fällt auf HSQLDB, da sich die Datenbank problemlos und ohne großen Installations- und Konfigurationsaufwand parallel zur eigentlichen Applikation auf dem eigenen Rechner betreiben lässt: Das heruntergeladene `zip`-Archiv entpacken Sie bitte in ein beliebiges Installationsverzeichnis. Im Unterordner `hsqldb/bin` finden Sie mehrere Skripte, insbesondere `runServer.bat` und `runManagerSwing.bat`. Ersteres startet das DBMS. Letzteres startet das zugehörige Datenbankadministrationstool mit GUI.

Datenbankadministrationstool   Das Programm `HSQL Database Manager` erlaubt die Administration der Datenbank sowie die Verarbeitung von SQL-Anweisungen. Wählen Sie bitte nach dem Start als Typ `HSQL Database Engine Server` und als URL `jdbc:hsqldb:hsql://localhost/java-profi`. Damit diese Datenbank angesprochen werden kann, müssen Sie eine Datei namens `server.properties` mit folgendem Inhalt im Unterverzeichnis `hsqldb/data` anlegen:

```
server.database.0=java-profi
server.dbname.0=java-profi
```

Um die SQL-Anweisungen und Beispiele der folgenden Abschnitte nachzuvollziehen, können Sie die in den folgenden Abschnitten abgedruckten SQL-Anweisungen selbst eingeben und dann im Datenbankadministrationstool über den Button »Execute SQL« ausführen (vgl. Abbildung 2-11). Alternativ sind die SQL-Anweisungen in Form von Gradle-Tasks definiert und über die Kommandozeile ausführbar – das für die Ausführung im `Classpath` benötigte `jar`-Archiv `hsqldb.jar` finden Sie im Unterordner `hsqldb/lib` des Installationsverzeichnisses von HSQLDB.

Das Eintippen des SQL besitzt den Vorteil des größeren Lerneffekts, die Gradle-Tasks sind bequemer in der Handhabung.

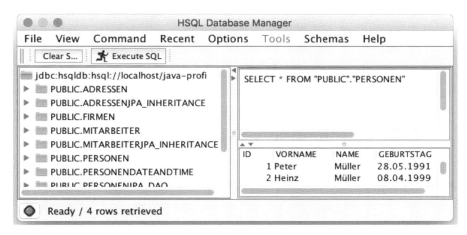

Abbildung 2-11 *HSQL Database Manager*

Tipp: Modifikationen für Mac OS

Wenn man HSQLDB mit Mac OS nutzen möchte, so sind ein paar kleinere Hürden zu nehmen. Zunächst werden unverständlicherweise keine Shell-Skripte mitgeliefert. Diese kann man sich aber recht einfach auf Basis der .bat-Windows-Startskripte aus dem `bin`-Ordner wie folgt selbst schreiben:

```
runServer.sh
------------
#!/bin/bash
echo "Starting HSQLDB Server"
cd ../data
java -classpath ../lib/hsqldb.jar org.hsqldb.server.Server %1 %2

runManagerSwing.sh
------------------
#!/bin/bash
echo "Starting HSQLDB Manager"
cd ../data
java -classpath ../lib/hsqldb.jar org.hsqldb.util.DatabaseManagerSwing %1 %2
```

Anschließend müssen noch Rechte zum Ausführen hinzugefügt werden:

```
chmod 777 runServer.sh
chmod 777 runManagerSwing.sh
```

Das Starten geschieht dann in einem jeweils eigenen Terminal mit folgenden Kommandos aus dem `bin`-Ordner:

```
./runServer.sh
./runManagerSwing.sh
```

Alternativ können Sie natürlich auch Server und GUI-Tool einfach von der Kommandozeile wie folgt starten, wenn Sie sich im Hauptverzeichnis von HSQLDB befinden:

```
java -cp ./lib/hsqldb.jar org.hsqldb.server.Server
java -cp ./lib/hsqldb.jar org.hsqldb.util.DatabaseManagerSwing
```

Ich empfehle aber die obigen Skripte, da diese die Handhabung einfacher machen und vor allem weniger Tipparbeit erfordern.

2.4 SQL-Grundlagen

In diesem Abschnitt gebe ich eine kurze Einführung in den »Grundwortschatz« der Datenbankabfragesprache SQL, jedoch nur so weit, wie dies für das Verständnis dieses Kapitels notwendig ist. Ganz nebenbei werden wir hier das für die nachfolgenden Abschnitte und Kapitel benötigte Datenbankmodell erstellen und zum Teil mit Inhalt füllen.

SQL steht für ***Structured Query Language*** und ist eine Sprache zur Verwaltung und zum Zugriff auf relationale DBMS. SQL ist nicht funktional oder objektorientiert, sondern deskriptiv und mengenorientiert. SQL-Anweisungen wirken ein wenig wie Befehle einer natürlichen Sprache und lassen sich dadurch recht schnell erlernen. Besonders erwähnenswert ist, ***dass SQL case-insensitive ist und damit Groß- und Kleinschreibung der Schlüsselwörter sowie von Tabellen- und Spaltenname für die Ausführung von SQL-Anweisungen keine Rolle spielt***.[5] Zur besseren Lesbarkeit werde ich aber folgende Konventionen einhalten: Alle SQL-Anweisungen werden in Großbuchstaben notiert. Die Namen von Tabellen und Spalten schreibe ich in CamelCase-Schreibweise mit einem großen Anfangsbuchstaben.

Der Name Structured *Query* Language legt die Vermutung nahe, dass nur Anweisungen zum Auslesen von Daten im Sprachumfang bereitgestellt würden. Tatsächlich enthält SQL aber auch Befehle zur Datenmanipulation sowie zur Definition und Verwaltung von Tabellen. Man unterscheidet folgende drei Sprachbestandteile von SQL:

- ▪ eine *DDL* (*Data Definition Language*) zur Datenmodellierung,
- ▪ eine *DML* (*Data Manipulation Language*), um Daten zu ändern, zu löschen oder zu erstellen, und
- ▪ eine *DQL* (*Data Query Language*) zur Abfrage von Daten.

Auf diese drei Sprachteile werde ich in den folgenden Abschnitten kurz eingehen.

---

[5]Selbstverständlich gilt dies nicht für abgefragte Werte: Bei nachfolgender Abfrage kommt es entscheidend auf die Schreibweise von Otto an: `SELECT * FROM Personen WHERE Vorname ='oTTo'`

2.4.1   DDL – Definition von Tabellen

Bevor man mit einer Datenbank arbeiten kann, muss man das Datenbankmodell, d. h. den Aufbau der Tabellen, festlegen. Der Entwurf des Datenbankmodells ist ähnlich zum Entwurf des Objektmodells. Anstelle von Klassendiagrammen nutzt man in der Modellierung sogenannte ER-Diagramme (Entity Relationship), die Tabellen (Entity) und Verbindungen (Relation) zwischen diesen darstellen. Auf diese Form der Modellierung werde ich in diesem Buch nicht gesondert eingehen, sondern zeige hier lediglich, mit welchen SQL-Befehlen wir ein Datenbankmodell erzeugen können.[6]

Um eine neue Tabelle zu erstellen, verwendet man folgenden Befehl:

```
CREATE TABLE <Tabellenname> (<Spaltendefinition>, ...)
```

Eine Tabelle zur Speicherung von Personen mit den Attributen Vorname, Name und Geburtstag wird folgendermaßen erzeugt:

```
CREATE TABLE Personen
(
    ID            INTEGER PRIMARY KEY,
    Vorname       VARCHAR(50) NOT NULL,
    Name          VARCHAR(50) NOT NULL,
    Geburtstag    DATE
)
```

Bei der Beschreibung der Tabelle Personen und ihrer Spalten werden einige Sprachelemente verwendet, die auch ohne vorherige Einführung einigermaßen intuitiv verständlich sein sollten. Die folgenden Absätze erklären diese genauer.

Definition von Konsistenzbedingungen (Constraints)

Bei der Definition des Datenmodells können verschiedene Konsistenzbedingungen, auch **Constraints** genannt, angegeben werden. Zum einen ist ein Personen-Datensatz ohne Namensangabe sinnlos, die Angabe eines Geburtstags ist jedoch optional. Das lässt sich durch den SQL-Wert NULL als Information für »keine Angabe« darstellen, sofern nichts anderes für die Spalte spezifiziert wurde. Durch den Einsatz eines NOT NULL-Constraints kann man der Datenbank mitteilen, dass für die Spalten Vorname und Name keine NULL-Werte erlaubt sind. Fehlt die Angabe einer Konsistenzbedingung, wie für die Spalte Geburtstag, so sind dort NULL-Werte erlaubt, wodurch sich optionale Angaben modellieren lassen.

Zum anderen müssen wir für den Primärschlüssel dessen Eindeutigkeit sicherstellen. Mithilfe der Notation PRIMARY KEY für das Attribut ID sorgt die Datenbank automatisch für die Einhaltung von Eindeutigkeit. Hier bedeutet das, dass keine Einträge mit gleichem Attributwert für das Attribut ID erlaubt sind!

---

[6]Änderungen im Datenmodell sollen in der Regel nicht von jedem Benutzer durchgeführt werden können, daher haben meistens nur Datenbankadministratoren oder bestimmte Benutzer dazu die Erlaubnis.

SQL-Datentypen im Überblick

Bei der Definition eines Datenbankmodells können wir auf eine Vielzahl von SQL-Datentypen zurückgreifen. Einige wichtige und gebräuchliche sind in der folgenden Tabelle 2-1 mitsamt den Java-Datentypen aufgelistet, die man erhält, wenn man aus Java per JDBC auf die Spalten zugreift.

Tabelle 2-1 *Einige wichtige SQL-Datentypen im Überblick*

SQL-Datentyp	Beschreibung
VARCHAR(n)	Ein String variabler, aber maximaler Länge von n. Je nach Datenbankhersteller ist der Maximalwert für n leider unterschiedlich. Häufig sind nur bis zu 255 Zeichen erlaubt. Benötigt man mehr Platz, so ist der Typ LONGVARCHAR(n) zu nutzen. Oracle erlaubt bis über 2000 Zeichen, allerdings heißt der Typ dort VARCHAR2, der zudem datenbankspezifisch ist. Mögliche Probleme beschreibt der folgende Praxishinweis.
INTEGER	Eine ganze Zahl (4 Byte), wie der Java-Typ int.
FLOAT	Eine Fließkommazahl (4 Byte), wie der Java-Typ float.
DOUBLE	Eine Fließkommazahl (8 Byte), wie der Java-Typ double.
DATE	Ein Datum, ähnlich zum Java-Typ java.util.Date, jedoch auf die Tagesinformation eingeschränkt.
TIME	Eine Uhrzeit, ähnlich zum Java-Typ java.util.Date, allerdings auf die Uhrzeitinformation eingeschränkt.
TIMESTAMP	Ein Zeitpunkt, ähnlich zum Java-Typ java.util.Date, also inklusive Uhrzeit und Datum.

Hinweis: SQL-Dialekte

Für SQL existieren verschiedene Standards, die sich in ihrem Sprachumfang unterscheiden. Leider kochen die Datenbankhersteller alle ihr eigenes Süppchen bezüglich des konkret realisierten SQL-Sprachumfangs: Die jeweiligen Umsetzungen orientieren sich zwar am Standard, besitzen aber kleinere Unterschiede. Diese Tatsache erschwert eine datenbankunabhängige Programmierung.

In der obigen Tabelle wurde ein Unterschied in den Datentypen aufgezeigt: Der von Oracle unterstützte Typ für Zeichenketten variabler Länge heißt abweichend vom Standard VARCHAR2. Durch Einsatz dieses datenbankabhängigen Typs bindet man sich mehr oder minder stark an das jeweilige DBMS.

Unterschiede zwischen `java.util.Date` und `java.sql.Date`

Teilweise kommt es zu Verwirrung beim Einsatz des Datentyps `Date` aus Java bzw. aus JDBC. Der Typ `java.util.Date` repräsentiert bekanntermaßen einen Zeitpunkt in Millisekunden, bezogen auf den 1.1.1970. In JDBC werden dagegen folgende drei Typen zur Repräsentation von Datums- und Zeitangaben genutzt und von Datenbankabfragen nach Datumswerten zurückgeliefert:

- `java.sql.Date` – nur Datumsangabe
- `java.sql.Time` – nur Zeitangabe
- `java.sql.TimeStamp` – Zeitangabe inklusive Datum

Diese besitzen alle den Basistyp `java.util.Date`, verhalten sich aber (leicht) anders als ihre Basisklasse: Für `java.sql.Date` und `java.sql.Time` ist die Uhrzeit- bzw. die Datumsinformation unbesetzt. Die Basisklasse `java.util.Date` bietet Zugriffsmethoden, die jedoch durch die Subklassen überschrieben sind und eine `IllegalArgumentException` auslösen. Das gilt beispielsweise für die Methode `getMinutes()` in der Klasse `java.sql.Date`. Gleichermaßen werden in der `java.sql.Time`-Klasse Zugriffe auf die unbesetzten Datumsattribute, etwa den Tag, unterbunden. Dahingegen umfasst der Typ `java.sql.TimeStamp` neben den Informationen aus seinem Basistyp `java.util.Date` zusätzlich auch Nanosekunden. Weiterhin variiert die Ausgabe von `toString()`.

Um Typinkompatibilitäten und Exceptions bei der Verarbeitung der Datumswerte zu vermeiden, muss ein aus der Datenbank gelesener Datumswert folgendermaßen wieder in ein `java.util.Date`-Objekt umgewandelt werden:

```
final Date javaDate = new java.util.Date(sqlDate.getTime());
```

Für die so erhaltenen `java.util.Date`-Instanzen muss man dann allerdings beachten, dass sich `java.sql.Time` auf den 1.1.1970 bezieht und `java.util.Date` für die Zeitinformationen den Wert 0 liefert, also 00:00:00:000.

Sollen Objekte vom Typ `java.util.Date` in der Datenbank gesichert werden, so müssen diese zuvor in ein `java.sql.Date`-Objekt oder eine Instanz der beiden anderen Klassen umgewandelt werden, etwa wie folgt:

```
final Date javaDate = new Date();
final java.sql.Date sqlDate = new java.sql.Date(javaDate.getTime());
```

Hier erkennt man eine Unzulänglichkeit im API der Klasse `java.util.Date`: Die Methode `getTime()` besitzt einen verwirrenden Namen. Im obigen Beispiel könnte man sich fragen, warum einem reinen Datumswert eine Zeitinformation übergeben wird. Tatsächlich wird aber eine Datums- und Zeitangabe in Form von Millisekunden seit dem 1.1.1970 zurückgeliefert.

Hinweis: Unterstützung der Datentypen aus JSR 310 Date and Time

Mit Java 8 wurde ein neues API eingeführt, das Berechnungen auf Datums- und Zeitwerten wesentlich erleichtert (vgl. dazu die Ausführungen in meinem Buch »Java 8 – Die Neuerungen« [9]). Die Klassen im Package `java.sql` wurden bereits auf eine einfache Konvertierung vorbereitet:

- Ein `java.sql.Date` bietet die zwei Methoden `toLocalDate()` bzw. `valueOf(LocalDate)`.

- Ein `java.sql.Time` bietet die zwei Methoden `toLocalTime()` bzw. `valueOf(LocalTime)`.

- Ein `java.sql.Timestamp` kann in eine Instanz vom Typ `LocalDateTime` bzw. `Instant` aus dem Package `java.time` durch Aufruf von `toLocalDateTime()` bzw. `toInstant()` umgewandelt werden. Eine Rücktransformation geschieht mit `Timestamp.from(instant)` sowie `Timestamp valueOf(LocalDateTime)`.

Sowohl für `java.sql.Date` als auch `java.sql.Time` wird die Methode `toInstant()` aus der Basisklasse `java.util.Date` geerbt. In beiden Fällen ergibt diese Methode fachlich aufgrund der fehlenden Zeit- bzw. Datumskomponente keinen Sinn und löst daher eine `UnsupportedOperationException` aus.

Beispieltabellen erstellen

Für die weiteren Beispiele dieses Kapitels erzeugen wir (per Hand oder durch Aufruf des Gradle-Tasks CREATETABLES) zusätzlich zur Tabelle `Personen` noch die Tabellen `Adressen`, `Firmen` und `Mitarbeiter`, deren Aufbau dem in Abschnitt 2.2 vorgestellten Objektmodell folgt.

```
CREATE TABLE Adressen
(
    ID              INTEGER PRIMARY KEY,
    Strasse         VARCHAR(50),
    HausNr          VARCHAR(10),
    PLZ             INTEGER,
    Stadt           VARCHAR(50)
)

CREATE TABLE Firmen
(
    ID              INTEGER PRIMARY KEY,
    Name            VARCHAR(50)
)

CREATE TABLE Mitarbeiter
(
    ID              INTEGER PRIMARY KEY,
    MitarbeiterNr   INTEGER,
    Abteilung       VARCHAR(50)
)
```

Man könnte sich darüber wundern, dass das Attribut `HausNr` als `VARCHAR(10)` definiert ist. Denkt man aber an Hausnummern wie 47 C, wird der Grund dafür sofort klar.

Außerdem fällt auf, dass wir noch gar keine Verbindung zwischen Adressen und Personen herstellen können. Aus den vorangegangenen Beschreibungen wissen wir, dass wir einen Fremdschlüssel `PersonenID` in die Datenbanktabelle `Adressen` aufnehmen müssen. Was ist also zu tun? Angenehmerweise lässt sich das Datenbankmodell auf einfache Weise verändern – worauf ich im Folgenden eingehe – und muss für Strukturänderungen nicht komplett gelöscht, überarbeitet und neu angelegt werden.

Tabellenstruktur ändern

Mit dem `ALTER TABLE`-Befehl lassen sich Änderungen am Datenbankmodell vornehmen. Dabei gibt es unter anderem folgende Varianten:

```
ALTER TABLE <Tabellenname> ADD [COLUMN] <Spaltendefinition>
ALTER TABLE <Tabellenname> DROP [COLUMN] <Spaltenname>
```

Je nach SQL-Dialekt des RDBMS kann hinter dem `ADD` optional noch das Schlüsselwort `COLUMN` angegeben werden. Weil wir die Tabelle `Adressen` um eine Spalte `PersonenID` ergänzen wollen, schreiben wir Folgendes:

```
ALTER TABLE Adressen ADD PersonenID INTEGER        /* Variante 1 */
ALTER TABLE Adressen ADD COLUMN PersonenID INTEGER /* Variante 2 */
```

Fremdschlüsselbeziehungen definieren

In der zuvor neu erzeugten Spalte `PersonenID` können wir die ID der jeweiligen Person speichern. In der Regel ist es wünschenswert, dass alle Adressen gültige Verweise auf Personen enthalten und von dort referenzierte Personen nicht einfach aus der Datenbank gelöscht werden können. Dazu muss man dem RDBMS mit nachfolgender SQL-Anweisung mitteilen, dass die neue Spalte eine *Fremdschlüsselbeziehung* und damit einen sogenannten *foreign key constraint* zwischen den Tabellen `Adressen` und `Personen` realisiert:

```
ALTER TABLE Adressen ADD FOREIGN KEY (PersonenID) REFERENCES Personen (ID)
```

Änderungen von Spaltendefinitionen

Beim Modifizieren und Umbenennen von Spalten sind die Unterschiede der verschiedenen SQL-Dialekte größer als für die Syntax zum Verändern der Tabellenstruktur. Beispielhaft sind hier die SQL-Anweisungen im HSQLDB-Dialekt gezeigt, um eine Spalte umzubenennen bzw. einen `NOT NULL`-Constraint hinzuzufügen. Das geht jedoch nur, wenn alle Werte für die Spalte ungleich `NULL` sind. Dabei lernen wir en passant drei Formen von SQL-Kommentaren kennen:

```
-- SQL-Zeilenkommentar: Umbennenen einer Spalte
ALTER TABLE <Tabellenname> ALTER COLUMN <SpaltennameAlt>
                           RENAME TO <SpaltennameNeu>

// SQL-Zeilenkommentar: Constraint einrichten
ALTER TABLE <Tabellenname> ALTER COLUMN <Spaltenname> SET NOT NULL /* ... */
```

Die Form `/* ... */` ist uns aus Java geläufig. Die Angabe `--` entspricht dem Java-Kommentar `//`, wodurch die restliche Zeile als Kommentar angesehen wird.

Hinweis: Modifikationen an der Tabellenstruktur

Sowohl das Hinzufügen als auch das Entfernen von Spalten sind selbst dann möglich, wenn eine Tabelle bereits Datensätze enthält. Beim Hinzufügen wird die Tabelle um die angegebene Spalte erweitert, alle bestehenden Datensätze enthalten für diese Spalte dann den Wert NULL. Aufgrund dessen können nachträglich keine Spalten eingefügt werden, für die ein NOT NULL-Constraint gelten soll. Beim Entfernen einer Spalte werden die dort gespeicherten Daten gelöscht. Es ist aber nicht möglich, eine Spalte zu entfernen, für die eine Fremdschlüsselbeziehung existiert.

Index erstellen

Zur performanten Ausführung der im Anschluss vorgestellten Abfragen kann ein Index dazu dienen, eine Suchhilfe für eine Tabelle zu definieren. Als Gedankenstütze können wir uns vorstellen, dass dadurch eine lineare Liste zu einer Art `TreeMap<K,V>` wird und sich somit die Zugriffszeiten von linearer auf logarithmische Komplexität verringern.

Einen Index kann man in SQL mit dem `CREATE INDEX`-Kommando erstellen:

```
CREATE INDEX <Indexname> ON <Tabellenname> (<Spaltenname> , ... )
```

Für die Tabelle `Personen` erzeugt man einen Index für die Spalte `Name` wie folgt:

```
CREATE INDEX IDX_PersonenName ON Personen (Name)
```

Hinweis: Auswirkungen eines Index

Ein Index kann Suchoperationen enorm beschleunigen, wenn eine Suche über die im Index verwendete(n) Spalte(n) erfolgt. Bei kleinerer Anzahl an Datensätzen führt ein Index nicht unbedingt zu (spürbaren) Performance-Verbesserungen. Mit zunehmender Datenmenge und Häufigkeit von Zugriffen auf die Tabelle profitiert man jedoch von einem Index. Der Einsatz eines Index hat allerdings auch Nachteile. Die Daten für einen solchen Index werden aufseiten des RDBMS zum Teil im Hauptspeicher und auf der Festplatte verwaltet. Zur Verwaltung entstehen Aufwände, da der Index beim Einfügen, Ändern und Löschen von Daten gegebenenfalls aktualisiert werden muss. Meistens wiegen die Vorteile die Nachteile um Längen auf.

2.4.2 DQL – Datenabfrage

Nachdem Sie das Datenmodell in Form von Tabellen erzeugt haben, müssen die Tabellen mit Leben, also Daten, gefüllt werden. Dazu dient die Data Manipulation Language (DML). Deren Beschreibung erfolgt aus didaktischen Gründen erst nach der Darstellung von Datenabfragen mit der Data Query Language (DQL), weil wir hier zunächst einige Details zur Formulierung von Bedingungen kennenlernen wollen, die wir später bei der Beschreibung der DML für Änderungs- und Löschaufträge einsetzen werden.

Greifen wir den Manipulationen auf der Datenbank vor und nehmen an, dass die Tabellen `Adressen` und `Personen` folgende Datensätze enthalten:

```
Tabelle Personen
ID   | Vorname | Name   | Geburtstag
-----------------------------------
1    | Peter   | Müller | 1991-05-28
2    | Heinz   | Müller | 1999-04-08
3140 | Werner  | Muster | 1940-01-31
4711 | Marc    | Muster | 1979-06-10
4712 | Hans    | Muster | 1994-06-12


Tabelle Adressen
ID | Strasse          | HausNr | PLZ   | Stadt   | PersonenID
-------------------------------------------------------------
1  | Plöner Str.      | 1      | 23554 | Lübeck  | 1
2  | Buntentorsteinweg| 23     | 28201 | Bremen  | 2
3  | Scharnhorststr.  | 456    | 24107 | Kiel    | 4711
4  | Breite Str.      | 789    | 22767 | Hamburg | 3140
5  | Oppenhofallee    | 777    | 52070 | Aachen  | 4712
```

Der `SELECT`-Befehl dient zum Auslesen von Informationen aus Datenbanktabellen und besitzt verschiedene Ausprägungen, von denen wir uns nun einige wichtige anschauen.

Spalten spezifisch auslesen

Wenn man ganz spezielle Informationen, d. h. eine Teilmenge der Attribute, ermitteln möchte, kann man die gewünschten Spalten einzeln spezifizieren:

```
SELECT <Spaltenname>, <Spaltenname>, ... FROM <Tabellenname>
```

Im folgenden Beispiel enthält die Ergebnismenge lediglich die Attribute `Vorname` und `Name` der Tabelle `Personen`:

```
SELECT Vorname, Name FROM Personen
```

Es existieren weitere umfangreiche Möglichkeiten zur Steuerung der Abfrage und der gelieferten Ergebnismenge, die wir nun sukzessive kennenlernen werden.

Alle Spalten auslesen

Teilweise sind statt einer speziellen Auswahl an Werten die Daten aller Spalten einer Tabelle von Interesse. Dazu dient der Platzhalter '`*`' anstelle konkreter Spaltennamen.

Dabei enthält jeder Datensatz die Werte aller Spalten (oftmals in der Reihenfolge ihrer Definition im Datenbankmodell – jedoch ist das nicht garantiert).

Die folgende SELECT-Abfrage umfasst alle Spalten der Tabelle Personen:

```
SELECT * FROM Personen
```

Als Ergebnis erhält man:

```
ID   | Vorname | Name   | Geburtstag
------------------------------------
1    | Peter   | Müller | 1991-05-28
2    | Heinz   | Müller | 1999-04-08
3140 | Werner  | Muster | 1940-01-31
4711 | Marc    | Muster | 1979-06-10
4712 | Hans    | Muster | 1994-06-12
```

Sortierung der Ergebnismenge

Manchmal soll die gelieferte Ergebnismenge nach einer Spalte sortiert werden. Im folgenden Beispiel wird die Ergebnismenge durch die Zusätze ORDER BY und DESC absteigend gemäß den Werten der Spalte Vorname sortiert:

```
SELECT Vorname, Name FROM Personen ORDER BY Vorname DESC
```

Als Ergebnis erhält man:

```
Vorname | Name
---------------
Werner  | Muster
Peter   | Müller
Marc    | Muster
Heinz   | Müller
Hans    | Muster
```

Zeilen auswählen

Neben einer Einschränkung auf bestimmte Spalten ist eine Filterung der Datensätze möglich. Eine Abfrage liefert dann nur eine Teilmenge der Datensätze. Dazu spezifiziert man die gewünschte Filterung in einer WHERE-Bedingung, hier die Einschränkung auf Datensätze, bei denen das Attribut Name den Wert 'Muster' enthält:

```
SELECT Vorname, Name FROM Personen WHERE Name = 'Muster'
```

Aufgrund der mengentheoretischen Ausrichtung von SQL spezifiziert man mit der WHERE-Angabe die von der Operation betroffenen Zeilen. Dabei werden zur Formulierung der Bedingungen die üblichen Vergleichsoperationen (=, <, > usw.) angeboten.[7]

---

[7]Zur Prüfung auf Gleichheit wird in SQL nur das einfache = genutzt, nicht wie in Java ==. Ungleichheit wird im Gegensatz zu Java nicht nur durch ! =, sondern auch durch <> ausgedrückt.

Zur Formulierung komplexerer Abfragen lassen sich Bedingungen mit AND sowie OR verknüpfen bzw. mit NOT negieren.

Nicht in jedem Fall lässt sich (oder will man) eine exakte Filterbedingung angeben. Für textuelle Informationen kann man auch unscharfe Aussagen formulieren, indem man das Schlüsselwort LIKE einsetzt und das Zeichen '%' als Platzhalter für beliebige Zeichen nutzt. Für lediglich ein beliebiges einzelnes Zeichen dient der Unterstrich ('_').

Nachfolgend werden alle Personen mit dem Namen 'Muster' gesucht, die in einer Stadt wohnen, die mit den Buchstaben 'Ha' beginnt und danach beliebige Zeichen enthält (also etwa in den Städten Hamburg, Hamm, Hannover etc.):

```
SELECT Vorname, Name, Stadt FROM Personen, Adressen
                       WHERE Name = 'Muster' AND Stadt LIKE 'Ha%'
```

Wir lernen bei dieser Abfrage fast unbemerkt sogenannte *Joins* kennen. Darunter versteht man den Zusammenschluss bzw. die Verknüpfung mehrerer Tabellen, wie hier der Tabellen Adressen und Personen. Einige Details zu Joins liefert der nachfolgende Praxishinweis »Verknüpfung mehrerer Tabellen«.

Führen wir die obige Abfrage aus, so erhält man folgendes Resultat:

```
Vorname | Name   | Stadt
------------------------------
Werner  | Muster | Hamburg
Hans    | Muster | Hamburg
Marc    | Muster | Hamburg
```

Offensichtlich ist beim Zusammenfassen der Tabellen nicht wirklich das Ergebnis entstanden, was man zunächst erwarten würde – schließlich wohnen die zurückgelieferten Personen eigentlich in Hamburg, Aachen und Kiel. Wir hätten nur den Datensatz von Werner Muster aus Hamburg als Rückgabe erwartet. Was haben wir falsch gemacht? Bei einem Join wird ein sogenanntes *Kreuzprodukt* gebildet, d. h., alle Einträge der einen Tabelle werden mit allen Einträgen der anderen Tabelle verknüpft. Die Abfrage

```
SELECT Vorname, Name, Stadt FROM Personen, Adressen
```

ergibt 25 Einträge (5 Personen * 5 Adressen) – ausschnittsweise nachfolgend gezeigt:

```
Vorname | Name   | Stadt
------------------------------
Peter   | Müller | Lübeck
Peter   | Müller | Bremen
Peter   | Müller | Kiel
Peter   | Müller | Hamburg
Peter   | Müller | Aachen
...     | ...    | ...
Werner  | Muster | Hamburg
Werner  | Muster | Aachen
...     | ...    | ...
Marc    | Muster | Hamburg
Marc    | Muster | Aachen
...     | ...    | ...
Hans    | Muster | Hamburg
Hans    | Muster | Aachen
```

Wir sehen, dass in dieser Vereinigungsmenge tatsächlich drei Datensätze mit den geforderten Kriterien existieren. Kommen wir zu unserer Abfrage zurück. Um die Datensätze der Tabellen auf die gewünschte Weise zu verknüpfen, müssen wir die Übereinstimmung der Spalten ID der Tabelle Personen mit der Spalte PersonenID der Tabelle Adressen sicherstellen. Bei der Formulierung der Bedingung fällt uns auf, dass die Angabe der Spalte ID nicht eindeutig ist. Daher geben wir hier den Tabellennamen als Präfix an:

```
SELECT Vorname, Name, Stadt FROM Personen, Adressen
                           WHERE Name = 'Muster' AND
                                 Stadt LIKE 'Ha%' AND
                                 Personen.ID = Adressen.PersonenID
```

Als Ergebnis erhalten wir dann erwartungskonform folgenden Datensatz:

```
Vorname | Name   | Stadt
------------------------------
Werner  | Muster | Hamburg
```

Hinweis: Aliase und Verknüpfung mehrerer Tabellen

Zur Formulierung von Abfragen über mehrere Tabellen (*Joins*) erlaubt die Syntax des SELECT-Befehls, mehrere Tabellen anzugeben. Jeder Tabelle kann dabei ein Kurzbezeichner, ein sogenannter *Alias*, zugeordnet werden. Meistens verwendet man dazu Kürzel aus einem (oder wenigen) Buchstaben, bevorzugt den Anfangsbuchstaben des Tabellennamens. Ebenso kann man Aliase für Spalten einsetzen, wie wir das im Beispiel mit der Angabe AS PERSON_COUNT auf der nächsten Seite sehen. Dadurch lassen sich Spalten in der Ergebnismenge gezielt umbenennen.

Nehmen wir an, wir wollten zu den Personen aus einer Tabelle Personen deren Bestellungen aus einer Tabelle Bestellungen ausgeben. Dazu ist eine Kombination der beiden Tabellen notwendig. Da es in beiden Tabellen einige gleichnamige Attribute gibt und um diese eindeutig einer der beiden Tabellen zuordnen zu können, nutzen wir hier die Aliase P für Personen und B für Bestellungen. Folgende SELECT-Anweisung zeigt ein Beispiel:

```
SELECT P.Vorname, P.Name AS PERSON_NAME, P.Geburtstag,
       B.Artikel, B.Menge, B.Name AS BESTELLUNG_NAME, B.Preis
       FROM Personen P, Bestellungen B
```

Anmerkung   Sofern die Spaltennamen der verknüpften Tabellen eindeutig sind, ist kein Einsatz der Kürzel erforderlich. Mithilfe von Kürzeln lässt sich die Abfrage aber in der Regel klarer gestalten. Wenn jedoch, wie hier, zwei Tabellen verknüpft werden, die Spalten gleichen Namens enthalten, kann man nur durch Voranstellen von Kürzeln oder des vollständigen Tabellennamens Eindeutigkeit erzielen.

Vordefinierte Wertebereiche nutzen

Bedingungen lassen sich mithilfe der Vergleichsoperatoren und der Verknüpfungen AND und OR recht leicht formulieren. Sollen aber numerische oder kalendarische Wertebereiche geprüft werden, so bietet sich der Einsatz des Befehls BETWEEN an. Verdeutlichen wir uns dies anhand eines Beispiels. Mit folgendem SQL-Befehl ermitteln wir alle Personen, die zwischen dem 31.1.1991 und dem 24.12.1999 geboren sind:

```
SELECT Vorname, Name, Geburtstag, Stadt FROM Personen, Adressen
                            WHERE Geburtstag BETWEEN '1991-01-31' AND
                                                     '1999-12-24' AND
                               Personen.ID = Adressen.PersonenID
```

Sind textuelle Werte aus einem Wertebereich zu prüfen, so kann man für eine Abfrage eine Aufzählung von erlaubten Werten bequem mithilfe des Befehls IN angeben. Das ist lesbarer, als dies über mehrere Verknüpfungen per OR zu formulieren. Folgender SQL-Befehl ermittelt alle Personen mit dem Nachnamen 'Müller', die in einer der drei Hansestädte Bremen, Hamburg oder Lübeck wohnen:

```
SELECT Vorname, Name, Stadt FROM Personen, Adressen
                      WHERE Name = 'Müller' AND
                         Stadt IN ('Bremen', 'Hamburg', 'Lübeck') AND
                         Personen.ID = Adressen.PersonenID
```

Weitere Optionen

Der SELECT-Befehl besitzt diverse weitere Optionen sowie Aggregatsfunktionen (Berechnung von Summe, Durchschnitt usw.), für die ich auf Sekundärliteratur verweise. Das folgende Beispiel zeigt exemplarisch das gebräuchliche Zählen von Einträgen sowie den Einsatz eines sogenannten Alias, wodurch eine Spalte in der Ergebnismenge einen von der Tabellendefinition abweichenden Namen zugewiesen bekommt:

```
SELECT COUNT(*) AS PERSON_COUNT FROM Personen, Adressen
              WHERE Stadt = 'Aachen' AND Personen.ID = Adressen.PersonenID
```

2.4.3   DML – Datenmanipulation

Nach der Definition des Datenmodells können die erzeugten Tabellen mit Daten gefüllt werden. Dazu nutzen wir die DML zur Datenmanipulation. Damit kann man Datensätze ändern und bei Bedarf auch löschen. Tippen Sie die SQL-Kommandos ab oder rufen Sie den Gradle-Task MODIFYTABLES auf.

Datensätze hinzufügen

Zum Hinzufügen neuer Einträge in Tabellen existiert der INSERT INTO-Befehl:

```
INSERT INTO <Tabellenname> VALUES (<Wert>, <Wert>, ...)
```

Erwähnenswert ist, dass auch der Wert NULL erlaubt ist, sofern dies bei der Definition der Spalte durch die Angabe von NOT NULL als Constraint nicht explizit verboten wurde.

Setzen wir nun den INSERT INTO-Befehl ein, um einige Beispieldatensätze in die Tabelle Personen einzufügen:

```
INSERT INTO Personen VALUES (1, 'Peter', 'Müller', '1991-05-28')
INSERT INTO Personen VALUES (2, 'Heinz', 'Müller', '1999-04-08')
INSERT INTO Personen VALUES (3140, 'Werner', 'Muster', '1940-01-31')
INSERT INTO Personen VALUES (4711, 'Marc', 'Muster', '1979-06-10')

INSERT INTO Personen (Vorname, ID, Name)
            VALUES ('Hans', 4712, 'Muster')
```

Der letzte Befehl zeigt zwei Dinge: Zum einen sieht man, dass man die Werte in einer beliebigen Reihenfolge angeben kann, wenn diese explizit durch eine Vorgabe der Spaltennamen spezifiziert ist. Zum anderen kann man auch unvollständige Datensätze anlegen, ohne explizit den Wert NULL anzugeben. Dazu müssen die Spalten allerdings NULLABLE sein.

Um die Adressdaten des Beispiels zu erstellen, kommen folgende Befehlssequenzen zum Einsatz:

```
INSERT INTO Adressen VALUES (1, 'Plöner Str.', '1', 23554, 'Lübeck', 1)
INSERT INTO Adressen VALUES (2, 'Buntentorsteinweg', '23', 28201, 'Bremen', 2)
INSERT INTO Adressen VALUES (3, 'Scharnhorststr.', '456', 24107, 'Kiel', 4711)
INSERT INTO Adressen VALUES (4, 'Breite Str.', '789', 22767, 'Hamburg', 3140)

INSERT INTO Adressen(ID, Strasse, HausNr, PLZ, Stadt, PersonenID)
            VALUES (5, 'Oppenhofallee', '777', 52070, 'Aachen', 4712)
```

Datensätze ändern

Das Ändern von Datensätzen erfolgt wiederum durch eine mengentheoretische Operation. Man beschreibt diejenigen Attribute verschiedener Datensätze, für die eine gewisse Bedingung gilt. Ein UPDATE-Befehl hat damit folgende allgemeine Form:

```
UPDATE <Tabellenname> SET <Spaltenname> = <Wert>, ...
                WHERE <Bedingung> AND/OR <Bedingung> ...
```

Nehmen wir an, wir wollten den unvollständigen Datensatz von Hans Muster durch Angabe des Geburtsdatums vervollständigen. Die Tabelle Personen aktualisieren wir, indem zur Spezifikation der zu ändernden Zeile eine WHERE-Bedingung genutzt wird:

```
UPDATE Personen SET Geburtstag = '1994-06-12'
                WHERE Vorname = 'Hans' AND Name = 'Muster'
```

Datensätze löschen

Zum Löschen von Datensätzen dient der `DELETE FROM`-Befehl:

```
DELETE FROM <Tabellenname> WHERE <Bedingung> AND/OR <Bedingung> ...
```

Nehmen wir an, wir wollten den `Adressen`-Datensatz (bzw. die Datensätze) von Hans Muster löschen. Außerdem sollen alle Adressendatensätze für die Stadt Lübeck gelöscht werden. Letzterer Fall ist einfach. Zum Löschen der Adresse von Hans Muster müssen wir jedoch zur Bestimmung des passenden Datensatzes eine `SELECT`-Abfrage ausführen. Damit ergeben sich folgende SQL-Kommandos:

```
DELETE FROM Adressen WHERE Stadt = 'Lübeck'

DELETE FROM Adressen WHERE Adressen.PersonenID IN
        (SELECT ID FROM Personen WHERE Vorname = 'Hans' AND Name = 'Muster')
```

Referenzielle Integrität und Fremdschlüssel

Nachdem wir nun einige wichtige SQL-Befehle kennengelernt haben, wollen wir die zuvor genannten Vorteile der Fremdschlüsselbeziehung prüfen, indem wir mutwillig zwei SQL-Kommandos absetzen, die die Datenbank (ohne Existenz einer Fremdschlüsselbeziehung) in einen ungültigen Zustand versetzen würden:

```
DELETE FROM Personen WHERE ID = 4711
UPDATE Adressen SET PersonenID = 782727 WHERE ID = 1
```

Geben Sie einen der SQL-Befehle ein, so wird dieser nicht ausgeführt, sondern es erscheint stattdessen eine Warnmeldung in der SQL-Konsole. Würden Sie diese SQL-Befehle aus einem Java-Programm per JDBC an das DBMS schicken, so würde eine `SQLException` ausgelöst.

Fazit

Das war zwar nur ein kurzer Einstieg in die Datenbankabfragesprache SQL, aber für das Verständnis der folgenden Beispiele und für erste Schritte in der Praxis reichen die zuvor beschriebenen Befehle oft schon aus. Was wir an den vorangegangenen Beispielen zu SQL sehr gut erkennen können, ist deren deskriptive Natur: Man stellt umgangssprachlich wirkende Anfragen und muss sich nicht um das Wie, d. h. um die Details der Anfrage, kümmern, sondern nur das Was formulieren, also das gewünschte Ergebnis.

2.5   Ausfallsicherheit und Replikation

Die in Datenbanken gespeicherten Informationen sind in der Regel ein sehr wichtiges Gut. Neben der Integrität, also der Verlässlichkeit zur Konsistenz, Richtigkeit und Gültigkeit der Daten, kommt auch der Sicherheit bzw. der Vorsorge gegen Datenverlust eine große Bedeutung zu. Dazu kann man ein RDBMS so betreiben, dass dieses auf mehreren Rechnern ausgeführt wird und die Daten redundant gespeichert werden. Ziel einer solchen Replikation sind zum einen Fehlertoleranz und Ausfallsicherheit – zum anderen ermöglicht dies auch eine Lastverteilung von Zugriffen.

Gebräuchlich ist es, die Schreibzugriffe über einen dedizierten Rechner (den sogenannten Master) laufen zu lassen und die Daten danach dann auf die anderen Datenbankrechner (die sogenannten Slaves) zu replizieren. Erfolgen dann aus einer Applikation Lesezugriffe, so können diese auf alle Slaves verteilt werden, wodurch man eine Abarbeitung der Lesezugriffe durch verschiedene Rechner und somit eine Lastverteilung ermöglicht.

In diesem Zusammenhang bekommt das Thema Konsistenz eine besondere Bedeutung. In der relationalen Welt mit Transaktionen führt eine Replikation der Daten auch immer dazu, dass Schreibzugriffe etwas länger dauern als in einem Einzelsystem, da diese erst auf allen Slaves vollzogen werden müssen, bevor eine Transaktion abgeschlossen werden kann. Dies gilt aufgrund der ACID-Bedingungen: Alle Lesezugriffe müssen ein konsistentes Bild von der Datenbank liefern. Zwischenzustände dürfen (in der Regel) nicht sichtbar werden.

Gerade diese Forderungen können bei zunehmender Datenmenge und längerlaufenden Transaktionen zu spürbaren Einbußen bezüglich Performance und Datendurchsatz führen. Die in Kapitel 5 besprochenen NoSQL-Datenbanken lockern die Forderung nach Konsistenz daher auf, um einen höheren Grad an Parallelisierung erzielen zu können. Man spricht dort von **Eventual Consistency**, das bedeutet, dass die Daten eines Schreibvorgangs erst nach einiger Zeit schlussendlich konsistent sind. In der Zwischenzeit stattfindende Lesezugriffe können daher möglicherweise veraltete Werte liefern, falls die Werte des Schreibzugriffs noch nicht an den Rechner verteilt wurden, auf dem der Lesezugriff ausgeführt wird.

Das mag zunächst ein wenig unbefriedigend und für Personen mit starkem relationalen Background sogar befremdlich klingen, kann aber richtig eingesetzt oftmals durchaus sinnvoll sein. Dies werden wir bei der Besprechung der NoSQL-Datenbanken noch vertiefen. Nur so viel: Stellen Sie sich vor, Sie nehmen eine Onlinebewertung vor oder fügen Ihrem XING-Konto einen neuen Kontakt hinzu. Wenn nun ein anderer Benutzer bei einer Leseanfrage eine falsche Anzahl abgegebener Bewertungen oder Anzahl Kontakte zurückgeliefert bekommt, so ist das für eine gewisse (und bevorzugt kurze) Zeitdauer durchaus tolerierbar. Hier findet ein Abwägen zwischen Konsistenz und Performance statt: Würde eine Leseanfrage so lange blockiert, bis die Daten korrekt vorliegen, dann müsste der Anfragende möglicherweise eine längere Zeit warten. Bei weniger wichtigen Informationen können Benutzer aber recht häufig mit temporär inkonsistenten Daten leben.

2.6 Weiterführende Literatur

Zu den Themen Datenbanken und SQL ist eine Vielzahl an Literatur erschienen. Folgende Aufzählung nennt einige empfehlenswerte Bücher:

- »**Einführung in SQL**« von Alan Beaulieu [3]
  Alan Beaulieu liefert mit diesem Buch einen guten und leicht verständlichen Einstieg in die Sprache SQL.

- »**Head First SQL**« von Lynn Beighley [4]
  Dieses unterhaltsame Buch ermöglicht einen guten und amüsanten Einstieg in die Sprache SQL. Diese wird sehr verständlich und anschaulich in Form von Text und Bildern vorgestellt.

- »**SQL Antipatterns**« von Bill Karwin [10]
  Mitunter werden Sie über das eine oder andere Problem beim Einsatz von SQL stolpern. Wie Sie Fallstricke vermeiden und welche Lösungswege sich anbieten, stellt dieses Buch anschaulich dar.

3 Persistenz mit JDBC

In diesem Kapitel schauen wir uns mit JDBC eine Variante der Persistenz mit Java an. In Abschnitt 3.1 lernen wir das **JDBC**-API (**Java Database Connectivity**) zur Verarbeitung von Daten mit relationalen Datenbanken (**RDBMS**) kennen. Die Programmierschnittstelle JDBC versteckt die technischen Details des Datenbankzugriffs vor dem Entwickler. Sowohl das Erzeugen von SQL-Kommandos als auch die Auswertung der von der Datenbank gelieferten Ergebnisse geschieht mithilfe von Klassen und Interfaces des JDBC-APIs.

Bei der Verarbeitung der Daten gibt es oftmals noch das Problem zu lösen, wie man Objekte mit ihren Beziehungen in den Tabellen einer relationalen Datenbank speichern kann. Dazu benötigt man eine Abbildung von Objekten in Datenbanken, das sogenannte **Object-Relational Mapping** (**ORM**). Wie man dieses selbst programmieren kann und welche Herausforderungen dabei zu meistern sind, beschreibt Abschnitt 3.2.

Alternativ zu JDBC kann man zur Persistierung das **JPA** (**Java Persistence API**) einsetzen. JPA erleichtert das ORM, weil eine noch stärkere Abstraktion als bei selbst erstellten ORM-Umsetzungen stattfindet: Zur Implementierung von Datenbankzugriffen werden in JPA keine SQL-Anweisungen mehr geschrieben, sondern automatisch durch JPA generiert. Dabei werden Besonderheiten verschiedener Datenbanksysteme (z. B. Unterschiede im unterstützten SQL-Befehlssatz) beachtet und durch JPA verborgen, sodass sie für uns als Entwickler keine Rolle mehr spielen. Darauf gehe ich in Kapitel 4 separat ein.

3.1 Datenbankzugriffe per JDBC

In diesem Abschnitt werden wir das **JDBC** zur Verarbeitung von Daten mit relationalen Datenbanken einsetzen.

Datenbankanbindung und Datenbanktreiber

Mit dem JDBC-API lassen sich unterschiedliche Datenbanken einheitlich ansprechen und die konkreten Details des Zugriffs vor dem Benutzer verstecken. Somit wird das Java-Programm von der Hard- und Software des RDBMS weitgehend unabhängig. Um aus Java auf ein RDBMS zuzugreifen, ist es nur notwendig, den Datenbanktreiber, bestehend aus bestimmten Klassen (häufig als jar-Dateien gebündelt), in den Classpath der eigenen Applikation aufzunehmen.

Die Anbindung eines Java-Programms an ein RDBMS erfolgt dann durch proprietäre Datenbanktreiber, die man vom jeweiligen Datenbankhersteller erhält. Diese Treiber realisieren die durch das JDBC-API vorgegebene Schnittstelle. Abbildung 3-1 zeigt das Zusammenspiel zwischen Java-Programm, JDBC-API, Datenbanktreiber und RDBMS, hier für Oracle und MySQL.

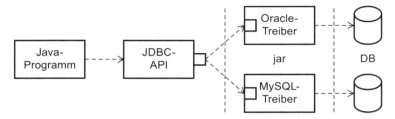

Abbildung 3-1 *Java-Programm, JDBC und DBMS im Zusammenspiel*

Bevor wir die einzelnen Schritte zum Datenbankzugriff per JDBC genauer betrachten, verdeutliche ich das grundsätzliche Vorgehen anhand eines Beispiels.

Für die nachfolgenden Beispiele gehen wir davon aus, dass die Tabelle `Personen` wie folgt aufgebaut und gefüllt ist:

```
ID      | Vorname | Name     | Geburtstag |
----------------------------------------------
1       | Peter   | Müller   | 1991-05-28 |
2       | Heinz   | Müller   | 1999-04-08 |
3140    | Werner  | Muster   | 1940-01-31 |
4711    | Marc    | Muster   | 1979-06-10 |
```

Einführendes Beispiel zur Datenbankabfrage

Zum Datenbankzugriff bietet das JDBC-API verschiedene Klassen und Interfaces, die in den Packages `java.sql` und `javax.sql` definiert sind. Insbesondere die Typen `Connection`, `Statement` und `ResultSet` spielen in den folgenden Abschnitten eine zentrale Rolle. Eine Datenbankverbindung wird durch ein `Connection`-Objekt repräsentiert. Ein solches dient zum Erzeugen von SQL-Anweisungen vom Typ `Statement`. Damit ausgeführte SQL-Abfragen liefern eine Ergebnismenge vom Typ `ResultSet`. Die dort enthaltenen Datensätze werden mithilfe der Methode `next()` durchlaufen. Zum Zugriff auf die Werte der Spalten nutzt man typsichere `get()`-Methoden. Beispielsweise liefert die Methode `getString(String)` den textuellen Wert derjenigen Spalte, deren Name als Parameter übergeben wurde.

Folgendes Listing zeigt den beschriebenen Ablauf beim Datenbankzugriff. Hier wird aus `Personen`-Datensätzen und der korrespondierenden Spalte `Name` eine Menge von Nachnamen ermittelt:

```java
// Achtung: Hier als Vereinfachung nur rudimentäre Fehlerbehandlung
public static void main(final String[] args) throws SQLException,
                                                     ClassNotFoundException
{
    // Datenbanktreiber laden (optional seit JDBC 4)
    Class.forName("org.hsqldb.jdbcDriver");

    // Datenbankverbindungseinstellungen definieren
    final String dbUrl = "jdbc:hsqldb:hsql://localhost/java-profi";
    final String dbUsername = "sa";
    final String dbPassword = "";

    Connection connection = null;
    Statement statement = null;
    ResultSet resultSet = null;

    try
    {
        // Datenbankverbindung aufbauen
        connection = DriverManager.getConnection (dbUrl,
                                                  dbUsername,
                                                  dbPassword);

        // SQL-Befehlsobjekt erstellen
        statement = connection.createStatement();

        // SQL-Abfrage ausführen
        resultSet = statement.executeQuery("SELECT * FROM Personen");

        // Ergebnismenge auswerten und speichern, JDK 7: Diamond Operator
        final Set<String> names = new TreeSet<>();
        while (resultSet.next())
        {
            names.add(resultSet.getString("Name"));
        }

        // Ausgabe der ermittelten Nachnamen mit JDK 8 forEach() und Lambda
        names.forEach(name -> System.out.println("Nachname='" + name + "'"));
    }
    finally
    {
        // Achtung: Nicht ganz korrekte Implementierung von Aufräumarbeiten
        if (resultSet!= null) resultSet.close();
        if (statement!= null) statement.close();
        if (connection!= null) connection.close();
    }
}
```

Listing 3.1 *Ausführbar als* 'FIRSTJDBCEXAMPLE'

Das Programm FIRSTJDBCEXAMPLE erzeugt erwartungsgemäß folgende Ausgaben:

```
Nachname='Muster'
Nachname='Müller'
```

Nach diesem ersten Kennenlernen möchte ich aber noch darauf hinweisen, dass man alle verwendeten Datenbankressourcen explizit wieder schließen muss, um durch sie belegte Systemressourcen freizugeben. Dazu nutzt man die Methode `close()` für das jeweilige Objekt, wie hier sukzessive für die Typen `ResultSet`, `Statement` und `Connection`. Datenbankverbindungen vom Typ `Connection` belegen unter anderem Sockets zur Kommunikation und Speicher zur Pufferung von Daten (sowohl aufseiten des Programms als auch des DBMS!). Ähnliches gilt auch für die SQL-Anweisungsobjekte (mit dem Basistyp `Statement`), die Abfragedaten für Tabellen zwischenpuffern. Auch die Ergebnismengen vom Typ `ResultSet` belegen Ressourcen, nämlich zumindest einen Positionszeiger auf den aktuellen Datensatz und häufig auch einige weitere Verwaltungsinformationen.

Die gezeigte Implementierung ist jedoch problematisch, wenn während der Abarbeitung einer der `close()`-Methoden eine Exception auftritt: Würde etwa im Beispiel beim Ausführen der Anweisung `statement.close()` eine Exception ausgelöst, so würde die nachfolgende Anweisung `connection.close()` nicht mehr aufgerufen, sondern – sofern vorhanden – ein `catch`-Block angesprungen oder wie hier die Exception weiter propagiert. Um aber die Ausführung aller `close()`-Methoden zu garantieren, müssen die einzelnen Aufrufe jeweils in einem separaten `try-catch`-Block erfolgen, was aber recht lang und unleserlich wird. Häufig ist das nun beschriebene ARM (Automatic Resource Management) eine gute Alternative.

Aufräumarbeiten mit ARM vereinfachen   ARM ermöglicht es, Ressourcen automatisch wieder zu schließen, sofern die Ressourcenanforderungen in einem speziellen `try`-Block eingeschlossen sind. Am Beispiel des `ResultSets` zeige ich, dass dadurch der explizite Aufruf der Aufräumarbeiten entfällt und sich die Zugriffe eleganter und kürzer wie folgt schreiben lassen:

```java
final String query = "SELECT * FROM Personen";
// Ergebnismenge im ARM-Block definieren und auswerten
try (final ResultSet resultSet = statement.executeQuery(query))
{
    final Set<String> names = new TreeSet<>();
    while (resultSet.next())
    {
        names.add(resultSet.getString("Name"));
    }
} // Ende des ARM-Blocks => automatische Ressourcenfreigabe
```

3.1.1   Schritte zur Abfrage von Datenbanken

Nachdem Sie den Zugriff auf Datenbanken per JDBC in Grundzügen kennengelernt haben, möchte ich nun den Ablauf und die notwendigen Schritte etwas konkretisieren:

1. JDBC-Datenbanktreiber laden
2. Datenbankverbindung aufbauen
3. SQL-Anweisungsobjekt erzeugen
4. SQL-Anweisung ausführen
5. Ergebnisse auswerten
6. SQL-Anweisungsobjekt schließen
7. Datenbankverbindung schließen

Der letzten beiden Punkte der Freigabe sind besonders wichtig, um Systemressourcen freizugeben, insbesondere da Datenbankverbindungen relativ schwergewichtig sind und einige Systemressourcen belegen. Aufgrund dessen sollte man zur Ausführung von SQL-Anweisungen nicht jedes Mal wieder eine eigene Datenbankverbindung aufbauen, sondern, wenn möglich, eine bereits bestehende nutzen. *Die beiden Schritte 4 und 5 werden daher in der Regel mehrfach durchlaufen*. Zudem wird durch den Einsatz von ARM die explizite Freigabe überflüssig – aus Gründen der Vollständigkeit beschreibe ich dies aber nachfolgend noch kurz.

Schritt 1: JDBC-Datenbanktreiber laden

Bevor überhaupt Zugriffe auf die Datenbank erfolgen können, muss ein Datenbanktreiber geladen und initialisiert werden. Dies geschieht normalerweise einmalig zu Beginn des Programms. Für den Treiber der HSQLDB ist dafür lediglich folgende Zeile in den Sourcecode aufzunehmen:

```
Class.forName("org.hsqldb.jdbcDriver");
```

Erwähnenswert ist, dass durch den Aufruf `Class.forName(String)` durch den `ClassLoader` nur die namentlich übergebene Klasse geladen wird, aber keine Instanz davon erzeugt wird. Das Laden des Treibers geschieht automatisch beim Initialisieren der Klasse. Seit JDBC 4 ist nicht einmal mehr das explizite Laden der Datenbanktreiberklasse als expliziter Schritt erforderlich, sondern dies wird automatisch durch die Klasse `DriverManager` einmalig beim Aufbau einer Datenbankverbindung erledigt.

Einbinden von Datenbanktreibern Zum Zugriff auf HSQLDB muss lediglich die Datei `hsqldb.jar` mit in den `Classpath` aufgenommen werden, um den Datenbanktreiber in die Applikation einzubinden. In der Gradle-Build-Datei notieren wir folgende Abhängigkeit:

```
compile 'org.hsqldb:hsqldb:2.3.2'
```

Schritt 2: Datenbankverbindung aufbauen

Nachdem der Treiber erfolgreich geladen wurde, kann man mithilfe der Klasse `DriverManager` und der Methode `getConnection(String, String, String)` folgendermaßen Kontakt zur Datenbank aufnehmen:

```
final Connection connection = DriverManager.getConnection(dbUrl,
                                                          dbUsername,
                                                          dbPassword);
```

Das zurückgelieferte `Connection`-Objekt kapselt eine Verbindung zur Datenbank. Zur Identifizierung der Datenbank muss eine URL beim Verbindungsaufbau angegeben werden. Im Aufruf sehen wir zusätzlich die Angabe von Benutzername und Passwort.

Darüber steuert man Authentifizierung und Autorisierung, also unter anderem, welche Rechte der angemeldete Benutzer besitzt und welche Daten für ihn zugreifbar sind.

Der Aufbau der URL folgt nur zum Teil einem Standard und ist daher leider je nach verwendetem DBMS unterschiedlich, startet aber immer mit `jdbc:`. Tabelle 3-1 zeigt das Format für verschiedene gebräuchliche Datenbanken.

Tabelle 3-1 *Datenbank-URLs*

DBMS	URL
HSQLDB	`jdbc:hsqldb:hsql://serverName:port/databaseName`
MySQL	`jdbc:mysql://serverName:port/databaseName`
Oracle	`jdbc:oracle:thin:@serverName:port:databaseName`

Verbindungseinstellungen extern konfigurieren   Bereits beim Betrachten des einleitenden Beispiels ahnt man, dass die gezeigte Art des Verbindungsaufbaus durch den Einsatz von Magic Strings wenig flexibel und daher aufwendig zu warten ist: Jede Änderung in den Verbindungseinstellungen erfordert auch Änderungen im Sourcecode. Das ist unpraktisch. Wünschenswert ist vielmehr eine externe Speicherung der Verbindungseinstellungen, wodurch eine einfache Neu- oder Umkonfiguration ohne Programmänderungen möglich wird.

Zur Konfigurationsverwaltung nutzen wir die Klasse `java.util.Properties`, die Einstellungen aus einer Datei einlesen kann. Basierend darauf erstellen wir eine Klasse `DbProperties`, um den Verbindungsaufbau zur Datenbank unabhängig von konkreten Angaben im Sourcecode zu machen:

```
final DbProperties dbProperties = new DbProperties();
connection = DriverManager.getConnection(dbProperties.getUrl(),
                                         dbProperties.getUserName(),
                                         dbProperties.getPassword());
```

Bei der Implementierung der Klasse `DbProperties` nutze ich bewusst Delegation anstelle von Vererbung von der Klasse `Properties`. Außerdem verwende ich das mit JDK 7 eingeführte Sprachfeature ARM zur automatischen Freigabe des zum Einlesen der Konfigurationsdatei genutzten `FileInputStreams`. Mit diesen Randbedingungen ergibt sich dann folgende Umsetzung:

```
public final class DbProperties
{
    private static final String   URL          = "db.url";
    private static final String   USERNAME     = "db.username";
    private static final String   PASSWORD     = "db.password";
    private static final String[] REQUIRED_KEYS = { URL, USERNAME, PASSWORD };
    private static final String   FILENAME     = "config/db.properties";

    private final String      filePath;
    private final Properties  properties    = new Properties();
```

```java
public DbProperties()
{
    final File file = new File(FILENAME);
    filePath = file.getAbsolutePath();

    // Ressourcen werden automatisch durch ARM wieder freigegeben.
    try (final InputStream inputStream = new BufferedInputStream(
                                    new FileInputStream(file)))
    {
        properties.load(inputStream);

        ensureAllKeysAvailable();

        // Dieser Aufruf stellt sicher, dass der URL-Wert vorhanden ist.
        final String url = properties.getProperty(URL, "");
        if (url.isEmpty())
        {
            throw new IllegalStateException("db config file '" + filePath +
                "' is incomplete! Missing value for key: '" + URL + "'");
        }
    }
    catch (final IOException ioException)
    {
        throw new IllegalStateException("problems while accessing " +
            "db config file '" + filePath + "'", ioException);
    }
}

private void ensureAllKeysAvailable()
{
    final SortedSet<String> missingKeys = new TreeSet<>();

    for (final String key : REQUIRED_KEYS)
    {
        if (!properties.containsKey(key))
        {
            missingKeys.add(key);
        }
    }

    if (!missingKeys.isEmpty())
    {
        throw new IllegalStateException("db config file '" + filePath +
                        "' is incomplete! Missing keys: " + missingKeys);
    }
}

public String getUrl()
{
    return properties.getProperty(URL, "");
}

public String getUserName()
{
    return properties.getProperty(USERNAME, "");
}

public String getPassword()
{
    return properties.getProperty(PASSWORD, "");
}
}
```

Die Klasse `DbProperties` liest die benötigten Informationen zur Datenbankverbindung aus einer Datei `db.properties` ein und stellt zudem die Konsistenz der Eingabewerte sicher. Bei Unstimmigkeiten wird eine `IllegalStateException` mit aussagekräftigem Fehlertext ausgelöst, um diesen Sachverhalt auszudrücken. Im Speziellen wird die Existenz aller benötigten Einträge geprüft. Außerdem wird dafür gesorgt, dass zumindest der in jedem Fall zum Verbindungsaufbau erforderliche URL-Eintrag einen Wert besitzt. Die Angabe der Werte für Benutzername und Passwort ist zwar optional – in der Datei müssen aber zumindest die Schlüssel hinterlegt sein. Demnach muss die Datei für unser Beispiel mindestens folgende Einträge enthalten:

```
db.url=jdbc:hsqldb:hsql://localhost/java-profi
db.username=sa
db.password=
```

Schritt 3: SQL-Anweisungsobjekt erzeugen

Um SQL-Anweisungen auszuführen, benötigt man ein SQL-Anweisungsobjekt. Ein solches instanziiert man durch Aufruf einer der folgenden, im Interface `Connection` definierten Erzeugungsmethoden:

```
Statement createStatement() throws SQLException;
PreparedStatement prepareStatement(String) throws SQLException;
```

Mit `createStatement()` erzeugt man eine allgemeine Repräsentation einer SQL-Anweisung, die eine SQL-Abfrage oder einen SQL-Befehl ausführen kann. Mit der Methode `prepareStatement(String)` konstruiert man ein `PreparedStatement` aus einer textuell vorliegenden SQL-Anweisung. Die so übergebene SQL-Anweisung wird von der Datenbank analysiert und deren Ausführung optimiert und vorbereitet. Das Interface `PreparedStatement` wird später in Abschnitt 3.1.5 besprochen. Zunächst konzentrieren wir uns nachfolgend auf die Ausführung von SQL-Anweisungen mithilfe von `Statement`-Objekten.

Schritt 4: SQL-Anweisung ausführen

Ein Objekt vom Typ `Statement` ermöglicht es, SQL-Abfragen oder SQL-Befehle an die Datenbank abzusetzen. Dazu bietet das `Statement`-Objekt folgende Methoden:

```
ResultSet executeQuery(String)
int executeUpdate(String)
```

Die gewünschte SQL-Anweisung wird dabei textuell angegeben. Folgendes Listing zeigt jeweils ein Beispiel für beide Methoden:

```
// Abfrage erzeugen und ausführen
final String sqlQuery = "SELECT * FROM Personen WHERE Vorname LIKE 'M%'";
final ResultSet resultSet = statement.executeQuery(sqlQuery);

// Änderungsanweisung erzeugen und ausführen
final String sqlUpdate = "UPDATE Personen SET Vorname = 'Mike' " +
                                        "WHERE Vorname LIKE 'M%'";
final int updateCount = statement.executeUpdate(sqlUpdate);
```

Schritt 5: Ergebnisse auswerten

Abhängig vom Typ der ausgeführten SQL-Anweisung erhält man als Rückgabe eine Ergebnismenge vom Typ `ResultSet` oder einen Zahlenwert vom Typ `int`.

Ergebnisse von SQL-Abfragen auswerten   Mit `executeQuery(String)` ausgeführte SQL-Abfragen liefern `ResultSet`-Objekte als Ergebnis. Zur Verarbeitung kann man das `ResultSet` durch Aufruf der Methode `next()` durchlaufen und sukzessive jeweils einen einzelnen Datensatz der Ergebnismenge ermitteln. Verschiedene `getXXX()`-Methoden erlauben es, die Werte der jeweiligen Spalte des Datensatzes typsicher zu ermitteln: Dabei steht `XXX` für einen bestimmten Datentyp, etwa `String`.[1] Zum Auslesen eines Werts existieren die Methoden `getString(String)` und `get-String(int)`. Die erste Variante der Methode erhält als Parameter den Namen der gewünschten Spalte.[2] Die zweite nutzt die Nummer der Spalte, wobei die Nummerierung in JDBC bei 1 und nicht bei 0 beginnt. Falls das etwas verwirrend klingt, werfen Sie einen klärenden Blick auf Abbildung 3-2. Dort sind beide Varianten dargestellt.

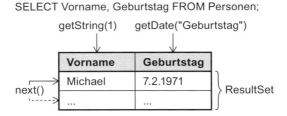

Abbildung 3-2 *DB-Zugriffe mit* `ResultSet`

---

[1]Allerdings ist es unabhängig vom tatsächlichen Typ der Spalte möglich, auch unsinnige Aufrufe auszuführen, etwa ein `getDate()` für die Spalte `Name`.

[2]Es kann auch ein Aliasname übergeben werden. Das funktioniert, sofern dieser im `SELECT`-Befehl vorkommt: Für den Befehl `SELECT Name AS Nachname FROM Personen` liefert der Aufruf von `getString("Nachname")` den gewünschten Wert. Generell wird zunächst versucht, eine Zuordnung zu einer Spalte über alle vergebenen Aliasnamen zu erzielen. Wird kein solcher gefunden, wird der angegebene Name als Spaltenname der Tabellen interpretiert.

Der Spaltenindex korrespondiert zu der Angabe (Position) der Spalte im zugehörigen SELECT-Befehl. Für den Befehl SELECT Name, Vorname FROM Personen liefert ein Aufruf von getString(1) demnach den Wert aus der Spalte name.

Führen wir dagegen ein SELECT * FROM Personen aus, so existiert kein direkter Bezugspunkt. Daher beziehen sich die Spaltenindizes in diesem Fall auf die Reihenfolge der Spalten gemäß der Definition im Datenbankmodell: Für die bereits vorgestellte Personen-Tabelle liefert getString(1) dann den Wert aus der Spalte vorname.

Im folgenden Beispiel wird zum Zugriff auf zwei Spalten sowohl die indizierte als auch die namensbasierte Variante genutzt. Mit getString(1) wird der Wert der Spalte Vorname und mit getDate("Geburtstag") die gleichnamige Spalte ausgelesen:

```
final Map<String, Date> namesAndBirthdays = new TreeMap<>();

final String sqlQueryCommand = "SELECT Vorname, Geburtstag FROM Personen";
try (ResultSet resultSet = statement.executeQuery(sqlQueryCommand))
{
    while (resultSet.next())
    {
        namesAndBirthdays.put(resultSet.getString(1),
                              resultSet.getDate("Geburtstag"));
    }
}

// JDK 8: forEach() zur Ausgabe der ermittelten Paare Vorname => Geburtstag
namesAndBirthdays.forEach((k,v) -> System.out.println("Vorname='" + k + "' / " +
                                                      "'Geburtstag: " + v));
```

Listing 3.2 *Ausführbar als '*JDBCRESULTSETEXAMPLE*'*

Das Programm JDBCRESULTSETEXAMPLE produziert folgende Ausgaben:

```
Vorname='Heinz' / Geburtstag: 1999-04-08
Vorname='Marc' / Geburtstag: 1979-06-10
Vorname='Peter' / Geburtstag: 1991-05-28
Vorname='Werner' / Geburtstag: 1940-01-31
```

Ergebnisse von SQL-Befehlen auswerten Neben SQL-Abfragen, die mit executeQuery(String) ausgeführt werden, kann man auch SQL-Befehle mit executeUpdate(String) an die Datenbank absetzen, etwa einen INSERT INTO-, UPDATE- oder DELETE FROM-Befehl. Als Rückgabe erhält man in diesem Fall keine Ergebnismenge, sondern einen int-Wert, der die Anzahl der Datensätze zurückgibt, die durch die Ausführung des SQL-Befehls betroffen sind.

Hinweis: Fehlerbehandlung und die Klasse SQLException

SQL-Anweisungen können aus verschiedenen Gründen fehlschlagen. Im einfachsten Fall wurde eine SQL-Anweisung falsch geschrieben. Möglicherweise ist auch die Verbindung zur Datenbank gestört. Beide Arten von Fehlern lösen SQLExceptions aus, wobei Syntaxfehler in der Regel nur durch Änderungen am Sourcecode zu korrigieren sind und Verbindungsprobleme operativ gelöst werden müssen.

Schritt 6: SQL-Anweisungsobjekt schließen

Für `ResultSet`-Objekte haben wir die Freigabe mithilfe der Methode `close()` bereits kennengelernt. Für `Statement`-Objekte geschieht dies analog wie folgt:

```
statement.close();
```

Schritt 7: Datenbankverbindung schließen

Analog zu `ResultSet`- und `Statement`-Objekten müssen insbesondere die Datenbankverbindungen wieder geschlossen werden:

```
connection.close();
```

Bedenken Sie, dass das Auf- und Abbauen von Datenbankverbindungen mit einem nicht unerheblichen Aufwand verbunden ist. Deshalb sollte man nicht leichtfertig für jedes Kommando eine neue Verbindung nutzen. Vielmehr bietet es sich an, Datenbankverbindungen zu »recyclen«. In folgendem Praxistipp gehe ich darauf ein.

Tipp: Connection Pooling

Je besser strukturiert eine Anwendung ist, desto leichter lässt sich vermeiden, dass für jede zu versendende SQL-Anweisung (versehentlich) immer wieder eine neue Verbindung eröffnet wird, statt eine bereits bestehende Datenbankverbindung wiederzuverwenden. Wenn die Applikation aber komplexer ist und aus mehreren Teilen besteht, gibt es vermutlich einige Stellen, die auf die Datenbank zugreifen. Für diesen Fall lässt sich Abhilfe durch einen sogenannten **Connection-Pool** schaffen.[a] Dieser öffnet eine gewisse Anzahl an Verbindungen zur Datenbank und verwaltet diese zentral. Benötigt die Applikation eine Verbindung zur Datenbank, so wird diese durch den Pool bereitgestellt und als besetzt markiert. Nach dem Abschluss der Arbeiten sollte eine Applikation die vor ihr genutzten Verbindungen wieder an den Pool »zurückgegeben«. Der Pool wird dies dann als wieder verfügbar markieren.

[a] Allen Interessierten empfehle ich einen Blick auf Apache Commons DBCP unter `http://commons.apache.org/dbcp/`.

Gerade in größeren Anwendungen finden oftmals diverse Zugriffe durch verschiedene Benutzer in kurzem zeitlichem Abstand statt. Dabei kann sich der Einsatz von **Connection Pooling** (sehr) positiv bemerkbar machen:

- Zum einen kann man Anfragen ressourcenschonend mit nur wenigen Datenbankverbindungen bearbeiten.

- Zum anderen verhindert man durch die Beschränkung auf eine maximale Anzahl an Verbindungen auch die Überlastung oder gar den Zusammenbruch eines Servers – dabei ist zudem zu bedenken, dass zum Teil auch andere Applikationen auf die Datenbank zugreifen.

Mögliche Probleme ohne Connection Pooling Ohne Connection Pooling bestünde die Gefahr, dass die Anzahl der Verbindungen proportional mit der Anzahl an Anfragen wächst und so über kurz oder lang ein Ressourcenproblem (Speicher, Prozessor, Netzwerk) auslöst. Man erlebt immer wieder Situationen, in denen extrem viele Verbindungen zeitgleich eröffnet werden sollen. Im positiven Fall geschieht dies aufgrund von großem Interesse. Im negativen Fall ist dies Teil einer Denial-of-Service-Attacke, die den Zusammenbruch des Systems zum Ziel hat. Bei einer solchen Attacke werden durch massive Zugriffe auf die eigentliche Applikation als Folge auch viele Verbindungen zur Datenbank geöffnet. Für beide beschriebenen Extremsituationen ermöglicht Connection Pooling, dass ein System arbeitsfähig bleibt, da maximal lediglich so viele Anfragen parallel verarbeitet werden, wie initial Verbindungen im Pool bereitgestellt wurden.

3.1.2 Besonderheiten von `ResultSet`

Ein `ResultSet` repräsentiert die Daten, die durch eine SQL-Abfrage von der Datenbank erhalten wurden. In dieser Ergebnismenge kann man jeweils nur einen einzigen Datensatz zur gleichen Zeit bearbeiten. Dieser aktuelle Datensatz wird durch einen Datensatzzeiger (auch *Cursor* genannt) referenziert, der sich beim Erzeugen eines `ResultSet`s logisch vor dem ersten Datensatz befindet und dann zur Verarbeitung der Daten sukzessive auf den gewünschten Datensatz bewegt werden kann. In der Konsequenz muss vor dem Beginn der Verarbeitung mindestens einmal die Methode `next()` aufgerufen werden, um den Datensatzzeiger auf den ersten Datensatz zu bewegen. Diese und weitere Navigationsmöglichkeiten werden wir im Verlauf dieses Abschnitts genauer betrachten.

Zuvor ist es noch wichtig, einen anderen Aspekt der Navigierbarkeit zu beleuchten: *Die Daten der Ergebnismenge werden normalerweise nicht vollständig in einem `ResultSet` gespeichert und an das aufrufende Programm übertragen, sondern der Großteil davon verbleibt zunächst aufseiten der Datenbank*. Gegebenenfalls werden erst beim tatsächlichen Zugriff die Daten eines Ergebnisdatensatzes an das Programm übermittelt. Da dieses Vorgehen in seiner Reinform bezüglich der Performance der Zugriffe ungünstig ist (viele Zugriffe und kleine Datenübertragungen), werden normalerweise beim Lesen eines Datensatzes auch einige Datensätze hinter dem angeforderten Datensatz ermittelt und an das anfragende Programm versendet.[3] Vor allem dieser Mechanismus und auch die Navigation gemäß dem ITERATOR-Muster[4] ermöglichen es, selbst extrem große Ergebnismengen verarbeiten zu können, ohne an Hauptspeichergrenzen zu stoßen.

---

[3]Die Anzahl der zusätzlich ermittelten Datensätze lässt sich durch den Aufruf von `set-FetchSize(int)` festlegen.

[4]Dieses beschreibe ich ausführlich in meinem Buch »Der Weg zum Java-Profi« [8].

Konfiguration eines `ResultSets`

Sofern nicht anders spezifiziert, erfolgt die Verarbeitung eines `ResultSets` sukzessive in Vorwärtsrichtung. Des Weiteren können Datensätze standardmäßig ausschließlich gelesen, aber nicht modifiziert werden. Dieses Verhalten ist änderbar – allerdings nicht auf Ebene von `ResultSets`. Stattdessen kann das `Statement`, das das `ResultSet` erzeugt, durch zwei Parameter die Eigenschaften zur Navigierbarkeit sowie zur Verarbeitung paralleler Zugriffe festlegen:

```
Statement createStatement(int resultSetType,
                          int resultSetConcurrency) throws SQLException;
```

Bevor ich auf mögliche Werte für die beiden Übergabeparameter eingehe, behandle ich zunächst noch einige Aspekte, die bei der Wahl der passenden Parameterwerte für einen Anwendungsfall eine wesentliche Rolle spielen.

Navigierbarkeit (`resultSetType`)   Neben der Möglichkeit, sich in der Ergebnismenge vom Typ `ResultSet` per `next()` vorwärts zu bewegen, wird auch eine freie Navigation durch positionsbasierten wahlfreien Zugriff unterstützt. Dadurch kann man Datensätze direkt anspringen oder der Datensatzzeiger kann relativ zur Position des aktuellen Datensatzes (auch rückwärts) bewegt werden.

Read-only vs. Updatable (`resultSetConcurrency`)   Neben den bereits bekannten `getXXX()`-Methoden zur Verarbeitung der Daten eines Ergebnisdatensatzes sind in `ResultSet` auch `updateXXX()`-Methoden definiert, die das Ändern einzelner Werte ermöglichen. Die `getXXX()`-Methoden können unabhängig von der Parametrierung des `ResultSets` immer aufgerufen werden. Die `updateXXX()`-Methoden erfordern eine entsprechende Wertebelegung beim Aufruf von `createStatement(int, int)` für den Parameter `resultSetConcurrency`.

Sensitivität für Änderungen   Während wir die Daten eines `ResultSets` verarbeiten, können zeitgleich andere Benutzer oder Programme die Datenbank verwenden und dort Veränderungen vornehmen, die auch für die Datensätze gelten, die durch das `ResultSet` repräsentiert werden. Die Sensitivität für Änderungen bestimmt, ob in einem `ResultSet` derartige Änderungen widergespiegelt werden. Ist das `ResultSet` sensitiv für Änderungen durch andere, so liefern Aufrufe von `getXXX()`-Methoden zu einem Zeitpunkt möglicherweise andere Werte verglichen mit denen zum Konstruktionszeitpunkt des `ResultSets`. Ist das `ResultSet` dagegen nicht sensitiv, so sieht man die Änderungen nicht und liest immer genau den Stand der Daten zum Konstruktionszeitpunkt (Snapshot). Mit Letzterem erhält man eventuell veraltete Werte. Allerdings kann diese Unabhängigkeit auch gewünscht sein. Die korrekte Einstellung variiert von Anwendungsfall zu Anwendungsfall und sollte damit sehr bewusst gewählt werden, worauf ich im Folgenden eingehe.

Wahl der Einstellungen   Die beiden beschriebenen Eigenschaften eines `Result-Set`s werden mithilfe der Parameter `resultSetType` und `resultSetConcurrency` bestimmt. Für den Parameter `resultSetType` sind folgende Werte definiert:

- `ResultSet.TYPE_FORWARD_ONLY` – Dieser Wert erlaubt lediglich die Navigation in Vorwärtsrichtung und ***stellt den Standard dar***. Jeder Datensatz eines derartigen `ResultSet`s kann genau einmal verarbeitet werden.
- `ResultSet.TYPE_SCROLL_INSENSITIVE` – Die Wahl dieser Parametrierung erlaubt es, beliebige Datensätze anzuspringen (auch in Rückwärtsrichtung), sodass Datensätze bei Bedarf auch mehrfach verarbeitet werden können. Der Namenszusatz `INSENSITIVE` bezieht sich darauf, dass Änderungen anderer Transaktionen nicht wahrgenommen werden.
- `ResultSet.TYPE_SCROLL_SENSITIVE` – Diese Einstellung bietet einen dynamischen, wahlfreien Zugriff auf beliebige Datensätze. Zudem werden Änderungen, die im Rahmen anderer Transaktionen erfolgen, im `ResultSet` reflektiert.

Für den Parameter `resultSetConcurrency` sind folgende Werte zulässig:

- `ResultSet.CONCUR_READ_ONLY` – Dieser Wert legt fest, dass das `ResultSet` keine schreibenden Zugriffe auf die Datenbank ausführt. ***Das ist der Standard***.
- `ResultSet.CONCUR_UPDATABLE` – Sollen beim Verarbeiten eines `ResultSet`s Änderungen an dessen Datensätzen erfolgen, so ist diese Einstellung zu wählen. Allerdings funktioniert dies nur dann, wenn die Abfragen keine Joins oder Aggregats- bzw. Gruppierungsfunktionen nutzen. Der Grund besteht darin, dass bei diesen Formen von Abfragen keine Zuordnung zu einzelnen Datensätzen mehr möglich ist, da die Ergebnismenge nicht 1:1 auf Datensätze der Datenbank abbildbar ist.

Absolute und relative Positionierung

Wie oben dargestellt, kann es zur Verarbeitung einer Ergebnismenge praktisch sein, wenn diese neben der sequenziellen Verarbeitung einen wahlfreien Zugriff auf enthaltene Datensätze erlaubt. Allerdings muss diese Art der Navigation explizit gewählt werden. Dann können außer der Methode `next()` auch diverse weitere, im Folgenden aufgezählte Methoden zur Positionierung des Datensatzzeigers (Cursor) genutzt werden.[5]

- `boolean first()` – Springt zum ersten Datensatz der Ergebnismenge.
- `boolean last()` – Springt zum letzten Datensatz der Ergebnismenge.
- `void afterLast()` – Positioniert den Cursor hinter den letzten Datensatz.
- `void beforeFirst()` – Positioniert den Cursor vor den ersten Datensatz.
- `boolean absolute(int)` – Springt zum angegebenen Datensatz.

---

[5]Für ein Standard-`ResultSet` lösen diese Methoden beim Aufruf jedoch eine `java.sql.SQLFeatureNotSupportedException` aus.

- `boolean relative(int)` – Bewegt den Cursor relativ um die angegebene Anzahl an Datensätzen. Ein negativer Wert bewegt den Cursor in Richtung Anfang des `ResultSets`. Positive Werte bewegen den Cursor vorwärts.
- `boolean previous()` – Bewegt den Cursor auf den vorherigen Datensatz.

Neben diesen Methoden zur Navigation sind für uns noch zwei weitere Methoden von Interesse, da diese in den folgenden Abschnitten zum Einsatz kommen:

- `int getRow()`[6] – Liefert die Position des Datensatzzeigers.
- `Object getObject(int)` und `Object getObject(String)` – Ermittelt den Wert der als Index oder Name angegebenen Spalte als Java-Objekt vom Typ `Object`. Der Rückgabetyp ist ein Java-Typ und entspricht dem korrespondierenden SQL-Typ der Spalte. Man erhält also z. B. Objekte vom Typ `String`, `Date` usw. oder Wrapper-Objekte, die man in primitive Werte umwandeln kann, sofern in der Spalte kein `NULL`-Wert gespeichert ist. Darauf komme ich später zurück.

Änderungen an `ResultSets`

Im Folgenden gehe ich davon aus, dass ein `ResultSet` erzeugt wurde, das die Eigenschaft `ResultSet.CONCUR_UPDATABLE` besitzt. Wie erwähnt, kann man dadurch nicht nur frei über die Ergebnismenge navigieren, sondern auch Änderungen vornehmen. Im Interface `ResultSet` sind für diesen Zweck zu den Lesemethoden `getXXX()` korrespondierende `updateXXX()`-Methoden definiert:

```
resultSet.updateString(columnName, newValue);
resultSet.updateRow();
```

Im folgenden Listing sehen wir den Einsatz der Methode `updateString(String columnName, String newValue)` zur Änderung textueller Werte. Um auch andere Typen verarbeiten zu können, bietet das Interface `ResultSet` verschiedene überladene Varianten dieser Methode. Änderungen sind zunächst nur im `ResultSet` selbst wirksam. Für eine dauerhafte Speicherung ist es notwendig, die Änderungen durch einen Aufruf von `updateRow()` in der Datenbank zu sichern.

Mit diesem Basiswissen realisieren wir nun eine Methode `updatePersons()`, mit der der Wert einer beliebigen Spalte vom Typ `String` geändert werden kann. Das nutzen wir hier, um die Vornamen einiger `Personen`-Datensätze zu ändern. Dazu ermittelt die Methode `updatePersons()` alle Personen und liest den Wert der als Parameter `columnName` übergebenen Spalte aus. Alle Werte, die dem `originalValue` entsprechen, werden auf den Wert `newValue` gesetzt.

---

[6]Die Namensgebung von JDBC orientiert sich fast überall sehr eng an ODBC (Open Database Connectivity) und ist meiner Meinung nach etwas unschön. Hier wäre `getRowNumber()` oder `getRowIndex()` ein geeigneterer Name gewesen, da ja keine Zeile, sondern eine Zeilennummer zurückgeliefert wird.

```
private static void updatePersons(final Connection connection,
                                  final String columnName,
                                  final String originalValue,
                                  final String newValue)
                  throws SQLException
{
    final String sqlQuery = "SELECT * FROM Personen";

    try (final Statement statement = connection.createStatement(
                            ResultSet.TYPE_SCROLL_INSENSITIVE,
                            ResultSet.CONCUR_UPDATABLE);
        final ResultSet resultSet = statement.executeQuery(sqlQuery))
    {
        while (resultSet.next())
        {
            final String value = resultSet.getString(columnName);
            if (value.equals(originalValue))
            {
                // Änderungen am ResultSet vornehmen
                resultSet.updateString(columnName, newValue);
                // Änderungen in DB schreiben
                resultSet.updateRow();
            }
        }
    }
}
```

Die ausführende `main()`-Methode ändert Vornamen durch einen Aufruf wie folgt:

```
public static void main(final String[] args) throws SQLException
{
    final DbProperties dbProps = new DbProperties();

    try (final Connection connection = DriverManager.getConnection(
                            dbProperties.getUrl(),
                            dbProperties.getUserName(),
                            dbProperties.getPassword()))
    {
        // Alle Personen mit Vornamen Mike in Michael umbenennen
        updatePersons(connection, "Vorname", "Mike", "Michael");
    }
}
```

Listing 3.3 *Ausführbar als* '**JDBCRESULTSETUPDATEEXAMPLE**'

Verarbeitung von Änderungen an den Datensätzen

Im obigen Programm haben wir die Änderungen durch einen Aufruf von `updateRow()` in der Datenbank persistiert. In der Praxis ist die Verarbeitung von Datensätzen aber meistens deutlich komplexer. Mitunter sollen Änderungen doch nicht in der Datenbank gesichert werden. Für diesen Fall stellt das `ResultSet` zwei Methoden bereit: Zum einen kann man durch den Aufruf von `cancelRowUpdates()` die zuvor gemachten Änderungen verwerfen. Dadurch werden die durch das `ResultSet` ursprünglich ermittelten Originalwerte wiederhergestellt. Zum anderen ist es durch einen Aufruf von `refreshRow()` möglich, die Daten des Datensatzes erneut aus der Datenbank zu lesen. Dadurch kann man möglicherweise in der Zwischenzeit stattgefundene Änderungen anderer Benutzer oder Programme berücksichtigen, d. h. in die eigenen Daten aufnehmen. Weil das Verhalten vom gewählten Typ des `ResultSets` sowie von den gewählten Isolationsgraden anderer Transaktionen abhängig ist (siehe dazu auch Abschnitt 3.1.6), sollte `refresh-Row()` mit Bedacht und auf den jeweiligen Anwendungsfall bezogen genutzt werden.

Änderungen an den Datensätzen eines `ResultSets` Neben der Änderung einzelner Werte innerhalb eines Datensatzes eines `ResultSets` ist es auch möglich, neue Datensätze zu einem `ResultSet` hinzuzufügen bzw. bestehende Datensätze daraus zu löschen. Dazu dienen die Methoden `insertRow()` und `deleteRow()`.

Umgang mit `NULL`-Werten

Bis hierher haben wir einen Sachverhalt kaum betrachtet: `NULL`-Werte in Tabellen. Für die nachfolgenden Ausführungen sollte man wissen, dass in Datenbanken für aus Java-Sicht primitive Typen auch der Wert `NULL` in einer Spalte gespeichert werden kann.

Bei der Verarbeitung von `ResultSets` greift man auf die Werte von Spalten mit `getXXX()`-Methoden zu, etwa mit `getInt(String)`. Dann erhält man einen Wert des primitiven Typs `int`. In Java kann dieser niemals den Wert `null` besitzen, bei Datenbankabfragen sind aber `NULL`-Werte für Spalten aller Typen erlaubt. Dadurch entspricht der über die korrespondierende `getXXX()`-Methode gelesene Wert nicht unbedingt dem Datenbankinhalt, falls in der Datenbank ein `NULL`-Wert gespeichert ist. Es muss eine Abbildung auf einen primitiven Wert erfolgen. Während es im Java-Sourcecode beim Auto-Unboxing für Wrapper-Klassen bei der Konvertierung eines `null`-Werts zu einer `NullPointerException` kommt, *liefern dagegen die `getXXX()`-Methoden den Defaultwert für den primitiven Datentyp, also für Zahlentypen den Wert 0 bzw. für boolesche Variablen den Wert `false`*. Bei der Rückgabe kann man demnach nicht unterscheiden, ob der gelieferte Wert tatsächlich so in der Datenbank gespeichert ist oder ob dort ein `NULL`-Wert vorliegt. Was kann man also tun?

Zum einen ist es möglich, die Methode `getObject()` zu nutzen, die für `NULL`-Werte auch immer den Java-Wert `null` zurückgibt. Für andere Werte muss dann allerdings immer noch eine Typumwandlung auf den gewünschten primitiven Typ vorgenommen werden. Zum anderen kann man über die Methode `wasNull()` ermitteln, ob in einer Spalte ein `NULL`-Wert enthalten ist.

Nehmen wir an, die Tabelle `Personen` würde um eine Spalte `Lieblingszahl` erweitert, deren Angabe optional wäre. Eine Methode, die alle Lieblingszahlen aufsammelt und diese sortiert zurückliefert, soll natürlich nur Lieblingszahlen, aber nicht den Defaultwert 0 für `NULL`-Spalten enthalten, sofern dieser Wert nicht explizit als Lieblingszahl in den Daten vorhanden ist. Um dies zu erreichen, nutzen wir den Aufruf der Methode `wasNull()` wie folgt:

```
final int lieblingszahl = resultSet.getInt("Lieblingszahl");
if (!resultSet.wasNull())
{
    lieblingszahlen.add(lieblingszahl);
}
```

3.1.3   Abfrage von Metadaten

Bei SQL-Abfragen sind wir bislang immer von einer bestimmten Reihenfolge der Spalten ausgegangen. Diese Annahme ist aber für eine Vielzahl benutzerdefinierter SQL-Abfragen nicht gültig. Um die Ergebnisse beliebiger SQL-Abfragen auswerten zu können, ist es wünschenswert, Zugriff auf Metadaten zu Datenbanken und Ergebnismengen zu besitzen – ähnlich wie es Reflection für Informationen zu Klassen und deren Merkmalen erlaubt. Nachfolgend wollen wir in den nächsten Abschnitten schrittweise ein praktisches SQL-Abfrage-Tool entwickeln. Dieses Tool soll die Eingabe beliebiger SQL-Abfragen erlauben und diese an die Datenbank absetzen. Die darüber ermittelten Ergebnisse sollen in einer Tabelle dargestellt werden. Abbildung 3-3 zeigt eine mögliche SQL-Abfrage und die resultierende Darstellung der Ergebnismenge.

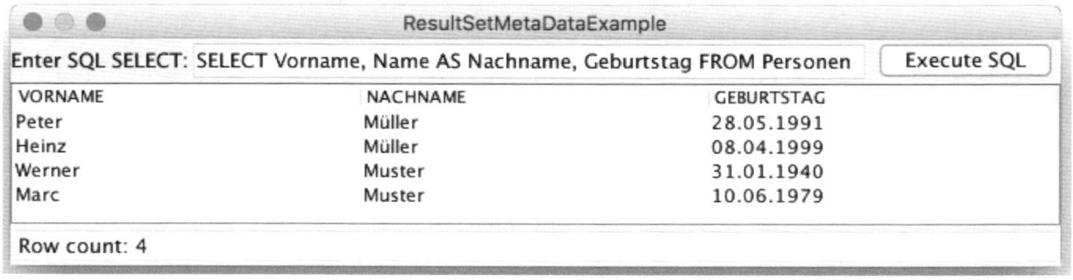

ResultSetMetaDataExample			
Enter SQL SELECT: SELECT Vorname, Name AS Nachname, Geburtstag FROM Personen			Execute SQL
VORNAME	NACHNAME	GEBURTSTAG	
Peter	Müller	28.05.1991	
Heinz	Müller	08.04.1999	
Werner	Muster	31.01.1940	
Marc	Muster	10.06.1979	
Row count: 4			

Abbildung 3-3 *Einfaches Tool zum Datenbankzugriff*

Ermittlung von Metadaten

Metadaten zu einer Datenbank kann man über das Interface `Connection` und dessen Methode `getMetaData()` ermitteln. Die Rückgabe ist ein Objekt vom Typ `DatabaseMetaData`. Die dort angebotene Funktionalität ist recht umfangreich und eignet sich daher nicht so gut zu einer kurzen Besprechung und Vorstellung der Verarbeitung von Metadaten. Weil Metadaten aber nützlich sein können, um Applikationen elegant zu erstellen, möchte ich deren Verarbeitung anhand eines Beispiels für den weniger umfangreichen und dadurch verständlicheren Typ `ResultSetMetaData` besprechen. Eine Instanz davon erhält man durch den Aufruf der Methode `getMetaData()` für ein Objekt vom Typ `ResultSet`.

Bevor wir mit der Implementierung der gezeigten Applikation beginnen, lernen wir zunächst einige Methoden des Typs `ResultSetMetaData` kennen:

- `getColumnCount()` – Ermittelt die Anzahl der Spalten.
- `getColumnName()` bzw. `getColumnLabel()` – Die Methode `getColumnName()` liefert den Namen der Spalte, wie er im Datenbankmodell hinterlegt ist. Als Erweiterung dazu berücksichtigt `getColumnLabel()` auch einen Aliasnamen, sofern dieser im `SELECT`-Befehl angegeben wurde.

■ `getColumnClassName()` – Diese Methode gibt den konkreten Java-Typ zurück, der durch den Aufruf der Methode `getObject()` aus dem Interface `ResultSet` geliefert wird.

Metadaten als Grundlage für ein Swing-Tabellenmodell

Das zu realisierende SQL-Abfrage-Tool soll beliebige Ergebnismengen darstellen können: Das umfasst auch Spalten, die im Vorhinein nicht bekannt sind, d. h., die Spaltenanordnungen und -typen sind beliebig. Daher müssen diese Informationen dynamisch zur Laufzeit ermittelt werden und können nicht, wie in den bisherigen Beispielen, im Sourcecode durch Konstanten hinterlegt werden.

Den zentralen Baustein für das SQL-Abfrage-Tool bildet ein Swing-Tabellenmodell. Dessen Aufbau und die benötigten Spalten ermitteln wir anhand der Metadaten eines `ResultSets`. Da wir für das Swing-Tabellenmodell die abstrakte Klasse `Abstract-TableModel` aus dem JDK als Basis nutzen, sind dann zwingend nur noch die folgenden drei abstrakten Methoden zu realisieren:

```
public int getColumnCount()
public int getRowCount()
public Object getValueAt(int rowIndex, int columnIndex)
```

Zusätzlich bietet es sich an, zwei weitere Methoden zu überschreiben, die Informationen zu den Typen und den Namen der Spalten einer Swing-Tabelle liefern:

```
public Class<?> getColumnClass(int columnIndex)
public String getColumnName(int columnIndex)
```

Zwar gibt es für beide eine Standardimplementierung, diese ist jedoch nur für kleinere Beispiele ausreichend. Standardmäßig liefert die Methode `getColumnClass(int)` den Rückgabewert `Object.class` und die Methode `getColumnName(int)` die Spaltennamen als fortlaufende Buchstabenkennungen ('A', 'B', ...).

Basierend auf den vorangegangenen Erläuterungen erstellen wir die Klasse `ResultSetTableModel`. Diese benötigt zur Konstruktion ein beliebiges `ResultSet`-Objekt und ermittelt dessen Metadaten:

```
public final class ResultSetTableModel extends AbstractTableModel
{
    private final ResultSet resultSet;
    private final ResultSetMetaData resultSetMetaData;

    ResultSetTableModel(final ResultSet resultSet) throws SQLException
    {
        this.resultSet = resultSet;
        this.resultSetMetaData = resultSet.getMetaData();
    }

    // ...
}
```

Im Folgenden werden wir einige weitere Details des JDBC-APIs beim Vervollständigen der Implementierung des Swing-Tabellenmodells kennenlernen. Wir beginnen mit der Realisierung der Methode `getColumnCount()`.

Realisierung der Methode `getColumnCount()`   Die Anzahl der Spalten kann man direkt anhand der Metadaten des `ResultSet`s und einer gleichnamigen Methode `getColumnCount()` ermitteln:

```
@Override
public int getColumnCount()
{
    try
    {
        return resultSetMetaData.getColumnCount();
    }
    catch (final SQLException sqlException)
    {
        return 0;
    }
}
```

Die Realisierung ist selbsterklärend. Erwähnenswert ist der Umgang mit Fehlern in der Methode `getColumnCount()`: Kommt es dort aus irgendeinem Grund zu Zugriffsproblemen, so nehmen wir an, dass auch weitere Zugriffe auf die Datenbank scheitern werden, etwa bei der Ermittlung der Anzahl der Datensätze bzw. der Werte der einzelnen Spalten. Daher geben wir den Wert 0 als Indikator für »keine Spalten« zurück.

Realisierung der Methode `getRowCount()`   Um die Methode `getRowCount()` für das Swing-Tabellenmodell zu implementieren, müssen wir die Anzahl der Datensätze ermitteln. Bekanntermaßen bietet das Interface `ResultSet` einige Methoden zum Navigieren, unter anderem die Methoden `relative(int)` bzw. `absolute(int)` zum wahlfreien Zugriff auf Datensätze durch eine relative bzw. absolute Positionierung ausgehend von der aktuellen Position. Allerdings existiert dort keine Methode `getRowCount()`. Deren Funktionalität kann man aber leicht realisieren, indem wir den Datensatzzeiger durch Aufruf von `last()` auf den letzten Datensatz bewegen und dann die Zeilennummer mithilfe der Methode `getRow()` abfragen:

```
public int getRowCount()
{
    try
    {
        resultSet.last();
        return resultSet.getRow();
    }
    catch (final SQLException sqlException)
    {
        return 0;
    }
}
```

Diese Lösung ist zwar syntaktisch korrekt, aber möglicherweise funktioniert sie nicht auf Anhieb, und eventuell wird sogar eine `java.sql.SQLFeatureNotSupported-Exception` ausgelöst. Das ist immer dann der Fall, wenn nicht den korrekte Typ von `ResultSet` erzeugt wurde, etwa weil wir mit folgenden Befehlen gearbeitet haben:

```
statement = connection.createStatement();
resultSet = statement.executeQuery(sqlSelect);
```

Erinnern wir uns an die Ausführungen in Abschnitt 3.1.2: Der Methodenaufruf `createStatement()` erzeugt ein `ResultSet`-Objekt, das keine wahlfreie Navigation, sondern lediglich eine per `next()` erlaubt. Als Abhilfe muss man beim Aufruf von `createStatement()` Angaben zum Typ und zur Nebenläufigkeit des durch `executeQuery(String)` zurückgelieferten `ResultSet`s vornehmen:

```
statement = connection.createStatement(ResultSet.TYPE_SCROLL_INSENSITIVE,
                                       ResultSet.CONCUR_READ_ONLY);
resultSet = statement.executeQuery(sqlSelect);
```

Achtung: Auswirkungen von Umpositionierungen

Die gezeigte Lösung zur Ermittlung der Nummer des letzten Datensatzes ist nicht allgemeingültig und darf so nur dann eingesetzt werden, wenn man genau weiß, in welchem Kontext die Methode aufgerufen wird. Würden etwa parallel zwei Dinge mit einem `ResultSet` erfolgen, nämlich eine Iteration sowie eine Darstellung mithilfe des Swing-Tabellenmodells, so wird durch den Aufruf von `getRowCount()` der Datensatzzeiger immer auf den letzten Datensatz bewegt. Ein separates Iterieren per `next()` wäre dann unbrauchbar. Da für unser Beispiel `getRowCount()` ausschließlich für das Swing-Tabellenmodell eingesetzt wird, ist das beschriebene Problem nicht relevant.

Realisierung der Methode `getValueAt()`   Zur Realisierung des Swing-Tabellenmodells fehlt uns noch die Implementierung der Methode `getValueAt(int, int)`. *Dabei müssen wir bei den Zugriffen bedenken, dass für Methoden des JDBC die Indizes bei 1 beginnen*. Des Weiteren setzen wir die absolute Positionierung innerhalb eines `ResultSet`s wie folgt ein:

```
@Override
public Object getValueAt(final int rowIndex, final int columnIndex)
{
    try
    {
        resultSet.absolute(rowIndex+1);
        return resultSet.getObject(columnIndex+1);
    }
    catch (final SQLException sqlException)
    {
        return null;
    }
}
```

Die Werte der Spalten werden über die Methode `getObject(int)` ermittelt, die den Typ `Object` zurückliefert. Der konkret zurückgegebene Typ lässt sich auf Basis eines `ResultSetMetaData`-Objekts feststellen, worauf ich bei der nächsten Methode eingehe.

Realisierung der Methode `getColumnClass()`   Wir wollen noch den korrekten Typ einer Spalte ermitteln. Diese Funktionalität lässt sich mithilfe der Methode `getColumnClassName(int)` aus dem Interface `ResultSetMetaData` leicht umsetzen. Diese liefert einen voll qualifizierten Klassennamen, aus dem man den entsprechenden Typ dann mit `Class.forName(String)` bestimmen kann. Mit diesem Wissen implementieren wir die Methode `getColumnClass()` folgendermaßen:

```java
@Override
public Class<?> getColumnClass(final int columnIndex)
{
   try
   {
      return Class.forName(resultSetMetaData.getColumnClassName(columnIndex+1));
   }
   catch (final SQLException sqlException}
   {
      return super.getColumnClass(columnIndex);
   }
   catch (final ClassNotFoundException exception)
   {
      // Dieser Fall kann nur theoretisch eintreten, da die SQL-Typen
      // immer auf vorhandene Java-Basistypen abgebildet werden
      throw new IllegalStateException(exception);
   }
}
```

Realisierung der Methode `getColumnName()`   Die Spaltennamen für das Swing-Tabellenmodell werden mit der Methode `getColumnName(int)` ermittelt. In deren Implementierung können wir auf die gleichnamige Methode eines `ResultSetMetaData`-Objekts zurückgreifen. Um auch mit Aliasnamen korrekt umgehen zu können, verwenden wir hier die Methode `getColumnLabel(int)`, die das unterstützt:

```java
@Override
public String getColumnName(final int columnIndex)
{
   try
   {
      // getColumnLabel() berücksichtigt auch Aliasnamen für Spalten
      return resultSetMetaData.getColumnLabel(columnIndex+1);
   }
   catch (final SQLException sqlException)
   {
      return super.getColumnName(columnIndex);
   }
}
```

Kommt es aus irgendeinem Grund zu Zugriffsproblemen, so rufen wir in diesem Fall die Funktionalität der Basisklasse auf. Hierbei müssen wir dann aber den ursprünglichen Index nutzen, da das `AbstractTableModel` im Gegensatz zum 1-basierten JDBC-API eben 0-basiert arbeitet.

Einsatz des Swing-Tabellenmodells im SQL-Abfrage-Tool

Mit der Realisierung der Methode `getColumnName(int)` ist die Implementierung der Klasse `ResultSetTableModel` vollständig. Diese soll nun im Kontext des zu erstellenden SQL-Abfrage-Tools genutzt werden. Dort sollen in einem Textfeld beliebige SQL-Abfragen eingegeben werden, die anschließend per Knopfdruck ausgeführt und das Ergebnis dann in einer `JTable` dargestellt werden können. Die Implementierung der beschriebenen Funktionalität ist in folgendem Listing gezeigt:

```java
public final class MetaDataQueryFrameExample
{
   public static void main(final String[] args) throws SQLException
   {
      Connection connection = null;

      // Hier kein ARM, da keine Freigabe am Blockende erlaubt, s.u.
      try
      {
         final DbProperties dbProperties = new DbProperties();
         connection = DriverManager.getConnection(
                              dbProperties.getUrl(),
                              dbProperties.getUserName(),
                              dbProperties.getPassword());

         final Statement stmt = connection.createStatement(
                              ResultSet.TYPE_SCROLL_INSENSITIVE,
                              ResultSet.CONCUR_READ_ONLY);

         final MetaDataQueryFrame frame = new MetaDataQueryFrame(stmt);
         frame.setDefaultCloseOperation(JFrame.DO_NOTHING_ON_CLOSE);
         frame.setSize(500, 300);
         frame.setVisible(true);

         // Trick: Zugriff auf die nicht finale Connection
         // in der inneren Klasse ermöglichen
         final Connection connectionReference = connection;

         frame.addWindowListener(new WindowAdapter()
         {
               @Override
               public void windowClosing(final WindowEvent event)
               {
                  DbUtils.safeCloseStatement(stmt);
                  DbUtils.safeCloseConnection(connectionReference);

                  frame.setVisible(false);
                  frame.dispose();
               }
         });

         // initial "Execute SQL" ausführen
         frame.executeSqlSelect();
      }
```

```
        catch (final SQLException e)
        {
            DbUtils.safeCloseConnection(connection);
            throw e;
        }
        finally
        {
            // Freigabe der Ressourcen hier nicht möglich, da GUI noch läuft
        }
    }

    public static class MetaDataQueryFrame extends JFrame
    {
        private static final String INITIAL_SELECT = "SELECT Vorname, "
                        + "Name AS Nachname, Geburtstag FROM Personen";

        // Könnten über Ressourcenmanager ermittelt werden
        private static final String EXECUTE_SQL = "Execute SQL";
        private static final String ENTER_SQL_SELECT = "Enter SQL SELECT:";

        // Diese Bedienelemente müssen bekannt sein.
        private final JButton executeSqlButton = new JButton(EXECUTE_SQL);
        private final JTable table = new JTable();
        private final JTextField sqlInfoTextField = new JTextField();

        public MetaDataQueryFrame(final Statement stmt)
        {
            super("ResultSetMetaDataExample");
            buildGUI(stmt);
        }

        private void buildGUI(final Statement stmt)
        {
            add(createSqlEnterContent(stmt), BorderLayout.NORTH);
            add(createResultTableContent(), BorderLayout.CENTER);
            add(createInfoContent(), BorderLayout.SOUTH);
        }

        private void executeSqlSelect()
        {
            executeSqlButton.doClick();
        }

        private JComponent createSqlEnterContent(final Statement stmt)
        {
            final JLabel enterSqlLabel = new JLabel(ENTER_SQL_SELECT);
            final JTextField sqlCommandTextField = new JTextField(30);
            sqlCommandTextField.setText(INITIAL_SELECT);

            final JPanel sqlExecutePanel = new JPanel(new BorderLayout());
            sqlExecutePanel.add(enterSqlLabel, BorderLayout.WEST);
            sqlExecutePanel.add(sqlCommandTextField, BorderLayout.CENTER);
            sqlExecutePanel.add(executeSqlButton, BorderLayout.EAST);

            executeSqlButton.addActionListener(new ExecuteSqlActionListener(
                        sqlCommandTextField, sqlInfoTextField, table, stmt));

            return sqlExecutePanel;
        }

        private JComponent createResultTableContent()
        {
            return new JScrollPane(table);
        }
```

```
    private JComponent createInfoContent()
    {
        sqlInfoTextField.setEditable(false);
        return sqlInfoTextField;
    }
}

public static class ExecuteSqlActionListener implements ActionListener
{
    private static final String ROW_COUNT_TEXT = "Row count: ";

    private final JTextField sqlCommandTextField;
    private final JTextField sqlInfoTextField;
    private final JTable table;
    private final Statement statement;

    ResultSet currentResultSet = null;

    public ExecuteSqlActionListener(final JTextField sqlCommandTextField,
                    final JTextField sqlInfoTextField, final JTable table,
                    final Statement statement)
    {
        this.sqlCommandTextField = sqlCommandTextField;
        this.sqlInfoTextField = sqlInfoTextField;
        this.table = table;
        this.statement = statement;
    }

    @Override
    public void actionPerformed(final ActionEvent event)
    {
        final String sqlSelect = sqlCommandTextField.getText();

        try
        {
            // ResultSet freigeben, falls bereits eins belegt war
            DbUtils.safeCloseResultSet(currentResultSet);
            currentResultSet = statement.executeQuery(sqlSelect);

            final TableModel tableModel = new ResultSetTableModel(
                    currentResultSet);
            table.setModel(tableModel);

            sqlInfoTextField.setText(ROW_COUNT_TEXT +
                                    tableModel.getRowCount());
        }
        catch (final SQLException e1)
        {
            sqlInfoTextField.setText(e1.getLocalizedMessage());
        }
    }
}
}
```

Die Realisierung des SQL-Abfrage-Tools ist zwar etwas umfangreicher, aber doch relativ unspektakulär. Zwei Dinge möchte ich trotzdem noch erwähnen: Zum einen wurde im Listing eine finale Hilfsvariable `connectionReference` definiert. Diese ist bis einschließlich JDK 7 notwendig, um aus einer anonymen inneren Klasse Zugriff auf eine außerhalb definierte Variable, die nicht `final` ist, zu bekommen – in unserem Beispiel die Datenbankverbindung. Mit Java 8 ist das nicht mehr nötig, da der Compiler automatisch unveränderliche Variablen als »effectively final« erkennt. Dieses und weitere neue Sprachfeatures erläutere ich in meinem Buch »Java 8 – Die Neuerungen« [9].

Zum anderen ist es sinnvoll, den Event Listener als eigene Klasse zu implementieren. Das gilt insbesondere dann, wenn sich die Funktionalität nicht mehr mithilfe weniger Zeilen beschreiben lässt. In der Praxis ist das recht schnell der Fall, da dort oftmals Event-Listener-Klassen zum Einsatz kommen, die einige Abhängigkeiten aufweisen und zudem zeilenmäßig umfangreicher sind. Vor allem, wenn die Event Listener Abhängigkeiten zu mehreren Variablen besitzen, stellt die zuvor besprochene Definition von Hilfsvariablen keine sinnvolle Lösungsstrategie mehr dar. Stattdessen sollte man dann die Event-Listener-Klassen als eigenständige Klassen realisieren, wie dies oben für die Klasse `ExecuteSqlActionListener` geschehen ist. So kann man Abhängigkeiten klarer erkennen und die Struktur wird deutlicher. Außerdem besteht dadurch eher die Möglichkeit, die Event-Listener-Klasse wiederzuverwenden.

3.1.4   Probleme bei der Ausführung von `Statements`

Nachdem wir nun sowohl die Fehlerbehandlung als auch einige Besonderheiten von `ResultSets` sowie einige interessante Möglichkeiten von Metadaten kennengelernt haben, möchte ich unbedingt noch auf einige Schwachstellen der bisher zur Formulierung von SQL-Anweisungen genutzten `Statement`-Objekte hinweisen, bevor ich als Lösung in Abschnitt 3.1.5 auf das Interface `PreparedStatement` eingehe.

Schwachstellen der Ausführung mit `Statements`

Mithilfe des Interface `Statement` werden die zu verarbeitenden SQL-Anweisungen in Form von Strings an die Datenbank gesendet. Für einfache SQL-Anweisungen ist das so lange unproblematisch, wie diese kaum oder keine variablen Anteile enthalten, z. B. Werte aus Benutzereingaben. Je komplexer die SQL-Anweisungen jedoch werden, desto schwieriger ist es, diese mit korrekter Syntax durch Stringkonkatenationen zu erstellen. Neben Tippfehlern entstehen auch recht leicht Fehler in der Syntax oder aber Typfehler dadurch, dass Parameter lediglich textuell eingefügt werden. Betrachten wir das an einem konkreten Beispiel.

Nehmen wir an, wir wollen erfragen, ob die `Personen`-Tabelle eine Person mit dem Namen O'Connor mit dem Geburtsdatum 25.03.1977 enthält. Eine entsprechende SQL-Abfrage vom Typ `Statement` wird folgendermaßen als String zusammengesetzt:

```
final String sqlQuery = "SELECT * FROM Personen " +
                        "WHERE Name = '" + name +"' "+
                        "AND Geburtstag = '" + birthday + "'";
```

Wenn man die obigen Werte für die Variablen `name` und `birthday` einsetzt, so ergibt sich folgender String:

```
"SELECT * FROM Personen WHERE Name = 'O'Connor' AND Geburtstag = '25.03.1977'"
```

Diese SQL-Abfrage birgt zwei Probleme: Erstens ist sie syntaktisch falsch, weil die Namensangabe fehlerhaft ist: In SQL gelten einzelne Hochkommata als Begrenzer von Strings und der Name wird durch den Anfang O' bereits abgeschlossen. Zweitens ist das Datumsformat nicht SQL-konform: Es müsste 1977-03-25 lauten. Aus diesem Grund kommt es bei der Ausführung zu folgender `SQLException`:

```
java.sql.SQLException: unexpected token: CONNOR
```

Darüber hinaus ist es möglich, diese vermeintlich harmlose Abfrage durch trickreiche Wahl von Eingabewerten so umzuformulieren, dass andere Daten zurückgeliefert werden, als beabsichtigt war – potenziell auch solche, die der anfragende Nutzer niemals sehen sollte. Das führt uns im folgenden Praxistipp zum Thema SQL-Injection.

Achtung: Gefahr von SQL-Injection

Das Einschleusen potenziell schadhafter SQL-Anweisungen in die Datenbankkommandos einer Applikation wird **SQL-Injection** genannt. Die Möglichkeit zur SQL-Injection stellt eine weitverbreitete Sicherheitslücke dar. Wenn man die davon ausgehende Gefahr jedoch kennt, kann man sich davor auch schützen.

Stellen wir uns vor, zur Authentifizierung eines Benutzers würde eine SQL-Abfrage in die Tabelle `Benutzer` unter Angabe seines Benutzernamens und seines (möglicherweise sogar verschlüsselten) Passworts erfolgen. Eine erste Realisierung könnte dazu folgende `SELECT`-Anweisung ausführen:

```
final String sqlQuery = "SELECT * FROM Benutzer " +
                        "WHERE Name = '" + username + "' " +
                        "AND Passwort = '" + password + "'";
```

Zunächst sieht diese Abfrage ganz harmlos aus. Eine Angriffsmöglichkeit besteht darin, die Parameter so zu wählen, dass der Vergleich des Passworts nicht durchgeführt wird. Die Schwierigkeit für den Angreifer ist lediglich, die syntaktische Korrektheit der resultierenden SQL-Anweisung zu bewahren. Mindestens zwei Varianten sind denkbar: Zum einen kann man den Namen so wählen, dass der restliche Teil der SQL-Anweisung als Kommentar interpretiert wird. Zum anderen kann man die SQL-Anweisung derart gestalten, dass der Passwortvergleich nicht mehr zum Tragen kommt:

1. `"Inden'--"` – Durch die Zeichenfolge '--' wird ein SQL-Kommentar eingeleitet; hier direkt nach der Bedingung für den Namen.

   ```
   SELECT * FROM Benutzer WHERE Name = 'Inden'--  AND ...
   ```

2. `"admin' OR '1'='1"` – Durch diese Angabe für den Namen ist die resultierende Bedingung immer wahr.

   ```
   SELECT * FROM Benutzer WHERE Name = 'admin' OR '1'='1' AND ...
   ```

In beiden Fällen wird der nachfolgende Teil der SQL-Anweisung nicht mehr ausgeführt. Werden beide Varianten kombiniert, so kann man:

1. die `WHERE`-Bedingungen durch die Angabe von "`' OR 1=1 --`" umgehen:

```
SELECT * FROM Benutzer WHERE Name = '' OR 1=1 -- AND ...
```

2. die Abfragebedingung mittels "`' OR Vorname = 'Mike'--`" auf eine andere Spalte umleiten:

```
SELECT * FROM Benutzer WHERE Name = '' OR Vorname = 'Mike'-- AND ...
```

Erschreckend hieran ist, dass sich jeder SQL-Anfänger diese oder ähnliche Beispiele ausdenken kann.

Für `UPDATE`- oder `INSERT INTO`-Befehle sind mögliche direkte Folgen noch schlimmer: Mehrere SQL-Anweisungen werden durch ein Semikolon voneinander getrennt, was man in einer `WHERE`-Bedingung nutzen kann, um schadhafte Anweisungen einzuschleusen: "`' OR 1=1; DROP TABLE Bestellungen; --`". Dadurch wird die folgende SQL-Anweisung zur Neuvergabe eines Passworts

```
UPDATE Benutzer SET Passwort = '" + password + "' " +
           "WHERE Name = '" + username + "'";
```

in einen Befehl umgewandelt, der alle Passwörter auf den vom Angreifer übergebenen Wert setzt und danach die Tabelle `Bestellungen` löscht:

```
UPDATE Benutzer SET Passwort = '" + password + "' " +
           "WHERE Name = '' OR 1=1; DROP TABLE Bestellungen; --'";
```

Resümee   Ich hoffe, Sie mit diesen Beispielen für die durch SQL-Injection drohenden Gefahren sensibilisiert zu haben. Die vorgestellten Tricks (und ähnliche Abwandlungen davon) sind nicht mehr wirksam, wenn wir konsequent die im Anschluss vorgestellten `PreparedStatement`s einsetzen.

Weitere Nachteile von `Statement`s

Der Einsatz von `Statement`s besitzt einen weiteren bisher nicht betrachteten Nachteil: Die so abgesetzten SQL-Anweisungen werden einzeln an die Datenbank gesendet, dort interpretiert, ausgewertet und durchgeführt. Stellen wir uns etwa eine Abfolge von `UPDATE`-Befehlen vor:

```
UPDATE Adressen SET Plz = 24106 WHERE Stadt = 'Kiel';
UPDATE Adressen SET Plz = 28816 WHERE Stadt = 'Stuhr';
UPDATE Adressen SET Plz = 52070 WHERE Stadt = 'Aachen';
...
```

Wird nun jede der obigen SQL-Anweisungen jeweils einzeln von der Datenbank verarbeitet, so kann diese sukzessive Abarbeitung einzelner SQL-Anweisungen hinsichtlich der Performance ungünstig sein. Das gilt im besonderen Maße, wenn sehr viele gleichartige SQL-Anweisungen an die Datenbank gesendet werden müssen, die sich nur in ihrer Parametrierung unterscheiden.

Die zuvor beschriebenen Probleme beim Einsatz eines `Statement`s zur Ausführung von SQL-Anweisungen kann man vermeiden, indem man stattdessen konsequent `PreparedStatement`s nutzt, die wir im Anschluss kennenlernen wollen.

3.1.5 Das Interface `PreparedStatement`

In diesem Abschnitt wird das Interface `PreparedStatement` beschrieben. Dieses dient zum einen der typsicheren Ausführung von SQL-Anweisungen und hilft zum anderen dabei, Fehler oder böswillige Angriffe (vor allem SQL-Injection) abzuwehren. Außerdem vermeidet man durch den konsequenten Einsatz von `PreparedStatement`s zur Ausführung von SQL-Anweisungen die zuvor beschriebenen Probleme bei der Wertübergabe beim Einsatz des Interface `Statement`.

SQL-Anweisungen mit `PreparedStatement`s ausführen

Ein `PreparedStatement` erhält man von einem `Connection`-Objekt durch Aufruf der Methode `prepareStatement(String)`. Dadurch wird eine Art Prototyp der SQL-Anweisung an die Datenbank gesendet und dort für die spätere konkrete Ausführung vorbereitet. Dieses Vorgehen kann die eigentliche Ausführung erheblich beschleunigen. Daher empfiehlt es sich, für mehrfach auszuführende SQL-Anweisungen ein `PreparedStatement` zu verwenden und für die jeweilige Ausführung passend zu parametrieren. Dazu können spezielle Platzhalter ('?') genutzt werden:[7]

```
final String sqlUpdate = "UPDATE Adressen SET Plz = ? WHERE Stadt = ?";
final PreparedStatement preparedStatement =
                        connection.prepareStatement(sqlUpdate);
```

Soll die SQL-Anweisung ausgeführt werden, sind nur die gewünschten Werte für die Platzhalter durch den Aufruf typsicherer Methoden zu spezifizieren. Im folgenden Listing ist dies für das Setzen der PLZ 24106 für Kiel gezeigt:

```
// Für den Parameterindex in PreparedStatements sind Magic Numbers
// zu tolerieren, da ein direkter Bezug zum SQL-Befehl existiert
preparedStatement.setInt(1, 24106);
preparedStatement.setString(2, "Kiel");
preparedStatement.executeUpdate();
```

---

[7]Diese Platzhalter können lediglich für Werte, nicht aber für Spaltennamen genutzt werden. Die folgende Anweisung `connection.prepareStatement("SELECT * FROM Personen WHERE ? = ?")` führt zur einer Exception. Eine Umleitung einer Abfrage auf beliebige Spalten ist demnach nicht möglich.

Diese Form der Parameterübergabe ist deutlich sicherer als diejenige für `Statement`s: Zwar könnte im Programm versehentlich noch eine Spalte des Typs `String` mit einem Zahlenwert durch Aufruf von z. B. `setInt()` belegt werden. Dann kommt es zu einem inhaltlichen Fehler, da der übergebene Zahlenwert einfach in einen textuellen Wert überführt wird,[8] es entstehen aber keine Angriffsmöglichkeiten durch die Umformulierung des eigentlichen Befehls.

Vermeidung von SQL-Injection   Es bleibt die Frage zu klären, warum man durch den Einsatz von `PreparedStatement`s SQL-Injection vermeiden kann. Zunächst ist tatsächlich kaum ein Unterschied zu einer Ausführung mit `Statement`-Objekten zu erkennen. Der entscheidende Punkt ist, dass ein `PreparedStatement` inklusive der noch unbelegten Platzhalter als (unvollständige) SQL-Anweisung an die Datenbank gesendet und dort interpretiert wird, d. h., es erfolgt bereits eine Auswertung als Vorstufe zur Ausführung. Für die konkrete Ausführung wird dann lediglich eine Wertebelegung der Platzhalter vorgenommen. Somit vermeidet man die Möglichkeit, schadhafte SQL-Fragmente in die rein textuellen SQL-Abfragen eines `Statement`-Objekts einschleusen zu können.

Zur Verdeutlichung des Gesagten nutzen wir die bereits bekannte SQL-Anweisung zur PLZ-Änderung – allerdings vereinfachen wir das Ganze etwas wie folgt:

```
UPDATE Adressen SET Stadt = ?
```

Versuchen wir nun eine Attacke, indem für die Stadt der Wert `"'Nirwana'; DROP TABLE Bestellungen"` eingesetzt wird. Da `Statement`s als Strings aufbereitet werden, würde folgendes SQL an die Datenbank gesendet:

```
UPDATE Adressen SET Stadt = 'Nirwana'; DROP TABLE Bestellungen;
```

Offensichtlich wird neben der Änderung des Städtenamens im gleichen Verarbeitungsschritt auch noch die Tabelle `Bestellungen` gelöscht. Doch was passiert, wenn wir statt eines `Statement`s ein `PreparedStatement` folgendermaßen nutzen?

```
final String preparedUpdate = "UPDATE Adressen SET Stadt = ?";

final PreparedStatement preparedStatement =
                        connection.prepareStatement(preparedUpdate);
preparedStatement.setString(1, "'Nirwana'; DROP TABLE Bestellungen");

resultSet = preparedStatement.executeUpdate();
```

In diesem Fall nimmt die Datenbank den textuellen Wert für den Platzhalter der Stadt entgegen, erkennt, dass dort Anführungszeichen enthalten sind und maskiert die Angabe so, dass sie als gültiger Wert genutzt werden kann, etwa wie folgt:

---

[8]Das Ganze funktioniert sogar, wenn man ein Datum an eine textuelle Spalte übergibt. Versucht man allerdings, einen Datumswert in einer Spalte eines Zahlentyps zu speichern, so löst dies eine `java.sql.SQLSyntaxErrorException` aus.

```
ID | Strasse       | HausNr | PLZ    | Stadt
---|---------------|--------|--------|------------------------------------
1  | Plöner Str. | 1      | 23554  | 'Nirwana'; DROP TABLE Bestellungen
```

Ausführung komplexerer `PreparedStatements`

Wir haben eben gesehen, dass der Einsatz von `PreparedStatements` dabei hilft, SQL-Injection zu vermeiden. Dies rechtfertigt an sich schon den Einsatz. Besonders vorteilhaft sind `PreparedStatements` jedoch, wenn eine SQL-Anweisung wiederholt mit geänderter Parameterbelegung ausgeführt werden soll.

Nehmen wir an, unsere Aufgabe bestünde darin, die `Adressen`-Datensätze für diejenigen Personen zu aktualisieren, die umgezogen sind. Die betroffenen Personen seien in einer `Collection<Person>` namens `movedPersons` gespeichert. Zum Abgleich des Objektmodells mit der Datenbank wird diese `Collection<Person>` sukzessive durchlaufen und die geänderten Adressinformationen in der Datenbank gesichert. Die zugehörige UPDATE-Anweisung setzt eine verschachtelte SELECT-Anweisung ein. Das nennt man auch Sub-Select. Im Beispiel wird die Angabe von IN und eine Menge von Werten genutzt, was uns bereits geläufig ist. Neu ist in diesem Beispiel, dass diese Menge dynamisch über eine innere SELECT-Anweisung erzeugt wird. Die für die Adressänderung benötigten Parameter für jedes `Person`-Objekt werden im `Prepared-Statement` jeweils neu gesetzt:

```java
public void updatePersonsAdressesInDb(final Connection connection,
                               final Collection<Person> movedPersons)
                             throws SQLException
{
    final String sqlUpdate = "UPDATE Adressen SET Plz = ?, Stadt = ? "
                           + "WHERE Adressen.PersonenID IN "
                           + "(SELECT ID FROM Personen WHERE Name = ?)";

    // Prototyp der SQL-Anweisung definieren (hier auch ARM aus JDK 7)
    try (final PreparedStatement preparedStatement =
                         connection.prepareStatement(sqlUpdate))
    {
        // Alle umgezogenen Person-Objekte durchlaufen und ...
        for (final Person currentPerson : movedPersons)
        {
            // ... deren konkrete Werte setzen
            preparedStatement.setInt(1, currentPerson.getZipCode());
            preparedStatement.setString(2, currentPerson.getCity());
            preparedStatement.setString(3, currentPerson.getName());
            preparedStatement.executeUpdate();
        }
    }
}
```

Auf den ersten Blick sieht das schon ganz gut aus. Was könnte aber problematisch sein? Bei der Arbeit und dem Zugriff auf Datenbanken kann es jederzeit zu Problemen kommen, die eine `SQLException` auslösen, wodurch die Verarbeitung zu einem beliebigen Zeitpunkt abgebrochen würde. In diesem Beispiel ist es möglicherweise nicht geschäftskritisch, sondern nur ärgerlich. Denn tritt bei einer SQL-Anweisung ein Fehler auf, so bricht die Verarbeitung ab und die noch nicht getätigten Adressänderungen werden nicht mehr durchgeführt. Für komplexere Anwendungsfälle, in denen die Konsistenz und Datenintegrität über mehrere Änderungen hinweg sichergestellt bzw. erhalten werden muss, führt das aber zu Problemen. Es könnten einige Daten in einem inkonsistenten Zustand hinterlassen werden. Das ist aber für professionelle Programme häufig inakzeptabel. Was kann man also machen?

Wir erinnern uns an Transaktionen, die genau für derartige »Alles oder Nichts«-Ausführungen gedacht sind. Das führt uns nun zum Thema Transaktionen mit JDBC.

3.1.6   Transaktionen in JDBC

Nachdem wir im vorangegangenen Abschnitt die Notwendigkeit für Transaktionen erkannt haben, werde ich nun auf ein paar Besonderheiten von Transaktionen im Kontext von JDBC eingehen.

Der Auto-Commit-Modus und seine Schwächen

Standardmäßig befindet sich in JDBC jede Verbindung zur Datenbank im sogenannten *Auto-Commit-Modus*, d. h., jede einzelne SQL-Anweisung wird im Rahmen einer eigenständigen Transaktion ausgeführt: Das bedeutet, dass vor Ausführung einer SQL-Anweisung automatisch eine neue Transaktion gestartet und diese auch automatisch wieder beendet wird. Wenn die Ausführung ohne Fehler abläuft, wird die Transaktion bestätigt und in deren Rahmen stattgefundene Änderungen in der Datenbank gesichert (*Commit*). Wenn aber während der Ausführung der SQL-Anweisung eine Exception ausgelöst wird, so kommt es zum Abbruch der Transaktion, wodurch alle im Rahmen der Transaktion vorgenommenen Änderungen verworfen werden (*Rollback*).

Auswirkungen des Auto-Commit-Modus   Nach den vorherigen Ausführungen wissen wir, dass im vorangegangenen Beispiel der Adressänderung jeder einzelne UPDATE-Befehl im Rahmen einer eigenständigen Transaktion durchgeführt wird. Das besitzt gewisse Schwächen: Einerseits werden sehr viele feingranulare Transaktionen erzeugt, was wiederum eine Menge an Ressourcen belegt, um ACID sicherzustellen. Andererseits ist diese Art der Ausführung häufig nicht besonders sinnvoll, da in der Regel die durch eine Transaktion beschriebene Gesamtaktion eine Reihe zusammenhängender Einzelaktionen umfassen soll. Das lässt sich sehr schön an dem gewählten Beispiel verdeutlichen. Höchstwahrscheinlich sollen alle Adressänderungen als Einheit oder Gesamtaktion durchgeführt werden und bei möglicherweise auftretenden Problemen die Aktion vollständig rückgängig gemacht werden.

Neben einer negativen Auswirkung auf die Performance birgt der Auto-Commit-Modus die Gefahr inhaltlicher Inkonsistenzen: Im Fehlerfall wird zwar die ursprüngliche Wertebelegung eines gerade bearbeiteten Datensatzes wiederhergestellt, allerdings werden die gesamten Aktionen nicht vollständig durchgeführt, wenn auch nur eine Änderung misslingt. Dadurch befindet sich die Datenbank dann möglicherweise aber in einem ungültigen oder zumindest unerwünschten Zwischenzustand, der nur einen Teil der Adressänderungen umfasst. Bei Einsatz des Auto-Commit-Modus ist es schwierig, durchgeführte Änderungen rückgängig zu machen oder das Erreichen aller Adressänderungen zu garantieren.

In der Praxis und für das Beispiel ist es also wünschenswert, eine Abfolge von SQL-Anweisungen als Gesamtheit auszuführen. Schauen wir uns an, wie dieses Ziel erreicht werden kann.

Benutzerdefinierte Transaktionssteuerung

Statt vieler feingranularer Transaktionen, bestehend aus einzelnen SQL-Anweisungen, sollen normalerweise mehrere SQL-Anweisungen als eine logisch atomare Aktion ausgeführt werden. Um dieses Verhalten zu erreichen, kann man den Auto-Commit-Modus durch einen Aufruf der Methode `setAutoCommit(boolean)` abschalten, wenn man den Wert `false` übergibt. Anschließend können beliebige SQL-Anweisungen als logische Gruppe ausgeführt werden. Nach deren erfolgreichem Abschluss werden diese Änderungen durch einen Aufruf von `commit()` des `Connection`-Objekts endgültig in der Datenbank gespeichert. Im Fehlerfall kann man die Änderungen durch einen Aufruf von `rollback()` ungeschehen machen.

Wir setzen das Ganze um, indem wir die eigentliche Abarbeitung in einen »Ausführungsrahmen« einfügen:

```
final boolean autoCommitEnabled = connection.getAutoCommit();
try
{
    // 1) Deaktivieren des Standards, um alle nachfolgenden
    //     SQL-Anweisungen in einer Transaktion auszuführen
    connection.setAutoCommit(false);

    // 2) Eigentliche Funkionalität aufrufen
    updatePersonsAdressesInDb(connection, movedPersons);

    // 3a) Änderungen als Gesamtheit bestätigen
    connection.commit();
}
catch (final SQLException ex)
{
    // 3b) Änderungen vollständig zurücknehmen
    connection.rollback();
}
finally
{
    // 4) Reaktivieren des vorherigen Werts
    connection.setAutoCommit(autoCommitEnabled);
}
```

Im `finally`-Block stellen wir das Verhalten auf den vor unserer Abarbeitung gespeicherten Wert, sodass sich weitere Aktionen, die dieselbe `Connection` nutzen, auf dieses verlassen können.

Isolationsgrade von Transaktionen

Bei der Beschreibung von Transaktionen habe ich in Abschnitt 2.1.3 bereits erwähnt, dass es verschiedene Lockerungen bezüglich der Isolation von Transaktionen voneinander gibt und dies dazu dient, den Grad an Parallelität zu erhöhen.

Der verwendete Isolationsgrad lässt sich für `Connection`-Objekte mithilfe der Methode `getTransactionIsolation()` ermitteln und durch Aufruf von `setTransactionIsolation(int)` festlegen. Im Interface `Connection` sind die in der folgenden Aufzählung genannten Konstanten als mögliche Parameterwerte definiert:[9]

- `TRANSACTION_NONE` – Transaktionen werden vom verwendeten Datenbanktreiber nicht unterstützt bzw. nicht genutzt.
- `TRANSACTION_READ_UNCOMMITTED` – SQL-Anweisungen können auch solche Werte sehen, die durch Aktionen in anderen Transaktionen verändert, aber noch nicht committet sind. Diese Werte können auch nur Zwischenzustände widerspiegeln, und es ist nicht garantiert, dass diese Werte jemals permanent in der Datenbank gespeichert werden, etwa wenn die produzierende Transaktion einen Rollback ausführt. Man spricht von sogenannten ***Dirty Reads***.
- `TRANSACTION_READ_COMMITTED` – Bei der Wahl dieses Isolationsgrads greifen SQL-Anweisungen nur auf solche Werte zu, die bereits committet wurden. Allerdings können andere Transaktionen noch während der Verarbeitung der Daten eines `ResultSet`s Änderungen am Datenbankinhalt vornehmen, sodass möglicherweise einige Datensätze des `ResultSet`s von den Änderungen betroffen sind. Wenn die zum `ResultSet` gehörende SQL-Abfrage wiederholt wird, ergeben sich dadurch dann andere Wertebelegungen der Datensätze oder sogar andere Datensätze in der Ergebnismenge. Man spricht hier von sogenannten ***unrepeatable reads***.
- `TRANSACTION_REPEATABLE_READ` – Es wird über die Anforderungen von `TRANSACTION_READ_COMMITTED` hinaus garantiert, dass sich keine Änderungen anderer Transaktionen in dem aktuellen `ResultSet` widerspiegeln.
- `TRANSACTION_SERIALIZABLE` – Transaktionen werden so ausgeführt, als ob sie unabhängige Aktionen wären, d. h., sie werden vollständig voneinander abgeschottet, sodass keine Aktion (z. B. Einfügen, Ändern, Löschen von Daten) für eine andere Transaktion sichtbar ist.

Diese Werte sind in aufsteigender »Strenge« der Isolation aufgeführt – den schlechtesten Grad an Parallelität bietet `TRANSACTION_SERIALIZABLE`. Je strenger die Isolation, desto unwahrscheinlicher werden Konsistenzprobleme. Allerdings steigt dann auch die Wahrscheinlichkeit für Konflikte bei Änderungen. Insgesamt muss die Datenbank mehr Aufwand betreiben, um die Transaktionen gegeneinander abzuschirmen, wodurch sich die Datenbank-Performance reduziert. Für einen guten Durchsatz ist es daher von großer Wichtigkeit, die richtige Balance zwischen Datenintegrität und Geschwindigkeit zu finden.

---

[9]Achtung: Nicht jedes RDBMS unterstützt tatsächlich alle genannten Isolationsgrade!

3.2   Grundlagen zum ORM mit JDBC

In den vorangegangenen Abschnitten haben wir wesentliche Grundlagen zum JDBC-API und zur Verarbeitung von Daten mithilfe von Datenbanken kennengelernt. Dabei beschränkte sich der Blickwinkel aber stark auf das relationale Datenbankmodell, also die Verarbeitung von Datensätzen. Das war wichtig, weil wir damit einiges an technischem Know-how erworben haben, bevor wir nun die Verbindung von Objekt- und Datenbankwelt herstellen.

Da ich hier nur das Prinzip darstellen möchte, beschränke ich die Betrachtung auf die Rekonstruktion von Objekten aus den Werten, die in Datenbanktabellen gespeichert sind, und zeige nicht den umgekehrten Weg der Abbildung von Objekten auf Datenbanktabellen. Im Sinne einer guten Struktur und einer klaren Trennung von Zuständigkeiten ist es sinnvoll, den Zugriff auf die Datenbank in Klassen zu kapseln. Das wird durch den Einsatz des Musters DATA ACCESS OBJECT (kurz DAO) erreicht, auf das ich in Abschnitt 3.2.2 näher eingehe.

3.2.1   Rekonstruktion von Objekten

In diesem Abschnitt werden wir verschiedene Varianten kennenlernen, um `Personen`-und zugehörige `Adressen`-Datensätze auszulesen und daraus ein korrespondierendes Objektmodell zu rekonstruieren. Wir beginnen mit einer vereinfachten Aufgabenstellung und erhöhen dann schrittweise die Komplexität. Insgesamt entwickeln wir folgende Funktionalitäten:

1. **Einfache Rekonstruktion** – Es werden alle `Personen`-Datensätze aus der Datenbank ermittelt und als Liste von Objekten zurückgeliefert.

2. **Partielle Rekonstruktion** – Es werden die Adressdaten zu einer spezifischen Person aus der Datenbank ermittelt und als Liste von `Address`-Objekten zurückgegeben.

3. **Vollständige Rekonstruktion** – Zu einem `Person`-Objekt gehören in der Objektwelt auch alle assoziierten `Address`-Objekte. Diese sind bei einer Rekonstruktion eines `Person`-Objekts aus der Datenbank einzulesen.

Für ein sauberes und klares Design der Applikation ist es wünschenswert, möglichst wenig (am besten keine) Details über die Verarbeitung der Daten in der Datenbank kennen zu müssen. Daher kapsele ich die oben genannten Funktionalitäten in Methoden. Diese erweitere und kombiniere ich dann schrittweise.

Einfache Rekonstruktion – alle `Personen`-Datensätze ermitteln

Als ersten Schritt wollen wir alle `Personen`-Datensätze auslesen, berücksichtigen jedoch zugehörige Adressen nicht. Diese Funktionalität kapseln wir in einer Methode `getAllPersonsFromDb(Connection)`. Bevor ich auf deren Implementierung eingehe, stelle ich zunächst exemplarisch eine `main()`-Methode als Ablaufumgebung vor, die wir ähnlich, z. B. für den Typ `Address`, für die anderen Varianten verwenden:

```java
public static void main(final String[] args) throws SQLException
{
    final DbProperties dbProperties = new DbProperties();

    try (final Connection connection = DriverManager.getConnection(
                                         dbProperties.getUrl(),
                                         dbProperties.getUserName(),
                                         dbProperties.getPassword()))
    {
        final List<Person> persons = getAllPersonsFromDb(connection);
        // JDK 8: forEach und Methodenreferenz
        persons.forEach(System.out::println);
    }
}
```

Aus Gründen der Übersichtlichkeit und weil es lediglich eine Machbarkeitsstudie ist, wird hier keine explizite Fehlerbehandlung durchgeführt. Allerdings werden alle Ressourcen im Fehlerfall durch den Einsatz von ARM wieder geschlossen und dadurch auch belegte Ressourcen sicher freigegeben.

Schauen wir uns nun die Implementierung der Methode `getAllPersonsFrom-Db(Connection)` an, die alle in der `Personen`-Tabelle gespeicherten Datensätze ermittelt und daraus `Person`-Objekte rekonstruiert:

```java
public static List<Person> getAllPersonsFromDb(final Connection connection)
                    throws SQLException
{
    final List<Person> persons = new ArrayList<>();

    final String sqlQuery = "SELECT * FROM Personen";
    try (final PreparedStatement preparedStatement =
                            connection.prepareStatement(sqlQuery);
         final ResultSet resultSet = preparedStatement.executeQuery())
    {
        while (resultSet.next())
        {
            final String firstName = resultSet.getString(COLUMN_IDX_FIRSTNAME);
            final String lastName = resultSet.getString(COLUMN_IDX_NAME);
            final Date birthday = resultSet.getDate(COLUMN_IDX_BIRTHDAY);

            persons.add(new Person(firstName, lastName, birthday));
        }
    }

    return persons;
}
```

Listing 3.4 Ausführbar als 'GETALLPERSONSEXAMPLE'

Analog dazu kann man eine Methode `getAllAddressesFromDb(Connection)` implementieren, die eine Liste von `Address`-Objekten liefert. Beide Methoden stellen bereits sinnvolle Basisbausteine dar, die für einige Anwendungsfälle, z. B. zur Darstellung von Übersichtslisten, nützlich sind. Später wollen wir vollständige `Person`-Objekte mitsamt ihren Adressen als Rückgabe erhalten. Als wichtigen Zwischenschritt dahin wollen wir die Adressen ermitteln, die einer Person zugeordnet sind.

Partielle Rekonstruktion – Adressen zu einer Person ermitteln

Ein weitverbreiteter Anwendungsfall ist es, zu einem Datensatz alle assoziierten Datensätze einer anderen Tabelle auszulesen. Für unser Beispiel der Personen und Adressen wollen wir etwa alle einer Person zugeordneten Adressen ermitteln. Wenn wir die ID eines `Personen`-Datensatzes besitzen, können wir damit folgende SQL-Abfrage für die `Adressen`-Tabelle absetzen:

```
SELECT * FROM Adressen WHERE Adressen.PersonenID = ?;
```

Sinnvollerweise kapseln wir auch diese Funktionalität in einer entsprechenden Methode `getAddressesForPersonId(Connection, int)` wie folgt:

```java
public static List<Address> getAddressesForPersonId(
                         final Connection connection, final int personId)
                         throws SQLException
{
    final List<Address> addresses = new ArrayList<>();

    final String query = "SELECT * FROM Adressen " +
                         "WHERE Adressen.PersonenID = ?";

    try (final PreparedStatement preparedStmt =
                         connection.prepareStatement(sqlQuery))
    {
        preparedStmt.setInt(1, personId);
        try (final ResultSet resultSet = preparedStmt.executeQuery())
        {
            while (resultSet.next())
            {
                // Zur Demonstration hier Magic Numbers statt Konstanten
                final String street = resultSet.getString(2);
                final String number = resultSet.getString(3);

                // Besser sind Konstanten fuer die Spalten
                final int zipcode = resultSet.getInt(COLUMN_IDX_ZIPCODE);
                final String city = resultSet.getString(COLUMN_IDX_CITY);

                addresses.add(new Address(street, number, zipcode, city));
            }
        }
    }

    return addresses;
}
```

Listing 3.5 *Ausführbar als* 'GETPERSONSADDRESSESEXAMPLE'

> **Hinweis: Performance-Implikationen von SELECT ***
>
> Durch SELECT * wird potenziell einiges an unnötiger Datenmengen erzeugt, insbesondere, wenn doch nur zwei oder drei Spalten verwendet werden. Es wird dann empfohlen, z. B. mit SELECT NAME, ALTER, nur die wirklich benötigten Spalten abzufragen, was nebenbei auch gleich noch überprüft, ob die Spalten tatsächlich existieren, und die Werte zudem in der vorgegebenen Reihenfolge liefert.

Vollständige Rekonstruktion – Person inklusive Adressen ermitteln

Um Person-Objekte inklusive aller zugeordneten Address-Objekte aus der Datenbank zu rekonstruieren, können wir die zuvor entwickelten Basisfunktionalitäten sinnvoll miteinander kombinieren. Nutzen wir also die Methode getAddressesForPersonenId(Connection, int) in Verbindung mit der Realisierungsidee aus der Methode getAllPersonsFromDb(Connection), so entsteht folgende Methode:

```java
public static List<Person> getAllPersonsWithAddressesFromDb(final Connection
    connection) throws SQLException
{
    final List<Person> persons = new ArrayList<>();

    final String sqlQuery = "SELECT * FROM Personen";
    try (final PreparedStatement preparedStatement =
                            connection.prepareStatement(sqlQuery);
        final ResultSet resultSet = preparedStatement.executeQuery() )
    {
        while (resultSet.next())
        {
            // ID der Person ermitteln => Fremdschlüssel in Adressen
            final int id = resultSet.getInt(COLUMN_IDX_ID);
            final String firstName = resultSet.getString(COLUMN_IDX_FIRSTNAME);
            final String lastName = resultSet.getString(COLUMN_IDX_NAME);
            final Date birthday = resultSet.getDate(COLUMN_IDX_BIRTHDAY);

            // Person normal erzeugen
            final Person person = new Person(firstName, lastName, birthday);

            // Anschließend Adressen zur Person ermitteln und setzen
            person.setAddresses(getAddressesForPersonenId(connection, id));

            persons.add(person);
        }
    }

    return persons;
}
```

Listing 3.6 *Ausführbar als* '**GETALLPERSONSWITHADDRESSESEXAMPLE**'

Für die Abfrage weniger Datensätze ist diese Form der Realisierung durchaus akzeptabel. Mit zunehmender Anzahl an Datensätzen wird die Abfrage aber immer aufwendiger: Es kommt zu sehr vielen Datenbankabfragen, da für jeden Personen-Datensatz eine weitere Abfrage in die Adressen-Tabelle erfolgt. Um das zu reduzieren, kann man alternativ Joins einsetzen und so den Verknüpfungsaufwand in die Datenbank verlagern, wie dies im Folgenden gezeigt wird.

Join statt Nachladen von Daten   Wir haben zur Verknüpfung von Tabellen bereits Joins kennengelernt. Für den Anwendungsfall der Ermittlung vollständiger Daten zu einer Person kann man dies gewinnbringend einsetzen. Man verknüpft die Tabellen `Personen` und `Adressen` über einen Join wie folgt:

```
SELECT * FROM Personen, Adressen WHERE Personen.ID = Adressen.PersonenID;
```

Mithilfe dieser Abfrage erhält man dann alle relevanten Daten in einer Zeile (hier etwas komprimiert dargestellt):

```
ID |Vorname |Name    |Geburtstag |ID |Strasse |HausNr |PLZ    |Stadt   |PersonenID
---------------------------------------------------------------------------------
1  |Peter   |Müller |1991-05-28 |1  |Plön... |1      |23554  |Lübeck  |1
...
```

Die Umsetzung dieser Abfrage mit JDBC zeigt folgendes Listing:

```java
public static List<Person> getPersonsWithAddressFromDb(final Connection con)
    throws SQLException
{
   final List<Person> persons = new ArrayList<>();

   final String query = "SELECT * FROM Personen, Adressen " +
                          "WHERE Personen.ID = Adressen.PersonenID;";

   try (final PreparedStatement prepStatement = con.prepareStatement(query);
        final ResultSet resultSet = prepStatement.executeQuery())
   {
      while (resultSet.next())
      {
         final String firstName = resultSet.getString(COLUMN_IDX_FIRSTNAME);
         final String lastName = resultSet.getString(COLUMN_IDX_NAME);
         final Date birthday = resultSet.getDate(COLUMN_IDX_BIRTHDAY);

         // Spaltenindizes der Adressen-Tabelle sind um die
         // Anzahl der Spalten der Personen-Tabelle verschoben
         final int offset = COLUMN_IDX_BIRTHDAY;
         final String street = resultSet.getString(offset + COLUMN_IDX_STREET);
         final String number = resultSet.getString(offset + COLUMN_IDX_NUMBER);
         final int zipcode = resultSet.getInt(offset + COLUMN_IDX_ZIPCODE);
         final String city = resultSet.getString(offset + COLUMN_IDX_CITY);

         final Person person = new Person(firstName, lastName, birthday);
         final Address address = new Address(street, number, zipcode, city);
         person.setAddresses(Collections.singletonList(address));

         persons.add(person);
      }
   }

   return persons;
}
```

Listing 3.7 Ausführbar als 'GetAllPersonsWithAddressesJoinExample'

Diese Art des Zugriffs bzw. der Verarbeitung funktioniert allerdings nicht mehr korrekt, wenn einem `Personen`-Datensatz mehrere `Adressen`-Datensätze zugeordnet sein können, etwa wie im Folgenden für die Person Peter Müller mit zwei Adressen:

```
ID |Vorname |Name    |Geburtstag |ID |Strasse |HausNr |PLZ    |Stadt   |PersonenID
-----------------------------------------------------------------------------------
1  |Peter   |Müller |1991-05-28 |1  |Plön... |1      |23554 |Lübeck  |1
1  |Peter   |Müller |1991-05-28 |6  |Stub... |1      |28816 |Stuhr   |1
...
```

Würde man derartige Daten durch die obige Rekonstruktionsmethode verarbeiten, so werden mehrere gleichartige `Person`-Objekte erzeugt, wenn einem korrespondierenden `Personen`-Datensatz mehrere `Adressen`-Datensätze zugeordnet sind. Das ist aber fachlich nicht korrekt, da in diesem Fall nur ein `Person`-Objekt und nicht mehrere erzeugt werden müssen. Wie man das mithilfe des Java Persistence API (JPA) zum objektrelationalen Mapping (ORM) lösen kann, zeigt Kapitel 4.

> **Hinweis: Probleme der selbst erstellten Lösungen**
>
> Bei den selbst erstellten Lösungen wird es vor allem dann komplex, wenn man die assoziierten Daten nur bei tatsächlich stattfindenden Zugriffen (also erst beim Aufruf der Methode `getAddresses()` im `Person`-Objekt) aus der Datenbank nachladen möchte. Man spricht hier von *Lazy Loading* oder auch *Lazy Fetch*. Das direkte Laden, das wir bisher umgesetzt haben, wird *Eager Loading* bzw. *Eager Fetch* genannt und kann dazu führen, dass eine vermeintlich einfache Abfrage eine schlechte Performance zeigt. Hier lohnt sich ebenfalls der Einsatz bereits existierender Persistenz-Frameworks.

3.2.2   Zugriffe mit einem Data Access Object (DAO)

Gerade bei Datenbankzugriffsfunktionalitäten sollten wir uns Gedanken über das Design bzw. die Architektur der Software machen: Zunächst ist es vorteilhaft, dass der Zugriff auf die Datenbank in Methoden gekapselt wird. Obwohl diese Kapselung sinnvoll ist, besteht dennoch ein Problem, wenn diese Zugriffsmethoden überall dort im Sourcecode verstreut erstellt werden, wo die Zugriffe gerade benötigt werden. Dadurch entstehen an allen möglichen Programmstellen Abhängigkeiten zu JDBC und damit auch zur Datenbank. Warum ist das problematisch? Wenn andere Programmteile identische oder ähnliche Zugriffe benötigen, sieht man in der Praxis als Lösung manchmal drei unschöne, weil wenig wart- und erweiterbare Umsetzungen:

1. Neuentwicklung – bei Unkenntnis über bereits existierende Funktionalität
2. Sourcecode-Duplikation – zur »einfacheren« Integration der Funktionalität in die eigene Klasse
3. Querabhängigkeiten durch Aufrufe der Funktionalität – möglicherweise auch über Package- oder Schichtengrenzen hinweg

Abbildung 3-4 stellt dies vereinfacht für die beiden Applikationsbestandteile `Person-BusinessLogik` und `Address-BusinessLogik` dar.

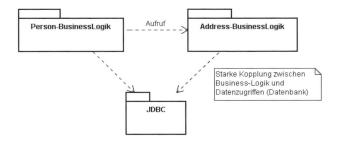

Abbildung 3-4 *Starke Kopplung ohne DAOs*

Im Sinne einer guten Struktur und einer klaren Trennung von Zuständigkeiten ist es ratsam, den Zugriff auf die Datenbank mithilfe dedizierter Klassen zu kapseln. Dabei hilft das Muster DATA ACCESS OBJECT (kurz DAO). In der Implementierung eines solchen DAO – *und ausschließlich dort* – sollte man Anfragen an die Datenbank realisieren. Alle anderen Programmteile nutzen dazu das DAO. Daher ist dies auch die »natürliche« Stelle, an der der Übergang zwischen Objekt- und Datenbankwelt stattfindet. Somit können alle anderen Programmteile nur noch mit Objekten arbeiten und wissen prinzipiell nichts mehr von der Existenz und dem Zugriff auf die Datenbank.[10] Diese DAO-Klassen bilden die sogenannte Datenbankzugriffsschicht. Abbildung 3-5 verdeutlicht das Gesagte.

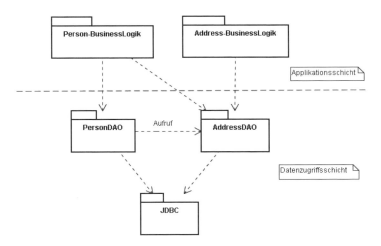

Abbildung 3-5 *DAO-Umsetzung*

---

[10]Das ist nicht 100 % korrekt, denn häufig verletzen die in den Methodensignaturen angegebenen Exceptions das Geheimnisprinzip. Das erörtere ich in nachfolgendem Praxistipp.

Realisierung eines DAOs für die Klasse `Person`

Bisher habe ich die Motivation und die prinzipielle Arbeitsweise eines DAOs beschrieben. Machen wir das Ganze nun konkret und schauen wir uns dazu eine mögliche Realisierung für die Klasse `Person` an. Welche Zugriffsmethoden sollen wir dort anbieten? Typischerweise werden in Datenbankapplikationen die sogenannten CRUD-Operationen (**C**reate, **R**ead, **U**pdate und **D**elete) benötigt. Um die Applikation unabhängig von der konkreten Realisierung des DAOs zu machen, und somit die Austauschbarkeit und damit auch die Testbarkeit zu erleichtern, sollte man für das DAO ein Interface bereitstellen. Dieses könnte in etwa so aussehen:

```
public interface IPersonDAO
{
    // CRUD-Funktionalität
    public List<Person> getAllPersons() throws DataAccessException;
    public long addPerson(final Person person) throws DataAccessException;
    public void updateFromOther(final long personId, final Person otherPerson)
                                                throws DataAccessException;
    public void removePerson(final long personId) throws DataAccessException;

    // komplexere fachliche oder Verarbeitungsfunktionalität
    public int removePersonsOlderThan(final int age) throws DataAccessException;
}
```

Natürlich können in das Interface noch diverse weitere Methoden aufgenommen werden – hier exemplarisch mit der Methode `removePersonsOlderThan(int)` gezeigt.

Wie bereits in einer Fußnote zum Geheimnisprinzip und Exceptions angedeutet, sollten durch den Einsatz eines DAOs keine Abhängigkeiten zur Datenbank für den nutzenden Applikationscode sichtbar sein, also keine `Connection`-Objekte oder `SQL-Exception`s in der Schnittstelle genutzt werden.[11] Dieses Design erleichtert die Testbarkeit. Das gilt insbesondere, wenn die gesamte Applikation nur gegen das Interface des DAOs arbeitet: Man kann dann für die Applikation unbemerkt eine Stub-Klasse nutzen, um Testdaten ohne Datenbankzugriffe bereitzustellen. Weil sich die Implementierung von DAOs mit JPA deutlich vereinfacht, verschiebe ich die konkrete Realisierung auf Abschnitt 4.4.

Tipp: `SQLException` in der Schnittstelle?

Wir haben zuvor schon gesehen, dass nahezu alle Aufrufe per JDBC eine `SQL-Exception` auslösen. Wenn man diese nicht behandelt oder konvertiert, so kann etwa eine `SQLException` bis ins GUI propagiert werden. Das wäre unschön. Zur Vermeidung können Exceptions beim Übergang von einer Schicht einer Applikation in eine andere in einen passenden Typ umgewandelt werden. Aus einer `SQL-Exception` könnte etwa eine `DataAccessException` werden, die das Detail des Datenbankzugriffs per JDBC und SQL versteckt.

---

[11] Allerdings gibt es doch eine Abhängigkeit durch die Nutzung einer eindeutigen ID, über die sich die Datensätze identifizieren lassen.

3.3   Weiterführende Literatur

Zu den Themen Datenbanken und JDBC ist einiges an Literatur erschienen. Folgende Aufzählung nennt zwei empfehlenswerte Bücher:

- »**JDBC API Tutorial and Reference**« von Seth White, Maydene Fisher, Rick Cattell, Graham Hamilton und Mark Hapner [22]
  Dieses Buch behandelt das JDBC-API in der Version 2.x. Zwar ist es etwas älter, aber der erste Teil liefert verschiedene Tutorials und ist dabei gut und verständlich geschrieben. Der zweite Teil bietet einen detaillierten Überblick über das JDBC-API.

- »**Java Persistence with Hibernate**« von Christian Bauer und Gavin King [2]
  Dieses exzellente Buch bietet eine umfassende und fundierte Einführung in das Persistenz-Framework Hibernate.

4 Persistenz mit JPA

In diesem Kapitel stelle ich Ihnen für die Nutzung relationaler Datenbanken (RDBMS) in Java-Applikationen das *JPA* (*Java Persistence API*) als Variante zu JDBC vor. Während man bei JDBC noch mit relativ wenig Abstraktion und dadurch ziemlich nah am Datenbankmodell operiert, bietet JPA eine bessere Abstraktion. Vor allem, wenn man in JDBC ein ORM (Object-Relational Mapping), also die Abbildung zwischen Objekt- und Datenbankwelt, realisieren möchte, erfordert dies einiges an Arbeit für die Implementierung der Datenbankzugriffe, insbesondere auch eine recht gute Kenntnis von SQL. Dagegen erleichtert JPA das ORM, weil dieses weitestgehend deklarativ mithilfe von Annotations geregelt wird. Zudem werden in JPA für Datenbankzugriffe keine SQL-Anweisungen mehr geschrieben, sondern automatisch durch JPA generiert. Dabei werden Besonderheiten verschiedener Datenbanksysteme beachtet und durch JPA unter dem einheitlichen API verborgen, sodass sie für uns als Entwickler keine Rolle mehr spielen. Insgesamt erleichtert JPA die Persistenz enorm. Schauen wir uns dies nun genauer an.

Motivation für JPA

JPA definiert einen gemeinsamen Standard für Java SE und Java EE, der viele Ideen bereits etablierter Persistenz-Frameworks sowie die damit gesammelten Erfahrungen integriert. Die Notwendigkeit der Spezifikation einer standardisierten Schnittstelle für die Persistenz in Java ergab sich, weil die zuvor genutzten Techniken JDBC (Java SE) oder Entity Beans, neuerdings nur noch Entities genannt (Java EE), aufwendig oder umständlich zu handhaben sind, besonders für komplexere Objektmodelle. Als Abhilfe wurden diverse Persistenz-Frameworks (allen voran Hibernate) entwickelt und von vielen Entwicklern anstelle von JDBC bzw. Entity Beans genutzt.[1]

Der Vorteil von JPA gegenüber einem proprietären Persistenz-Framework besteht darin, dass man sich auf einen wohldefinierten Standard abstützt. Dadurch sollte man bei Bedarf (relativ problemlos) zu einer anderen JPA-Implementierung oder einer anderen Datenbank wechseln können. Mit JDBC wird Letzteres durch die Besonderheiten proprietärer SQL-Dialekte stark erschwert, weil diese trotz der gebotenen Abstraktion immer wieder durchscheinen und für Inkompatibilitäten bei einem Wechsel des RDBMS sorgen würden.

---

[1]Streng genommen nutzen Hibernate und andere ORM-Frameworks dann doch JDBC, weil die Zugriffe auf die Datenbank darauf basieren.

Vorarbeiten für JPA mit Hibernate

Bevor wir uns JPA widmen, sollte noch erwähnt werden, dass JPA nur einen Standard definiert, aber keine Implementierung vorgibt. Bekannte Realisierungen sind Hibernate und Apache OpenJPA sowie EclipseLink als Referenzimplementierung.

In diesem Buch wollen wir stellvertretend Hibernate als JPA-Implementierung nutzen. Es steht frei zum Download unter `http://hibernate.org/orm/downloads/` zur Verfügung. Am einfachsten ist es, wenn Sie die Abhängigkeiten in Ihren Maven- oder Gradle-Build einbinden. Für Gradle notieren Sie etwa Folgendes in den Dependencies:

```
// JPA
compile 'org.hibernate.javax.persistence:hibernate-jpa-2.1-api:1.0.0.Final'

// Hibernate
compile 'org.hibernate:hibernate-entitymanager:4.3.10.Final'
```

Die transitiv benötigten Bibliotheken werden von Gradle automatisch heruntergeladen und in den `Classpath` aufgenommen. Mit der Angabe der obigen Zeilen haben wir alle Voraussetzungen erfüllt, um die folgenden Beispiele mit JPA und Hibernate nachvollziehen zu können.

4.1   Grundlagen zum ORM und zum JPA

In diesem Abschnitt werden einige Grundlagen sowohl zum ORM als auch zum JPA vorgestellt. Anschließend führe ich zentrale Begriffe zum JPA ein.

Wissenswertes zum OR-Mapping

Bekanntermaßen ist bei der Speicherung von Objekten in relationalen Datenbanken die Aufgabe zu lösen, wie Objekte auf Tabellen einer Datenbank abgebildet werden. Dabei sind zum einen Objekte und deren Beziehungen in Form von Datensätzen in Tabellen zu speichern. Zum anderen müssen aus Datensätzen auch Objekte (re-)konstruiert werden. Diese Konvertierung, genauer das bereits erwähnte ORM, lässt sich mit etwas Mühe selbst programmieren. Das wird aber umso komplexer, aufwendiger und fehleranfälliger, je verzweigter der Objektgraph ist, d. h., je mehr Objekte und Assoziationen sowie Vererbungsbeziehungen zwischen diesen rekonstruiert werden müssen. Mögliche Probleme eines mit JDBC programmierten ORMs und daraus resultierende Aufwände zur Lösung haben wir ansatzweise beim Erstellen einiger Varianten von Zugriffsmethoden im vorherigen Kapitel über JDBC kennengelernt.

Wenn man statt »purem« JDBC alternativ JPA einsetzt, so fällt sowohl die Umsetzung von Assoziationen als auch der Einsatz objektorientierter Konzepte leichter: Man arbeitet anstelle von Datenbanktabellen mit Objekten und kann somit problemlos alle Verknüpfungen zwischen Objekten verwenden, ohne sich viele Gedanken zur Persistierung machen zu müssen: Die zur Abbildung von Objekten und ihrer Beziehungen auf Datenbanktabellen benötigten SQL-Anweisungen werden durch die jeweilige JPA-Implementierung automatisch generiert. Gleiches gilt für die SQL-Anweisungen, die für Objektrekonstruktionen notwendig sind. Insgesamt entfällt eine Menge an Sourcecode für beide Richtungen der Abbildung. JPA versteckt neben den SQL-Anweisungen auch die Details verschiedener SQL-Dialekte und verbirgt dadurch einiges an Komplexität beim Einsatz verschiedener Datenbanken.

Manchmal kommt es allerdings sowohl beim Einsatz von Persistenz-Frameworks als auch in JPA zu unerwartetem Programmverhalten, Exceptions oder Performance-Problemen durch suboptimal generierte SQL-Kommandos. Die Performance kann leiden, wenn viele referenzierte Daten verwaltet werden. Als erste Abhilfe kann die geschickte Wahl des Zugriffs auf referenzierte Daten derlei Probleme mildern. Beispielsweise kann man bestimmen, ob referenzierte Objekte sofort (Eager Loading) oder erst bei Bedarf und tatsächlichem Zugriff (Lazy Loading) aus der Datenbank eingelesen werden sollen. Des Weiteren lässt sich dafür festlegen, wie weit Referenzierungen verfolgt und ob die dadurch referenzierten Daten geladen werden sollen.

Zudem können sich Probleme durch unerwartetes Programmverhalten und Exceptions ergeben, weil die von JPA generierten SQL-Kommandos aufgrund von Problemen im Datenbankmodell Fehler auslösen. Zur fundierten weiteren Analyse der Datenbankzugriffe ist es deshalb sinnvoll, sich die von JPA erzeugten SQL-Kommandos ausgeben zu lassen. Glücklicherweise ist dies einfach möglich.

Wichtige Bestandteile von JPA

Bevor wir uns JPA etwas genauer anschauen, werfen wir einen kurzen Blick auf ein paar wichtige Komponenten:

- **Entity** – In der Datenbank zu verwaltende Objekte werden durch eine sogenannte *Entity* beschrieben. Das ist ein ganz normales Java-Objekt, für das Martin Fowler die Abkürzung **POJO** (**Plain Old Java Object**) geprägt hat. Eine Entity ist also ein POJO, das persistent gemacht werden soll. In der Regel wird eine solche Entity auf eine Tabellenzeile einer relationalen Datenbank abgebildet (vgl. Abschnitt 2.1). Das erfordert die genaue Kenntnis des Aufbaus und führt bei selbst gestrickten Persistenzlösungen mit JDBC dazu, dass für CRUD-Operationen jeweils passende SQL-Anweisungen bereitgestellt werden müssen. Das ist in JPA nicht nötig, weil dort Änderungen durch das eigene Programm nur in der Objektwelt erfolgen, und es Aufgabe der JPA-Implementierung ist, die Änderungen mit dem Stand in der Datenbank abzugleichen.
- **Objektrelationale Metadaten** – Die Abbildung von Objekten auf Tabellen und von Attributen auf Spalten wird durch sogenannte *objektrelationale Metadaten* beschrieben. Die hierfür erforderlichen Einstellungen kann man mithilfe von Annotations oder aber durch Konfigurationsdateien vornehmen. In beiden Varianten wird für die Konfiguration von sinnvollen Standardeinstellungen ausgegangen, wodurch oftmals kaum Konfigurationsaufwände notwendig sind. Das ist eine große Erleich-

terung im Gegensatz zum direkten Einsatz von JDBC. Dort muss für Änderungen an den Attributen eines Objekts die Aktualisierung aller korrespondierenden, betroffenen Spalten in der Datenbank explizit realisiert werden. Die Vereinfachung ergibt sich insbesondere im Vergleich zur Entity-Bean-Konfiguration (J2EE), die eine Plage für jeden Entwickler ist.

■ **Persistenz-Konfiguration** – Die Konfiguration der Anbindung an und die Abbildung auf die Datenbank geschieht in einer XML-Datei namens `persistence.xml`. Dort werden die Verbindungseinstellungen zur Datenbank sowie weitere Dinge konfiguriert, etwa welche Klassen persistiert werden sollen.

■ **Java Persistence Query Language** – Abfragen werden in JPA nicht in SQL formuliert, sondern mit der *Java Persistence Query Language* (*JPQL*). Zwar ähnelt deren Syntax derjenigen von SQL-Abfragen beziehen sich aber auf Entitäten und nur indirekt auf Tabellen. Während bei SQL die Werte von Spalten zurückgeliefert werden, geben Abfragen in JPA zu den Datenbankwerten korrespondierende Objekte zurück, nachfolgend für `Person`-Objekte gezeigt:

```
// SQL
SELECT name, vorname, geburtstag FROM Personen

// JPQL
SELECT p FROM Person p
```

Ein Vorteil ist zudem, dass die in JPQL formulierten Abfragen eine Abstraktion vom konkret verwendeten DBMS und dem dortigen Datenbankmodell schaffen.

4.2   Einführung in JPA an einem Beispiel

In diesem Unterkapitel gebe ich eine Einführung in JPA und die Persistierung von Objekten. Dabei lernen wir zunächst Entitäten kennen und entwickeln dann ein Beispiel. Dieses kann als Grundgerüst für weitere JPA-Applikationen dienen.

4.2.1   Definition persistenter Klassen

Instanzen von Klassen, die in der Datenbank gesichert werden sollen, nennt man *Entitäten*. Entitätsklassen werden in JPA mithilfe einfacher POJOs realisiert. Zur Verarbeitung mit JPA muss eine Klasse lediglich folgende Anforderungen erfüllen:

1. Sie muss mit der Annotation `@Entity` versehen werden.[2]
2. Sie muss ein Identitätsattribut besitzen, das den Primärschlüssel darstellt.
3. Sie muss einen Konstruktor ohne Parameter (mitunter auch No-Arg-Konstruktor oder Defaultkonstruktor genannt) definieren.

---

[2]Alternativ zur Konfiguration über Annotations ist auch die Definition innerhalb von XML-Konfigurationsdateien möglich – das werde ich im Folgenden jedoch nicht weiter ausführen. Für Details verweise ich auf die am Kapitelende genannte weiterführende Literatur.

Als Beispiel soll die Entitätsklasse `Person` auf die Tabelle `PersonenJPA`[3] abgebildet werden. Dazu nutzen wir zum einen die Annotation `@Entity` als Markierung zur Verarbeitung der Klasse per JPA. Durch die Annotation `@Table(name="<dbTableName>")` stellen wir eine Verknüpfung mit der korrespondierenden Tabelle her, wobei der Platzhalter `<dbTableName>` für die zu verwendende Tabelle steht. Im Beispiel nutzen wir `@Table(name="PersonenJPA")` für eine Verbindung zur Tabelle `PersonenJPA`.

Neben diesen ersten Angaben zu den objektrelationalen Metadaten kommen diverse weitere Annotations zum Einsatz: Mit `@Id` wird das Identitätsattribut gekennzeichnet. Dieses entspricht dem Primärschlüssel. Durch die Annotation `@GeneratedValue` wird der Primärschlüssel automatisch durch die Datenbank vergeben. Schließlich fehlt noch eine Verknüpfung zwischen Attributen und den Spalten der zuvor spezifizierten Tabelle. Das lässt sich einfach per Annotation `@Column(name="<dbColumnName>")` beschreiben, wobei der Platzhalter `<dbColumnName>` dem gewünschten Spaltennamen für das jeweilige Attribut entspricht. Mit diesem Wissen erstellen wir folgende Entitätsklasse:

```
@Entity
@Table(name = "PersonenJPA")
public class Person implements Serializable
{
    @Id
    @GeneratedValue
    private Long id;

    @Column(name = "Vorname")
    private String  firstName;

    @Column(name = "Name")
    private String  lastName;

    @Column(name = "Geburtstag")
    private Date    birthday;

    private Person() {}

    public Long getId()
    {
        return id;
    }

    // ...
}
```

Bekanntermaßen verwenden wir in diesem Buch englische Klassennamen und deutsche Tabellennamen sowie in Englisch benannte Attribute und deutsche Spaltennamen. Weil in JPA standardmäßig angenommen wird, dass Klassennamen und Tabellennamen sowie Attributnamen und Spaltennamen übereinstimmen, wird hier eine Konfiguration nötig. Deshalb geben wir mit den Annotations `@Table` und `@Column` – wie schon im Listing genutzt – jeweils Abbildungsvorschriften in Form von Annotations an.

---

[3]Für die einzelnen Abschnitte wählen wir jeweils eigene Tabellen, daher hier der Zusatz `JPA`.

Info: Convention over Configuration

Für viele Frameworks und auch für Persistenzlösungen vor EJB 3 mussten diverse Konfigurationsdateien erstellt und gepflegt werden, um Einstellungen vorzunehmen. Ziel bei der auch in JPA genutzten *Convention over Configuration* ist es, die Konfigurationsaufwände zu reduzieren. Ohne diese müssen Einstellungen immer wiederholt angegeben werden, obwohl sie nicht vom Standardverhalten abweichen oder aus den Gegebenheiten nach einer festen Regel ableitbar sind! Legt man jedoch fest, dass eine fehlende Angabe der Standardeinstellung entsprechen oder analog zu einer Regel ermittelt werden soll, so lassen sich die Konfigurationsaufwände häufig drastisch reduzieren, da nur noch diejenigen Einstellungen angegeben werden müssen, die vom Standard abweichen.

Für die Konfiguration der Persistenz wird als Standard angenommen, dass die Namen von Klassen und Tabellen sowie von Attributen und Spalten übereinstimmen. Ist das der Fall, wird nur noch die Angabe benötigt, welche Klassen tatsächlich auf Tabellen abgebildet werden sollen. In der Praxis weichen häufig doch noch ein paar Dinge mehr vom Standard ab. Existieren z. B. mehrere Klassen gleichen Namens in verschiedenen Packages, so muss explizit eine Abbildung auf die gewünschte Tabelle spezifiziert werden. Trotzdem entsteht durch Convention over Configuration deutlich weniger Aufwand als bei einer allumfassenden Konfiguration.

Variante: Zugriffsmethoden annotieren

In JPA kann man Attribute (wie im obigen Beispiel) oder aber die korrespondierenden `get()`-Methoden annotieren. Zwar ist es möglich, diese Varianten innerhalb einer Klasse miteinander zu mischen, das sollte man aber besser vermeiden, um Fehlern und Missverständnissen vorzubeugen. Falls man trotzdem Zugriffsmethoden annotieren möchte, müssen diese den Namenskonventionen für JavaBeans genügen und die Namen dem Schema `get<Attributname>()` bzw. `set<Attributname>()` entsprechen. Demnach könnte man die Klasse `Person` wie folgt annotieren:

```java
@Entity
@Table(name="PersonenJPA")
public class Person implements Serializable
{
    private Long id;
    private String firstName;
    private String lastName;
    private Date birthday;

    @Id
    @GeneratedValue
    public Long getId()             { return id; }

    @Column(name="Vorname")
    public String getFirstName()    { return firstName; }

    // ...
}
```

Meinung: Attribute oder Zugriffsmethoden annotieren?

Ich bevorzuge die Variante der annotierten Attribute, da für mich die Deklaration bzw. Definition von Attributen noch zum eher beschreibenden Teil der Klasse gehört. Dort kann ich zentral die Annotations zum Datenbankzugriff verwenden und habe sie mit einem Blick sichtbar und nicht über den gesamten Sourcecode und damit den Realisierungsteil der Klasse verstreut.

4.2.2   Die Konfigurationsdatei `persistence.xml`

Zur Persistierung benötigen wir neben Entitätsklassen insbesondere eine Verbindung zur Datenbank. Die dafür notwendigen Informationen werden für JPA in einer XML-Konfigurationsdatei namens `persistence.xml` abgelegt. *Diese muss in einem Verzeichnis `META-INF` liegen, das über den `Classpath` erreichbar ist.* Die Datei selbst hat für unser Beispiel folgenden Aufbau:

```
<?xml version="1.0" encoding="UTF-8"?>
<persistence xmlns="http://xmlns.jcp.org/xml/ns/persistence"
    xmlns:xsi="http://www.w3.org/2001/XMLSchema-instance"
    xsi:schemaLocation="http://xmlns.jcp.org/xml/ns/persistence
    http://xmlns.jcp.org/xml/ns/persistence/persistence_2_1.xsd" version="2.1">

    // <!- Symbolischer Name zur Identifikation ->
    <persistence-unit name="java-profi-PU" transaction-type="RESOURCE_LOCAL">

        // <!- Hibernate als JPA-Implementierung ->
        <provider>org.hibernate.ejb.HibernatePersistence</provider>

        // <!- Voll qualifizierter Name zu persistierender Entitätsklassen ->
        <class>ch04.jpa.firstexample.Person</class>
        <exclude-unlisted-classes>true</exclude-unlisted-classes>

        // <!- Konfiguration der Datenbankanbindung ->
        <properties>

            // <!- Datenbankverbindungseinstellungen ->
            <property name="javax.persistence.jdbc.driver"
                    value="org.hsqldb.jdbcDriver" />
            <property name="javax.persistence.jdbc.user" value="sa" />
            <property name="javax.persistence.jdbc.password" value="" />
            <property name="javax.persistence.jdbc.url"
                    value="jdbc:hsqldb:hsql://localhost/java-profi" />

            // <!- Achtung: Provider-spezifisch: hier für Hibernate ->
            <property name="hibernate.dialect"
                    value="org.hibernate.dialect.HSQLDialect" />

            // <!- Ausgabe der SQL-Kommandos aktivieren ->
            <property name="hibernate.show_sql" value="true" />

        </properties>
    </persistence-unit>
</persistence>
```

Im Anschluss beschreibe ich die wesentlichen Bestandteile dieser Datei für Anwendungen im Kontext von Java SE. Zuvor möchte ich Sie noch darauf hinweisen, dass es für Java EE ein paar Abweichungen gibt, auf die der nachfolgende Praxishinweis eingeht.

In der Konfigurationsdatei `persistence.xml` befinden sich die zuvor für JDBC genutzten Datenbankverbindungsparameter sowie weitere Konfigurationseinstellungen durch die Angabe von `property`-Einträgen. Insbesondere sehen wir die Angabe des Persistence-Providers und der zu verwaltenden Klasse `Person` inklusive des Package-Pfads. Diese Informationen bilden eine sogenannte ***Persistence Unit*** (Eintrag `persistence-unit`). Eine solche umfasst nicht nur die Konfiguration der Datenbankverbindung, sondern vor allem auch Einträge für die Entitätsklassen. Zur späteren Referenzierung aus einer Java-Applikation besitzt eine Persistence Unit einen eindeutigen Namen, hier `java-profi-PU`.

Es mag Ihnen vielleicht so vorkommen, als ob die bisher gezeigte Realisierung des Datenbankzugriffs mit JPA aufwendiger als mit JDBC ist. Möglicherweise kann für kleinere Projekte initial mit JPA ein wenig mehr Arbeit anfallen. Das gilt allerdings schon nicht mehr, wenn man für JDBC die Verbindungseinstellungen aus Properties liest. Des Weiteren vereinfacht sich die Implementierung der Persistenz durch den Einsatz von JPA mit zunehmender Projektgröße und Anzahl zu persistierender Klassen, da dann für jede weitere Klasse lediglich ein weiterer Eintrag in der Datei `persistence.xml` notwendig wird sowie natürlich auch einige Annotations in der Klasse selbst. Nachdem Sie die initiale Konfiguration vorgenommen haben, können Sie (fast) vergessen, dass Sie die Daten in einer Datenbank verwalten. Sie arbeiten vorwiegend auf Objekten. Eine JDBC-Anbindung erfordert dagegen für jede weitere zu persistierende Klasse immer wieder einiges an Sourcecode zur Datenbankanbindung. Schnell ist dabei ein Fehler gemacht.

Hinweis: Die Konfigurationsdatei `persistence.xml` für Java EE

Für Anwendungen im Umfeld von Java EE gibt es im Vergleich zu Java SE einige Abweichungen für die Konfigurationsdatei `persistence.xml`. Zunächst einmal betrifft dies den `transaction-type`, der für Java EE den Wert `JTA` besitzt. Zudem müssen die zu verwaltenden Klassen nicht explizit angegeben werden, sondern es werden alle im `Classpath` verfügbaren, mit `@Entity` annotierten Klassen einbezogen. Schließlich wird die Verbindung zur Datenbank nicht wie bei Java SE feingranular spezifiziert, sondern man verweist bei Java EE auf eine vom Application Server verwaltete Datasource. Details zu den beschriebenen Abweichungen finden Sie in der am Kapitelende angegebenen weiterführenden Literatur.

4.2.3   Datenbankzugriffe per JPA in Java SE

Nach Abschluss der notwendigen konfigurativen Arbeiten stelle ich Ihnen nun den Ablauf beim Zugriff auf die Datenbank per JPA vor. Das Ganze folgt gewöhnlich einem recht ähnlichen Schema – wobei der Übersichtlichkeit halber auf ein ausgeklügeltes Exception Handling verzichtet wurde. Allerdings wird die Freigabe von Ressourcen durch geeignete Aufrufe in einem `finally`-Block sichergestellt.

Grundgerüst

Zunächst schauen wir auf ein Grundgerüst, wie es für alle folgenden Beispiele immer wieder in ähnlicher Form genutzt wird, wobei lediglich die Angabe der verwendeten Persistence Unit variiert. Die zur Persistenz auszuführenden Aktionen werden in einer Methode `performJPAActions()` gekapselt. Damit ergibt sich folgende `main()`-Methode:

```java
public static void main(final String[] args) throws Exception
{
    // Applikationsstart: Datei "persistence.xml" wird automatisch eingelesen
    final EntityManagerFactory entityManagerFactory =
                    Persistence.createEntityManagerFactory("java-profi-PU");

    // Zur Verarbeitung von Daten => EntityManager bietet Zugriff auf Datenbank
    final EntityManager entityManager =
                    entityManagerFactory.createEntityManager();

    try
    {
        // Aktionen auf der DB ausführen
        performJPAActions(entityManager);
    }
    finally
    {
        // EntityManager nach Datenbankaktionen wieder freigeben
        entityManager.close();

        // Freigabe am Ende der Applikation
        entityManagerFactory.close();
    }
}
```

Die Verknüpfung des Programms mit der Datenbank wird mithilfe konkreter Realisierungen der Interfaces `EntityManagerFactory` und `EntityManager` aus dem Package `javax.persistence` geregelt. Die statische Methode `createEntity-ManagerFactory(String)` der Klasse `javax.persistence.Persistence` erzeugt eine `EntityManagerFactory` zum Zugriff auf die Datenbankkonfiguration. Dazu übergibt man den Namen der gewünschten Persistence Unit als Methodenparameter. Dieser muss mit den zuvor in der Datei `persistence.xml` im Element `persistence-unit` hinterlegten Konfigurationsdaten übereinstimmen – wir haben dort den Namen `"java-profi-PU"` angegeben. Da die Erzeugung einer `Entity-ManagerFactory`-Instanz in der Regel ein recht aufwendiger Vorgang ist, wird man dies normalerweise einmalig beim Start der Applikation durchführen. Eine `Entity-ManagerFactory`-Instanz stellt einen Zugriffspunkt für die Datenbank und ihre Konfiguration dar. Der eigentliche Datenbankzugriff erfolgt mithilfe von `EntityManager`-Instanzen, die persistenzbezogene Funktionalitäten anbieten, wie wir sie zuvor ähnlich mit JDBC genutzt haben.

Von JDBC kennen wir auch, dass wir zu gegebener Zeit zuvor belegte Ressourcen wieder freigeben sollten. Auch hier vereinfacht der Einsatz von JPA die Handhabung. Lediglich die schwergewichtige `EntityManagerFactory`-Instanz sowie die kürzer lebenden und leichtgewichtigen `EntityManager`-Instanzen besitzen `close()`-Methoden, die zur Freigabe der davon belegten Systemressourcen dienen. Beim `EntityManager` wird zudem die Verbindung der Entitäten zur Datenbank aufgehoben und alle bislang ungesicherten Änderungen in der Datenbank persistiert.

Auszuführende Aktionen

Als einführendes Beispiel zur Persistenz mit JPA schauen wir uns an, wie wir ein Objekt erzeugen und danach in der Datenbank speichern können. Zur Speicherung dient die Methode `persist()` des `EntityManagers`. Zudem ist es bei JPA wichtig zu wissen, dass Änderungen von Entitäten im Kontext von Transaktionen ausgeführt werden müssen – nur Lesezugriffe benötigen keinen Transaktionskontext. Zugriff auf eine Transaktion erhält man über die Methode `getTransaction()`. Ähnlich zu JDBC startet man eine Transaktion mit `begin()` und bestätigt den Abschluss durch Aufruf von `commit()` bzw. ein Rückgängigmachen per `rollback()`. Wir implementieren das Speichern einer Entität mit JPA durch Aufruf von `persist()` wie folgt:

```
private static void performJPAActions(final EntityManager entityManager)
{
    try
    {
        entityManager.getTransaction().begin();

        executeStatements(entityManager);

        entityManager.getTransaction().commit();
    }
    catch (final Exception e)
    {
        entityManager.getTransaction().rollback();
    }
}

private static void executeStatements(final EntityManager entityManager)
{
    final Person michael = new Person("Micha-JPA", "Inden", new Date(71, 1, 7));
    entityManager.persist(michael);
}
```

Listing 4.1 *Ausführbar als* '**FIRSTJPAEXAMPLE**'

Viele der folgenden Beispiele basieren alle auf dem gezeigten Grundgerüst und der Transaktionsverwaltung in `performJPAActions()`. Varianten in der Implementierung findet man in der Methode `executeStatements()`, die den Anwendungscode für das jeweilige Beispiel enthält.

In diesem Fall wird dort ein `Person`-Objekt erzeugt und in der Datenbank gespeichert. Das ist zwar schon ein erster Schritt in Richtung Persistenz, jedoch fehlen uns noch die Mittel, um die typischen CRUD-Operationen auszuführen, also neben dem

Erzeugen auch Daten zu suchen, zu modifizieren und zu löschen. Als Basis lernen wir deshalb zunächst grundlegende Methoden eines `EntityManager`s kennen.

> ### Hinweis: Abweichungen für die Beispiele bei Java EE
>
> Die zuvor in den Listings gezeigten Aktionen wie das Ermitteln und Konstruieren der `EntityManagerFactory` sowie des `EntityManager`s, aber auch die explizite Verwaltung von Transaktionen sind für Java SE nötig. Im Kontext von Java EE wird all dies durch den Application Server erledigt (JTA-verwaltete Transaktionen). Somit wäre dort nur die Methode `executeStatements()` relevant.

Methoden eines `EntityManager`s

Bevor ich auf die wesentlichen Methoden eines `EntityManager`s eingehe, muss zunächst der Begriff **Persistence Context** eingeführt werden. Darunter versteht man die Menge von Instanzen der Entitätsklassen, die von einem `EntityManager` verwaltet werden. Man kann sich dies wie eine Art logischen und zeitlichen Bereich vorstellen, in dem die Werte der Objekte mit denen der Datenbank abgeglichen werden. Solange ein `EntityManager` die Objekte verwaltet, werden diese automatisch konsistent mit der Datenbank gehalten.[4] Das ist ein großer Vorteil von JPA gegenüber JDBC: *Als Programmierer modifiziert man Objekte, und die dazu benötigten Datenbankkommandos werden automatisch durch den JPA-Provider erzeugt und zu passender Zeit ausgeführt.* Bei Bedarf können Objekte aus der »Obhut« eines `EntityManager`s entfernt und später wieder hinzugefügt werden. Das erleichtert z. B. den Datenaustausch in verteilten Applikationen zwischen Client und Server.

Im Folgenden gebe ich einen kurzen Überblick über einige praxisrelevante Funktionalitäten eines `EntityManager`s:

- `persist(Object entity)` – Speichert die Entity in der Datenbank und überführt sie in einen vom `EntityManager` verwalteten Zustand.
- `find(Class<T> entityClass, Object primaryKey)` – Sucht basierend auf dem übergebenen Primärschlüssel nach einem Datensatz in der Datenbank und gibt diesen als verwaltete Entity zurück.
- `detach(Object entity)` – Löst für die übergebene Entity deren Verbindung zum `EntityManager`.
- `merge(T entity)` – Diese Methode dient dazu, vom `EntityManager` losgelöste Instanzen wieder in den vom `EntityManager` verwalteten Persistence Context aufzunehmen.
- `remove(Object entity)` – Entfernt eine Entity aus dem Persistence Context und später aus der Datenbank (sofern nicht nochmals `persist()` aufgerufen wird).
- `refresh(Object entity)` – Gleicht die Werte der Entity mit denen aus der Datenbank ab.

---

[4]Das stimmt so nicht ganz: Details folgen im Anschluss an die Aufzählung der Methoden.

CRUD-Beispiel

Nachdem wir nun einige grundlegende Methoden eines `EntityManager`s kennengelernt haben, wollen wir eine einfache CRUD-Applikation implementieren, die zwei `Person`-Objekte erzeugt, diese persistiert, dann eine Änderung ausführt und eine Person schließlich wieder löscht:

```
private static void executeStatements(final EntityManager entityManager)
{
    final Person michael = new Person("Michael", "Inden", new Date(71, 1, 7));
    final Person werner = new Person("Werner", "Inden", new Date(40, 0, 31));

    // CREATE
    entityManager.persist(michael);
    entityManager.persist(werner);

    // READ
    final Long id = werner.getId();
    final Person wernerFromDb = entityManager.find(Person.class, id);

    // UPDATE
    wernerFromDb.setFirstName("Dr. h.c. Werner");

    // DELETE
    entityManager.remove(michael);
}
```

Listing 4.2 *Ausführbar als* 'JPACRUDEXAMPLE'

Führen wir das Programm JPACRUDEXAMPLE aus, so werden von Hibernate folgende (für das Beispiel relevante) Aktionen protokolliert:

```
Hibernate: insert into PersonenJPA (id, Geburtstag, Vorname, Name) values (
    default, ?, ?, ?)
Hibernate: insert into PersonenJPA (id, Geburtstag, Vorname, Name) values (
    default, ?, ?, ?)
Hibernate: update PersonenJPA set Geburtstag=?, Vorname=?, Name=? where id=?
Hibernate: delete from PersonenJPA where id=?
```

Die SQL-Abfrage

```
SELECT * FROM PersonenJPA
```

liefert erwartungskonform folgendes Ergebnis:

```
ID  Geburtstag              Vorname          Name
2   1940-01-31 00:00:00.0   Dr. h.c. Werner  Inden
```

4.2.4 Lebenszyklus von Entitäten (Entity Lifecycle)

Wir haben einen ersten Einblick in die Arbeit mit einem `EntityManager` gewonnen und gesehen, wie sich damit CRUD-Operationen realisieren lassen. Doch was bedeutet es, wenn man diese Operationen auf den Entitäten ausführt? Tatsächlich besitzen diese einen definierten Lebenszyklus und die Methoden bewirken diverse Zustandsübergänge zwischen folgenden Zuständen:

- NEW – Eine Instanz einer Entitätsklasse wurde neu erzeugt und ist noch keinem `EntityManager` zugeordnet, wird folglich auch noch nicht mit der Datenbank abgeglichen.
- MANAGED – Eine Instanz einer Entitätsklasse ist Bestandteil eines Persistence Context und wird von einem `EntityManager` verwaltet. Änderungen an der Entity werden mit der Datenbank zu bestimmten Zeitpunkten abgeglichen, insbesondere am Ende einer Transaktion.
- REMOVED – Geht eine Entity in diesen Zustand über, so wird sie später aus der Datenbank entfernt, und zwar entweder wenn `flush()` oder aber `close()` aufgerufen wird oder wenn die Transaktion erfolgreich endet.
- DETACHED – Eine Entity im Zustand detached bedeutet, dass diese nicht mehr Bestandteil des Persistence Context ist und damit auch nicht mehr vom `EntityManager` verwaltet wird.

Diese Zustände sowie mögliche Übergänge dazwischen sind in Abbildung 4-1 visualisiert.

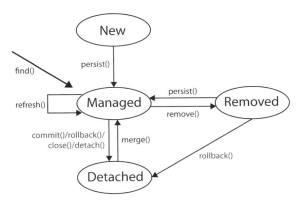

Abbildung 4-1 *Lifecycle von Entitäten in JPA*

Abgleich zwischen Datenbank und den Änderungen an einer Instanz

Zuvor erwähnte ich, dass Entitäten und die Werte der Datenbank automatisch konsistent gehalten werden, solange ein `EntityManager` die Objekte verwaltet. Das stimmt mit einer Ausnahme: Änderungen in der Datenbank durch konkurrierende Schreibzugriffe anderer Threads oder Benutzer werden nicht automatisch zum Objekt übertragen.

Für den beschriebenen Fall sind die Daten der Entitäten eventuell nicht mehr konsistent mit der Datenbank. Daher existiert die Methode `refresh(Object entity)`. Damit kann man die Attribute einer Entität mit den derzeit in der Datenbank gespeicherten Werten aktualisieren. Andersherum kann man den Abgleich der in den Instanzen der Entitätsklassen gespeicherten Werte mit der Datenbank durch einen expliziten Aufruf von `flush()` forcieren.

Der automatische Abgleich zwischen Datenbank und den Änderungen an einer Instanz einer Entitätsklasse kann durch einen Aufruf von `detach(Object entity)` temporär unterbrochen werden. Man kann sich fragen, wozu das gut sein soll, wo doch genau dieser Abgleich so praktisch ist. Darauf geht der nachfolgende Praxishinweis ein. Sollen Änderungen wieder automatisch mit der Datenbank abgeglichen werden, so kann eine zuvor abgekoppelte Instanz einer Entitätsklasse durch einen Aufruf von `merge(T entity)` als neue Entity (Rückgabe von `merge()`) in die Verwaltung des `EntityManager`s übernommen werden – später dazu mehr.

Hinweis: Datenaustausch mithilfe von Detached Objects

In vielen Anwendungen sollen Daten über Applikationsschichten transportiert werden, etwa aus der Datenbank zum GUI. In der Regel möchte man aber nicht, dass sich im GUI vorgenommene Änderungen direkt in der Datenbank widerspiegeln. Zur Abkopplung verschiedener Schichten kann man zum Datenaustausch sogenannte **Data Transfer Objects** (**DTOs**) nutzen.

Der Einsatz von DTOs vermeidet, Verbindungen der Datenbankschicht bis in das GUI herauszureichen. Ähnliches kann man auch mithilfe von Entitätsklassen erzielen. Allerdings sollte man diese nicht weiterreichen, solange sie noch in Verbindung mit einer Datenbank stehen. Denn dann würden möglicherweise im GUI vorgenommene Änderungen direkt in der Datenbank reflektiert, was vermutlich nicht beabsichtigt ist. Deshalb muss die Verbindung zunächst per Aufruf von `detach(Object entity)` aufgelöst werden, um die Überwachung von Änderungen am Objekt und den Abgleich mit der Datenbank durch eine `EntityManager`-Instanz zu beenden. Man erhält dann ein sogenanntes **Detached Object**. Dieses stellt ein POJO dar und kann problemlos an Klienten übergeben und dort sogar verändert werden, ohne dass dies Auswirkungen auf die Datenbank hat. Tatsächlich besitzt JPA auch hier Voreinstellungen, die dabei helfen, Fehler zu vermeiden. Anstatt Objekte explizit per `detach(Object entity)` aus der Obhut eines `EntityManager`s entfernen zu müssen, geschieht dies automatisch, wenn entweder der `EntityManager` per `close()` geschlossen, die Transaktion beendet oder aber eine Entity serialisiert wird. Letzteres erleichtert den entfernten Methodenaufruf sowie eine Serialisierung von Session-Daten.

4.2.5   Datenbankmodell

Interessanterweise haben wir uns bis jetzt zwar mit der Persistenz von Java-Objekten mit JPA beschäftigt, aber dabei außer über die Verbindungsparameter zur Datenbank noch in keiner Weise das zu den Entitätsklassen korrespondierende Datenbankmodell in Form von Tabellen betrachtet. Bemerkenswert ist außerdem, dass sich sowohl das Programm FIRSTJPAEXAMPLE als auch JPACRUDEXAMPLE ohne Fehler ausführen lassen und jeweils Einträge in der Datenbank in der Tabelle `PersonenJPA` erzeugen. Woher stammt das Datenbankmodell?

Bevor wir versuchen das Ganze zu verstehen, nutzen wir das in Abschnitt 2.3 beschriebene Datenbankzugriffstool von HSQLDB. Damit wagen wir einen Blick in die Datenbank. Dort sehen wir, dass folgendes Datenbankmodell erzeugt wurde. Zudem finden wir nach dem Start der Programms FIRSTJPAEXAMPLE wie erwartet eine Zeile mit folgendem Inhalt (vgl. Abbildung 4-2).

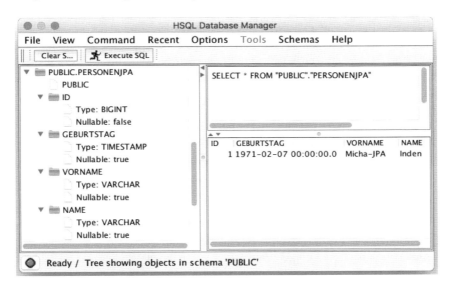

Abbildung 4-2 *Datenbankmodell von* FIRSTJPAEXAMPLE

Kommen wir zur Frage zurück, wer das Datenbankmodell erzeugt: Das geschieht durch den JPA-Provider, sofern wir in der Konfigurationsdatei `persistence.xml` über den Parameter

```
<property name="javax.persistence.schema-generation.database.action"
          value="drop-and-create"/>
```

die automatische Generierung von Tabellen eingeschaltet haben. Für die Beispiele dieses Buchs ist das sehr praktisch, in die Praxis wird man das Datenbankmodell aber nur einmalig erzeugen und bei Bedarf anpassen, wie dies in den folgenden Abschnitten kurz thematisiert wird.

Beim Start der Beispielapplikation FIRSTJPAEXAMPLE werden auf der Konsole folgende Ausgaben protokolliert, die das Erzeugen des Datenbankmodells zeigen:

```
Hibernate: drop table PersonenJPA if exists
Hibernate: create table PersonenJPA (id bigint generated by default as identity
    (start with 1), Geburtstag timestamp, Vorname varchar(255), Name varchar
    (255), primary key (id))
```

Erzeugung des Datenbankmodells und von DDL-Skripten

Seit JPA 2.1 ist es möglich, sich das Datenbankschema erzeugen zu lassen. Dazu gibt es folgende Aktionen:

- ▪ `none` – Das ist der Standard. Als Folge wird kein Schema generiert.
- ▪ `drop` – Bei dieser Einstellung werden die zu den Entitäten korrespondierenden Tabellen gelöscht.
- ▪ `create` – Bei Angabe von `create` werden zu den Entitäten korrespondierende Tabellen generiert. Existiert eine gleichnamige Tabelle bereits, so wird diese nicht gelöscht, sondern einfach beibehalten. Nachträgliche Änderungen im Objektaufbau werden somit möglicherweise nicht im Datenbankschema reflektiert.
- ▪ `drop-and-create` – Hier werden die Tabellen in der Datenbank zunächst gelöscht und dann neu erzeugt. Dadurch werden zwar Änderungen im schematischen Aufbau garantiert konsistent gehalten, jedoch führt auch jede Schemaänderung zu einem Löschen der Tabellen und somit zu einem Verlust der in der Datenbank gespeicherten Daten, sofern man dem nicht geeignet vorbeugt.

Für Testumgebungen, die nach Schemaänderungen immer wieder schnell und frisch aufgesetzt werden können, kann die Variante `drop-and-create` passend sein. In Produktivsystemen wird man diese Einstellung eher selten nutzen. Häufig ist selbst die Option `create` dort nicht sinnvoll, weil die Verwaltung der Datenbankschemata von speziellen Administratoren vorgenommen werden (müssen).

Tipp: Datenbankmodellgenerierung mit Hibernate

In Hibernate war schon vor JPA 2.1 eine Generierung des Datenbankmodells möglich und wurde über folgendes Property in der Datei `persistence.xml` gesteuert:

```
<property name="hibernate.hbm2ddl.auto" value="create" />
```

DDL-Generierung   Zusätzlich lassen sich DDL-Skripte automatisch erzeugen, was nur ein paar Einträge in der Konfigurationsdatei `persistence.xml` erfordert:

```
<property name="javax.persistence.schema-generation.scripts.action"
        value="create"/>
<property name="javax.persistence.schema-generation.scripts.create-target"
        value="createDB.sql"/>
```

Die gezeigte Ergänzung in der Konfiguration führt dazu, dass eine SQL-Datei namens `createDB.sql` mit Kommandos zum Erzeugen von Tabellen automatisch beim Programmstart generiert wird:

```
create table PersonenJPA
            (id bigint generated by default as identity (start with 1),
            Geburtstag timestamp, Vorname varchar(255), Name varchar(255),
            primary key (id))
```

Für unser einfaches Entitätenmodell mit nur einer Klasse ist kaum ein Gewinn zu erkennen. Wenn Sie jedoch für ein umfangreiches Domänenmodell mit einer Vielzahl an zu persistierenden Klassen die korrespondierenden Datenbanktabellen anlegen müssten, kann die gerade gezeigte DDL-Generierung sehr hilfreich beim initialen Aufbau des Datenbankmodells sein.

Anmerkung zur Versionierung und Datenmigration

Sich ändernde und neue Anforderungen sind eher die Regel als die Ausnahme. Somit wird sich Ihr Datenmodell vermutlich weiterentwickeln (müssen). Aber selbst wenn keine oder kaum Änderungen zu erwarten sind, empfiehlt es sich, eine Möglichkeit zur Korrektur und anschließenden Migration des Datenmodells zu besitzen. Dazu kann man eigene Tools bauen, die inkrementelle Updates auf dem Datenmodell ausführen. Früher, als es noch keine ausgeklügelten Migrationstools gab, habe ich damit gute Erfahrungen gemacht. Heutzutage sollte man von selbst gestrickten Lösungen aber eher absehen und lieber einen Blick auf folgende Tools werfen:

- Flyway – `http://flywaydb.org/`
- Liquibase – `http://www.liquibase.org/`

4.2.6   Vorteile der konfigurativen Persistenz

Anhand dieser Einführung erkennt man, dass mit JPA eine Trennung von Zuständigkeiten erreicht wird. Es ist Aufgabe des `EntityManager`s, die Verwaltung von Objekten und den Abgleich mit der Datenbank zu übernehmen. Der Entwickler muss in der Regel lediglich konfigurativ eingreifen. Zudem ist es möglich, Entitäten als leichtgewichtige POJOs zu implementieren und auf das Schreiben von SQL-Anweisungen (nahezu) vollständig zu verzichten. Dies ist besonders aufgrund der Unterschiede in den SQL-Dialekten erstrebenswert.

Bislang haben wir lediglich Abfragen über die ID realisiert. Für viele Anwendungsfälle ist das aber nicht ausreichend: In der Praxis sind Abfragen fast immer komplexer und umfassen eine Vielzahl an Attributen und Bedingungen, beispielsweise, wenn man alle Personen eines gewissen Alters oder mit einem bestimmten Wohnort ermitteln möchte. Wie wir auch solche Abfragen mithilfe der in JPA integrierten und an SQL angelehnten Abfragesprache JPQL formulieren, lernen wir nun.

4.3   JPQL im Überblick

Wie eingangs schon erwähnt, steht JPQL für Java Persistence Query Language und ist die JPA-spezifische Abfragesprache, deren Syntax derjenigen von SQL ähnelt. Ich habe außerdem schon darauf hingewiesen, dass JPQL auf Entitäten und nicht wie SQL auf Tabellen einer Datenbank operiert. Ähnlich wie SQL werden in JPQL auch UPDATE- und DELETE-Kommandos unterstützt, nicht jedoch das Einfügen von Daten mit INSERT. Letzteres erfordert, wie aus den vorangegangenen Beispielen bekannt, einen Aufruf von persist() durch einen EntityManager.

4.3.1   Syntax von JPQL

Nachfolgend zeige ich zunächst das textuelle Formulieren von Abfragen, Kommandos sowie spezielle Arten von Queries in JPQL, bevor ich in Abschnitt 4.3.3 das Ausführen thematisiere.

Einfache Abfragen mit SELECT

Zum Einstieg in JPQL betrachten wir die aus SQL bekannten Abfragen mit SELECT:

```
final String allPersonsQuery = "SELECT p FROM Person p";
```

Analog zu SQL kann man aber auch dezidiert auf einzelne Attribute zugreifen:

```
final String allFirstNamesSortedQuery = "SELECT p.firstName FROM Person p " +
                                        "ORDER BY p.firstName";
```

An dem Beispiel sieht man gut, dass SQL direkt auf Datenbanktabellen und Spalten arbeitet, während JPQL sich auf Java-Klassen und deren Instanzen bezieht.

Aggregationen in Abfragen

Wie schon in SQL kann man auch in JPQL verschiedene vordefinierte Funktionen innerhalb von Abfragen nutzen. Damit lassen sich etwa Statistiken berechnen oder Texte manipulieren. Hier eine Auswahl gebräuchlicher Funktionen:

- COUNT – Zählt die Anzahl an Einträgen einer Abfrage.
- MAX / MIN – Ermittelt das Maximum / Minimum der Werte einer Spalte.
- AVG – Berechnet den Durchschnitt der Werte einer Spalte.
- SUM – Summiert die Werte einer Spalte.
- TRIM – Entfernt Whitespaces am Anfang und Ende eines Strings.
- LENGTH – Ermittelt die Länge eines Strings.
- UPPER / LOWER – Wandelt in Groß-/Kleinschreibung um.

Zur Verdeutlichung betrachten wir zwei Beispiele. Wir ermitteln die Anzahl an Personen und berechnen das Durchschnittsalter dieser Menge mit JPQL wie folgt:

```
final String personCountQuery = "SELECT COUNT(p) FROM Person p";

final String personAvgAgeQuery = "SELECT AVG(p.age) FROM Person p";
```

Letztere Query greift auf das Attribut `age` zu. Bislang enthält unsere Entitätsklasse `Person` jedoch kein solches. Man könnte annehmen, dass man dies lösen könnte, indem man eine passende Zugriffsmethode `getAge()` bereitstellt. Doch das geht nicht: Der Grund ist, dass JPQL durch den JPA-Provider in SQL umgewandelt wird. Somit müssen wir die Klasse `Person` um das Attribut `age` erweitern.

Für dieses und alle anderen Beispiele zu JPQL werden wir jeweils eine eigene Persistence Unit sowie eine eigene Tabelle für Personen nutzen. Das erfordert eine entsprechende Angabe in der Annotation `@Table`. Wir modifizieren die Klasse `Person` wie folgt:

```
@Entity
@Table(name = "PersonenJPQL")
public class Person implements Serializable
{
    // ..

    @Column(name = "Alter")
    private int age;

    public Person(String firstName, String lastName, Date birthday)
    {
        this.firstName = firstName;
        this.lastName = lastName;
        this.birthday = birthday;
        final ZonedDateTime zdt = ZonedDateTime.ofInstant(birthday.toInstant(),
                                      ZoneId.systemDefault());
        this.age = (int) (ChronoUnit.YEARS.between(zdt.toLocalDate(),
                                      LocalDate.now()));
    }

    // ...
}
```

Parametrierte Abfragen mit `SELECT`

Abfragen gewinnen oftmals deutlich an Mehrwert, wenn gewisse Dinge flexibel gestaltet werden können. Nehmen wir z. B. an, wir wollten alle Personen ermitteln, die älter als ein bestimmtes Alter sind, oder diejenigen, die aus einer Altersgruppe stammen. Relativ naiv wäre es, für jeden benötigten Wertebereich wieder eine eigene Query zu schreiben. Selbstverständlich bietet sich hier eine Parametrierung an.

Nachfolgend möchte ich drei Varianten zeigen, wobei eine ungünstig ist und die anderen beiden fast gleichwertig. Von diesen bietet eine jedoch mehr Lesbarkeit und Verständlichkeit. Zudem lässt sich diese im Nachhinein besser erweitern und auch leichter warten. Schauen wir uns diese drei Varianten einmal an.

Variante 1: Stringkonkatenation Die erste und simpelste, aber auch unelegante-
ste und fehlerträchtigste Variante besteht darin, die variablen Teile durch Stringkonkatenationen in die JPQL-Abfrage einzufügen, etwa wie folgt:

```
final String jpql1 = "SELECT person FROM Person person" +
                     " WHERE person.age >= " + minAge +
                     " AND person.age < " + maxAge;
```

Wenn Sie meine Ausführungen aus Abschnitt 3.1.4 noch im Kopf haben oder sich sonst
bereits mit SQL-Injection beschäftigt haben, so sehen wir hier starke Parallelen. Glücklicherweise kann man bei JPQL nicht ganz so viel Schindluder treiben wie bei SQL. In
jedem Fall kommt es aber schnell zu Fehlern – vor allem die syntaktische Korrektheit
lässt sich bei komplexeren Bedingungen schwieriger einhalten.

Variante 2: Indexbasierte Parameter Besser als Strings zu konkatenieren ist es,
in die JPQL-Query gewisse Platzhalter zu integrieren. Wie bei SQL und JDBC nutzt
man in JPQL dazu das ? als Platzhalter. Später kann für Abfragen der jeweilige Wert
über die Position des Platzhalters gesetzt werden. Wir schreiben unsere Abfrage auf den
Altersbereich folgendermaßen:

```
final String jpql2 = "SELECT person FROM Person person " +
                     "WHERE person.age >= ? AND person.age < ?";
```

Variante 3: Benannte Parameter Diese Variante 3 der benannten Parameter ist
meines Erachtens die eleganteste und am besten verständliche sowie am einfachsten
erweiter- und wartbare Variante. Innerhalb der JPQL-Query werden die Parameter
durch einen : als solche markiert:

```
final String jpql3 = "SELECT person FROM Person person " +
                     "WHERE person.age >= :minAge AND person.age < :maxAge";
```

Diese Variante unterscheidet sich nur geringfügig von Variante 2, jedoch kommunizieren die benannten Parameter die Intention besser und es können auch keine Fehler in
der Indexangabe der Position auftreten.

Modifikationen mit `UPDATE` und `DELETE`

Analog zu SQL kann man in JPQL auch Änderungen und Löschungen vornehmen. Die
Befehle `UPDATE` und `DELETE` sind mit dem in Abschnitt 2.4.3 vermittelten Basiswissen
zu SQL leicht nachvollziehbar. Exemplarisch zeige ich je eine `UPDATE`- und `DELETE`-
Abfrage mit JPQL:

```
final String updateAgeCommand = "UPDATE Person p SET p.age += 10 " +
                                "WHERE p.firstname LIKE 'Mi%'";

final String deleteMikeCommand = "DELETE FROM Person p " +
                                 "WHERE p.firstname LIKE 'Mi%'";
```

4.3.2   Besondere Arten von Queries

Bei Queries gibt es verschiedene Sonderfälle. Im Folgenden möchte ich kurz auf Named Queries, Queries mit Objekterzeugung und native SQL-Queries in JPQL eingehen.

Named Queries

Sogenannte Named Queries erlauben es, einer Query einen Namen zu geben und die Query später von überall im Programm über ihren Namen anzusprechen. Zur Definition dient die Annotation `@NamedQuery`.

```
@Entity
@Table(name = "PersonenJPQL")
@NamedQuery(query = "SELECT p FROM Person p WHERE p.age > :age",
            name = "findPersonOlderThan")
public class Person
{
    // ...
}
```

Queries mit Objekterzeugung

Mitunter möchte man in einer Query nur eine Teilmenge der Attribute, etwa Name und Alter einer Person, auslesen. Das ist wie gesehen möglich, besser noch: Man kann daraus direkt neue spezialisierte Datenbehälterobjekte erzeugen. Vereinfachend nehmen wir hierzu eine Klasse `NameAndAge` an. Dann kann man mithilfe von JPA ganz einfach mit folgender Query eine Menge von `NameAndAge`-Objekten erzeugen:

```
final String createObjQuery = "SELECT NEW ch04.jpa.jpql_queries.NameAndAge(" +
                              "p.firstName, p.age) FROM Person p";
```

Wichtig ist hierbei, dass der Klassenname voll qualifiziert angegeben wird, weil es ansonsten zu einer Exception kommt – bei Hibernate als JPA-Provider ist dies folgende: `QuerySyntaxException: Unable to locate class [NameAndAge]`.

Die Hilfsklasse `NameAndAge` besitzt zwei ihrem Namen entsprechende Attribute:

```
public class NameAndAge
{
    private final String name;
    private final int age;

    public NameAndAge(final String name, final int age)
    {
        this.name = name;
        this.age = age;
    }

    @Override
    public String toString()
    {
        return "NameAndAge [name=" + name + ", age=" + age + "]";
    }
}
```

Native SQL-Queries

Sollte sich einmal eine gewünschte Abfrage nicht in JPQL beschreiben lassen oder falls sie dadurch nicht performant wäre, so besteht die Möglichkeit, native Queries direkt in SQL zu formulieren und auszuführen.

Nachfolgendes Listing zeigt die Definition einer Query in SQL. Dabei ist zu beachten, dass man hier auf den Tabellen der Datenbank direkt operiert, d. h., man muss die korrekten Spalten- und Tabellennamen nutzen. In unserem Beispiel sind dies VORNAME und ALTER aus der für die JPQL-Abfragen spezialisierten Tabelle PERSONENJPQL:

```
final String sqlString = "SELECT VORNAME, ALTER FROM PERSONENJPQL";
```

4.3.3   Abfragen mit JPQL ausführen

Wir haben bislang verschiedene Arten von Queries textuell formuliert. Spannend wird es aber erst, wenn wir aus diesen tatsächlich Abfrageobjekte erzeugen, die dann Daten von der Datenbank abfragen. Dazu dienen die beiden Typen Query und TypedQuery<T> aus dem Package javax.persistence, die über createQuery()-Erzeugungsmethoden des EntityManagers konstruiert werden.

Ein Beispiel ist im Folgenden für die Abfrage der Menge aller Personen gezeigt:

```
final String findAllPersons = "SELECT p FROM Person p";
final TypedQuery<Person> query = entityManager.createQuery(findAllPersons,
                                                           Person.class);
final List<Person>  persons = query.getResultList();
```

Im Listing sehen wir den Typ TypedQuery<T>, dessen Resultate auf einen bei der Erzeugung der Query mitgegebenen Typ abgebildet werden. Dadurch liefert ein Aufruf von getResultList() in diesem Beispiel eine List<Person>, korrespondierend zur Angabe Person.class bei der Konstruktion der Query.

Tipp: Kurzform der Query

Beim Formulieren von Queries wird oftmals der vordere Teil SELECT p wiederholt. Zum Test habe ich diesen Teil früher einmal nicht aufgeführt. Und tatsächlich erlaubt Hibernate beide der nachfolgend gezeigten Schreibweisen:

```
final String shortQuery = "FROM Person";
final String normalQuery = "SELECT p FROM Person p";
```

Führen Sie doch einmal das nicht als Listing abgebildete Programm PERSON-SHORTQUERYEXAMPLE aus, um zu sehen, dass beide Abfragen tatsächlich zum selben SQL führen:

```
Hibernate: select person0_.id as id1_0_, person0_.age as age2_0_, person0_.
    Geburtstag as Geburt3_0_, person0_.Vorname as Vorname4_0_, person0_.
    Name as Name5_0_ from PersonenJPQL person0_
```

Ergebnisse von Queries

Sowohl `Query` als auch `TypedQuery<T>` bieten zum Ermitteln von Ergebnissen und zum Ausführen von Kommandos folgende drei Methoden:[5]

- `getResultList()` – Gibt eine Liste von Ergebnissen zurück. Das ist oftmals eine Liste von Entitäten. Es ist aber genauso möglich, andere Datentypen innerhalb der Liste als Rückgabe zu erhalten. Schauen wir dazu exemplarisch auf die Rückgabewerte einiger Queries für das bereits bekannte Objekt- und Datenbankmodell:

    1. `SELECT p FROM Person p` – Das Ergebnis ist eine `List<Person>`.
    2. `SELECT p.firstName FROM Person p` – Liefert eine `List<String>`.
    3. `SELECT p.firstName, p.age FROM Person p` – Man erhält als Rückgabe eine `List<Object[]>`, wobei im `Object[]` hier ein Wert vom Typ `String` und dann einer vom Typ `Integer` gespeichert sind.

    Wie schon erwähnt, sind die Ergebnisse von Abfragen in JPA in der Regel vom `EntityManager` verwaltete Entitäten. Das sind für die erste Abfrage demnach `Person`-Objekte. Für den zweiten und dritten Fall besteht die Rückgabe aus einer Liste von Vornamen und Altersangaben – diese Daten sind (selbstverständlich) nicht verwaltet. Diese Aussagen gelten analog für die nun für `getSingleResult()` gezeigten `SELECT`-Abfragen.

- `getSingleResult()` – Ein Aufruf von `getSingleResult()` liefert ein einzelnes Ergebnis zurück. Dies kann eine Entity sein, aber auch Werte aus Spalten oder ein `Object[]`. Auch hier schauen wir wieder auf die Rückgabewerte folgender Queries:

    1. `SELECT p FROM Person p` – Das Ergebnis ist eine `Person`.
    2. `SELECT p.firstName FROM Person p` – Liefert einen `String`.
    3. `SELECT p.firstName, p.age FROM Person p` – Man erhält als Rückgabe ein `Object[]`, wobei im `Object[]` hier ein Wert vom Typ `String` und dann ein `Integer` gespeichert sind.

    Von diesen Abfragen darf jeweils immer nur ein Ergebnis geliefert werden. Falls jedoch kein Ergebnis gefunden wird, wird eine `javax.persistence.NoResult-Exception: No entity found for query` ausgelöst. Falls mehrere Ergebnisse geliefert werden, kommt es zu einer `javax.persistence.NonUnique-ResultException: result returns more than one elements`.

- `executeUpdate()` – Ähnlich wie schon bei JDBC kann man durch die Methode `executeUpdate()` Kommandos absetzen und erhält als Rückgabe die Anzahl der dadurch betroffenen Zeilen. Neben JPQL-Kommandos kann man auch jede beliebige native SQL-Anweisung auf diese Weise ausführen.

---

[5]Es ist wenig intuitiv, dass JPA hier die `Query` als Abstraktion wählt, während bei JDBC das `Statement` zwischen `ResultSet executeQuery(String)` und `int executeUpdate(String)` unterscheidet.

Erzeugen von Beispieldaten

Für viele der nachfolgenden Beispiele dient folgende Menge von Personen als Datengrundlage:

```
private static void createPersons(final EntityManager entityManager)
{
    final Person micha = new Person("Micha-JPQL", "Inden", new Date(71, 1, 7));
    final Person tim = new Person("Tim-JPQL", "Bötz", new Date(84, 2, 27));
    final Person tom = new Person("Tom-JPQL", "Meyer", new Date(55, 2, 31));

    entityManager.persist(micha);
    entityManager.persist(tim);
    entityManager.persist(tom);
}
```

Gebräuchliche Abfragen ausführen

Die zuvor textuell erstellten Abfragen werden hier in einer Beispielapplikation alle hintereinander ausgeführt. Zudem zeige ich sowohl UPDATE als auch DELETE. Der besseren Übersicht halber sind diese Aktionen jeweils in eigene Methoden performQueries() und performUpdateAndDelete() ausgelagert:

```
private static void performQueries(final EntityManager entityManager)
{
    // Einfache Abfrage
    final String personsQuery = "SELECT p FROM Person p";
    final TypedQuery<Person> persons = entityManager.createQuery(personsQuery,
                                                        Person.class);
    final List<Person> allPersons = persons.getResultList();

    // Zugriff auf einzelnes Attribut
    final String firstNamesQuery = "SELECT p.firstName FROM Person p " +
                                   "ORDER BY p.firstName";
    final TypedQuery<String> firstNames =
                        entityManager.createQuery(firstNamesQuery,
                                                  String.class);
    final List<String> sortedFirstNames = firstNames.getResultList();

    // Berechnungen in Queries
    final String personCountQuery = "SELECT COUNT(p) FROM Person p";
    final Query countQuery = entityManager.createQuery(personCountQuery);
    final Object count = countQuery.getSingleResult();

    final String avgAgeQuery = "SELECT AVG(p.age) FROM Person p";
    final TypedQuery<Double> avgQuery =
                        entityManager.createQuery(avgAgeQuery,
                                                  Double.class);
    final Double avgAge = avgQuery.getSingleResult();

    // Ergebnisse ausgeben
    System.out.println(personsQuery + ":\n" + allPersons);
    System.out.println(firstNamesQuery + ":\n" + sortedFirstNames);
    System.out.println("\nCount: " + count   + " / type: " + count.getClass());
    System.out.println("Avg Age: " + avgAge);
}
```

Das Ändern und Löschen implementieren wir wie folgt:

```
private static void performUpdateAndDelete(final EntityManager entityManager)
{
    final String updateJPQL = "UPDATE Person p SET p.firstName = 'Mike' " +
                              "WHERE p.firstName LIKE 'Micha%'";
    final Query updateCommand = entityManager.createQuery(updateJPQL);
    final int updatedRows = updateCommand.executeUpdate();

    final String deleteJPQL = "DELETE FROM Person p WHERE p.firstName LIKE 'T%'";
    final Query deleteCommand = entityManager.createQuery(deleteJPQL);
    final int deletedRows = deleteCommand.executeUpdate();

    System.out.println("\nUpdated rows: " + updatedRows);
    System.out.println("Deleted rows: " + deletedRows);
}
```

Diese beiden Methoden werden in der Methode executeStatements() aufgerufen, die durch unser bereits vorgestelltes Grundgerüst – im Speziellen die Methode performJPAActions() – eingebettet wird:

```
private static void executeStatements(final EntityManager entityManager)
{
    createPersons(entityManager);

    performQueries(entityManager);
    performUpdateAndDelete(entityManager);
}
```

Listing 4.3 *Ausführbar als* '**PERSONJPQLQUERIESUPDATEANDDELETEEXAMPLE**'

Führt man das Programm PERSONJPQLQUERIESUPDATEANDDELETEEXAMPLE aus, so kommt es zu folgenden Ausgaben:

```
SELECT p FROM Person p:
[Person [id=1, firstName=Micha-JPQL, lastName=Inden, birthday=Sun Feb 07
    00:00:00 CET 1971, age=45], Person [id=2, firstName=Tim-JPQL, lastName=Bötz
    , birthday=Tue Mar 27 00:00:00 CEST 1984, age=32], Person [id=3, firstName=
    Tom-JPQL, lastName=Meyer, birthday=Thu Mar 31 00:00:00 CET 1955, age=61]]
SELECT p.firstName FROM Person p ORDER BY p.firstName:
[Micha-JPQL, Tim-JPQL, Tom-JPQL]

Count: 3 / type: class java.lang.Long
Avg Age: 46.0

Updated rows: 1
Deleted rows: 2
```

Anhand der Ausgaben sieht man, dass durch die allgemeine Abfrage SELECT p FROM Person p alle drei Personen gefunden werden. Danach werden durch die Abfrage SELECT p.firstName FROM Person p ORDER BY p.firstName die Vornamen als geordnete Menge ermittelt. Zur Demonstration von Berechnungen zählen wir die Einträge und berechnen das Durchschnittsalter. Als Letztes wird genau der eine Datensatz mit dem Vornamen Micha umbenannt. Schließlich werden die beiden Personen, deren Vorname mit dem Buchstaben T beginnt, aus der Datenbank gelöscht.

Parametrierte Abfragen ausführen

Kommen wir nun zur Ausführung von parametrierten Abfragen. Nachfolgend zeige ich den indexbasierten Ansatz sowie denjenigen mit benannten Parametern. In beiden Fällen nutzt man eine überladene Variante der Methode setParameter(), um die Werte zu setzen:

```
private static void executeStatements(final EntityManager entityManager)
{
    createPersons(entityManager);

    final int minAge = 40;
    final int maxAge = 50;

    final String jpql1 = "SELECT person FROM Person person " +
                         "WHERE person.age >= ? AND person.age < ?";
    final TypedQuery<Person> typedQuery1 =
                            entityManager.createQuery(jpql1, Person.class);
    typedQuery1.setParameter(1, minAge);
    typedQuery1.setParameter(2, maxAge);
    typedQuery1.getResultList().forEach(System.out::println);

    final String jpql2 = "SELECT person FROM Person person " +
                         "WHERE person.age >= :minAge AND person.age < :maxAge";
    final TypedQuery<Person> typedQuery2 =
                            entityManager.createQuery(jpql2, Person.class);
    typedQuery2.setParameter("minAge", minAge);
    typedQuery2.setParameter("maxAge", maxAge);
    typedQuery2.getResultList().forEach(System.out::println);
}
```

Listing 4.4 *Ausführbar als* 'PARAMETRIZEDQUERIESEXAMPLE'

Führt man das Programm PARAMETRIZEDQUERIESEXAMPLE aus, so kommt es in beiden Fällen zu nachfolgender Ausgabe, weil von den drei Personen nur Micha-JPQL im Altersbereich 40 – 50 ist, Tim-JPQL ist jünger und Tom-JPQL älter.

```
Person [id=1, firstName=Micha-JPQL, lastName=Inden, birthday=Sun Feb 07 00:00:00
       CET 1971, age=45]
```

Spezielle Abfragen ausführen

Zum Abschluss führen wir alle besonderen Arten von Queries, also Named Queries, Queries mit Objekterzeugung und in SQL formulierte native Queries, durch Aufruf speziell dafür erstellter Methoden aus:

```
private static void executeStatements(final EntityManager entityManager)
{
    createPersons(entityManager);

    performNamedQuery(entityManager);
    performObjCreateQuery(entityManager);
    performNativeQuery(entityManager);
}
```

Listing 4.5 *Ausführbar als* 'NAMEDCONSTRUCTIONANDNATIVEQUERIESEXAMPLE'

Dazu haben wir die ab Seite 181 entwickelten, einzelnen Funktionalitäten in kleine, überschaubare Methoden gekapselt:

```java
private static void performNamedQuery(final EntityManager entityManager)
{
    final Query namedQuery =
                entityManager.createNamedQuery("findPersonsBornAfter");
    namedQuery.setParameter("birthday", new Date(77, 1, 1));

    System.out.println("Named Query");
    final List<Person> result = namedQuery.getResultList();
    result.forEach(System.out::println);
}

private static void performObjCreateQuery(final EntityManager entityManager)
{
    final String createObjJPQL = "SELECT NEW ch04.jpa.jpql_queries.NameAndAge" +
                                 "(p.firstName, p.age) FROM Person p";
    final TypedQuery<NameAndAge> query =
                            entityManager.createQuery(createObjJPQL,
                                                      NameAndAge.class);

    System.out.println("\nObj Create Query");
    final List<NameAndAge> result = query.getResultList();
    result.forEach(System.out::println);
}

private static void performNativeQuery(final EntityManager entityManager)
{
    final String sqlString = "SELECT VORNAME, NAME FROM PersonenJPQL";
    final Query nativeQuery = entityManager.createNativeQuery(sqlString);

    System.out.println("\nNative Query");
    final List<Object[]> rows = nativeQuery.getResultList();
    rows.forEach(row -> System.out.println(Arrays.toString(row)));
}
```

Beim Start des Programms NAMEDCONSTRUCTIONANDNATIVEQUERIESEXAMPLE wird Folgendes protokolliert:

```
Named Query
Person [id=2, firstName=Tim-JPQL, lastName=Bötz, birthday=Tue Mar 27 00:00:00
     CEST 1984, age=32]

Obj Create Query
NameAndAge [name=Micha-JPQL, age=45]
NameAndAge [name=Tim-JPQL, age=32]
NameAndAge [name=Tom-JPQL, age=61]

Native Query
[Micha-JPQL, 45]
[Tim-JPQL, 32]
[Tom-JPQL, 61]
```

Zunächst wird mit `Tim-JPQL` die Person ausgegeben, die nach dem als Parameter übergebenen Datum 1.2.1977 geboren ist. Danach werden jeweils drei Paare aus Name und Alter für alle Personen erzeugt, einmal als `NameAndAge`-Objekt und einmal durch die native SQL-Query als `Object[]`.

Begrenzungen der Anzahl der Elemente bei Abfragen

Bei umfangreichen Treffermengen ist es aufgrund der Übersichtlichkeit und Handhabbarkeit häufig wünschenswert und aus Performance-Gründen sinnvoll, nur einen Teil der Ergebnismenge zu ermitteln und an Klienten zu übertragen. Man spricht auch von *Paging* und meint damit die seitenweise Aufbereitung von Inhalten, z. B. für Listen mit sehr vielen Einträgen. Stellen Sie sich beispielsweise unspezifische Suchanfragen vor, etwa wenn Sie bei Google nach dem Begriff Java EE suchen. Eine solche Suche liefert schnell Millionen von Treffern. Glücklicherweise werden initial nur die ersten 10 davon angezeigt. Ist das gewünschte Ergebnis nicht darunter, besorgt man sich sukzessive die nachfolgenden Einträge, bis man den gewünschten Eintrag findet oder die Suche abbricht. Die Formulierung von Suchanfragen mit Paging ist in SQL vom jeweiligen SQL-Dialekt abhängig. Die Syntax der Abfragen ist zwar meistens ähnlich, aber doch verschieden genug, um Spezialfälle beachten zu müssen. Praktischerweise versteckt JPA diese Details vor uns.

Nehmen wir an, in einer Tabelle `Customer` sei eine umfangreiche Menge an Kunden gespeichert, von denen wir 50 Einträge ab Position 1000 ermitteln wollen:

```
final TypedQuery<Customer> query = entityManager.createQuery("FROM Customer",
                                                        Customer.class);
query.setFirstResult(1000);
query.setMaxResults(50);

final List<Customer> customers = query.getResultList();
```

4.3.4   Typsichere Abfragen und das Criteria API

Nachfolgend möchte ich Sie auf das Criteria API hinweisen, eine Variante zur Formulierung typsicherer Abfragen. Das Criteria API wird hier lediglich kurz anhand zweier Beispiele vorgestellt, ohne Feinheiten zu behandeln. Es geht nur darum, ein erstes Verständnis und Gefühl für die Abweichungen zur JPQL zu erhalten. Für Details verweise ich auf die weiterführende Literatur, die am Kapitelende aufgelistet ist.

Gegenüberstellung von Queries mit JPQL und Criteria API

Die bislang gezeigten Abfragen mit dem Typ `TypedQuery<T>` liefern zwar typisierte Ergebnisse, bergen aber Fallstricke bei der Formulierung von Queries. Das liegt daran, dass die Queries rein textuell beschrieben werden, wodurch sich leicht Syntaxfehler einschleichen können.[6] Darüber hinaus können Typprobleme nicht sicher vermieden werden: Das Ergebnis einer Abfrage nach Personen kann man im Sourcecode scheinbar problemlos einer Liste von Adressen zuweisen – während des Kompilierens wird dieser Fehler nicht erkannt und äußert sich erst zur Laufzeit durch eine Exception. Um

---

[6]Das ist besonders ärgerlich für Produktivsysteme, wo dann nach einem Tippfehler einzelne Abfragen nicht mehr korrekt arbeiten – so etwas habe ich schon erlebt.

derartige Probleme zu vermeiden, bietet JPA ab Version 2 das Criteria API, mit dem sich typsichere Abfragen formulieren lassen. Schauen wir uns zwei Beispiele an.

- **Berechnung des Durchschnittsalters** – In JPQL formuliert man das wie folgt:

```
final String jpql = "SELECT AVG(person.age) FROM Person person";
```

Eine Umsetzung mit dem Criteria API sieht folgendermaßen aus:

```
final CriteriaBuilder criteriaBuilder = entityManager.getCriteriaBuilder();
final CriteriaQuery<Double> criteriaQuery =
                       criteriaBuilder.createQuery(Double.class);
final Root<Person> person = criteriaQuery.from(Person.class);
criteriaQuery.select(criteriaBuilder.avg(person.get("age")));
```

- **Ermittlung all jener Personen, deren Alter im Bereich von 40 bis 50 liegt** – In JPQL formuliert man dies wie folgt:

```
final String jpql = "SELECT person FROM Person person " +
                    "WHERE person.age >= 40 AND person.age < 50";
```

Eine Umsetzung mit dem Criteria API sieht folgendermaßen aus:

```
final CriteriaBuilder criteriaBuilder = entityManager.getCriteriaBuilder();
final CriteriaQuery<Double> criteriaQuery =
                       criteriaBuilder.createQuery(Double.class);
final Root<Person> person = criteriaQuery.from(Person.class);
final Path<Integer> age = person.get("age");
criteriaQuery.where(criteriaBuilder.and(
                criteriaBuilder.greaterThanOrEqualTo(age, 40),
                criteriaBuilder.lessThan(age, 50)));
```

Wir wollen diese Queries jeweils als JPQL und mit dem Criteria API ausführen. Praktisch ist, dass sich mit dem Criteria API erstellte Abfragen wie folgt in den Typ `TypedQuery<Person>` überführen lassen:

```
final TypedQuery<Person> query = em.createQuery(criteriaQuery);
```

Beispielapplikation

Im Folgenden greifen wir auf das bereits gewonnene Wissen zu Queries zurück. Zunächst werden die bekannten drei Personen erzeugt und dann die Queries in Form der Methoden `calcAvgAge()` und `personsWithinAgeRange()` ausgeführt:

```
private static void executeStatements(final EntityManager entityManager)
{
    createPersons(entityManager);

    calcAvgAge(entityManager);
    personsWithinAgeRange(entityManager, 40, 50);
}
```

Listing 4.6 *Ausführbar als* '**PERSONJPQLANDCRITERIAAPIEXAMPLE**'

Die Implementierung der beiden Methoden orientiert sich an den zuvor dargestellten Abläufen:

```
private static void calcAvgAge(final EntityManager entityManager)
{
    final String avgAgeJPQL = "SELECT AVG(person.age) FROM Person person";
    final TypedQuery<Double> query1 = entityManager.createQuery(avgAgeJPQL,
                                                                Double.class);

    final CriteriaBuilder criteriaBuilder = entityManager.getCriteriaBuilder();
    final CriteriaQuery<Double> criteriaQuery =
                            criteriaBuilder.createQuery(Double.class);
    final Root<Person> person = criteriaQuery.from(Person.class);
    criteriaQuery.select(criteriaBuilder.avg(person.get("age")));
    final TypedQuery<Double> query2 = entityManager.createQuery(criteriaQuery);

    final Double avgAge1 = query1.getSingleResult();
    final Double avgAge2 = query2.getSingleResult();
    System.out.println("\nAvg Age 1: " + avgAge1 + " / 2: " + avgAge2);
}

private static void personsWithinAgeRange(final EntityManager entityManager,
                                final int minAge, final int maxAge)
{
    final String selectJPQL = "SELECT person FROM Person person " +
                    "WHERE person.age >= :minAge AND person.age < :maxAge";
    final TypedQuery<Person> typedQuery1 =
                        entityManager.createQuery(selectJPQL, Person.class);
    typedQuery1.setParameter("minAge", minAge);
    typedQuery1.setParameter("maxAge", maxAge);

    final CriteriaBuilder criteriaBuilder = entityManager.getCriteriaBuilder();
    final CriteriaQuery<Person> criteriaQuery =
                            criteriaBuilder.createQuery(Person.class);
    final Root<Person> person = criteriaQuery.from(Person.class);
    final Path<Integer> age = person.get("age");
    criteriaQuery.where(criteriaBuilder.and(
                    criteriaBuilder.greaterThanOrEqualTo(age, minAge),
                    criteriaBuilder.lessThan(age, maxAge)));
    final TypedQuery<Person> typedQuery2 =
                        entityManager.createQuery(criteriaQuery);

    final List<Person> results1 = typedQuery1.getResultList();
    final List<Person> results2 = typedQuery2.getResultList();
    System.out.println("Results1: " + results1);
    System.out.println("Results2: " + results2);
}
```

Startet man das Programm PERSONJPQLANDCRITERIAAPIEXAMPLE, so sieht man, dass beide Arten von Abfragen die gleichen Ergebnisse liefern:

```
Avg Age 1: 34.0 / Age 2: 34.0
Results1: [Person [id=1, firstName=Micha-JPQL, lastName=Inden, birthday=Sun Feb
    07 00:00:00 CET 1971, age=45]]
Results2: [Person [id=1, firstName=Micha-JPQL, lastName=Inden, birthday=Sun Feb
    07 00:00:00 CET 1971, age=45]]
```

Insgesamt wird deutlich, dass Abfragen mit dem Criteria API zwar typsicher formuliert werden können, dies aber seinen Preis hat: Die Lesbarkeit und Verständlichkeit leidet doch – mitunter sogar stark. Vergleichen wir die beiden Ansätze kurz miteinander.

Diskussion Criteria API vs. JPQL

Abfragen mit JPQL werden als Strings formuliert, ähnlich wie dies mit SQL und JDBC geschieht. Im Gegensatz dazu bedienen sich Abfragen mithilfe des Criteria API spezieller Java-Hilfsobjekte, die Bestandteile einer Abfrage repräsentieren. Dadurch lassen sich typsichere Abfragen erstellen, die vom Compiler auf Gültigkeit geprüft werden können. Das hilft, Fehler leichter und schneller zu identifizieren, und unterstützt sichere Refactoring-Schritte.

Beim Einsatz des Criteria API sinkt meiner Meinung nach die Lesbarkeit und es ist deutlich mehr Sourcecode zu schreiben, der zudem nicht selbsterklärend ist. Daher bin ich kein allzu großer Fan des Criteria API, obwohl ich Typsicherheit und Prüfungen zur Kompilierzeit eigentlich für eine sinnvolle Sache zur Fehlervermeidung halte. Und noch ein indirekter Kritikpunkt am Criteria API: Für den Einsatz von JPQL sprechen deren gute Lesbarkeit und die Ähnlichkeit zu SQL.

Mit dieser Argumentation kann man folgenden Rat geben: Sind eher simple Abfragen zu erstellen, so liegt der Vorteil bei JPQL. Je komplexer die Abfragen werden und je dynamischer diese zusammengestellt werden sollen, desto mehr läuft man Gefahr, dabei Fehler zu machen. Dann liegt der Vorteil potenziell beim Criteria API.

4.4 DAO-Funktionalität mit JPA

Bereits bei der Besprechung des DAO-Musters in Abschnitt 3.2.2 haben wir erfahren, dass eine Kapselung von Datenbankzugriffen sinnvoll ist. Für JDBC war dies extrem wichtig, um den Rest der Applikation frei von datenbankspezifischem Sourcecode zu halten. Außerdem stellen DAOs für JDBC die ideale Stelle für den Übergang von der Datenbankwelt zur Objektwelt dar, d. h., dort sollte das ORM stattfinden. Bei JPA wird dieses vom Framework erledigt und man muss sich als Entwickler kaum Gedanken über die Realisierung des ORMs sowie eines DAOs machen. Tatsächlich wird man beim Einsatz von JPA sogar nicht unbedingt ein DAO benötigen. Allerdings erlaubt ein DAO eine saubere Trennung von Technik und Fachlichkeit.

4.4.1 CRUD-Funktionalität

Zur Verwaltung der Objekte bietet ein `EntityManager` folgende Methoden, die die CRUD-Funktionalität gewährleisten:

- CREATE – `persist(Object entity)`
- READ – `find(Class<T> entityClass, Object primaryKey)`
- UPDATE – keine direkte Entsprechung im `EntityManager`
- DELETE – `remove(Object entity)`

Erwähnenswert ist, dass für Updates keine explizite Aktion notwendig ist, weil Änderungen im Objektzustand automatisch vom `EntityManager` in der Datenbank nachgeführt werden, solange sich eine Entity in der Obhut eines `EntityManager`s befindet und nicht detached wurde.

Folgendes Listing zeigt, wie man die CRUD-Operationen, also das Erzeugen, die Suche, das Ändern und das Löschen von `Person`-Objekten, in einem DAO realisiert:

```java
public final class PersonDAO
{

    private final EntityManager entityManager;

    PersonDAO(final EntityManager entityManager)
    {
        this.entityManager = entityManager;
    }

    // C - CREATE
    public long createPerson(final Person newPerson)
    {

        entityManager.persist(newPerson);
        return newPerson.getId();
    }

    // R - READ
    public Person findPersonById(final long id)
    {

        return entityManager.find(Person.class, id);
    }

    // R - READ
    public List<Person> findAllPersons()
    {
        final TypedQuery<Person> query = entityManager.createQuery("FROM Person",
                                                                    Person.class);

        return query.getResultList();
    }

    // U - UPDATE
    public void updatePersonFrom(final long destId, final Person otherPerson)
    {
        final Person personInDb = findPersonById(destId);
        if (personInDb != null)
        {
            personInDb.setFirstName(otherPerson.getFirstName());
            personInDb.setLastName(otherPerson.getLastName());
            personInDb.setBirthday(otherPerson.getBirthday());
        }
    }

    // D - DELETE
    public void deletePersonById(final long id)
    {
        final Person personInDb = findPersonById(id);
        if (personInDb != null)
        {
            entityManager.remove(personInDb);
        }
    }
}
```

Bitte bedenken Sie, dass `EntityManager` nicht threadsafe sind, sodass das nun entwickelte DAO nicht aus verschiedenen Threads parallel verwendet werden darf.

An der Realisierung sieht man, dass durch das DAO nahezu nur eine Delegation an Methoden des `EntityManager`s erfolgt. Auf zwei Dinge möchte ich jedoch hinweisen:

1. Die Methode `findAllPersons()` ist eine sinnvolle Erweiterung und ermöglicht durch den Einsatz von `TypedQuery<T>` typsichere Ergebnisse bei Abfragen.
2. Der Abgleich zwischen Objekt- und Datenbankwelt wird in der Regel durch den `EntityManager` automatisch vorgenommen. Die Methode `updatePersonFrom()` wird daher nur dann gebraucht, wenn man Daten aus einem anderen Objekt ähnlich wie bei einem Copy-Konstruktor übernehmen möchte. Änderungen am Objekt selbst werden ja ansonsten automatisch mit der Datenbank abgeglichen.

Allerdings ist nicht immer eindeutig, was Update leisten soll. Denkbar und oftmals sehr praktisch ist ein Abgleich mit einem Detached Object. Dieses könnte z. B. durch ein GUI verändert worden sein und diese Änderungen sollen nun zurück in die Datenbank fließen. Dann bietet sich der Einsatz der Methode `merge()` an. Mögliche Fallstricke und Besonderheiten beleuchtet der nachfolgende Praxishinweis.

> ### Hinweis: Wissenswertes zu `detach()` und `merge()`
>
> In diesem Praxishinweis wollen wir uns mit Detached Objects und der Methode `merge()` beschäftigen. In einer Webapplikation oder einer verteilten Applikation könnten Entities zwischen verschiedenen Bedienschritten zwischengespeichert werden. Dazu könnte man Serialisierung nutzen – ein Webcontainer macht dies automatisch, um Session-Daten zu speichern. Das führt dazu, dass die Entity zu einem Detached Object wird, also nicht mehr vom `EntityManager` verwaltet wird.
>
> Das bietet den Vorteil, dass Änderungen an diesem Objekt erfolgen können, ohne direkt mit der Datenbank abgeglichen zu werden, beispielsweise durch einen Wizard oder eine andere Folge von Eingabemasken. Wenn nun diese modifizierten Daten wieder mit der Datenbank abgeglichen werden sollen, kommt die Methode `merge()` ins Spiel. Diese stellt wieder eine Verbindung eines Objekts zur Datenbank her und integriert die Entity in die Obhut des `EntityManager`s. Dabei werden mögliche Datenänderungen dann in der Datenbank persistiert.
>
> ### Besonderheiten bei `detach()` und `merge()`
>
> Ein Detached Object bleibt weiterhin eine Entity, kann aber keine Zugriffe auf die Datenbank ausführen, etwa um weitere Informationen, z B. die Adressen zu einer Person, zu ermitteln. Nur diejenigen Informationen, die zum Zeitpunkt der Abkopplung vorlagen, sind im Detached-Zustand zugreifbar. Zwar kann man Attribute ändern, jedoch sollte man nicht die Id ändern, da dann das Mergen nicht mehr korrekt funktioniert. Hat sich zwischenzeitlich nicht nur das Detached Object, sondern auch etwas in dessen Repräsentation in der Datenbank geändert, so kann `merge()` diesen Konflikt nicht auflösen und führt zu einer Exception. Weil ein Merge in der Regel zu Änderungen an der Datenbank führt, muss dieser innerhalb einer Transaktion erfolgen.

Fallstrick bei `merge()` und Detached Objects

Bei Aufrufen von `merge()` muss man bedenken, dass die als Parameter übergebene Entity nicht in den Managed-Zustand versetzt wird, sondern dass `merge()` eine neue Instanz einer Managed-Entity zurückliefert.[a] Schauen wir uns ein Beispiel an:

```
em.merge(person);
```

Man könnte meinen, dass nach dem Aufruf von `merge()` das Objekt `person` wieder eine Managed-Entity sei. Dem ist aber nicht so.

```
em.merge(person);
otherObj.setPerson(person);
em.persist(otherObj);
```

Die gezeigte Abfolge von Befehlen löst eine Exception aus, weil die Entity `person` detached ist und somit auch nicht in einer anderen Entity indirekt persistiert werden kann. Die Abhilfe ist einfach: Wie schon erwähnt, gibt die `merge()`-Methode eine neue Managed-Entity zurück, die dann wie folgt genutzt werden kann:

```
final Person newPerson = em.merge(person);
otherObj.setPerson(newPerson);
em.persist(otherObj);
```

---

[a]Das birgt die gleichen Fallstricke wie einige Methoden der Klasse `String`, bei denen auch nicht sofort ersichtlich ist, dass sie neue Instanzen zurückliefern, etwa `concat()`.

Anmerkungen zur Transaktionalität

Ein Detail könnte Ihnen an der Realisierung des DAOs auffallen: Wir sehen keine Transaktionen, obwohl ich doch erwähnt habe, dass Änderungen in einem Transaktionskontext ausgeführt werden müssen. Bei der Implementierung des DAOs wissen wir aber nicht, in welchem Ablaufkontext unser DAO genutzt werden soll. Deshalb sollte die Transaktionssteuerung nicht Bestandteil des DAOs sein.[7] Ansonsten würde jede einzelne CRUD-Methode als eigene Transaktion ausgeführt, was aber dem »Alles oder Nichts«-Prinzip von Transaktionen für eine Folge von Befehlen widerspricht.

4.4.2   Einsatz des DAO

Schreiben wir ein Programm, um das DAO als Abstraktion für Zugriffe auf die Tabelle `PersonenJPA_DAO` im Einsatz zu sehen. Zunächst werden zwei `Person`-Objekte erzeugt und persistiert. Abschließend löschen wir eines der beiden Objekte und führen eine Namensänderung bei dem anderen durch. Aus unseren bisherigen Beispielen wis-

---

[7]Leider habe ich es in der 2. Auflage meines Buchs »Der Weg zum Java-Profi« [7] vereinfachend und vielleicht auch etwas verwirrend so dargestellt.

sen wir, dass die Methode `executeStatements()` innerhalb einer Transaktion läuft, und somit ist für das dort erzeugte DAO ein Transaktionskontext gegeben.

```java
private static void executeStatements(final EntityManager entityManager)
{
    // DAO erzeugen
    final PersonDAO dao = new PersonDAO(entityManager);

    // Einfügeoperationen ausführen
    final Person michael = new Person("Micha-DAO", "Inden", new Date(71, 1, 7));
    final Person werner = new Person("Werner-DAO", "Inden", new Date(40, 0, 31));
    final Integer michaelId = dao.createPerson(michael);
    final Integer wernerId = dao.createPerson(werner);

    // Änderungen ausführen und das Resultat prüfen
    dao.deletePersonById(michaelId);
    werner.setFirstName("Dr. h.c. Werner");

    final List<Person> persons = dao.findAllPersons();
    persons.forEach(System.out::println);
}
```

Listing 4.7 *Ausführbar als* '**PERSONDAOEXAMPLE**'

Blick in die Datenbank

Das Programm PERSONDAOEXAMPLE führt die schon bei der Besprechung des `EntityManager`s genutzten Datenbankaktionen mithilfe des gerade implementierten DAOs aus. Dadurch wird in der Datenbank das in Abbildung 4-3 gezeigte Modell erzeugt. Darüber hinaus sollte es einen Eintrag in einer Tabelle `PersonenJPA_DAO` geben. Um dies zu überprüfen, können wir das in Abschnitt 2.3 vorgestellte Datenbankadministrationstool von HSQLDB nutzen.

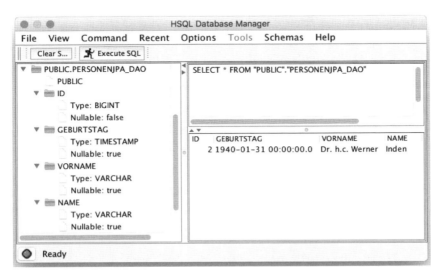

Abbildung 4-3 *Datenbankmodell für das DAO-Beispiel*

4.5   Fortgeschritteneres ORM mit JPA

Bis hierher wurden einige grundlegende Funktionalitäten und Eigenschaften des ORMs betrachtet. Die Vorteile einer Persistenzlösung mit JPA erschließen sich in ihrer Gänze jedoch erst, wenn man für die Abbildung von Assoziationen und Vererbung von den Automatiken in JPA profitiert – anstatt komplexe Anfragen und Anweisungen selbst realisieren zu müssen, wie dies bei JDBC der Fall ist.

Die folgenden Abschnitte gehen auf die Abbildung von Assoziationen und Verer-bung sowie auch auf die Verarbeitung von nicht direkt durch JPA unterstützte Typen mithilfe von Konvertern am Beispiel der mit JDK 8 eingeführten Klasse `LocalDate` ein.

Die Grundlage bildet das in Abschnitt 2.2 zur Besprechung des ORMs und des Im-pedance Mismatch vorgestellte Klassenmodell mit Assoziationen und Vererbung. Die-ses wird hier zum besseren Verständnis nochmals abgebildet.

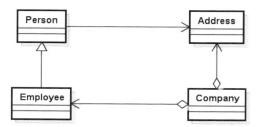

Abbildung 4-4 *Beziehungen im Objektmodell*

In den folgenden Beispielen wird jeweils nur ein für das zu betrachtende Thema rele-vanter Teilbereich daraus genutzt, für Assoziationen etwa die Verbindung zwischen den Klassen `Person` und `Address`.

Wie schon in den vorangegangenen Beispielen nutzen wir eigenständige Per-sistence Units und Datenbanktabellen. Einen Überblick gibt Tabelle 4-1.

Tabelle 4-1 *Postfixe der ORM-Beispiele*

Beispiel	Postfix für Persistence Unit / Tabellen
Assoziationen	Associations, z. B. `PersonenJPA_Associations`
Vererbung	Inheritance, z. B. `PersonenJPA_Inheritance`
Datumsverarbeitung	`PersonenJPA_DateAndTime`

Abweichend von den deutschen Tabellennamen verwende ich als Postfix die gebräuch-lichen englischen Begriffe Associations und Inheritance für Assoziationen und Verer-bung.

4.5.1   Abbildung von Assoziationen

Exemplarisch für verschiedene Typen von Assoziationen wird hier eine gerichtete 1:n-Abbildung von Personen auf Adressen verwendet. In der Objektwelt besitzen Personen also Adressen, aber Adressen »kennen« die Personen nicht.

Anpassungen in den Entitätsklassen

Die Klasse `Person` speichert im Attribut `addresses` eine Liste von Adressen. Auch werden in der Klasse `Person` einige Annotations genutzt. Die Annotation `@OneToMany` verwendet man für eine 1:n-Assoziation. In diesem Beispiel lernen wir noch den `CascadeType` kennen. Dieser besagt, in welcher Form die auf der Entity ausgeführten Aktionen auch auf den referenzierten Entities, hier den Adressen, ausgeführt werden. Ist der `CascadeType.PERSIST` gewählt, so werden beim Persistieren einer `Person` automatisch auch alle mit ihr verknüpften `Address`-Objekte persistiert. Ohne diese Angabe wäre zwar die `Person` in der Datenbank, nicht jedoch ihre `Address`-Objekte. Weil dies inkonsistent wäre, wird eine Exception ausgelöst – bei Hibernate als JPA-Provider ist das folgende: `org.hibernate.TransientObjectException: object references an unsaved transient instance`.

Mit diesem Vorwissen implementieren wir die Klasse `Person` nun wie folgt:

```
@Entity
@Table(name = "PersonenJPA_Associations")
public class Person implements Serializable
{
    @Id
    @GeneratedValue
    private long id;

    @Column(name = "Vorname")
    private String   firstName;

    @Column(name = "Name")
    private String   lastName;

    @Column(name = "Geburtstag")
    private Date     birthday;

    @OneToMany(cascade=CascadeType.PERSIST)
    @JoinColumn(name="PersonenID")
    private List<Address> addresses = new ArrayList<>();

    // ...
}
```

Im Listing sind die für die Assoziation relevanten Zeilen fett markiert. An diesen sieht man, dass Assoziationen sehr einfach mithilfe von Annotations beschrieben werden. Leider lässt sich im Objektmodell nicht ganz verstecken, dass die Realisierung über Fremdschlüssel im Datenbankmodell erfolgt (`@JoinColumn(name="PersonenID")`).

Die Klasse `Address` ist ebenfalls als POJO implementiert und wird hier daher nicht mehr ausführlich beschrieben und auch nur ausschnittsweise abgebildet. Wissenswert ist aber, dass bei einer gerichteten Abhängigkeit (wie hier) in der referenzierten Klasse nicht einmal etwas konfiguriert werden muss:[8]

```
@Entity
@Table(name = "AdressenJPA_Associations")
public class Address
{
    @Id
    @GeneratedValue
    private long id;

    @Column(name = "STRASSE")
    private String  street;

    @Column(name = "HAUSNR")
    private String  no;

    @Column(name = "PLZ")
    private Integer zipcode;

    @Column(name = "STADT")
    private String  city;

    // ...
}
```

Beispielprogramm

Schreiben wir ein kleines Testprogramm, das zwei `Person`-Objekte sowie drei `Address`-Objekte anlegt und diese einander wie folgt zuweist:

```
private static void executeStatements(final EntityManager entityManager)
{
    // Person-Objekte und Address-Objekte erzeugen
    final Person person1 = new Person("Mike", "Inden", new Date(71, 1, 7));
    final Person person2 = new Person("Tim", "Bötz", new Date(71, 2, 27));
    final Address address1 = new Address("Street 1", "Nr 1", 11111, "City 1");
    final Address address2 = new Address("Street 2", "Nr 2", 22222, "City 2");
    final Address address3 = new Address("Street 3", "Nr 3", 22222, "City 3");

    // Objekte miteinander verbinden => Assoziation
    person1.setAddresses(Arrays.asList(address1, address2));
    person2.setAddresses(Arrays.asList(address3));

    // Objekte transitiv in Datenbank speichern
    entityManager.persist(person1);
    entityManager.persist(person2);

    //  Personen aus Datenbank auslesen
    final List<Person> persons =
                    entityManager.createQuery("FROM Person").getResultList();
    persons.forEach(System.out::println);
}
```

Listing 4.8 *Ausführbar als* '**ASSOCIATIONSWITHJPAEXAMPLE**'

---

[8]In der korrespondierenden Datenbanktabelle wird aber trotzdem eine zusätzliche Spalte für den Fremdschlüssel benötigt (hier `PersonenID`) – diese wird durch JPA automatisch angelegt.

Konfigurationsänderungen

Bevor wir das Programm ASSOCIATIONSWITHJPAEXAMPLE starten, modifizieren wir die Konfigurationsdatei `persistence.xml` leicht. Wir fügen dort eine weitere Persistence Unit ein, die auf die zu persistierenden Klassen dieses Beispiels verweist:

```xml
<persistence-unit name="java-profi-PU-Associations"
                  transaction-type="RESOURCE_LOCAL">

    <provider>org.hibernate.jpa.HibernatePersistenceProvider</provider>

    <class>ch04.jpa.orm.associations.Person</class>
    <class>ch04.jpa.orm.associations.Address</class>
    <exclude-unlisted-classes>true</exclude-unlisted-classes>

    <properties>
        ...
    </properties>
</persistence-unit>
```

Blick in die Datenbank

Abschließend wollen wir nachvollziehen, ob die Daten wie erwartet in der Datenbank gespeichert wurden. Die Struktur der Datenbanktabellen ist ähnlich wie zuvor für das DAO und wird nicht nochmals gezeigt. Stattdessen schauen wir nur auf den Inhalt und sehen zwei Einträge in der Tabelle `PersonenJPA_Associations` und drei Einträge in der Tabelle `AdressenJPA_Associations`, die auf die Personen verweisen. Damit wird deutlich, dass die Referenzbeziehung der Java-Objekte auf eine Fremdschlüsselbeziehung der Datenbankeinträge abgebildet wird.

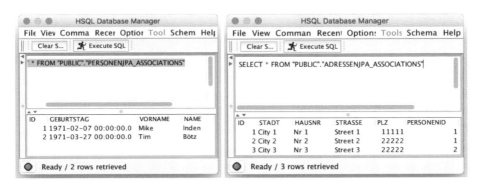

Abbildung 4-5 *Datenbankmodell für Assoziationen*

Hinweis: Modellierung von Postleitzahlen

Der Typ `Integer` für die PLZ ist für einige ostdeutsche Orte nicht valide, da diese mit einer 0 starten und die Zahl dann potenziell als Oktalzahl ausgewertet würde. Der Typ `String` oder ein eigener Domänentyp `PLZ` wären als Abhilfe denkbar.

4.5.2   Abbildung von Vererbungshierarchien

Zur Abbildung der Vererbungshierarchie eines Objektmodells auf die Tabellen eines RDBMS sind verschiedene Strategien möglich und in JPA umgesetzt. Die Thematik wurde bereits in Abschnitt 2.2.3 vorgestellt. Dort habe ich erwähnt, dass die Abbildungsverfahren spezifische Vor- und Nachteile besitzen. Daher muss eine für den jeweiligen Anwendungsfall geeignete Variante gewählt werden. In JPA sind in der enum-Aufzählung `javax.persistence.InheritanceType` die nachfolgend aufgeführten Konstanten definiert: `SINGLE_TABLE`, `JOINED` und `TABLE_PER_CLASS`. Zum besseren Verständnis visualisiere ich diese in jeweils eigenen Abbildungen innerhalb der nachfolgenden Aufzählung, wobei die mit Kästchen gefüllten Rechtecke den Datenbanktabellen entsprechen sollen.

■   `SINGLE_TABLE` – Eine Tabelle für alle Klassen einer Vererbungshierarchie

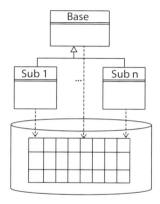

Abbildung 4-6 `SINGLE_TABLE`-*Strategie der Abbildung von Vererbung*

■   `JOINED` – Jeweils eine eigene Tabelle für jede Klasse (Basis- und Subklassen)

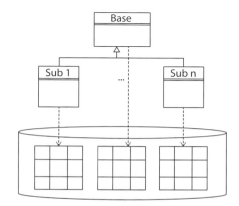

Abbildung 4-7 `JOINED`-*Strategie der Abbildung von Vererbung*

■ `TABLE_PER_CLASS` – Eine Tabelle für jede konkrete Klasse

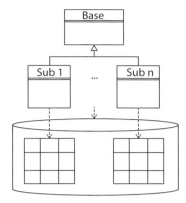

Abbildung 4-8 `TABLE_PER_CLASS`-*Strategie der Abbildung von Vererbung*

Anpassungen in den Klassen

Kommen wir zu dem Klassenmodell des Beispiels zurück. Dort sind Mitarbeiter einer Firma durch die Klasse `Employee`, die die Basisklasse `Person` besitzt, realisiert. Das Datenbankmodell nutzt für diese Vererbung die Strategie `JOINED` und enthält daher die zwei Tabellen `MitarbeiterJPA_Inheritance` und `PersonenJPA_Inheritance`. Zunächst schauen wir uns an, wie wir mit JPA die Klasse `Employee` implementieren. Interessanterweise beschreiben wir dort nur die spezifischen Attribute. Es wird jedoch keine Primärschlüssel-ID als Attribut benötigt, sondern aus der Basisklasse geerbt.

```
@Entity
@Table(name = "MitarbeiterJPA_Inheritance")
public class Employee extends Person
{
    @Column(name = "MitarbeiterNr")
    private Integer employeeNumber;

    @Column(name = "Abteilung")
    private String workgroup;

    // JPA fordert Defaultkonstruktor
    private Employee() {}

    public Employee(final String firstName, final String lastName,
                    final Date birthday, final Integer employeeNumber,
                    final String workgroup)
    {
        super(firstName, lastName, birthday);
        this.employeeNumber = employeeNumber;
        this.workgroup = workgroup;
    }

    // ...
}
```

Zur Modellierung der Vererbung mit JPA muss in der Basisklasse `Person` der gewünschte Vererbungstyp `InheritanceType.JOINED` angegeben werden – die restliche Implementierung bleibt bis auf die geänderte Sichtbarkeit des Defaultkonstruktors (bzw. genauer: No-Arg-Konstruktors) gleich: Dieser muss `protected`[9] sein, damit er aus abgeleiteten Klassen zugreifbar ist.

```
@Entity
@Inheritance(strategy=InheritanceType.JOINED)
@Table(name = "PersonenJPA_Inheritance")
public class Person implements Serializable
{
    // ...

    protected Person()
    {}

    // ...
}
```

Fallstrick: Tiefe Vererbungshierarchien und JPA

Zwar versteckt JPA einige Details der Datenbankanbindung, jedoch wissen wir aus der allgemeinen Diskussion zur Abbildung von Vererbung in Datenbanken, dass je nach gewählter Strategie der eine oder andere Nachteil in Kauf genommen werden muss. Insbesondere wenn man recht tiefe Vererbungshierarchien im Entitätenmodell nutzt, kann dies ziemliche Performance-Probleme verursachen.

Konfigurationsänderungen

Wie schon für Assoziationen müssen wir auch für Vererbung die Konfigurationsdatei `persistence.xml` ein wenig modifizieren. Wiederum fügen wir eine eigenständige Persistence Unit ein, diesmal mit dem Namen `java-profi-PU-Inheritence`. Dort führen wir die zu persistierenden Klassen dieses Beispiels folgendermaßen auf:

```
<persistence-unit name="java-profi-PU-Inheritence"
            transaction-type="RESOURCE_LOCAL">

    <provider>org.hibernate.jpa.HibernatePersistenceProvider</provider>

    <class>ch04.jpa.orm.inheritance.Person</class>
    <class>ch04.jpa.orm.inheritance.Employee</class>
    <class>ch04.jpa.orm.inheritance.Address</class>
    <exclude-unlisted-classes>true</exclude-unlisted-classes>

    <properties>
        ...
    </properties>
</persistence-unit>
```

---

[9]Laut Spezifikation darf er nur `public` oder `protected` sein – wie schon gesehen funktioniert es bei einer »normalen« Entitätsklasse auch mit `private`.

Beispielprogramm

Nach der gezeigten Modifikation der Konfiguration machen wir uns daran, ein Testprogramm zu schreiben, das ein `Employee`-Objekt anlegt und diesem zwei `Address`-Objekte zuweist. Hier geht es darum, Objekte aus einer Vererbungsbeziehung zu persistieren, zudem wird durch die Verwaltung von Adressen auch Basisklassenfunktionalität angesprochen.

```
private static void executeStatements(final EntityManager entityManager)
{
    // Subklasse Employee erzeugen => das führt automatisch zu
    // Einträgen in den Tabellen Personen und Mitarbeiter
    final Employee newEmployee = new Employee("Mr", "Java", new Date(7, 7, 7),
                                    7777, "Entwicklung");

    // Address-Objekte erzeugen
    final Address address1 = new Address("Street 1", "Nr 1", 1111, "City 1");
    final Address address2 = new Address("Street 2", "Nr 2", 2222, "City 2");

    // Objekte miteinander verbinden => Assoziation
    newEmployee.setAddresses(Arrays.asList(address1, address2));

    // Mitarbeiter samt Adressen speichern
    entityManager.persist(newEmployee);

    // Employee-Objekt samt Adressen ausgeben
    final List<Person> employees =
            entityManager.createQuery("FROM Employee").getResultList();
    employees.forEach(System.out::println);
}
```

Listing 4.9 *Ausführbar als* '*INHERITANCEWITHJPAEXAMPLE*'

Anhand der Beispiele sehen wir, dass sich mit JPA Vererbungsbeziehungen ebenso wie Assoziationen einfach auf Datenbanktabellen abbilden lassen, ohne dass man dafür SQL-Anweisungen schreiben muss.

Wenn wir das Programm INHERITANCEWITHJPAEXAMPLE ausführen, dann wird zunächst das erzeugte `Employee`-Objekt in der Datenbank persistiert. In einem zweiten Schritt werden auch die Adressen in der Datenbank gespeichert, wie es folgende Konsolenausgaben belegen:

```
Employee [employeeNumber=7777, workgroup=Entwicklung, super.toString()=Person [
    id=1, firstName=Mr, lastName=Java, birthday=Wed Aug 07 00:00:00 CET 1907,
    addresses=[Address [id=1, street=Street 1, no=Nr 1, zipcode=1111, city=City
    1], Address [id=2, street=Street 2, no=Nr 2, zipcode=2222, city=City 2]]]]
```

Blick in die Datenbank

Wir wollen nun noch nachvollziehen, wie die Daten in der Datenbank gespeichert wurden. Für die Referenzierung von Adressen haben wir das bereits für das vorherige Beispiel nachvollzogen. Hier schauen wir nur noch auf die Details der Vererbungshierarchie. Demnach müsste es einen Eintrag in der `PersonenJPA_Inheritance`-Tabelle und eine Ergänzung dazu in der Tabelle `MitarbeiterJPA_Inheritance` geben.

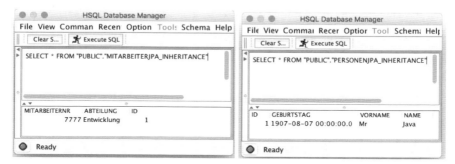

Abbildung 4-9 *Datenbankmodell für Vererbung*

4.5.3   Verarbeitung der Typen aus JSR-310: Date and Time

Das mit Java 8 neu eingeführte Date and Time API stellt einen Meilenstein für die Datumsarithmetik dar und erleichtert diese fundamental. Leider bietet JPA selbst in der aktuellen Version 2.1 keine direkte Unterstützung für die Persistierung der Typen des Date and Time API. Glücklicherweise gibt es aber seit JPA 2.1 sogenannte `javax.persistence.AttributeConverter`, mit deren Hilfe sich auch von JPA nicht direkt unterstützte Klassen persistieren lassen.

Definition von Konverterklassen

Für die Klasse `java.time.LocalDate` könnte man wie nachfolgend gezeigt einen `AttributeConverter` schreiben, der auf der Klasse `Date` beruht:

```java
@Converter(autoApply = true)
public class LocalDateConverter implements
                          AttributeConverter<LocalDate, Date>
{
   @Override
   public Date convertToDatabaseColumn(final LocalDate date)
   {
      if (date != null)
      {
         final Instant instant = date.atStartOfDay().
                       atZone(ZoneId.systemDefault()).toInstant();
         return Date.from(instant);
      }
      return null;
   }
```

```
@Override
public LocalDate convertToEntityAttribute(final Date value)
{
    if (value != null)
    {
        final Instant instant = Instant.ofEpochMilli(value.getTime());
        return LocalDateTime.ofInstant(instant,
                        ZoneId.systemDefault()).toLocalDate();
    }
    return null;
}
}
```

Die gezeigte Realisierung ist zwar relativ kurz, jedoch erfordert sie schon einiges an Spezialwissen bezüglich der neuen Klassen und darüber, mit welchen Zeitzonen-Offsets man arbeitet. Auch der Umweg über die Klassen `Instant` und `LocalDateTime` ist nicht wirklich selbsterklärend. Wie kann man es besser machen?

Tatsächlich ist es in diesem Fall sehr einfach durch eine textuelle Darstellung möglich. Die neuen Zeittypen besitzen standardisierte Stringrepräsentationen und können aus solchen problemlos rekonstruiert werden. Das nutzen wir bei der Implementierung der verbesserten Version unseres Konverters basierend auf `String` wie folgt:

```
@Converter(autoApply = true)
public class LocalDateConverter implements
                        AttributeConverter<LocalDate, String>
{
    @Override
    public String convertToDatabaseColumn(final LocalDate date)
    {
        if (date == null)
        {
            return null;
        }
        return date.toString();
    }

    @Override
    public LocalDate convertToEntityAttribute(final String value)
    {
        if (value == null)
        {
            return null;
        }
        return LocalDate.parse(value);
    }
}
```

Ähnliche Konverter können für die Typen `java.sql.Date`, `java.sql.Time` und `java.sql.Timestamp` definiert werden. Dazu kann man auf die drei Methoden `Date.valueOf(LocalDate)`, `Time.valueOf(LocalTime)` und schließlich noch `Timestamp.valueOf(LocalDateTime)` zurückgreifen.

Änderungen in den Entitäten

Interessanterweise können unsere Entitäten unverändert bleiben, allerdings nur dann, wenn wir Konverter für spezielle Typen schreiben, wie hier für `LocalDate`, und zudem im Konverter `autoApply = true` setzen. Dadurch klinkt sich der JPA-Provider automatisch in die Verarbeitung ein, wenn er einen Typ findet, für den ein Konverter wie oben definiert ist.[10]

Manchmal möchte man Konverter auch explizit einsetzen, etwa wenn verschiedene Darstellungen eines Zahlenwerts oder einer Farbe erfolgen sollen. Für diese Fälle lässt sich der für ein Attribut zu verwendende Konverter explizit wie folgt spezifizieren:

```
@Column
@Convert(converter = LocalDateConverter.class)
private LocalDate birthday;

@Column
@Convert(converter = EyeColorConverter.class)
private Color eyeColor;
```

Beispielapplikation

Mit diesem Wissen ändern wir unsere Datenklasse `Person` so, dass sie nun als Attribut des Geburtstags ein `LocalDate` speichert. In einer eigenständigen Persistence Unit verweisen wir auf diese Klasse und implementieren dann die aus den vorangegangenen Beispielen hinlänglich bekannte Methode `executeStatements()` wie folgt:

```
private static void executeStatements(final EntityManager entityManager)
{
    final Person michael = new Person("Micha-Date", "Inden",
                                LocalDate.of(1971, 2, 7));
    final Person werner = new Person("Werner-Date", "Inden",
                                LocalDate.of(1940, 1, 31));

    entityManager.persist(michael);
    entityManager.persist(werner);
}
```

Listing 4.10   *Ausführbar als* **'PERSONDATEANDTIMEEXAMPLE'**

---

[10]Bei Hibernate muss man nichts weiter tun, damit das Ganze funktioniert. Dagegen muss bei EclipseLink die Konverterklasse explizit in der Konfigurationsdatei `persistence.xml` mit aufgezählt werden. Das geschieht dort, wo auch die Entities stehen, also beispielsweise als `<class>com.acme.YourConverter</class>`. Ansonsten gibt es bei EclipseLink eine `javax.persistence.PersistenceException`.

Blick in die Datenbank

Startet man das Programm PERSONDATEANDTIMEEXAMPLE, so werden zwei Personen in der Datenbank gespeichert (vgl. Abbildung 4-10).

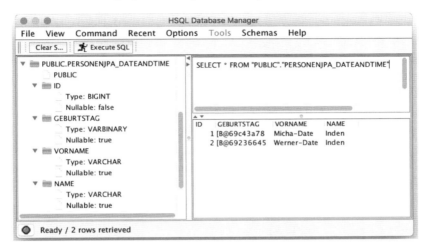

Abbildung 4-10 *Datenbankmodell mit* `LocalDateConverter`

Werfen wir einen Blick in die Datenbank: Dabei könnte der Typ und die Ausgabe der Geburtstagsspalte etwa überraschen. Die Umwandlung ins Datenbankmodell variiert zwischen verschiedenen JPA-Providern – Hibernate wählt hier ein nicht gut menschenlesbares `VARBINARY`, EclipseLink verwendet `VARCHAR` und eine textuelle Darstellung des Datums.

4.5.4   Bean Validation im Einsatz

Bislang haben wir eine Sache noch außen vor gelassen, nämlich die Gültigkeitsprüfung der Daten. Diese umfasst zum einen, dass bestimmte konkrete Bedingungen wie `@Null`, `@NotNull`, `@AssertTrue`, `@AssertFalse` gelten oder nur Werte eines gewünschten Wertebereichs (`@Max`, `@Min`) erlaubt sind, und zum anderen, dass gewisse Längenbeschränkungen eingehalten werden (`@Size`).[11] Letzteres gilt z. B. für textuelle Attribute. In der Java-Welt besitzen Strings keine fixe Maximallänge, jedoch werden die korrespondierenden Spalten im Datenbankmodell mit einer fixen Größe angelegt.

Wie können wir gewisse Prüfungen ausführen? Dazu gibt es die Bean Validation, deren Referenzimplementierung der Hibernate Validator ist, den man durch folgende Angaben in der Datei `build.gradle` einbindet:

```
compile 'org.hibernate:hibernate-validator:5.2.4.Final'
compile 'javax.el:javax.el-api:2.2.4'
```

---

[11] Sollten diese Prüfungen den eigenen Ansprüchen nicht genügen, so ist es darüber hinaus auch möglich, sich maßgeschneiderte Prüfungen selbst zu gestalten.

Validierung mit Bean Validation

Oftmals gibt es Randbedingungen für Werte, die eingehalten werden müssen, so soll beispielsweise ein Name nicht kürzer als 5 und nicht länger als 20 Zeichen sein. Zudem darf dieser Wert niemals `null` werden.

Praktischerweise erlaubt es die Bean Validation, gewisse Regeln in unseren Domänenklassen per Annotations anzugeben. Machen wir es etwas konkreter und schauen uns ein Beispiel einer Entitätsklasse `Customer` und einige Prüfungen an:

```
...
import javax.validation.constraints.NotNull;
import javax.validation.constraints.Size;

@Entity
@NamedQuery(name = "findAllCustomers", query = "SELECT c FROM Customer c")
public class Customer
{

    @Id
    @GeneratedValue
    private Long id;

    @NotNull
    @Size(min = 5, max = 20)
    private String name;

    public Customer()
    {}

    public Customer(final String name)
    {
        this.name = name;
    }

    // ...
}
```

Nachdem wir nun wissen, wie wir Bedingungen formulieren können, müssen wir uns noch kurz Gedanken machen, wie diese geprüft und sichergestellt werden.

Ausführung der Validierung   Tatsächlich geschieht dies immer dann automatisch, wenn die Methode `persist()` aufgerufen wird. So kann noch vor der Speicherung in der Datenbank dafür gesorgt werden, dass die Daten konsistent und valide sind.

Meinung: Prüfung in Domänenklassen

Ob eine Prüfung in Domänenklassen erfolgen sollte, darüber gibt es unterschiedliche Ansichten. Ich finde es aber hilfreich, wenn die Domänenklassen ihre Constraints kennen und prüfen können. Neben den eher technischen durch das Datenbankmodell vorgegebenen Beschränkungen wie einer Maximallänge eines Namens gibt es diverse andere Bedingungen, die sich aus der Fachlichkeit ergeben, etwa die Wertebereiche für Postleitzahlen.

Validation am Beispiel eines Unit Test

Wir wollen nun die Einhaltung der Längenbeschränkung für das Namensattribut der obigen Klasse `Customer` prüfen. Um auch den Aspekt des Testens zu betrachten, wählen wir einen Unit Test mit folgenden drei Methoden, die eine gültige Länge sowie eine Unter- und Überschreitung der Grenzen prüfen:

```java
@Test
public void validCustomer()
{
    final Customer customer = new Customer("Michael");
    em.persist(customer);

    final TypedQuery<Customer> query = em.createNamedQuery("findAllCustomers",
                                                    Customer.class);
    assertEquals(1, query.getResultList().size());
}


@Test
public void nameTooShort()
{
    try
    {
        em.persist(new Customer("One"));

        fail("Expected ConstraintViolationException, but not thrown.");
    }
    catch (final ConstraintViolationException ex)
    {
        final List<ConstraintViolation<?>> violations = getViolationsFrom(ex);
        assertEquals(1, violations.size());

        final ConstraintViolation<?> firstViolation = violations.get(0);
        assertEquals("name", firstViolation.getPropertyPath().toString());
    }
}


@Test
public void nameTooLong()
{
    try
    {
        em.persist(new Customer("ABCDEFGHIJKLMNOPQRSTUVWXYZ"));

        fail("Expected ConstraintViolationException, but not thrown.");
    }
    catch (final ConstraintViolationException ex)
    {
        final List<ConstraintViolation<?>> violations = getViolationsFrom(ex);
        assertEquals(1, violations.size());

        final ConstraintViolation<?> firstViolation = violations.get(0);
        assertEquals("name", firstViolation.getPropertyPath().toString());
    }
}


private List<ConstraintViolation<?>> getViolationsFrom(
                                final ConstraintViolationException ex)
{
    return new ArrayList<>(ex.getConstraintViolations());;
}
```

Aus der Lektüre der vorherigen Abschnitte wissen wir, dass schreibende Aktionen eines `EntityManagers` im Kontext von Transaktionen stattfinden müssen. Wir nutzen einen kleinen Trick. JUnit erlaubt es, gewisse Aktionen vor dem Start eines Tests (`@BeforeClass`) und nach dessen Ende (`@AfterClass`) auszuführen. Damit erzeugen wir einmalig eine `EntityManagerFactory` und geben diese schließlich wieder frei:

```java
public class CustomerTest
{
    private static EntityManagerFactory emf;

    private EntityManager em;

    @BeforeClass
    public static void createEntityManagerFactory()
    {
        emf = Persistence.createEntityManagerFactory("java-profi-PU-VALIDATION");
    }

    @AfterClass
    public static void closeEntityManagerFactory()
    {
        emf.close();
    }

    // ...
}
```

Was nun noch fehlt, ist die Transaktionsverwaltung für jede Testmethode. Diese realisieren wir mithilfe der Annotations `@Before` und `@After`. In den derart annotierten Methoden wird ein `EntityManager` pro Ausführung einer mit `@Test` annotierten Testmethode initialisiert und eine neue Transaktion gestartet. Nach getaner Arbeit wird die Transaktion abgebrochen und Ressourcen freigegeben. Diesen Rahmenablauf implementieren wir folgendermaßen:

```java
public class CustomerTest
{
    // ...

    @Before
    public void beginTransaction()
    {
        em = emf.createEntityManager();
        em.getTransaction().begin();
    }

    @After
    public void rollbackTransaction()
    {
        em.getTransaction().rollback();
        em.close();
    }

    // Testmethoden
}
```

Diese Unit Tests lassen sich ausführen und protokollieren das gewünschte Verhalten, in unserem Beispiel zweimal das Auftreten einer `ConstraintViolationException` für das Attribut `name`. Abbildung 4-11 zeigt eine Testausführung.[12]

Abbildung 4-11 *Testausführung der Bean Validation in Eclipse*

In diesem Unit Test haben wir verschiedene Aufrufe im Kontext von Transaktionen gesehen. Nach dem Fazit zur Bean Validation möchte ich auf das Thema Transaktionen nochmals etwas genauer eingehen.

Fazit

Ich habe einen kurzen Schnelleinstieg in Bean Validation gegeben. Diese bietet auf einfache und deklarative Weise die Möglichkeit, gewisse Randbedingungen zu spezifizieren und sicherstellen zu lassen. Für eine ausführliche Besprechung verweise ich auf die weiterführende Literatur, die Sie am Kapitelende finden.

4.6   Transaktionen und Locking

In diesem Unterkapitel vertiefen wir unser Wissen zu Transaktionen und Locking, im Besonderen im Kontext von JPA.

4.6.1   Isolationslevel und Effekte

Bei der Beschreibung von Transaktionen habe ich auf die ACID-Eigenschaften hingewiesen. Diese sorgen dafür, dass Transaktionen unabhängig voneinander ausgeführt werden, erfordern aber auch eine Serialisierung, d. h. eine Hintereinanderausführung. Dies ist aber aus Performance-Gründen oftmals nicht erwünscht, sodass Datenbanken in der Regel einige Varianten der Isolation kennen. Damit lässt sich die Parallelausführung zwar verbessern, verursacht jedoch potenzielle Fehler. Diese sind so allgemeingültig, dass sie spezielle Namen besitzen. Nachfolgend nenne ich diese und beschreibe, wie sie zustande kommen:

---

[12]Vielleicht ist die Darstellung dieses Tests ein wenig kurz und Sie wünschen sich eine fundierte Behandlung der Grundlagen zum Unit-Testen. In diesem Fall verweise ich Sie auf mein Buch »Der Weg zum Java-Profi« [8].

- **Dirty Read** – Damit ist gemeint, dass von anderen Transaktionen geschriebene Daten bereits sichtbar sind und gelesen werden können, obwohl die Transaktionen noch gar nicht committet wurden. Potenziell könnten die Daten ungültig sein und später durch ein Rollback zurückgesetzt werden.
- **Non-repeatable Read** – Ein etwas weniger schlimmer Fall wird durch den Non-repeatable Read beschrieben – man spricht auch von Stale Data, also veralteten Daten. Der Name rührt daher, dass während einer Transaktion beim mehrfachen Lesen von Daten eventuell unterschiedliche Werte zurückgeliefert werden, wenn zwischenzeitlich andere Transaktionen Daten schreiben.
- **Phantom Read** – Die schwächste Form von Inkonsistenzen ist unter dem Namen Phantom Read bekannt. Hierbei kommt es beim Auslesen von Daten zu zwei unterschiedlichen Zeitpunkten zu einer abweichenden Ergebnismenge, weil durch zwischenzeitlich beendete Transaktionen Datensätze hinzugefügt und/oder gelöscht wurden.

Je nach gewähltem Isolationslevel kann nur eine Teilmenge der zuvor aufgelisteten Fehlersituationen auftreten. Dabei sind folgende Isolationslevel definiert, die jedoch nicht von allen Datenbanken gleichermaßen unterstützt werden:

- **Read Uncommitted** – Bietet die geringste Isolation, aber höchste Performance. Es können allerdings alle drei der Fehler auftreten, also Dirty Reads, Non-repeatable Reads und Phantom Reads.
- **Read Committed** – Es werden nur committete Daten gelesen, wodurch keine Dirty Reads mehr vorkommen können. Jedoch sind immer noch Non-repeatable Reads und Phantom Reads möglich.
- **Repeatable Read** – Dem Namen zufolge werden hier verlässliche Lesezugriffe garantiert, wodurch Dirty Reads und Non-repeatable Reads ausgeschlossen sind. Trotzdem kann es zu Phantom Reads kommen.
- **Serializable** – Dieses Level bietet die höchste Isolation, aber auch die geringste Performance. Keiner der problematischen Reads kann auftreten.

4.6.2   Problemkontext

Wenn eine Datenbank von mehreren Benutzern oder Programmen verwendet wird, so ist es potenziell möglich, dass Datensätze konkurrierend verändert werden. In der Regel möchte man derartige Situationen vermeiden, insbesondere möchte man verhindern, dass ein Benutzer seine Änderungen verliert, weil ein anderer diese unbemerkt überschreibt. Statt bei menschlichen Benutzern sind solche Szenarien natürlich auch für unterschiedliche Serverprozesse denkbar.

Bekanntermaßen dienen Transaktionen dazu, eine Folge von Aktionen als eine Gesamtheit abzuarbeiten. Nur wenn alle Einzelaktionen erfolgreich abgeschlossen werden können, dürfen diese auch bestehen bleiben. Bei einem Fehler müssen die Änderungen vollständig wieder rückgängig gemacht werden. Wie kann man dies erreichen?

Im allereinfachsten Falle könnte man dies dadurch lösen, dass man das Isolationslevel `Serializable` wählt. Das führt jedoch dazu, dass alle Tabellen, die in einer Transaktion angesprochen werden, während der Zeitdauer dieser Transaktion nicht durch andere Transaktionen abgefragt oder modifiziert werden können. Das wiederum bedingt, dass andere Transaktionen in ihrer Abarbeitung aufgehalten werden. Müssten die Transaktionen aber nur auf verschiedenen Daten arbeiten, so wäre diese Abschottung gar nicht notwendig. Deshalb existieren die gerade vorgestellten Isolationslevel.

Allerdings könnte es bei gelockerter Isolation folgenden Ablauf geben, der trotz seiner nur drei Schritte doch zwei potenzielle Probleme enthält:

1. Transaktion A lädt Daten.
2. Transaktion B lädt und verändert die Daten und führt einen Commit aus.
3. Basierend auf den im ersten Schritt gelesenen (und mittlerweile veralteten) Daten setzt Transaktion A die Arbeit fort und schreibt Ergebnisse in die Datenbank.

Die nicht mehr strikte Isolation erlaubt eine Verzahnung der Transaktionen und in diesem Fall würden die Berechnungsergebnisse von Transaktion B überschrieben werden, und schlimmer noch, Transaktion A würde nach dem Ende von Transaktion B mit veralteten Daten arbeiten. Beim »Verschlucken« von Änderungen anderer Transaktionen spricht man auch von **Lost Update**. Das Weiterarbeiten auf veralteten Daten kann man dem Non-repeatable Read zuordnen. Beide Probleme sind ohne geeignete Gegenmaßnahmen nicht zu erkennen. Wie könnten diese aussehen? Die Antwort lautet: durch eine Versionierung und den Einsatz von Optimistic Locking. Das schauen wir uns nun genauer an.

4.6.3 Optimistic Locking

Als Abhilfemaßnahme gegen unerkannte Modifikationen durch andere Transaktionen dient das Optimistic Locking. Wie erkennt man nun aber Modifikationen? Recht unpraktisch wäre es, die Daten an sich vergleichen zu müssen. Es gibt aber eine praktikablere Lösung: Jedes Objekt erhält eine Versionsnummer, die bei Modifikationen hochgezählt wird. Auf diese Weise können beim Optimistic Locking konkurrierende Schreibzugriffe durch Abweichungen in der Versionsnummer erkannt werden. Dazu wird vor den Aktionen auf einem Objekt die gerade aktuelle Versionsnummer ausgelesen. Beim späteren Schreibvorgang wird geprüft, ob der derzeit in der Datenbank gespeicherte Datensatz immer noch diese Versionsnummer besitzt. Stimmt die Version noch überein, hat zwischenzeitlich keine Änderung stattgefunden. Das Schreiben ist problemlos möglich. Wird eine andere Versionsnummer vorgefunden, so muss die Transaktion abgebrochen werden, weil ein konkurrierender Schreibzugriff vorliegt. Praktischerweise erfolgen diese Prüfungen automatisch, sofern man Optimistic Locking aktiviert hat (JPA) oder aber die richtigen SQL-Anweisungen schreibt, etwa wie folgt:

```
UPDATE Personen SET Name = 'Changed', VERSION = 7
            WHERE ID = 4711 AND VERSION = 6;
```

Die für die Versionsprüfung verwendete Spalte VERSION wird bei JPA automatisch in das Datenbankmodell aufgenommen – bei SQL muss dies manuell und als expliziter Schritt geschehen.

Das im Listing gezeigte spezielle UPDATE-Kommando führt die Änderungen atomar aus, und zwar nur dann, wenn auch die Versionsnummer der erwarteten Versionsnummer entspricht. Das ist aber nur der eine Aspekt. Wie erkennt man aber, dass es einen Konflikt gegeben hat? Bei der Besprechung von JDBC, genauer dem Ausführen von SQL-Kommandos in Abschnitt 3.1.1, habe ich erwähnt, dass SQL-Kommandos die Anzahl der durch sie modifizierten Datensätze zurückliefern. Für obiges Kommando ist das beim ersten Update also der Wert 1 und bei folgenden Updates der Wert 0. Letzteres signalisiert also auf Ebene von SQL, dass es einen Konflikt gegeben hat. In JPA führt dies dann zu einer javax.persistence.OptimisticLockException.

Hinweis: Pessimistic Locking

Ergänzend zum Optimistic Locking gibt es noch das Pessimistic Locking, das jedoch erst seit JPA 2 unterstützt wird. Hierbei werden die Datensätze exklusiv gesperrt. Dazu nutzt man ähnlich wie bei Java einen speziellen Lock. Andere Transaktionen können auf den Datensatz so lange nicht mehr zugreifen, bis der Lock wieder freigegeben wird. Wie immer bei Locking kann es auch zu Deadlocks kommen, wobei sich Transaktionen gegenseitig blockieren.

Optimistic Locking in JPA

In JPA ist es auf einfache Weise möglich, Optimistic Locking zu unterstützen. Dazu muss in der Entitätsklasse ein spezielles Attribut hinzugefügt werden, das eine Versionsnummer speichert. Der JPA-Provider verwaltet dieses, wenn das Attribut mit @Version annotiert ist. Idealerweise verwendet man einen numerischen Typ, etwa ein int- oder long-Attribut.[13]

```
@Entity
public class Customer
{
    @Id
    @GeneratedValue
    private Long id;

    @Version
    private int version;

    @NotNull
    @Size(min = 5, max = 20)
    private String name;
```

---

[13]Zwar kann man auch den Typ java.sql.Timestamp nutzen, jedoch sollte man das vermeiden, weil die Granularität von Zeitstempeln oftmals nicht ausreichend ist, um Eindeutigkeit zu garantieren. Falls dies jedoch kein Problem darstellt, so besitzt ein Zeitstempel als Versionskennung den netten Nebeneffekt, die Information »Last Modified« zu repräsentieren.

```
public Customer()
{
}

public Customer(final String name)
{
    this.name = name;
}

// ...
}
```

Wird ein Verstoß gegen die Eindeutigkeit festgestellt, wurde also von einer anderen Transaktion eine Änderung vorgenommen, bevor die eigene Transaktion ihre Daten speichern kann, dann wird eine `OptimisticLockException` ausgelöst.

Fazit und Vorteile des Optimistic Locking

Ich konnte aus Platzgründen das Thema Transaktionen im Kontext von JPA nur einführend darstellen. Detaillierte Informationen finden Sie aber in der am Kapitelende genannten weiterführenden Literatur.

Fassen wir die Eigenschaften von Optimistic Locking kurz zusammen: Damit ist es möglich, für Konsistenz zu sorgen. Der gleiche Schreibzugriff kann niemals mehrfach erfolgen und es wird sichergestellt, dass immer aktuelle Daten sichtbar sind. Daneben lässt sich Optimistic Locking wie folgt charakterisieren:

- Es erfordert nur einen minimalen Mehraufwand.
- Es ist fast immer sehr schnell, weil kein aufwendiges Locking erfolgen muss.
- Durch die fehlenden Sperren können auch länger laufende Transaktionen oftmals problemlos ausgeführt werden.
- Es lässt sich Konsistenz erzielen, da die Schreibzugriffe durch die Versionsnummer immer geordnet ablaufen. Bei parallelen Modifikationen schlägt die zweite immer fehl.
- Konkurrierende Schreibzugriffe lösen eine Exception aus. Zudem lassen sich Repeatable Reads garantieren.

Halten wir Folgendes abschließend fest: Optimistic Locking ist vor allem dann die richtige Wahl, wenn es deutlich mehr Lese- als Schreibzugriff gibt und nur wenige Kollisionen erwartet werden.

4.7   Caching in JPA

Gerade bei Zugriffen auf Datenbanken kann Caching zu einer signifikanten Verbesserung der Performance führen. Im Bereich der Persistenz sind unter anderem Datenbankverbindungen mögliche Kandidaten, die man cachen kann. Seit JPA 2 unterstützt der Standard durch die Annotation `@Cacheable` auch das Caching für Entities:

```
@Entity
@Cacheable
public class Employee
{
    ...
}
```

Im Anschluss stelle ich vor, was diese Annotation bewirkt. Zuvor gehe ich aber zum besseren Verständnis der Abläufe kurz auf verschiedene Formen des Cachings ein.

JPA-Caching im Überblick

JPA unterstützt zwei verschiedene Arten von Caches: einen First Level Cache und einen Second Level Cache. Letzterer muss explizit per Konfiguration aktiviert werden, ersterer ist standardmäßig aktiv. Wo liegen darüber hinaus die Unterschiede?

Um ein besseres Verständnis zu gewinnen, schauen wir zunächst, was passiert, wenn Objekte bzw. Entitäten durch einen `EntityManager` geladen werden. In diesem Fall werden diese automatisch in einem `EntityManager`-bezogenen Cache zwischengespeichert. Das ist der *First Level Cache*. Immer wenn in der Folgezeit auf das gleiche Objekt per Schlüssel zugegriffen wird, erfolgt keine Datenbankabfrage mehr, sondern es wird das Objekt aus dem Cache zurückgeliefert.

Nun gibt es aber folgende Beschränkung: Dieser First Level Cache wirkt immer für eine Instanz eines `EntityManagers`. Wenn wir uns eine typische Webapplikation anschauen, entsteht dadurch jedoch folgendes Problem: Für jeden neuen Request existiert ein eigener `EntityManager` und somit werden die Daten meistens nicht besonders lange vorgehalten.[14] Zudem profitieren Abfragen in anderen Requests nicht von den bereits ermittelten Daten. Dadurch kann es durchaus sein, dass eine Liste von Benutzern oder Bestellungen mehrfach innerhalb kürzester Zeit geladen wird.

Hier kommt nun ein sogenannter *Second Level Cache* ins Spiel, der zwischen `EntityManager`-Instanzen geteilt wird. Demzufolge profitiert man von zuvor ausgeführten Datenbankabfragen für alle anderen Abfragen gleicher Art. Ein Second Level Cache als Zwischenspeicher für Entitäten kann somit die Performance erheblich verbessern, indem teure Zugriffe auf die Datenbank vermieden werden. Das geschieht transparent für die Applikation, was bedeutet, dass diese nichts von dem Cache weiß, also sowohl Lese- als auch Schreibzugriffe über ganz normale Methoden des `EntityManagers` abgewickelt werden.

---

[14]Jeder Request läuft in einem neuen Thread und `EntityManager` werden pro Thread erzeugt.

Cache-Modi zur Einflussnahme

Um das Caching beeinflussen zu können, lassen sich verschiedene Cache-Modi konfigurieren. Folgende sind durch JPA definiert:

- ALL – Alle Entities werden im Second Level Cache gehalten.
- NONE – Es werden keine Entities für die Persistence Unit gecacht.
- ENABLE_SELECTIVE – Es werden nur solche Entities gecacht, die mit der Annotation @Cacheable bzw. @Cacheable(true) markiert sind.
- DISABLE_SELECTIVE – Es werden alle Entities gecacht, bis auf diejenigen, die explizit mit der Annotation @Cacheable(false) davon ausgeschlossen wurden.
- UNSPECIFIED – Das Verhalten ist nicht spezifiziert und es wird der Default vom verwendeten JPA-Provider genutzt.

Wenn man sich nicht ganz sicher ist, welchen Modus man wählen sollte, so stellt ENABLE_SELECTIVE fast immer eine recht vernünftige Wahl dar, weil hierbei all diejenigen Entities gecacht werden, für die man dies explizit vorgegeben hat.

Die zweitbeste Wahl ist wohl DISABLE_SELECTIVE, weil hier einige Entitäten explizit vom Caching ausgeschlossen werden.

Dagegen bietet NONE keinen Vorteil und ALL ist so unspezifisch, dass es durch das Caching von vermutlich nicht cache-würdigen Entitäten zu Speicherplatzverschwendung kommt und sich dieses oftmals sogar kontraproduktiv auswirkt. Potenziell steht dadurch der eigentlichen Applikation nicht mehr genügend Speicher zur Verfügung.

Vor- und Nachteile beim Caching

Der Einsatz von Caching kann zu enormen Verbesserungen in der Performance führen, weil Daten nicht mehr von der Datenbank, sondern aus dem im Hauptspeicher beheimateten Cache gelesen werden. Allerdings sollte man auch an einige Nachteile denken: Ein Cache belegt Hauptspeicher – mitunter einen nicht unerheblichen Teil. Zudem birgt die Zwischenspeicherung von Daten im Hautspeicher die Gefahr für Inkonsistenzen mit den Werten aus der Datenbank, etwa, wenn es zwischenzeitlich zu Änderungen in der Datenbank gekommen ist, die noch nicht mit dem Cache abgeglichen wurden.

Schlussgedanken zum Caching

Aus Platzgründen konnte ich für das Thema Caching lediglich einen kurzen Überblick geben. Weiterführende Information finden Sie unter https://en.wikibooks.org/wiki/Java_Persistence/Caching. Verschiedene Caching-Strategien sowie ihre Auswirkungen werden anschaulich auf der Seite http://www.thejavageek.com/2014/09/25/jpa-caching-example/ dargestellt.

4.8   Fazit

Dieses Kapitel hat einen einführenden Überblick über das JPA gegeben. Damit sollten Ihnen sowohl der Einstieg als auch weitere Schritte leicht fallen. Dabei ist es hilfreich, dass JPA weniger Komplexität als andere Lösungen erfordert, um ein RDBMS anzubinden: In Enterprise-Applikationen kann man auf Entity Beans verzichten und in Java-SE-Anwendungen werden keine aufwendigen Realisierungen der Datenzugriffe per JDBC mehr benötigt. Stattdessen kann die Datenzugriffsschicht in weiten Teilen unverändert in Java-EE- und Java-SE-Anwendungen benutzt werden. Unterschiede ergeben sich jedoch aufgrund der Art der Transaktionssteuerung und des Zugriffs auf den `EntityManager`. Für die eigentlichen Entitätsklassen muss das allerdings nicht berücksichtigt werden.

4.9   Weiterführende Literatur

Zu den Themen Datenbanken und JPA ist einiges an Literatur erschienen. Folgende Aufzählung nennt einige empfehlenswerte Bücher:

- »**Java Persistence with Hibernate**« von Christian Bauer und Gavin King [2]
  Dieses exzellente Buch bietet eine umfassende und fundierte Einführung in das Persistenz-Framework Hibernate.

- »**Pro JPA 2**« von Mike Keith und Merrick Schincariol [11]
  Dieses Buch behandelt JPA in der aktuellen Version 2.1. Es fängt bei Grundlagen an und baut diese Stück für Stück aus. Dabei behandelt es eine Vielzahl an JPA-Themen.

- »**Java Persistence API 2**« von Bernd Müller und Harald Wehr [14]
  Dieses Buch bietet eine verständliche, gut lesbare und fundierte Einführung in die Persistenz mit JPA 2 – ohne jedoch genauer auf die aktuelle Version 2.1 einzugehen.

5 NoSQL-Datenbanken am Beispiel von MongoDB

Neben den in der Praxis seit Jahrzehnten bewährten und bereits besprochenen relationalen Datenbankensystemen (RDBMS) gewinnt der Markt für NoSQL-Datenbanken immer mehr an Bedeutung. Daher möchte ich Ihnen in diesem Kapitel einen einführenden Überblick über dieses aktuelle Thema geben.

5.1 Einführung und Überblick

NoSQL-Datenbanken zeichnen sich dadurch aus, dass sie eine alternative Form der Datenspeicherung vornehmen und dazu keine Tabellen wie traditionelle RDBMS nutzen. NoSQL ist eine Antwort auf den zunehmenden Bedarf

- nach flexibler Datenspeicherung (kein fixes Modell),
- an extrem umfangreichen zu verarbeitenden Datenmengen und
- nach guter, insbesondere horizontaler Skalierbarkeit (verteilter Datenspeicherung).

Wieso sind diese Eigenschaften so erstrebenswert? Versuchen wir, in diesem Kapitel eine Antwort darauf zu finden.

Hinweis: Namensgebung »NoSQL«

NoSQL ist momentan ein viel beachtetes Thema, wobei der Name etwas unglücklich gewählt ist, weil man vermuten könnte, dass er für »KEIN SQL« steht, was aber nicht stimmt. Schaut man nur auf den Namen, so könnte dieser zudem ein wenig so klingen, als ob NoSQL eine Kampfansage an RDBMS oder als Ersatz dafür gedacht wäre. Doch auch das stimmt nicht, sondern NoSQL stellt vielmehr eine sinnvolle Ergänzung dar, und zwar dort, wo traditionelle RDBMS Schwächen zeigen.

Demzufolge meint die Abkürzung »Not Only SQL«, die meiner Ansicht nach auch unglücklich ist und nicht den Kern trifft, denn der Fokus liegt nicht auf SQL, sondern darauf, dass alle NoSQL-Datenbanken KEIN relationales Datenmodell besitzen. Stattdessen findet man verschiedene andere Formen der Datenspeicherung, etwa die Speicherung von Schlüssel-Wert-Paaren, Dokumenten, Graphen usw. Bei allen spricht man von NoSQL-Datenbanken.

Aktuelle Entwicklungen

Die Menge der von Applikationen zu verarbeitenden Daten hat in den letzten Jahren extrem zugenommen. In einigen Bereichen ist sie förmlich explodiert. Das lässt sich an einem Beispiel verdeutlichen. Den Trend stetig wachsender Datenmengen und steigender Anzahl an Benutzern kann man anhand von Twitter gut erkennen: Waren es 2010 noch etwa 65 Millionen Tweets pro Tag, so hat sich die Anzahl innerhalb eines Jahres mehr als verdreifacht. Im Jahr 2011 wurden etwa 200 Millionen Tweets pro Tag ermittelt. Aber auch in vielen anderen Bereichen, besonders in sozialen Netzwerken, sind solche Trends beobachtbar. Insgesamt werden für die Zukunft die Themen **Big Data** und **Data Analytics**[1] immer wichtiger. Dabei sind nahezu unüberschaubare Datenmengen in Tera- und Peta-Bytes oder gar mehr zu verarbeiten. Das stellt eine große Herausforderung dar und gilt insbesondere für die herkömmliche Speicherung in RDBMS, die aus mehreren Gründen zunehmend an Grenzen stößt: Zwar läuft ein RDBMS meistens auf einem dedizierten, sehr leistungsfähigen Rechner, aber auch dieser besitzt gewisse Grenzen in seinem Ausbau. Erschwerend kommt hinzu, dass von RDBMS verschiedenste Konsistenzbedingungen sichergestellt werden müssen und dazu aufwendige Aktionen wie das Sperren von Datensätzen erforderlich sind. Dadurch wird die Möglichkeit zur Parallelverarbeitung eingeschränkt und zudem die Abarbeitungsgeschwindigkeit verringert.

Neben dem Anstieg der reinen Datenmenge beobachtet man Folgendes:

- Die Daten sind häufig immer stärker miteinander vernetzt (Facebook, XING,...). Ein Datensatz allein bietet kaum einen Mehrwert, sondern erst deren Kombination.
- Die Daten sind weniger strukturiert und besitzen eine größere Varianz.
- Die transaktionalen Eigenschaften, vor allem die Isolation, sind weniger wichtig.
- Die Erwartungshaltung an Geschwindigkeit und Durchsatz nimmt zu.

Varianten von NoSQL-Datenbanken

Im Bereich der NoSQL-Datenbanken gleicht keine der anderen. Trotz der Unterschiede lassen sich aber vier Hauptströmungen (mit Beispiel in Klammern) ausmachen:

- **Key Value Stores** (Analogie: `Map<K,V>`) – Speichern zu einem Schlüssel einen Wert, wobei ein Wert durchaus komplexe Daten enthalten kann. (REDIS)
- **Document Stores** (Analogie: `List<Object>`[2]) – Speichern Einträge als Dokumente, die Objekten ähneln; Dokumente müssen keiner festen Struktur folgen. (MONGODB, COUCHDB)

---

[1]Bei dieser Form der Datenanalyse hat man nicht nur große Datenmengen zu bewältigen, sondern versucht auch noch Korrelationen und Muster zu erkennen.

[2]Die Liste entspricht einem Dokument – weil Document Stores mehrere sogenannte Collections verwalten, wäre `Map<String, List<Object>>` für den Document Store als Ganzes die korrektere Analogie.

- **Column Stores** (Analogie: `Map<RowKey,Map<ColumnKey,ColumnValue>>` (geschachtelte Maps)) – Einer Zeile können beliebig viele Spalten zugeordnet werden; Datensätze mit potenziell sehr vielen dynamischen Spalten. (CASSANDRA)
- **Graph DBs** (Analogie: Referenzierungen zwischen Java-Objekten) – Speichern Graphen, also Knoten und Verbindungen dazwischen; ideal um Netzwerke und Beziehungen zu modellieren; in RDBMS sind diese Verbindungen nur durch aufwendige und viele Verknüpfungen (sogenannte Joins) ermittelbar. (NEO4J)

Diese Typen von NoSQL-Datenbanken besitzen mitunter proprietäre Abfragesprachen und APIs, womit wir einen entscheidenden Nachteil gegenüber RDBMS und SQL als deren Standard für Zugriffe aufgedeckt haben. Zwar gibt es für SQL auch verschiedene Dialekte, allerdings sind die Unterschiede so gering, dass Frameworks wie Hibernate oder JPA sogar nahezu datenbankunabhängige Abfragen ermöglichen.

Ein Blick zurück auf RDBMS

Bekanntermaßen werden Daten in RDBMS in Tabellen gespeichert. Eine Zeile entspricht einem Datensatz und besitzt die durch die Spalten festgelegten Eigenschaften. Dabei gibt ein Schema den möglichen Inhalt vor und erlaubt es dadurch, Integritäts- und Konsistenzprüfungen durch die Datenbank automatisch auszuführen.

Datensätze werden zeilenweise eingefügt und können über Schlüssel gefunden werden. Vielfach werden Daten zur Vermeidung von Redundanz und zum Sparen von Speicherplatz, der in den frühen Jahren der Datenbanken ein heiliges Gut war, auf diverse Tabellen verteilt. Die auf verschiedene Tabellen verstreuten Daten können später über Joins wieder passend aggregiert werden. Die dazu notwendigen Verknüpfungen zu anderen Tabellen erfolgen über Fremdschlüsselbeziehungen.[3] Insgesamt ist das ein gut verstandenes Modell, das mit SQL eine mächtige, aber trotzdem einfach nutzbare, deklarative Abfragesprache besitzt. Sie erlaubt oftmals eine fast umgangssprachliche Formulierung von Abfragen, sofern deren Komplexität nicht allzu hoch ist. Zudem lässt sich die darunterliegende Komplexität der Zugriffe auf die Datenbank vor Benutzern weitestgehend verbergen.

Die Organisation der Daten in Tabellen bereitet aber auch Probleme und wirft unter anderem folgende Fragen auf, für die es mit RDBMS keine optimalen Lösungen gibt:

- Wie speichert man Listen in Attributen, etwa die Hobbys einer Person?
- Wie geht man mit Varianzen oder optionalen Werten in den Daten um?[4]
- Wie repräsentiert man Verbindungen zwischen Objekten, also die durch die Referenzierungen entstehenden Objektnetze?
- Wie modelliert man Vererbungshierarchien?

---

[3]Daher kommt auch die namensgebende Eigenschaft »relational«: Entitäten werden in Tabellen gespeichert und in Beziehung (Relation) zueinander gesetzt.

[4]Einzelne `NULL`-Werte sind nicht problematisch. Mühsam wird es aber, wenn ganze Teile des Objektgraphen optional sind. Das erfordert recht komplexe Abfragen.

Darüber hinaus kann man weitere Schwachstellen bei RDBMS ausmachen. RDBMS liefern bei großen Systemen und hoher Anfragelast – insbesondere in Kombination mit Schreibzugriffen und vor allem im Transaktionskontext – mitunter keine allzu gute Performance mehr. Das resultiert aus der Forderung nach Konsistenz und Isolation bei ACID-Transaktionen (Atomicity, Consistency, Isolation und Durability), was wiederum das Sperren von Zeilen oder Bereichen in Tabellen erfordert. Dadurch werden die Möglichkeiten zur Parallelverarbeitung und damit indirekt auch die Verarbeitungsgeschwindigkeit vermindert.

Tipp: Auswirkungen der Isolationslevel bei Transaktionen

In den vorangegangenen Diskussionen zu Transaktionen habe ich mögliche negative Auswirkungen auf die Performance erwähnt. Über verschiedene Isolationslevel lässt sich einstellen, wie sich verschiedene Aktionen in Transaktionen gegenseitig beeinflussen. Nur für das strengste Level `SERIALIZABLE` sind Transaktionen vollständig gegeneinander abgeschottet. Bei schwächeren Isolationsleveln muss die Datenbank für Read-Only-Transaktionen dagegen keine Locks halten. Damit ist die Performance beim Lesen meist weniger das Problem. Schwieriger ist jedoch die Wahrung von Konsistenz zum Zeitpunkt des Schreibens.

Grundlagen Document Stores – Analogien und Unterschiede zu RDBMS

Da wir uns später MongoDB als Vertreter der Document Stores ein wenig genauer anschauen wollen, gebe ich hier eine kurze Einführung in Document Stores und deren Analogie zu RDBMS. Die meisten Ähnlichkeiten bestehen in folgenden Punkten:

- Die Datenspeicherung in Document Stores erfolgt in Collections, ähnlich zu Tabellen in RDBMS.
- Die Daten sind als Dokument bzw. Objekt repräsentiert, was in etwa mit einer Zeile einer Tabelle vergleichbar ist.
- Die Dokumente besitzen Attribute (etwa analog zu den Spalten im RDBMS).

Im Unterschied zu RDBMS sind Document Stores schemafrei. Das bedeutet:

- Dokumente müssen keine einheitliche Struktur besitzen und deren Aufbau muss beim Einrichten der Datenbank nicht zwingend bekannt sein.
- Objekte können eine (nahezu) beliebige Struktur aufweisen und aus verschiedenen Attributen bestehen.
- Typen und Attribute können sich von Dokument zu Dokument unterscheiden.
- Attribute können auch mehrere Werte enthalten, z. B. eine Aufzählung von Hobbys oder eine Menge von Adressen.
- Attribute können insbesondere andere Objekte einbetten, d. h., Daten können hierarchisch strukturiert sein, etwa Adressinformationen innerhalb einer Person.

Beispiel zur Schemafreiheit

Um das Ganze etwas besser verstehen zu können, betrachten wir die Repräsentation zweier Personen. Nachfolgend wollen wir Max Mustermann und Michael Inden in Form von JSON (JavaScript Object Notation) modellieren – ähnlich dazu, wie Daten in MongoDB gespeichert werden. An diesem Beispiel lassen sich einige der genannten Eigenschaften von schemafreien Daten darstellen. Wir erkennen die offensichtliche Gleichartigkeit, aber auch die Unterschiede in der Granularität der Adressinformationen. Zudem differieren die Angaben von Hobbys und Programmiersprachen:

```
[
    {
        "name" : "Mustermann",
        "vorname" : "Max",
        "adresse" : {  "ort" : "Musterstadt",
                       "plz" : "52070",
                       "strasse" : "Musterstrasse"
                       "hausnr" : "17a"
                     },
        "hobbys": [ "Lesen", "Kino" ]
    },
    {
        "name" : "Inden",
        "vorname" : "Michael",
        "adresse" : { "ort" : "Zürich" },
        "programmiersprachen" : [ "Java", "Groovy", "C++" ]
    }
]
```

Diskussion zur Schemafreiheit

Man erkennt, dass durch die JSON-Notation eine verständliche und menschenlesbare Darstellung erfolgen kann. Auch das ORM oder genauer ODM,[5] also das Mapping von Objektdaten in und aus der Datenbank, wird oftmals einfacher als bei RDBMS.[6] Der bei RDBMS auftretende Impedance Mismatch – also die Frage: Wie bilde ich Objekte auf Tabellen ab? – das wird hier einfach durch die direkte Speicherung gelöst: Ein Objekt kann als JSON an die Datenbank übergeben werden. Dort kann es dann in eine interne Darstellung überführt werden. Im Falle von MongoDB ist dies eine BSON (für Binary JSON) genannte Repräsentation, die etwas Speicherplatz schonender als JSON ist. Optionale Attribute oder die Speicherung von Java-Collections (Arrays, Listen usw.) sowie Vererbung stellen gewisse Herausforderungen beim Einsatz von RDBMS dar. Auch hier macht man sich die Schemafreiheit von NoSQL-Datenbanken zunutze. Das vermeidet eine Aufteilung der Daten auf mehrere Tabellen, wie man es für RDBMS kennt.

---

[5]Bei Document Stores spricht man von O/D-Mapping (Object/Document Mapping, kurz ODM).

[6]Allerdings nur dann, wenn die Varianz in der Struktur der Daten überschaubar bleibt. Ansonsten erweist sich die Rücktransformation von Daten aus der Datenbank in Objekte einer Klasse oftmals als schwierig.

Mit der Einbettung von Daten und durch die Schemafreiheit kann man davon aus-gehen, dass dadurch etliche Probleme gelöst würden. Das stimmt häufig. Allerdings gibt es auch negative Eigenschaften. Durch die Schemafreiheit müssen in jedem Datensatz wiederum die Attributnamen gespeichert werden, wodurch der Speicherbedarf pro Datensatz höher als bei einem RDBMS ausfällt: Dort müssen die durch das Schema vorgegebenen Attributnamen (Spalten) nicht erneut abgelegt werden, da diese fix vor-gegeben sind. Speicherplatz ist aber heutzutage oftmals nicht mehr der kritische Faktor.

Viel entscheidender ist jedoch ein anderes Kriterium: die Konsistenz der Daten. Wir haben im Beispiel die Angabe von Personen und die Einbettung von deren Adressen ge-sehen. Wenn wir jetzt annehmen, dass sich für die Modellierung die Postleitzahlen oder andere Bestandteile ändern, so führt dies dazu, dass zur Gewährleistung von Konsis-tenz alle Datensätze überprüft und gegebenenfalls aktualisiert werden müssten. Dies wurde bereits bei der Vorstellung der Normalformen diskutiert (vgl. Abschnitt 2.1.3). Zur Vermeidung von Redundanz nutzt man in RDBMS die Normalisierung. Im Beispiel werden Personen und Adressen getrennt gespeichert und verweisen aufeinander. Eine Änderung einer Adresse führt dann zu einer Aktualisierung lediglich eines Datensatzes und ist danach konsistent für alle Nutzer.

Wenn man die Normalisierung einmal außer Acht lässt, könnte man auf die Idee kommen, JSON auch in RDBMS zu speichern. Das wäre möglich, aber man würde einen großen Vorteil eines Document Store verlieren: die komfortable Suchfunktionali-tät. In einem RDBMS würde JSON wohl in der Regel in einer Spalte gespeichert. Da-durch müssten bei vielen Datensätzen Volltextsuchen innerhalb von JSON erfolgen, die die Performance negativ beeinflussen können. An Dinge wie Escaping, Zeilenumbrüche usw. wollen wir erst gar nicht denken. Verwerfen wir also die Idee ganz schnell.[7]

Hinweis: Gedanken zur Schemafreiheit

Bei Document Stores hört man häufiger den Begriff *Schemafreiheit*. Damit ist ge-meint, dass einem Document Store im Gegensatz zu einem RDBMS kein vorgege-bener Aufbau (das Schema) bekannt gemacht werden muss. Jedoch wird durch die Verarbeitung der Daten in der Applikation selbst implizit ein Schema angenommen. Dieses ist allerdings nicht fix, und es ist jederzeit möglich, dass Einträge nach altem und neuem Schema in einer Collection koexistieren können. Dieser Umstand kann für Wartungsarbeiten und Datenmigrationen praktisch sein. Betrachten wir dies et-was genauer.

Möchte man z. B. das Domänenmodell einer Applikation mit RDBMS aktualisieren, ist das mit einer Anpassung des Schemas und einer Migration aller bestehenden Daten mit einer entsprechenden Ausfallzeit verbunden. Bei NoSQL hingegen muss kein dediziertes Wartungsintervall mit einer gewissen Downtime vorgesehen wer-den, da altes und neues Schema parallel zueinander existieren können. Gerade für (globale) rund um die Uhr genutzte Systeme kann dies ein großer Vorteil sein.

---

[7]Aktuelle RDBMS, wie MySQL 5.7.8, haben in diesem Bereich aufgeholt und bieten eine direkte Unterstützung zur Verarbeitung von JSON.

5.2   Einführung MongoDB

Nachfolgend möchte ich Ihnen MongoDB[8] als einen populären Vertreter der NoSQL-Datenbanken vorstellen. MongoDB ist für alle gängigen Betriebssysteme frei verfügbar und zeichnet sich dadurch aus, dass die Installation kinderleicht ist und für eine Vielzahl gebräuchlicher Programmiersprachen Treiber mitgeliefert werden.

MongoDB lässt sich grob durch folgende Eigenschaften charakterisieren:

- Dokumentorientiert und schemafrei
- Für große Datenmengen ausgelegt
- Ausfallsicherheit und Skalierbarkeit
- Abfragen gemäß dem Muster Query-by-Example in Form von Dokumenten

Für die in MongoDB gespeicherten Daten gelten folgende Charakteristika:

- Jeder Datensatz bzw. jedes Objekt in MongoDB besitzt eine eindeutige ID.
- Diese ID ist ein künstlicher Primärschlüssel.
- MongoDB baut automatisch einen Index über die ID auf.
- Es können weitere Indizes basierend auf beliebigen Attributen definiert werden, wodurch Abfragen beschleunigt werden können.

Installation von MongoDB

Die Installation von MongoDB gestaltet sich ziemlich einfach. Laden Sie MongoDB von der Seite `http://www.mongodb.org/` herunter und entpacken Sie es in einen beliebigen Ordner[9]. Im Unterverzeichnis `bin` findet man sowohl den MongoDB-Server als Applikation (`mongod`) als auch den Mongo-Client als Kommandozeilentool (`mongo`). Nun müssen Sie nur noch den MongoDB-Server starten und schon können erste Experimente beginnen, z. B. Daten eingefügt und Abfragen ausgeführt werden. Beim Start ist allerdings noch eine Kleinigkeit zu beachten: Man sollte ein Verzeichnis angeben, in dem MongoDB seine Informationen zu Datenbanken und deren Inhalt speichert. Der Aufruf geschieht wie folgt:

```
mongod --dbpath <path_to_db>
```

Auf diese Weise wird der MongoDB-Server mit den Datenbanken aus dem angegebenen Pfad[10] gestartet und kann mit dem im Anschluss kurz beschriebenen Mongo-Client kontaktiert werden. Weiterführende Details sowohl zu MongoDB-Server als auch Mongo-Client entnehmen Sie bitte der recht ausführlichen und guten Dokumentation auf der schon genannten MongoDB-Webseite.

---

[8]Der Name ist angelehnt an hu*mongo*us (gigantisch).

[9]Bei Windows etwa im Verzeichnis `C:\Tools\MongoDB` – für Mac OS beispielsweise `/usr/local/var/mongodb`.

[10]Somit kann man einfach mehrere Datenbanken in verschiedenen Verzeichnissen verwalten.

Mongo-Client

Die Distribution von MongoDB liefert den Mongo-Client als Kommandozeilentool mit. Damit lassen sich Kommandos ausführen – standardmäßig verbindet sich der Mongo-Client dazu mit einer lokalen Datenbank auf Port 27017.[11]

Für die ersten Gehversuche sind folgende Kommandos nützlich:

Tabelle 5-1 *Nützliche erste Kommandos des Mongo-Clients*

Kommando	Bedeutung
show dbs	Liste der verfügbaren Datenbanken
use <dbname>	Aktivieren der Datenbank mit dem Namen dbname
show collections	Zeigt die Collections der aktuellen Datenbank
help	Anzeige einer Hilfeseite
db.help()	Hilfe zu Datenbankzugriffen
db.<mycol>.help()	Hilfe zu Methoden auf der Collection mycol

Beispieldatenbank mit dem Mongo-Client vorbereiten

Zunächst schauen wir uns an, welche Datenbanken innerhalb von MongoDB existieren. Also tippen wir folgenden Befehl ein:

```
show dbs
```

Wir erhalten in etwa Folgendes als Antwort:

```
local          0.078GB
```

Bei local handelt es sich um die in MongoDB vordefinierte Datenbank. Für unsere Entdeckungsreise zu MongoDB wollen wir eine eigene Datenbank einsetzen. Starten wir deshalb mit dem Kommando use mongoexample. Damit aktivieren und nutzen wir die als Parameter übergebene Datenbank. Sofern diese noch nicht existiert, wird sie angelegt. Nun geben wir das Kommando db ein, um zu sehen, welche Datenbank gerade verwendet wird. Als Konsolenausgabe erhalten wir mongoexample.

Überraschenderweise würde eine Wiederholung des Kommandos show dbs die Datenbank jedoch noch nicht auflisten. Das liegt daran, dass von MongoDB noch keine Collections angelegt wurden. Das prüfen wir! Dazu tippen wir folgenden Befehl ein:

```
show collections
```

---

[11]Optional kann bei Bedarf eine abweichende Portnummer beim Start durch den Kommandozeilenparameter --port <Port-Nr> festgelegt werden.

Wir erhalten eine leere Ausgabe, da es (wie erwartet) in der Datenbank `mongoexample` noch keine Collections gibt. Wir wollen nun eine eigene Collection erstellen. Weil wir im Umgang mit MongoDB noch nicht so firm sind, nutzen wir die Hilfefunktion: Wir tippen `db.help()` und erhalten eine Liste von Kommandos. Anhand der Auflistung erkennen wir, dass alle Kommandos, die sich auf eine konkrete Datenbank beziehen, auf einem impliziten Datenbankobjekt namens `db` arbeiten. Dabei steht `db` für die gerade gewählte Datenbank, hier also `mongoexample`.

In der Liste der Kommandos finden wir auch `createCollection()`. Diesen Befehl führen wir wie folgt aus, um eine Collection `persons` zu erzeugen:

```
db.createCollection("persons")
```

Wiederholen wir nun das Kommando `show collections`, so erhalten wir folgende Ausgaben:

```
persons
system.indexes
```

Es wurde also die Collection `persons` angelegt ebenso wie eine interne Collection `system.indexes` zur Verwaltung von Indexinformationen. Werfen wir im Folgenden einen Blick auf weitere Befehle zur Verarbeitung von Collections.

5.2.1 Analogie von CRUD (RDBMS) zu IFUR (MongoDB)

Mittlerweile sind wir schon ein wenig warm mit dem Mongo-Client geworden. Daher wollen wir uns nun damit befassen, Daten einzufügen, zu lesen, zu verändern und zu löschen, also die bei RDBMS durch das Kürzel CRUD beschriebenen Aktionen auszuführen. CRUD steht bekanntermaßen für die vier sehr gebräuchlichen Operationen im Zusammenhang mit Datenbanken: Create, Read, Update und Delete.[12] Bei MongoDB benutzt man etwas abweichende Begriffe dafür. Hier kann man sich das Kürzel IFUR merken, das sich, wie in Tabelle 5-2 gezeigt, auf CRUD abbilden lässt.

Tabelle 5-2 *Abbildung von CRUD auf IFUR*

RDBMS	MongoDB
CREATE	INSERT
READ	FIND
UPDATE	UPDATE
DELETE	REMOVE

---

[12]Ein wenig im Spaß wies mich Tobias Trelle darauf hin, dass es das Kommando Read in SQL ja gar nicht gibt ;-) und dieses vielmehr einem `SELECT` entspricht.

INSERT

Wir wollen unsere ersten Objekte in der MongoDB speichern. Das soll unter anderem die Person Hugo Test mit dem Alter 33 sein, die wir als JSON wie folgt darstellen:

```
{ "name" : "Test", "firstname" : "Hugo", "age" : 33 }
```

Wir wissen bereits, dass in einem Document Store die Dokumente bzw. Objekte in Collections gespeichert werden. Zum Einfügen nutzen wir das implizite db-Objekt und geben dahinter den Namen der Collection sowie das auszuführende Kommando an:

```
db.persons.insert({ "name" : "Test", "firstname" : "Hugo", "age" : 33 })
db.persons.insert({ "name" : "Meyer", "firstname" : "Tim", "age" : 7 })
```

FIND

Prüfen wir nun durch einen Aufruf von find(), welche Daten in der Collection persons tatsächlich gespeichert sind. Wir führen folgendes Kommando aus:

```
db.persons.find()
```

Die Ausführung dieses Kommando liefert die zwei zuvor eingefügten Personenobjekte als Treffermenge – man erkennt, dass automatisch das Attribut _id von MongoDB vergeben wird:

```
{ "_id" : ObjectId("561e9b62f558714ee1029d3b"),
  "name" : "Test", "firstname" : "Hugo", "age" : 33 }
{ "_id" : ObjectId("561e9bbbf558714ee1029d3c"),
  "name" : "Meyer", "firstname" : "Tim", "age" : 7 }
```

Hinweis: Ansprechende Aufbereitung von Ergebnissen

Die gerade gezeigte Abfrage – sowie Abfragen im Allgemeinen – produzieren eine recht kompakte, manchmal jedoch nicht optimal lesbare Ausgabe. Das pretty()-Kommando bereitet das JSON ansprechend auf:

```
db.persons.find().pretty()
{
    "_id" : ObjectId("561e9b62f558714ee1029d3b"),
    "name" : "Test",
    "firstname" : "Hugo",
    "age" : 33
}
{
    "_id" : ObjectId("561e9bbbf558714ee1029d3c"),
    "name" : "Meyer",
    "firstname" : "Tim",
    "age" : 7
}
```

Spezifikation von Suchbedingungen   Eher selten sind alle Datensätze einer Collection zu ermitteln. Oftmals soll die Treffermenge wie bei einem SQL-SELECT mithilfe einer WHERE-Angabe eingeschränkt werden. Dazu kann man dem Kommando find() ein JSON-Objekt mitgeben, das die Suchbedingung in Form eines Beispieldokuments spezifiziert. Diese Art der Suche wird *Query By Example* genannt. Folgendermaßen sucht man nach Datensätzen mit dem Attribut firstname und dem Wert Tim:

```
db.persons.find({"firstname": "Tim"})
```

Diese Suchabfrage findet die Person Tim Meyer:

```
{ "_id" : ObjectId("561e9bbbf558714ee1029d3c"),
  "name" : "Meyer", "firstname" : "Tim", "age" : 7 }
```

Mitunter benötigt man die Angabe von Bedingungen. Auch dafür kommt JSON mit der Syntax Attributname : Bedingung zum Einsatz. Die Bedingung wiederum hat das Format Vergleichsoperator : Wert. Nachfolgend ist dies für das Attribut age und die Bedingung größer als 25 gezeigt:

```
db.persons.find({"age": {$gt : 25}}) // $gt = greater than
```

Beim Formulieren der Bedingung erkennen wir Folgendes: Für Abfragen dürfen in JSON einige Zeichen nicht genutzt werden, sondern müssen ersetzt werden. Deshalb wird die Altersabfrage statt mit > durch $gt ausgedrückt. Diese Suchabfrage schließt die Person Tim Meyer aufgrund des zu geringen Alters aus und liefert als Ergebnis – wie erwartet – lediglich den Datensatz von Hugo Test:

```
{ "_id" : ObjectId("561e9b62f558714ee1029d3b"),
  "name" : "Test", "firstname" : "Hugo", "age" : 33 }
```

Eine Auswahl gebräuchlicher Vergleichsoperatoren ist in Tabelle 5-3 aufgeführt.

Tabelle 5-3 Wichtige Vergleichsoperatoren in MongoDB

JSON	Bedeutung	Operation
$lt: <value>	less than	<
$lte: <value>	less than or equal	<=
$gte: <value>	greater than or equal	>=
$eq: <value>	equal	=
$in: [<value1>, ..., <valueN>]	Enthalten in Wertemenge	

Der $in-Operator erlaubt die Angabe eines regulären Ausdrucks, der innerhalb von Slashes folgendermaßen notiert wird: /<Reg-Ex>/. Eine Abfrage nach Datensätzen,

deren Attribut `name` mit `Mey` beginnt oder den Wert `TesT` enthält, geschieht wie folgt –
hierbei muss man noch wissen, dass mit `/i` ein case-insensitives Matching erfolgt:

```
db.persons.find( { name: { $in: [ /^Mey/, /TesT/i ] } } )
```

Somit finden wir dann:

```
{ "_id" : ObjectId("561e9b62f558714ee1029d3b"),
  "name" : "Test", "firstname" : "Hugo", "age" : 33 }
{ "_id" : ObjectId("561e9bbbf558714ee1029d3c"),
  "name" : "Meyer", "firstname" : "Tim", "age" : 7 }
```

UPDATE

Um einige Details beim Update zeigen zu können, fügen wir der Collection `persons`
noch weitere Objekte hinzu – insbesondere auch zweimal den Eintrag `Test2 UserX`:

```
db.persons.insert({"name" : "User1", "firstname" : "Test1"})
db.persons.insert({"name" : "UserX", "firstname" : "Test2"})
db.persons.insert({"name" : "UserX", "firstname" : "Test2"})
db.persons.insert({"name" : "User3", "firstname" : "Test3", "age" : 42})
db.persons.insert({"name" : "Blue", "firstname" : "Mike", "eyecolor" : "blue"})
```

Beim Einfügen ist uns (zur Demonstration der Update-Operation absichtlich) ein Tippfehler unterlaufen. Statt `UserX` sollte es `User2` heißen. Mit folgendem Kommando korrigieren wir den Tippfehler im Nachnamen:

```
db.persons.update({"firstname": "Test2"},        // Bedingung
                 {$set: {"name" : "User2"}})  // $set setzt Werte
```

Wie man an dem Kommando sieht, werden für eine Änderung zwei JSON-Dokumente
benötigt: Das erste ist ein Prototyp zur Spezifikation der Suche. Dieser bestimmt die
durch die Änderung betroffenen Dokumente. Der zweite Parameter legt mithilfe eines Änderungsdokuments die gewünschten Änderungen fest. Man könnte annehmen,
dass im obigen Beispiel in allen Dokumenten, die im Attribut `firstname` den Wert
`Test2` enthalten, das Attribut `name` auf den Wert `User2` gesetzt würde. Dem ist nicht
so! Tatsächlich wird nur das erste Vorkommen modifiziert, wie es die folgende Konsolenausgabe andeutet:

```
WriteResult({ "nMatched" : 1, "nUpserted" : 0, "nModified" : 1 })
```

Wenn alle die Suchbedingung erfüllenden Datensätze geändert werden sollen (nachfolgend: `name` auf den Wert `UPDATE_ALL`), ist die Option `{multi : true}` erforderlich:

```
db.persons.update({"firstname": "Test2"}, {$set: {"name" : "UPDATE_ALL"}},
                 { multi: true })
WriteResult({ "nMatched" : 2, "nUpserted" : 0, "nModified" : 2 })
```

Neben dem `$set`-Kommando kann man mit `$rename` bzw. `$unset` Attribute aus einem Dokument umbenennen bzw. entfernen oder mit `$inc` erhöhen.

REMOVE

Als Letztes verbleibt das Löschen von Dokumenten. Dazu gibt es das Kommando `remove()`. Diesem übergibt man eine Menge von Attributen und Wertebelegungen, die als Löschprototyp dienen. Alle Dokumente, deren Attribut-Wert-Kombination mit der übergebenen übereinstimmen, werden aus der aktuellen Collection gelöscht.

Nachfolgend wird gezeigt, wie man aus der Collection `persons` all diejenigen Dokumente löscht, die ein Attribut `name` mit dem Wert `UPDATE_ALL` besitzen:

```
db.persons.remove({"name" : "UPDATE_ALL"})
```

Es verbleiben dann noch folgende fünf Datensätze:

```
db.persons.find()
{ "_id" : ObjectId("561e9b62f558714ee1029d3b"),
  "name" : "Test", "firstname" : "Hugo", "age" : 33 }
{ "_id" : ObjectId("561e9bbbf558714ee1029d3c"),
  "name" : "Meyer", "firstname" : "Tim", "age" : 7 }
{ "_id" : ObjectId("561e9f8bf558714ee1029d3d"),
  "name" : "User1", "firstname" : "Test1" }
{ "_id" : ObjectId("561e9f8bf558714ee1029d40"),
  "name" : "User3", "firstname" : "Test3", "age" : 42 }
{ "_id" : ObjectId("561e9f8bf558714ee1029d41"),
  "name" : "Blue", "firstname" : "Mike", "eyecolor" : "blue" }
```

Nun wollen wir noch die Datensätze entfernen, die den im per `$in` angegebenen Array von Namen entsprechen. Dazu schreiben wir Folgendes:

```
db.persons.remove({"name" : {$in: ["User1", "User3"]}})
```

Hinweis: Fehlertoleranz und Merkwürdigkeiten

Beachten Sie bei der Arbeit mit MongoDB, dass diese mitunter fehlertolerant ist und statt eine Warn- oder Fehlermeldung anzuzeigen unerwartete Aktionen ausführt. Nehmen wir dazu an, wir hätten einen weiteren Datensatz wie folgt hinzugefügt:

```
db.person.insert({"name": "Mysterious", "firstname" : "Mysterious"})
```

Ermitteln wir erneut, welche Daten gespeichert sind und nutzen das Kommando:

```
db.persons.find()
```

In den aufgelisteten Daten finden wir das neu erzeugte Objekt nicht. Wo ist es? Wenn Sie sehr genau hingeschaut haben, dann sehen Sie, dass beim Einfügen als Name der Collection `person` statt `persons` angegeben wurde. Weil diese noch nicht existiert, legt MongoDB automatisch eine gleichnamige Collection an. Ein solcher kleiner Tippfehler fällt kaum auf und löst manchmal Irritationen aus. In diesen Fällen sollten Sie Ihre Kommandos genau prüfen. Ich habe so schon den einen oder anderen Tippfehler fabriziert – oft sitzt der Fehler eben vor der Tastatur ;-).

5.2.2   Komplexere Abfragen

Bisher haben wir recht einfache Abfragen betrachtet. In der Praxis bedarf es normalerweise aber komplexerer Bedingungen und Abfragen.

Logische Verknüpfungen

Gebräuchlich ist etwa die UND(AND)- sowie ODER(OR)-Verknüpfung. Die korrespondierenden Verknüpfungsoperatoren nutzen ein $-Zeichen als Identifikation.

```
{ $or:  [ doc1, doc2, ..., docN ] }
{ $and: [ doc1, doc2, ..., docN ] }
```

Somit findet

```
{ $or: [ { "firstname": "Michael" }, { "firstname": "Tim" } ] }
```

alle Personen mit den Vornamen Michael oder Tim.

Statt konkreter Suchbedingungen nutzen wir nun die Formulierung von Vergleichsbedingungen mithilfe von `$in` und `$gte`, um im ersten Fall eine gültige Wertemenge zu spezifizieren und mit `$gte` eine Wertebereichsprüfung vorzunehmen:

```
{ $and: [ { "firstname": {$in: [ "Michael", "Tim" ] } },
          { "age" : {$gte: 30 } } ] }
```

Bitte beachten Sie für die UND-Verknüpfung, dass Sie diese nur wie gezeigt spezifizieren müssen, wenn Sie unterschiedliche Attributkombinationen abfragen wollen.

Oft ist es einfacher, basierend auf einer Query by Example mithilfe des ersten JSON-Objekts, das man der `find()`-Methode übergibt, mehrere Suchattribute zu definieren, die dann automatisch UND-verknüpft sind. Demnach sucht man wie folgt nach allen Personen mit dem Vornamen Michael und dem Namen Inden:

```
db.persons.find({"firstname" : "Michael", "name" : "Inden"})
```

Treffermenge einschränken und sortieren

Abfragen können potenziell eine riesige Treffermenge liefern. Damit das Ganze gut zu verarbeiten bleibt, ist das Ergebnis ein sogenannter Cursor (ähnlich zu einem Iterator bei Java-Collections), der es erlaubt, die Ergebnismenge elementweise zu traversieren. Darüber hinaus gibt es Funktionen, um die Ergebnisse zu sortieren sowie einen Offset und ein Limit (Obergrenze zu ermittelnder Datensätze) anzugeben:

```
db.persons.find()
        .sort( { "name" : 1 } ) // Gemäß Attribut name aufsteigend sortieren
        .skip(10)               // erste 10 Einträge überspringen
        .limit(20)              // 20 Einträge ermitteln
```

Die Werte für die Sortierrichtung ist wie bei den Komparatoren in Java als 1 (aufsteigend) bzw. -1 (absteigend) definiert. Zudem lässt sich mithilfe von `skip()` und `limit()` ein Paging recht einfach realisieren.

Projektion

Die bisherigen Abfragen haben in der Ergebnismenge alle verfügbaren Attribute eines Dokuments angezeigt. Das ist für viele Anwendungsfälle nicht immer so gewünscht. Zwei recht häufig anzutreffende Gründe sind folgende:

1. Man möchte z. B. die `ObjectId`, also das Attribut `_id`, nicht in der Treffermenge darstellen.
2. Die Daten besitzen teilweise eingebettete Objekte, die für einen Anwendungsfall gerade nicht relevant sind.

Soll beispielsweise eine Liste von Personen dargestellt werden, so möchte man eventuell keine Adressdaten anzeigen, sondern nur Vorname und Alter. Auch soll hier das Attribut `_id` ausgeblendet werden. Man kann dann in der Abfrage die gewünschten Attribute als zweiten Parameter eines `find()`-Aufrufs spezifizieren, wobei der Wert 1 anzeigen und der Wert 0 ausblenden bedeutet:

```
db.persons.find( { "age" : { $gt : 30 } },
                     // zu ermittelnde Attribute
                     { "_id": 0, "firstname" : 1,  "age" : 1  } )
```

Führt man diese Abfrage aus, so erhält man die Datensätze von Hugo Test und Test3 User3, die neben dem Datensatz Tim Meyer nach unseren Löschaktionen in der Collection verblieben sind und zudem die Bedingung »älter als 30« erfüllen. An der Ausgabe erkennt man gut, dass eine Projektion eine Einschränkung auf gewünschte Attribute vornimmt, hier auf Vorname und Alter, sowie zudem das Attribut `_id` ausgeblendet wird – demnach werden nur noch die Attribute `firstname` und `age` in der Ergebnismenge aufgeführt:

```
{ "firstname" : "Hugo", "age" : 33 }
```

Derartige Vorgaben können sehr nützlich sein, wenn man aus der Ergebnismenge eine Liste von Objekten erzeugen möchte, etwa eine `List<PersonDTO>` und dieses DTO (Data Transfer Object) exakt die in der Abfrage gelieferten Daten als Attribute besitzt.

Indizes

Wie in RDBMS kann man die Ausführungszeit von Abfragen ebenfalls in MongoDB durch die Existenz eines passenden Index beschleunigen, weil so die Zugriffszeit auf Dokumente stark verbessert werden kann. Ohne einen Index muss in einem RDBMS ein sogenannter Full Table Scan erfolgen, um Abfragen auszuführen. Ähnliches gilt für MongoDB, wo dann alle Dokumente einer Collection geprüft werden müssen, ob sie die

Abfragebedingung(en) erfüllen. Dieses Vorgehen wird mit ansteigender Datenmenge, die zu durchsuchen ist, ziemlich ineffizient. Als Abhilfe kann ein Index auf einzelne Attribute oder Kombinationen davon vergeben werden.

Wir erstellen einen Index auf dem Attribut `name` mit aufsteigender Sortierung durch die Angabe von 1. Außerdem definieren wir einen Index für eine Kombination von aufsteigend nach `name` und absteigend (durch den Wert -1) nach Alter (`age`) wie folgt:

```
db.persons.createIndex({"name": 1})
db.persons.createIndex({"name": 1, "age": -1})
```

Prüfen wir mit folgendem Kommando, welche Indizes es gibt:

```
db.persons.getIndexes()
```

Die Angabe der gerade erzeugten Indizes ebenso wie des Standardindex, basierend auf dem Attribut `_id`, ist etwas kryptisch – wichtig sind die fett markierten Angaben unter `key`:

```
[
    {
        "v" : 1,
        "key" : {
            "_id" : 1
        },
        "name" : "_id_",
        "ns" : "mongoexample.persons"
    },
    {
        "v" : 1,
        "key" : {
            "name" : 1
        },
        "name" : "name_1",
        "ns" : "mongoexample.persons"
    },
    {
        "v" : 1,
        "key" : {
            "name" : 1,
            "age" : -1
        },
        "name" : "name_1_age_-1",
        "ns" : "mongoexample.persons"
    }
]
```

Das Definieren von Indizes dient der Steigerung der Performance von Abfragen. Nun ist es nicht immer sofort ersichtlich, ob ein Index den gewünschten Nutzen bringt. Praktischerweise erlaubt es MongoDB auf sehr einfache Weise zu prüfen, ob ein Index für eine Abfrage genutzt wird. Dazu dient die `explain()`-Methode. Diese kann man an einen `find()`-Aufruf anhängen, um zu sehen, wann welche Indizes verwendet werden:

```
db.persons.find().explain()
```

Hinweis: Liste aller Indizes in der Datenbank

Zuvor haben wir die Indizes einzelner Collections behandelt. Um sich einen Überblick über *alle* Indizes *aller* Collections einer Datenbank zu verschaffen, kann man folgendes Kommando ausführen:

```
db.system.indexes.find()
```

Für unser Beispiel erhalten wir folgende Antwort:

```
{ "v" : 1, "key" : { "_id" : 1 }, "name" : "_id_",
  "ns" : "mongoexample.persons" }
{ "v" : 1, "key" : { "name" : 1 }, "name" : "name_1",
  "ns" : "mongoexample.persons" }
{ "v" : 1, "key" : { "name" : 1, "age" : -1 },
  "name" : "name_1_age_-1", "ns" : "mongoexample.persons" }
```

Das gilt allerdings nur für den Fall, dass wir auch die Default-Storage-Engine MMap nutzen – seit Mongo 3.0 kann alternativ eine Storage-Engine namens »WiredTiger«verwendet werden, die diese Collection nicht erzeugt!

5.2.3 MongoDB und Transaktionen

In RDBMS lässt sich mit Transaktionen eine »Alles oder Nichts«-Ausführung einer Folge von Aktionen garantieren. Neben der Atomarität werden für Transaktionen ebenfalls die Eigenschaften Consistency, Isolation und Durability gefordert, was man auch als ACID-Eigenschaften bezeichnet.

Wie schon angedeutet werden ACID-Transaktionen von NoSQL-Datenbanken zum Teil nicht unterstützt – insbesondere gilt dies für MongoDB. Dort wird lediglich eine Änderung eines Dokuments als atomare Aktion ausgeführt. Eine Isolation verschiedener Transaktionen, sodass Schreibzugriffe einer Transaktion nicht innerhalb einer anderen Transaktion (direkt) sichtbar werden, bietet MongoDB nicht. Somit sind mitunter Merkwürdigkeiten bei parallel ablaufenden Schreib- und Leseaktionen beobachtbar.

Das klingt etwas schlimmer, als es tatsächlich ist: Auch in RDBMS existieren verschiedene sogenannte Isolationslevel, die es erlauben, die Forderung nach absoluter Isolation zu lockern, sogar bis ganz zum Verzicht darauf. Eine Lockerung der Isolation ermöglicht eine bessere Parallelisierbarkeit von Aktionen und erhöht normalerweise die Abarbeitungsgeschwindigkeit bzw. den Grad an Parallelität.

In RDBMS kann man über Konsistenzbedingungen prüfen, ob die Werte eines Attributs gültig sind und Fremdschlüssel auf tatsächlich existierende Datensätze verweisen (referenzielle Integrität). MongoDB unterstützt beides nicht.

Kommen wir nun zur letzten Forderung, der nach Durability. Damit meint man, dass die Daten garantiert in der Datenbank gespeichert sind, sobald eine Transaktion erfolgreich beendet wurde. Weil MongoDB Daten eine Zeit lang im Speicher puffert und Änderungen nur zyklisch alle 60 Sekunden bzw. alle 100 Millisekunden beim Einsatz von Journaling tatsächlich auf der Festplatte persistiert, kann diese Forderung für MongoDB nur dann erfüllt werden, wenn die Features Journaling und Replikation aktiviert sind. Ansonsten kommt es bei einem Systemausfall ziemlich sicher auch zu einem Datenverlust – allerdings drückt die Aktivierung von Journaling und Replikation auf die Performance.

Hinweis: Atomic Operation

Zuvor habe ich angedeutet, dass einzelne Schreiboperationen auf Dokumenten atomar ausgeführt werden, jedoch nicht, wenn Daten auf mehrere Dokumente verstreut sind. Dann ist zwar jede Schreiboperation für sich atomar, aber die Gesamtheit ist es nicht. Weil dies mitunter ein entscheidender Nachteil gegenüber RDBMS ist, kann man sich eines Tricks bei der Datenmodellierung bedienen: Dokumente in andere Dokumente einzubetten, wenn atomare Schreibzugriffe erforderlich sind.

5.3   Ausfallsicherheit und Skalierbarkeit

Nun betrachten wir mit Replica Sets und Sharding die von MongoDB für Ausfallsicherheit und Skalierbarkeit bereitgestellten Technologien. Zuvor gebe ich zum besseren Verständnis einen kleinen Einblick zu verteilten Systemen und zur Skalierbarkeit.

5.3.1   Hintergrundwissen: Formen der Skalierung

Unter Skalierbarkeit versteht man die Eigenschaft eines Systems, auf gestiegene Anforderungen zu reagieren und bei Bedarf mehr Leistung zu erbringen. Dazu kann man die vorhandenen Hardwareressourcen mit leistungsfähigeren Komponenten ausstatten. Dann spricht man von *vertikalem Skalieren* oder *scale up*. Alternativ kann man zur Leistungssteigerung weitere Rechner bereitstellen. Das nennt man dann *horizontales Skalieren* oder *scale out*.

Zwar kann man in begrenztem Maß durch den Einsatz immer potenterer Hardware (also vertikaler Skalierung) und durch Optimierungen in der Software von RDBMS die Performance verbessern, aber die Möglichkeiten sind heutzutage nahezu ausgereizt, da oftmals schon physikalische Grenzen erreicht wurden (z. B. bei CPU-Takt und Zugriffszeiten von Festplatten, Spielraum bieten noch SSDs).

Ein anderer Ansatz zur Verbesserung der Performance besteht in der horizontalen Skalierung. Statt immer »dickere« Computer einzusetzen, nimmt man einfach mehrere Rechner und lässt diese parallel in einem Cluster arbeiten. Das stellt jedoch höhere Anforderungen an die Software, da diese nun verteilt ausgeführt wird und Strategien bereitstellen muss, mit dem Ausfall einzelner Rechner und daraus resultierenden möglichen temporären Dateninkonsistenzen klarzukommen. Allerdings erreicht man durch horizontales Skalieren neben einer Lastverteilung auch eine höhere Datensicherheit, weil Informationen auf verschiedenen Rechnern repliziert werden.

Hinweis: Mögliche Wege zur Verbesserung der Skalierbarkeit

Vertikale Skalierung ist häufig ein zunächst gangbarer Weg, um auf einfache Weise einen Leistungszuwachs zu erzielen. Die bestehende Software profitiert automatisch von der besseren Hardware. Praktischerweise werden dabei (zunächst) keine Anpassungen in der Software nötig.

Allerdings stößt die vertikale Skalierung auch irgendwann an (physikalische) Grenzen. Eine Verbesserung der Leistungsfähigkeit lässt sich dann nur noch durch eine Parallelverarbeitung erreichen. Dies muss die Software unterstützen und gegebenenfalls extra dafür angepasst werden. Ist dies erfolgt, so können Berechnungen oder Anfragen in der Regel einfacher auf mehrere Rechner verteilt werden.

Verteilte Systeme als Grundlage für horizontale Skalierung

Unter einem verteilten System versteht man den Zusammenschluss mehrerer Computer und Softwarekomponenten, die über ein Netzwerk miteinander kommunizieren und interagieren. Viele NoSQL-Datenbanken erlauben verschiedene Betriebsformen und können als verteiltes System laufen, wenn Lastverteilung und Fehlertoleranz benötigt werden.

Aufgrund ihrer Architektur und der Kommunikation über ein Netzwerk besitzen verteilte Systeme verschiedene Vorteile, aber auch einige Schwachstellen. Nachfolgend sind (ohne Anspruch auf Vollständigkeit) einige wichtige davon aufgelistet, die insbesondere für NoSQL-Datenbanken als verteiltes System gelten.

Vorteile verteilter Systeme

- **Verlässlichkeit** – Durch den Zusammenschluss mehrerer Rechner zu einem System kann häufig der Ausfall einzelner Rechner kompensiert werden. Somit erreicht man eine höhere Ausfallsicherheit.
- **Skalierbarkeit** – Bei Bedarf lässt sich ein verteiltes System um weitere Rechner ergänzen. Sofern die Software entsprechend ausgelegt ist, kann man so direkt von einer weiteren Verarbeitungseinheit profitieren.
- **Gemeinsame Nutzung von Ressourcen** – Die gemeinsame Nutzung von Ressourcen war früher ein Hauptargument für verteilte Systeme. So konnte man teure Spezialhardware durch verschiedene Rechner ansprechen. Heutzutage wird eher die Rechenleistung oder die Speicherkapazität gemeinsam genutzt.
- **Rechenleistung, Performance und Durchsatz** – Im Vergleich zu einem einzelnen Rechner können mehrere Rechner mehr Rechenleistung bereitstellen und so die Verarbeitungsgeschwindigkeit erhöhen. Der Grund besteht darin, dass Anfragen und Aufgaben auf mehrere Rechner verteilt werden, wodurch sich der Durchsatz gegenüber einem nicht verteilten System mitunter stark steigern lässt.

Nachteile verteilter Systeme

- **Fehlersuche und -behandlung** – In einem verteilten System gestaltet sich die Fehleranalyse häufig schwieriger als in einem nicht verteilten System.
- **Programmieraufwand** – Damit Software in einem verteilten System zusammenarbeiten kann, muss dies speziell im Design vorgesehen und später ausprogrammiert werden.
- **Netzwerk-Overhead** – Die Kommunikation über das Netzwerk führt zu Last auf dem Netzwerk und ist durch die Geschwindigkeit des Netzwerks begrenzt. In Zeiten von Gigabit-Netzwerken fällt dies nicht mehr so stark ins Gewicht wie noch vor einigen Jahren, als das Netzwerk noch deutlich langsamer war. Jedoch haben auch die zu transportierenden Datenmengen stark zugenommen und »fressen« mitunter zumindest teilweise die gesteigerte Übertragungsgeschwindigkeit wieder auf.
- **Sicherheit** – Weil Daten zwischen Rechnern transportiert werden, besteht die Gefahr von Datenverlusten oder des Ausspähens von Informationen durch Dritte.

Hinweis: CAP-Theorem und verteilte Systeme

Für die Datenspeicherung in einem verteilten System existiert das CAP-Theorem. Dieses beschreibt, dass in einem verteilten System immer an irgendeiner Stelle bei zumindest einer der drei Eigenschaften Consistency, Availability und Partition tolerance Abstriche zugunsten anderer Eigenschaften gemacht werden muss.

- **C** – Consistency – Diese besagt, dass alle Rechner (auch Knoten genannt) zu einem bestimmten Zeitpunkt bei Abfragen den gleichen Wert liefern würden.

- **A** – Availability – Damit ist gemeint, dass bei einem Ausfall von einigen Knoten das Gesamtsystem auch weiterhin funktioniert – oder: Alle Anfragen werden beantwortet, eventuell jedoch mit Fehlern.

- **P** – Partition tolerance – Das bedeutet, dass bei einer Kommunikationsstörung das System mit mehreren Rechnern weiter operieren kann, wenn es in zwei oder mehr Teile zerfällt.

5.3.2   Ausfallsicherheit und Replica Sets

NoSQL-Datenbanken erfordern keine dedizierten hochgerüsteten Server-Computer, sondern können auch auf relativ normalen Rechnern betrieben werden. Um allerdings dann noch Datensicherheit garantieren zu können, müssen die Systeme redundant ausgelegt werden und zum Abgleich einen Replikationsmechanismus nutzen. Dazu existieren sogenannte Replica Sets mit folgenden Eigenschaften:

- Ein Replica Set ist ein Zusammenschluss (Cluster genannt) und sollte aus mindestens drei MongoDB-Servern (auch `mongod`-Instanzen genannt) bestehen.
- Dabei gibt es einen Primary und mehrere Secondaries.
- Alle Schreiboperationen gehen an den Primary.

- Die Secondaries werden asynchron, basierend auf den Daten des Primarys, aktualisiert (repliziert) und speichern jeweils Kopien der Daten des Primary.
- Zur Lastverteilung können Lesezugriffe zwar auf die Secondaries verteilt werden, jedoch wird dies nicht empfohlen, denn Replica Sets sollten der Ausfallsicherheit dienen und nicht zur Skalierung von Lesezugriffen.
- Bei Ausfällen wird zur Failover-Toleranz automatisch ein neuer Primary gewählt.

Abbildung 5-1 zeigt exemplarisch einige Abläufe bei Replica Sets und orientiert sich stark an den Abbildungen der Onlinedokumentation von MongoDB.

Abbildung 5-1 *Replikation in MongoDB*

5.3.3   Skalierung und Sharding

Sharding ist der Skalierungsansatz von MongoDB. Dabei wird eine Collection unterteilt und auf verschiedene Rechner verteilt. Diese Partitionierung der Datenbestände auf verschiedene Rechner ist neben Replica Sets eine weitere Möglichkeit, die Performance des DB-Systems zu steigern.[13]

Die grundsätzliche Idee dahinter ist es, eine horizontale Skalierung zu erlauben. Mit Sharding möchte man einen hohen Datendurchsatz selbst für große Datenmengen bewerkstelligen. Das stützt sich auf folgende Ideen:

- Durch die Verteilung auf mehrere Knoten reduzieren sich die von jedem Knoten zu verwaltenden Datensätze.
- Beim Einfügen oder Verarbeiten von Daten muss immer nur derjenige Shard, also ein Server, der am Sharding teilnimmt, angesprochen werden, auf dem die Daten verwaltet werden.
- Durch das Sharding reduziert sich die Menge an Operationen, die auf jedem Knoten ausgeführt werden muss. Bei Annahme nahezu gleich verteilter Daten muss jeder der n Knoten nur noch $1/n$ der Verarbeitungslast tragen. Auf diese Weise kann das Cluster sowohl die Kapazität als auch den Durchsatz durch horizontale Skalierung (signifikant) verbessern. Nehmen wir an, der Datenbestand betrüge 10 TB. Diesen kann man man beispielsweise auf 4 Knoten mit jeweils 2,5 TB verteilen oder aber auf 20 Knoten mit jeweils nur noch 0,5 TB.

---

[13]Nochmals der Hinweis: Replica Sets dienen primär der Ausfallsicherheit, nicht der Performance-Steigerung.

Abbildung 5-2 verdeutlicht die Unterteilung von Daten beim Sharding und basiert wieder auf der Onlinedokumentation von MongoDB.

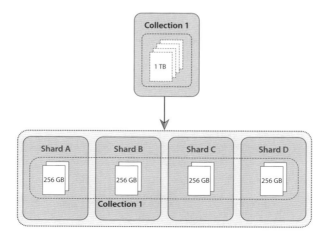

Abbildung 5-2 *Aufteilung von Daten beim Sharding mit MongoDB*

Sharding-Strategien

Grundsätzlich verteilt MongoDB die Daten von Collections auf verschiedene Shards und nutzt dazu einen sogenannten Shard Key zum Aufsplitten der Collections. Dieser Shard Key muss ein indiziertes Attribut oder eine Kombination aus solchen sein und bildet die Grundlage für die Verteilung der Daten. Dafür gibt es zwei Strategien, die man sich in etwa wie eine partitionierte `TreeMap<K,V>` bzw. `HashMap<K,V>` vorstellen kann. Das sogenannte *Range Based Sharding* legt Daten in benachbarte oder gar im selben Shard ab, wenn diese bezüglich des Shard Key als ähnlich betrachtet werden. Bei der Strategie des *Hash Based Sharding* werden die Werte mit einem Hashalgorithmus über die Shards verteilt.

MongoDB sorgt automatisch dafür, dass jede Collection aufgrund der Werte der Shard Keys in ungefähr gleich große Datenblöcke, sogenannte Chunks, aufgeteilt wird und dass diese Chunks gleichmäßig über die Shards verteilt sind. Dabei gibt es für Chunks eine konfigurierbare Maximalgröße, die per Default 64 MB beträgt. Innerhalb eines Chunks können die Größen der Dokumente beliebig variieren. Weil sich gewöhnlich die Datenbasis im Laufe der Zeit ändert, kann dies zu einer Ungleichverteilung oder sogar zu einer ausgeprägten Dysbalance führen. Dem wirken zwei Hintergrundprozesse entgegen: ein Splitter und ein Balancer. Beide sorgen dafür, dass Dysbalancen behoben werden. Der Splitter teilt bei Bedarf zu große Chunks auf. Der Balancer sorgt dafür, dass die Chunks einer Collection gleichmäßig über die Shards verteilt sind. Gibt es ein Ungleichgewicht, werden Chunks von einem Shard auf einen anderen verschoben (chunk migration).

Neben Änderungen in den Daten kann auch die strukturelle Änderung an den Knoten einen Einfluss haben: Es können dem Cluster neue Shards hinzugefügt oder einige entfernt werden. Auch dann greifen die zuvor beschriebenen Ausgleichsprozesse.

5.3.4 Anmerkungen zu Replica Sets und Sharding

Nachdem ich kurz auf die Konzepte zu Ausfallsicherheit und Lastverteilung in Form von Replica Sets und Sharding eingegangen bin, möchte ich hier deren Vorteile nochmals rekapitulieren. Zunächst einmal ist positiv zu vermerken, dass sich Replica Sets und Sharding kombinieren lassen, wodurch sich die Vorteile der Ausfallsicherheit mit denen der Skalierbarkeit verbinden. In Produktivsystemen ist die Kombination mit Replica Sets Pflicht, denn der Einsatz von Sharding alleine ist nicht ausfallsicher.

MongoDB macht es fast kinderleicht, ein verteiltes Datenbanksystem aufzusetzen. Die dazu notwendigen Replica Sets sind mit wenigen Befehlen erstellt.[14] Danach muss man sich als Nutzer nicht mehr um die Replizierung und auch nicht um die Kommunikation der einzelnen Knoten untereinander kümmern. Das stellt einen großen Vorteil gegenüber normalen verteilten Applikationen dar, wo man sich in der Regel einige Gedanken über Ausfallsicherheit und Verhalten bei Fehlern, das sogenannte Failover, machen muss. Dies zu realisieren kann einen nicht unerheblichen Aufwand bedeuten. Bei MongoDB erhält man dies nahezu »out of the box«.

Die Aufteilung von Daten auf verschiedene Systembestandteile kann eine knifflige Sache sein, wenn man dies selbst implementieren wollte. Hier hilft das Sharding bzw. Clustering von MongoDB, das ebenfalls ziemlich einfach aufzusetzen ist. Zudem sorgen die Mechanismen zur Aufteilung und Ausbalancierung der Daten zwischen den einzelnen Shards automatisch ohne Zutun des Benutzers für eine gute Gleichverteilung.

5.4 MongoDB aus Java ansprechen

Nachdem wir uns mithilfe des Mongo-Clients kurz mit der Verarbeitung von Daten in Document Stores, im Speziellen in MongoDB, beschäftigt haben, wollen wir MongoDB nun mit Java ansprechen. Wie auch bei JDBC benötigen Sie spezielle Treiber, die unter `http://docs.mongodb.org/ecosystem/drivers/` verfügbar sind.[15] Es empfiehlt sich wieder die Integration der Abhängigkeit in den Gradle-Build. Dazu ergänzen wir die Build-Datei `build.gradle` um folgenden Dependency-Eintrag:

```
compile 'org.mongodb:mongo-java-driver:3.1.0'
```

---

[14]`https://docs.mongodb.org/manual/tutorial/deploy-replica-set/`
[15]Neben dem Treiber für Java gibt es weitere für verschiedene gängige Programmiersprachen.

5.4.1   Einführendes Beispiel

Wir beginnen mit einem Datenbankzugriff und der Abfrage von in MongoDB enthaltener Collections. Die Realisierung erfolgt mit dem Treiber der Versionen 2 und 3. Dabei werden einige zentrale Klassen und Interfaces aus den Packages `com.mongodb` sowie `com.mongodb.client` genutzt – die Zuordnung zu V2 bzw. V3 zeigt Tabelle 5-4.

Tabelle 5-4 *Zentrale Klassen des MongoDB-Treibers*

V2	V3	Aufgabe
MongoClient	MongoClient	Abstrahiert eine Verbindung zur MongoDB.
DB	MongoDatabase	Repräsentiert eine Datenbank.
DBCollection	MongoCollection	Repräsentiert eine Collection.

Datenbankzugriffe mit Treiber in Version 2

In diesem einführenden Beispiel verwende ich für das leichtere Verständnis bewusst ein paar Methoden, die zwar in den neuesten Treibern von MongoDB mit der Annotation `@Deprecated` versehen sind, aber den Ablauf und das Verständnis erleichtern, da sie recht nahe an den Konsolenvarianten sind. Schauen wir uns mit diesem Hinweis im Hinterkopf die Realisierung an, die zunächst eine Verbindung zur Datenbank mithilfe eines `MongoClients` aufbaut, dann die Namen der dort zugänglichen Datenbanken ermittelt und schließlich die Namen der Collections für die Datenbank namens `mongoexample`, die wir aus den vorherigen Abschnitten kennen, als `Set<String>` ausliest:

```
public static void main(final String[] args)
{
    try (final MongoClient mongo = new MongoClient("localhost", 27017))
    {
        final List<String> dbNames = mongo.getDatabaseNames(); // deprecated
        System.out.println("Database Names: " + dbNames);

        final DB db = mongo.getDB("mongoexample"); // deprecated
        final Set<String> collections = db.getCollectionNames();
        System.out.println("Collections in db 'mongoexample': " + collections);
    }
}
```

Listing 5.1 *Ausführbar als* **'MongoExampleOldDriver'**

Startet man das obige Programm MONGOEXAMPLEOLDDRIVER, so werden in etwa folgende Informationen ausgegeben:[16]

```
Database Names: [local, mongoexample, test]
Collections in db 'mongoexample': [person, persons, system.indexes]
```

---

[16]Dafür müssen Sie die Aktionen aus dem vorherigen Unterkapitel zum Mongo-Client ausgeführt haben, und die MongoDB muss laufen.

Modernere Variante: Datenbankzugriffe mit Treiber in Version 3

Schauen wir uns nun das Gleiche mit dem neuen Mongo-Treiber in Version 3 an:

```java
public static void main(final String[] args)
{
    try (final MongoClient mongo = new MongoClient("localhost", 27017))
    {
        final MongoIterable<String> itDbNames = mongo.listDatabaseNames();
        final List<String> dbNames = itDbNames.into(new ArrayList<>());
        System.out.println("dbNames: " + dbNames);

        final MongoDatabase db = mongo.getDatabase("mongoexample");
        final MongoIterable<String> itColNames = db.listCollectionNames();
        final List<String> collections = itColNames.into(new ArrayList<>());
        System.out.println("Collections in db 'mongoexample': " + collections);
    }
}
```

Listing 5.2 Ausführbar als 'MONGOEXAMPLENEWDRIVER'

Startet man das obige Programm MONGOEXAMPLENEWDRIVER, so erhält man die gleichen Ausgaben wie zuvor:

```
Database Names: [local, mongoexample, test]
Collections in db 'mongoexample': [person, persons, system.indexes]
```

Das Listing lässt erkennen, dass das neue API durch den Einsatz des generischen Interface `MongoIterable<TResult>` etwas sperriger in der Handhabung ist. Dieses wird im API angeboten, um auch sehr umfangreiche Datenbestände ohne viel Aufwand und zudem auch sukzessive übertragen zu können. Weil es für Weiterentwicklungen sinnvoll ist, aktuelle APIs zu nutzen, werden wir in den nachfolgenden Beispielen vornehmlich auf Version 3 der MongoDB APIs zurückgreifen.

5.4.2 Daten einfügen und auslesen

Wie bei der Einführung des Mongo-Clients (siehe Abschnitt 5.2) wollen wir nun analog einige CRUD- bzw. IFUR-Operationen mit Java ausführen. Dazu nutzen wir folgende Klassen und Interfaces:

- `Document` – Repräsentiert ein Dokument als Menge von Schlüssel-Wert-Paaren ähnlich zu einer Map.
- `MongoCollection<Document>` – Ein `MongoCollection<Document>` modelliert eine Collection und bietet verschiedene Methoden zur Datenmanipulation sowie Suche, z. B. `find()`.
- `FindIterable<Document>` – Ein `FindIterable<Document>` modelliert das Ergebnis einer Suchabfrage und erlaubt die Iteration über die Ergebnismenge.

Wir beginnen bei den IFUR-Aktionen mit dem Einfügen von Daten und dem anschließenden Auslesen, was wir folgendermaßen implementieren:

```
private static void insertMichael(final MongoCollection<Document> collection)
{
    final Document personDocument = new Document("name", "Michael").
                                    append("age", "44").
                                    append("bornIn", "Bremen").
                                    append("livesIn", "Zürich");
    collection.insertOne(personDocument);
}

private static void queryAll(final MongoCollection<Document> collection)
{
    final FindIterable<Document> results = collection.find();
    printAll(results);
}

private static void printAll(final FindIterable<Document> elements)
{
    // Explizite Definition notwendig, da forEach überladen und sonst mehrdeutig
    final Consumer<Document> consumer = System.out::println;
    elements.forEach(consumer);
}
```

Migrationshilfe: Vergleich mit dem Treiber in V2

Die Treiber in Version 2 und 3 unterscheiden sich ziemlich stark. Um Ihnen einen möglichen Umstieg zu erleichtern, möchte ich hier wichtige Klassen und Interfaces gegenüberstellen:

- ▪ DBObject und BasicDBObject – Die Klasse BasicDBObject implementiert das Interface DBObject und modelliert ein Objekt in der Datenbank als Menge von Schlüssel-Wert-Paaren analog zu einer HashMap<String,Object>. Im neuen Treiber der Version 3 wird ein Dokument nun durch eine gleichnamige Klasse Document repräsentiert.

- ▪ DBCursor – Ein DBCursor repräsentiert das Ergebnis einer Suchanfrage und erlaubt die Iteration über die Ergebnismenge. Im Treiber der Version 3 ist dafür das generische Interface FindIterable<TResult> zuständig.

Schauen wir uns – wie zuvor für Version 3 – auch für den Treiber in Version 2 das Einfügen und Auslesen von Daten an:

```
private static void insertMichael(final DBCollection collection)
{
    final DBObject personDbObject = new BasicDBObject("name", "Michael").
                                    append("age", "44").
                                    append("bornIn", "Bremen").
                                    append("livesIn", "Zürich");
    collection.insert(personDbObject);
}

private static void queryAll(final DBCollection collection)
{
    final DBCursor dbCursor = collection.find();
    dbCursor.forEach(System.out::println);
    dbCursor.close();
}
```

Alternativ zum Ansatz mit `DBCursor` können die Daten als `List<DBObject>` wie folgt aufbereitet werden:

```
private static void queryAllV2(final DBCollection collection)
{
    final List<DBObject> documents = collection.find().toArray();
    System.out.println(documents);
}
```

Die Kombination `find().toArray()` führt jedoch dazu, dass zunächst erst einmal *alle* Daten gelesen werden, während bei einer Iteration über den Cursor dies nach und nach passiert. Bitte beachten Sie weiterhin Folgendes: Wundersamerweise ist der Rückgabewert der Methode `toArray()` eine `List<DBObject>`.

Beispielapplikation

Kombinieren wir nun die zuvor gezeigten Methoden zum Einfügen und Ausgeben eines `Document` zu einer Beispielapplikation:

```
public static void main(final String[] args)
{
    try (final MongoClient client = new MongoClient("localhost", 27017))
    {
        final MongoDatabase database = client.getDatabase("mongoexample");
        final MongoCollection<Document> collection =
                                database.getCollection("personsinsert");

        insertMichael(collection);
        queryAll(collection);
    }
}
```

Listing 5.3 *Ausführbar als* 'MONGOINSERTANDREADEXAMPLE'

Die Konsolenausgabe des obigen Programms MONGOINSERTANDREADEXAMPLE ist nachfolgend gezeigt:

```
Document{{_id=56574601c761510983c42c9d, name=Michael, age=44, bornIn=Bremen,
      livesIn=Zürich}}
```

Daten direkt als JSON verarbeiten

Der Umgang mit `Document` als Map gestaltet sich mitunter etwas umständlich. Teilweise ist es praktischer, die Daten als String, der JSON enthält, zu übergeben. Während dies für den alten Treiber noch den Einsatz der Klasse `com.mongodb.util.JSON` benötigte, bietet nun die Klasse `Document` bereits einen integrierten Support für JSON. Um aus einem JSON-String ein `Document` zu erzeugen, gibt es die Methode `parse()`. Für den umgekehrten Weg nutzt man die Methode `toJson()`.

   Die `parse()`-Methode wird nachfolgend für eine Einfügeoperation mit `insertOne(Document)` und eine Suche mit `find(Document)` basierend auf JSON genutzt:

```java
private static void insertNameAsJSON(final MongoCollection<Document> collection,
                                     final String name)
{
    final String insertAsJsonString = "{ name: '" + name +
                                        "', 'friend': 'Jerry'}";
    final Document personDocument = Document.parse(queryAsJsonString);

    collection.insertOne(personDocument);
}

private static void queryAllToms(final MongoCollection<Document> collection)
{
    final String queryAsJsonString = "{ 'name': 'Tom' }";
    final Document query = Document.parse(queryAsJsonString);

    final FindIterable<Document> results = collection.find(query);
    printAll(results);
}
```

Im Listing habe ich zur Verdeutlichung der JSON-Verarbeitung jeweils eigenständige Variablen definiert. Bei den Angaben ist die Verarbeitung des JSON von MongoDB recht flexibel und erlaubt auch die Angabe der Attribute ohne Hochkommata oder mit einfachen Hochkommata.

Für lediglich einmal durchzuführende Aktionen würde man diese lokalen Variablen vermutlich in der Praxis mit dem Refactoring INLINE in den jeweiligen Ausdruck integrieren.

Beispielapplikation

Mit den eben entwickelten Methoden schreiben wir eine Beispielapplikation, die JSON-basiert Daten einfügt und dann lesend darauf zugreift:

```java
public static void main(final String[] args)
{
    try (final MongoClient client = new MongoClient("localhost", 27017))
    {
        final MongoDatabase database = client.getDatabase("mongoexample");
        final MongoCollection<Document> collection =
                                    database.getCollection("personsinsert");

        insertNameAsJSON(collection, "Tom");
        insertNameAsJSON(collection, "Tom");
        insertNameAsJSON(collection, "Michael");

        collection.insertOne(Document.parse("{'Invisible' : true}"));

        queryAllToms(collection);
    }
}
```

Listing 5.4 *Ausführbar als* **'MONGOINSERTANDREADJSONEXAMPLE'**

Das obige Programm MONGOINSERTANDREADJSONEXAMPLE listet – wie durch das Einfügen von zwei Dokumenten mit dem Namen Tom und einem weiteren Dokument mit dem Namen Michael zu erwarten – die beiden eingefügten Toms, jedoch nicht das Dokument `Invisible` oder den Eintrag mit dem Namen Michael:

```
Document{{_id=5662b809655eef03e225c467, name=Tom, friend=Jerry}}
Document{{_id=5662ba6d655eef0413c17491, name=Tom, friend=Jerry}}
```

5.4.3   Verarbeitung komplexerer Daten

Nachdem wir ein Grundverständnis der Datenverarbeitung mit Java und MongoDB gewonnen haben, möchte ich im Anschluss ein etwas komplexeres Beispiel vorstellen. Hier geht es darum, verschiedene Varianten des Aufbaus eines Dokuments zu zeigen. Dazu nutzen wir Personen-Datensätze.

In der Modellierung von Personen besitzen diese Attribute wie Name, Alter und Geburtstag sowie Hobbys und eine Adresse. Wir lernen, wie wir Hobbys als Array in einem Dokument und die Adresse als eingebettetes Objekt speichern.

Datengrundlage

Zur Erleichterung der Datengenerierung definieren wir in einer Klasse `ExampleData` folgendermaßen eine Liste von Namen, Hobbys und Adressen:

```java
public class ExampleData
{
    public static final List<String> names = Arrays.asList(
            "Micha", "Tim", "Andy", "Lili", "Barbara",
            "Clemens", "Merten", "Marius");

    public static final List<String> hobbies = Arrays.asList(
            "Sport", "Reisen", "Musik", "TV",
            "Kino", "Wandern", "Fotografieren");

    static class Address
    {
        public final String state;
        public final int zipCode;
        public final String city;

        public Address(final String state, final int zipCode, final String city)
        {
            this.state = state;
            this.zipCode = zipCode;
            this.city = city;
        }
    }

    public static final List<Address> addresses = Arrays.asList(
        new Address("CH", 8952, "Schlieren"), new Address("DE", 24106, "Kiel"),
        new Address("CH", 8003, "Zürich"), new Address("DE", 52070, "Aachen"),
        new Address("A", 1133, "Wien"));
}
```

Hinweis: Verarbeitung von Enums

Der aufmerksame Leser mag sich an dieser Stelle fragen, warum wir die Staaten-kürzel nicht als Enum wie folgt modellieren:

```
enum State
{
    DE, CH;
};
```

MongoDB unterstützt kein direktes Mapping von Enums. Es käme zu dem Fehler:

```
org.bson.codecs.configuration.CodecConfigurationException: Can't find a
    codec for class db.mongo.State.
```

Wie eine Verarbeitung aber dennoch möglich ist, werde ich in Abschnitt 5.4.5 darstellen. Alternative Lösungen nutzen einen sogenannten Codec, siehe dazu auch: `http://mongodb.github.io/mongo-java-driver/3.0/bson/codecs/`.

Aufbereitung von komplexeren Daten

Zur Aufbereitung der Daten schreiben wir einige Hilfsmethoden und beginnen mit der Methode `createPersonDocument()`. Dort nutzen wir verschiedene Typen von Attributen, insbesondere auch Arrays und eingebettete Dokumente:

```java
private static Document createPersonDocument(final String name)
{
    final Document document = new Document();

    document.append("name", name);
    document.append("age", 1 + (int) (Math.random() * 100));
    document.append("insertionDate", new Date());
    document.append("hobbies", Arrays.asList(createHobbiesArray()));
    document.append("address", createAddressDocument());

    return document;
}
```

Während es noch mit dem Treiber in Version 2 und der Klasse `BasicDBObject` problemlos möglich war, Arrays zu verarbeiten, unterstützt die Klasse `Document` derzeit nur Listen, weshalb sich im Listing ein Aufruf von `Arrays.asList()` findet. Ansonsten käme es zu einer `org.bson.codecs.configuration.CodecConfiguration-Exception: Can't find a codec for class [Ljava.lang.String;`.

Als Array-Daten werden unterschiedliche Hobbys zufällig aus einer Menge vordefinierter Hobbys in der Methode `createHobbiesArray()` erzeugt. Dazu nutze ich verschiedene Funktionalitäten aus dem mit Java 8 eingeführten Stream-API:[17]

---

[17]Für weiterführende Informationen zu Streams und Java 8 im Allgemeinen möchte ich Sie auf meine Bücher »Der Weg zum Java-Profi« [8] und »Java 8 – Die Neuerungen« [9] hinweisen.

```
private static String[] createHobbiesArray()
{
    final int maxNrOfHobbies = 1 + (int) (Math.random() *
                              (ExampleData.hobbies.size() / 2));

    return ExampleData.hobbies.stream().
                              filter(item -> Math.random() > 0.5).
                              limit(maxNrOfHobbies).
                              toArray(String[]::new);
}
```

Die Aufbereitung der Adressinformationen geschieht in der folgenden Methode
createAddressDocument(). In deren Implementierung wird eine zufällig aus einer
Adressliste gewählte Adresse als Document erstellt:

```
private static Document createAddressDocument()
{
    final int random = (int) (Math.random() * ExampleData.addresses.size());
    final ExampleData.Address address = ExampleData.addresses.get(random);

    final Document document = new Document();

    document.append("country", address.state);
    document.append("zipCode", address.zipCode);
    document.append("city", address.city);

    return document;
}
```

Beispielapplikation

Mit dem gewonnenen Wissen implementieren wir eine Beispielapplikation. In der folgenden main()-Methode rufen wir die zuvor erstellten Hilfsmethoden sowie noch eine
Reihe weiterer Methoden zum Einfügen, Zählen und Modifizieren wie folgt auf:

```
public static void main(final String[] args)
{
    try (final MongoClient mongo = new MongoClient("localhost", 27017))
    {
        final MongoDatabase db = mongo.getDatabase("mongoexample");
        final MongoCollection<Document> collection =
                              db.getCollection("personsAndAddresses");

        final List<Document> persons = createPersonDocuments();
        insertDocuments(collection, persons);
        countAllPersons(collection);
        queryAll(collection);

        final int countBefore = countPersonsOlderThan(collection, 40);
        System.out.println("Person with age > 40 --> " + countBefore);

        updatePersonsAgeOlderThanTo(collection, 40, 25);

        final int countAfter = countPersonsOlderThan(collection, 40);
        System.out.println("Person with age > 40 --> " + countAfter);
    }
}
```

```java
private static List<Document> createPersonDocuments()
{
    return ExampleData.names.stream().
                     map(name -> createPersonDocument(name)).
                     collect(Collectors.toList());
}

private static void insertDocuments(final MongoCollection<Document> collection,
                                    final List<Document> dbObjectsToInsert)
{
    dbObjectsToInsert.forEach((document) -> collection.insertOne(document));
}

private static void countAllPersons(final MongoCollection<Document> collection)
{
    System.out.println("All Persons: " + collection.count());
}

private static void queryAll(final MongoCollection<Document> collection)
{
    final FindIterable<Document> results = collection.find();
    printAll(results);
}

private static int countPersonsOlderThan(
        final MongoCollection<Document> collection, final int minAge)
{
    final Document query = new Document("age", new Document("$gt", minAge));

    final FindIterable<Document> result = collection.find(query);
    return result.into(new ArrayList<>()).size();
}

private static void updatePersonsAgeOlderThanTo(
        final MongoCollection<Document> collection,
        final int minAge, final int newAge)
{
    final Document query = new Document("age", new Document("$gt", minAge));

    final Document newDocument = new Document("age", newAge);
    final Document update = new Document("$set", newDocument);

    collection.updateMany(query, update);
}

private static void printAll(final FindIterable<Document> elements)
{
    final Consumer<Document> consumer = System.out::println;
    elements.forEach(consumer);
}
```

Listing 5.5 *Ausführbar als '*MONGOPERSONSANDADDRESSEXAMPLE*'*

Starten wir das Programm MONGOPERSONSANDADDRESSEXAMPLE, so wird für jeden in den Testdaten enthaltenen Namen ein `Person`-Dokument mit einer zufälligen
Teilmenge der vordefinierten Hobbys sowie einer zufällig gewählten Adresse aus der
gegebenen Liste der Adressen erzeugt und in MongoDB gespeichert. Dadurch befinden
sich 8 Personen in der Collection `personsAndAddresses`. Für die gezeigte Ausführung finden wir vier Personen mit einem Alter über 40, nämlich Tim, Andy, Merten

und Marius. Deshalb liefert die Abfrage nach Personen über 40 den Wert 4. Dann führen wir eine Alterskorrektur dieser Datensätze auf den Wert 25 durch. Folglich gibt es anschließend keine Personen mehr, die älter als 40 Jahre sind. Anhand der folgenden Konsolenausgaben lässt sich das Gesagte nachvollziehen:

```
All Persons: 8
Document{{_id=5662cb06655eef056e7f8ab4, name=Micha, age=24, insertionDate=Sat
    Dec 05 12:31:18 CET 2015, hobbies=[Musik, Kino], address=Document{{country=
    DE, zipCode=24106, city=Kiel}}}}
Document{{_id=5662cb06655eef056e7f8ab5, name=Tim, age=57, insertionDate=Sat Dec
    05 12:31:18 CET 2015, hobbies=[TV, Wandern, Fotografieren], address=
    Document{{country=DE, zipCode=24106, city=Kiel}}}}
Document{{_id=5662cb06655eef056e7f8ab6, name=Andy, age=90, insertionDate=Sat Dec
    05 12:31:18 CET 2015, hobbies=[Sport, Reisen, Musik], address=Document{{
    country=CH, zipCode=8003, city=Zürich}}}}
Document{{_id=5662cb06655eef056e7f8ab7, name=Lili, age=15, insertionDate=Sat Dec
    05 12:31:18 CET 2015, hobbies=[Sport], address=Document{{country=DE,
    zipCode=52070, city=Aachen}}}}
Document{{_id=5662cb06655eef056e7f8ab8, name=Barbara, age=31, insertionDate=Sat
    Dec 05 12:31:18 CET 2015, hobbies=[Reisen, Kino], address=Document{{country
    =DE, zipCode=24106, city=Kiel}}}}
Document{{_id=5662cb06655eef056e7f8ab9, name=Clemens, age=22, insertionDate=Sat
    Dec 05 12:31:18 CET 2015, hobbies=[Reisen, Musik], address=Document{{
    country=A, zipCode=1133, city=Wien}}}}
Document{{_id=5662cb06655eef056e7f8aba, name=Merten, age=82, insertionDate=Sat
    Dec 05 12:31:18 CET 2015, hobbies=[Kino], address=Document{{country=CH,
    zipCode=8003, city=Zürich}}}}
Document{{_id=5662cb06655eef056e7f8abb, name=Marius, age=82, insertionDate=Sat
    Dec 05 12:31:18 CET 2015, hobbies=[Reisen, Musik], address=Document{{
    country=CH, zipCode=8003, city=Zürich}}}}
Person with age > 40 --> 4
Person with age > 40 --> 0
```

Tipp: Besonderheiten bei Abfragen eingebetteter Dokumente

Wenn ein Dokument verschachtelte Daten enthält, etwa wie im Beispiel, wo in einem `Person`-Dokument eine Adresse eingebettet ist, dann könnte man, um alle Personen mit Zürich als Wohnort zu finden, versuchen, etwa Folgendes zu schreiben:

```
db.personsAndAddresses.find({ "address" : { "city" : "Zürich" } })
```

Diese Notation prüft jedoch auf eine exakte Übereinstimmung von Dokumenten und liefert deshalb nur solche Dokumente zurück, deren Attribut `address` genau aus dem Eintrag `"city" : "Zürich"` besteht.

Für die obigen Daten würde man keine Treffer erhalten. Vermutlich wollte man stattdessen all diejenigen Adressen finden, die im Attribut `city` den Wert `Zürich` besitzen. Dafür schreibt man mit der Dot-Notation Folgendes:

```
db.personsAndAddresses.find({ "address.city" : "Zürich" })
```

5.4.4   Einfaches JSON-basiertes Object/Document Mapping

Bislang haben wir auf recht technischer Ebene unterschiedliche Operationen mit der
Klasse `Document` bzw. einer JSON-Darstellung genutzt. Im Praxisalltag wird man eher
Business-Objekte verwalten und persistieren wollen. Zur Verdeutlichung der notwendigen Abläufe erstellen wir folgende Klasse `Person`:

```java
public class Person
{
    private String firstname;
    private int age;
    private String bornIn;
    private String livesIn;

    public Person()
    {}

    public Person(final String firstname, final int age,
                  final String bornIn, final String livesIn)
    {
        this.firstname = firstname;
        this.age = age;
        this.bornIn = bornIn;
        this.livesIn = livesIn;
    }

    @Override
    public String toString()
    {
        return "Person [firstname=" + firstname + ", age=" + age +
               ", bornIn=" + bornIn + ", livesIn=" + livesIn + "]";
    }
}
```

Bei der Abbildung von der Objekt- in die Datenbankwelt müssen wir den sogenannten Impedance Mismatch überwinden, also die Transformation von der Objekt- in die
Datenbankrepräsentation. Bei RDBMS heißt das bekanntermaßen, Objekte auf eine
Tabellenstruktur abzubilden. Für MongoDB ist der Sprung kleiner, und die Aufgabe
besteht darin, die Objekte in ein `Document` oder aber JSON zu wandeln. Diese Transformation nennt man Object/Document Mapping, kurz ODM.

Die Variante mit `Document` als Map ist mühsam, da man hierbei für jedes Attribut
einen Eintrag im `Document` vornehmen müsste. Das wird – insbesondere bei Änderungen im Objektaufbau (neue oder wegfallende Attribute) – schnell fehlerträchtig, denn
dann müssen die Mapping-Implementierungen immer wieder von Hand angepasst werden. Ähnliches kennt man aus JDBC für das Erzeugen von Objekten aus den Daten von
`ResultSet`s.

Konzentrieren wir uns deshalb auf die zweite Variante mit JSON. Hierfür bietet die
Klasse `Document` bereits eine Hilfsmethode `parse()`. Wir müssen nur noch aus einem Java-Objekt eine korrespondierende JSON-Darstellung als String erzeugen. Dazu
können wir unser in Abschnitt 1.5 erworbenes Wissen zu JSON und dem Jackson-
Framework nutzen. Dort haben wir bereits die Utility-Klasse `JsonMapper` mit den bei-

den Methoden `toJsonString()` und `fromJsonString()` erstellt, die wir nun wie folgt gewinnbringend einsetzen:

```java
public static void main(final String[] args) throws IOException
{
    try (final MongoClient client = new MongoClient("localhost", 27017))
    {
        final MongoDatabase db = client.getDatabase("mongoexample");
        final MongoCollection<Document> collection =
                            db.getCollection("persons_odm");

        final Person micha = new Person("Michael", 44, "Bremen", "Zürich");
        final String json = storePersonInDb(collection, micha);
        System.out.println("To db: " + json);

        final Document query = Document.parse("{'age' : 44}");
        final Person readPerson = readPersonFromDb(collection, query);
        System.out.println("\nPerson from json/db: " + readPerson);
    }
}

/** realisiert die Umwandlung Person -> JSON -> DB */
private static String storePersonInDb(
        final MongoCollection<Document> collection, final Person person)
        throws JsonProcessingException
{
    final String jsonAsString = JsonMapper.toJsonString(person);
    collection.insertOne(Document.parse(jsonAsString));
    return jsonAsString;
}

/** realisiert die Umwandlung DB -> JSON -> Person */
private static Person readPersonFromDb(
        final MongoCollection<Document> collection, final Document query)
        throws JsonParseException, JsonMappingException, IOException
{
    final Document firstDoc = collection.find(query).first();
    if (firstDoc != null)
    {
        final String asJson = firstDoc.toJson();
        System.out.println("\nJson from db: " + asJson);

        return JsonMapper.fromJsonString(asJson, Person.class);
    }
    return null;
}
```

Listing 5.6 *Ausführbar als* 'MONGOPERSONODMEXAMPLE'

Starten wir das Programm MONGOPERSONODMEXAMPLE, so wird sowohl die JSON-Darstellung als auch das aus der MongoDB zurückgewonnene `Person`-Objekt auf der Konsole protokolliert (hier zur besseren Lesbarkeit leicht umformatiert):

```
To db: {"firstname":"Michael","age":44,"bornIn":"Bremen","livesIn":"Zürich"}

Json from db: { "_id" : { "$oid" : "5661ac39b4947f0492231407" },
                "firstname" : "Michael", "age" : 44,
                "bornIn" : "Bremen", "livesIn" : "Zürich" }

Person from json/db: Person [firstname=Michael, age=44, bornIn=Bremen,
                            livesIn=Zürich]
```

Hinweis   Damit das Ganze allerdings so reibungslos wie gerade dargestellt klappt, müssen wir in unserer Utility-Klasse `JsonMapper` noch eine Kleinigkeit konfigurieren. Das liegt daran, dass bei der Speicherung in der MongoDB bekanntermaßen jedem Objekt eine `ObjectId` als Attribut `_id` hinzugefügt wird, diese aber nicht in unserer Business-Klasse `Person` existiert. Aufgrund der strikten Prüfung durch die zur Konvertierung genutzte Bibliothek Jackson würde ein Mapping des JSON auf ein Objekt vom Typ `Person` fehlschlagen: Das verursachende Attribut `_id` sieht man in der zweiten Zeile der obigen Ausgabe. Eine mögliche Abhilfemaßnahme wird im folgenden Praxistipp beschrieben.

Tipp: Erweiterung in `JsonMapper`

Bei der Konvertierung von Objekten nach JSON und zurück ist die in Abschnitt 1.5 entwickelte Utility-Klasse `JsonMapper` eine gute Hilfe. Wenn JSON und Objektaufbau nicht exakt übereinstimmen, wird eine `com.fasterxml.jackson.databind.exc.UnrecognizedPropertyException` ausgelöst. In dem Fall muss im `ObjectMapper` die Option `FAIL_ON_UNKNOWN_PROPERTIES` wie folgt ausgeschaltet werden:

```
private static final ObjectMapper mapper = new ObjectMapper();
static
{
    mapper.setVisibility(PropertyAccessor.FIELD, Visibility.ANY);
    mapper.disable(DeserializationFeature.FAIL_ON_UNKNOWN_PROPERTIES);
}
```

Rekonstruktion von komplexeren Java-Objekten

Bislang haben wir uns vorwiegend mit der Repräsentation von Daten in Form eines `Documents` beschäftigt. Wie schon für einfache Objekte angedeutet, benötigt man in der Praxis normalerweise eine Abbildung von Java-Objekten in die Datenbank und wieder zurück, also ein ODM. Für komplexere Objekte möchte ich dies hier nicht ausführlich aufgreifen, sondern nur erwähnen, dass

- dabei Collections verarbeitet werden müssen,
- eventuell Klassen aus dem neuen Date and Time API genutzt werden und
- gegebenenfalls Enums geeignet abzubilden sind.

Für eigene ODM-Lösungen sind diese Punkte zu berücksichtigen. Das erfordert geeignete Formen zur Verarbeitung und Konvertierung, wobei exemplarisch eine Variante für Enums im nachfolgenden Praxistipp dargestellt ist. Das Thema wollen wir hier nicht weiterverfolgen, weil es für das ODM mit dem im Anschluss vorgestellten Framework Spring Data MongoDB eine adäquate Alternative gibt, die einem das Leben deutlich erleichtert.

Hinweis: Verarbeitung von Enums

Wie schon angedeutet, lassen sich Enums nicht direkt in MongoDB verarbeiten. Man kann aber folgenden Trick nutzen, um dies zu ermöglichen: Man speichert den Enum-Wert als String und wandelt diesen später wieder in einen Enum um. Dazu sind folgende Programmzeilen nötig:

```
// Enum => String
final String stateAsString = address.stateEnum.name());

// String => Enum
final State stateAsEnum = State.valueOf(stateAsString)
```

5.4.5 Object/Document Mapping mit Spring Data MongoDB

In den Kapiteln über RDBMS, JDBC und JPA haben wir gesehen, dass durch den Einsatz von OR-Mappern eine Applikation konzeptionell weitestgehend frei von Datenbankdetails gehalten werden kann. In den vorangegangenen Beispielen wurde zudem deutlich, dass das Arbeiten mit dem Mongo-Treiber mitunter ein wenig unhandlich wird, insbesondere wenn man größere und komplexere Objekte persistieren möchte. Die Verarbeitung mit der Klasse `Document` ist ab und an doch etwas gewöhnungsbedürftig und nicht wirklich intuitiv. Nach diesen Vorüberlegungen kommen wir zurück zum Thema ODM (Object/Document Mapping).

Nachfolgend betrachten wir das auf MongoDB spezialisierte ODM-Framework Spring Data MongoDB. Dieses Framework hat das Ziel, die Verwaltung von Daten zu erleichtern: In der Applikation existiert wie bei JPA auch für MongoDB ein POJO-basiertes Datenmodell, das mit den Collections der MongoDB abgeglichen wird.

Tipp: JPA-Provider als Alternativen zu Spring Data MongoDB

Praktischerweise existieren auch für NoSQL-Datenbanken einige JPA-Provider, die ein ODM vornehmen können. Das sind unter anderem:

- DataNucleus – Beim frei verfügbaren DataNucleus können zum ODM zwar JPA-Annotations genutzt werden, allerdings sind weitere Konfigurationen erforderlich. Für dieses Buch ist das eine zu aufwendige Arbeit.

- EclipseLink – Auch EclipseLink erlaubt ein von JPA gewohntes Handling der Entities und ist ebenfalls frei verfügbar. Jedoch hatte ich damit in Verbindung mit den neuesten MongoDB-Versionen ein paar Probleme.

Spring Data MongoDB einbinden

Beim Schreiben dieses Kapitels habe ich mir Gedanken gemacht, welches ODM-Framework ich Ihnen hier präsentieren soll. Wichtig war mir, dass das ODM ähnlich einfach wie bei JPA sein sollte. Nachfolgend möchte ich Ihnen, nach Evaluation verschiedener Frameworks, Spring Data MongoDB vorstellen, da es wenig konfigurativen Aufwand benötigt. Dafür ist lediglich eine Dependency in unseren Gradle-Build aufzunehmen:

```
compile 'org.springframework.data:spring-data-mongodb:1.8.0.RELEASE'
```

Dadurch wird bereits einige Hilfestellung beim Datenzugriff geboten, jedoch müssen für das Spring-Framework ein paar Einstellungen vorgenommen werden. Aber es geht sogar noch leichter, wenn man Spring Boot einsetzt, das die Konfigurationsarbeiten abnimmt und so ein einfaches Bootstrapping von Applikationen erlaubt. Für dieses Buch ist das eine gute Wahl, weil ich Ihnen dadurch möglichst viel zeigen kann, ohne auf viele Details von Spring eingehen zu müssen – jedoch wird diese Bequemlichkeit mit dem Einbinden einer ganzen Menge an Bibliotheken erkauft.

Für Spring Boot müssen ein paar Ergänzungen im Gradle-Build vorgenommen werden. Fügen Sie diese Zeilen möglichst oben im Build-Skript ein:

```
apply plugin: 'spring-boot'

buildscript {
    repositories {
        mavenCentral()
    }
    dependencies {
        classpath("org.springframework.boot:spring-boot-gradle-plugin:1.2.7.
            RELEASE")
    }
}
```

Dann ergänzen Sie bitte noch folgende Compile-Dependency:

```
compile 'org.springframework.boot:spring-boot-starter-data-mongodb'
```

Definition einer Entitätsklasse

Zur Demonstration des ODM wollen wir wieder `Person`-Objekte in MongoDB verwalten. Dazu implementieren wir eine Entitätsklasse samt einiger von Spring Data MongoDB benötigter Annotations. Hier verzichte ich auf Getter-/Setter-Methoden und realisiere lediglich eine `changeFirstname(String)`-Methode, weil wir später eine Update-Operation ausführen wollen. Die gesamte Entitätsklasse realisieren wir wie folgt:

```java
import org.springframework.data.annotation.Id;
import org.springframework.data.mongodb.core.mapping.Document;

@Document(collection = "persons")
public class Person
{
   @Id
   private String id;
   private String firstname;
   private String lastname;
   private int age;

   public Person() {}

   public Person(final String firstname, final String lastname, final int age)
   {
      this.firstname = firstname;
      this.lastname = lastname;
      this.age = age;
   }

   public void changeFirstname(final String newFirstname)
   {
      this.firstname = newFirstname;
   }

   // ...
}
```

Im Listing sehen wir für die Klasse `Person` die schon bekannten Attribute für Vorname, Nachname und Alter. Lediglich zwei kleine Details weisen auf die Zusammenarbeit mit MongoDB hin: Die Annotation `@Document` sowie das mit `@Id` annotierte Attribut `id`. Die anderen Attribute werden automatisch korrekt auf korrespondierende JSON-Einträge abgebildet. Eigentlich wäre nicht einmal die Annotation `@Document(collection = "persons")` nötig, sofern man mit dem Automatismus, dass der Name der Collection dem Klassennamen in Lowercase entspricht, zufrieden ist. Hier wird der Name der Collection leicht modifiziert, weil wir in MongoDB die Collection im Plural benennen wollen.

Einfache Abfragen formulieren

Bislang haben wir Abfragen und andere Aktionen mithilfe der Klasse `Document` oder als JSON formuliert und an die entsprechenden Methoden der durch den Treiber bereitgestellten Klassen übergeben. Dadurch waren wir sehr stark mit der Repräsentation beschäftigt und die Zugriffe boten wenig Abstraktion.

Mit Spring Data MongoDB können wir uns dagegen viel stärker auf die eigentlichen Abfragen konzentrieren und auf einer konzeptionellen Ebene arbeiten. Das ist ähnlich wie bei JPA, das eine Abstraktion von JDBC bietet. Dadurch ist man bevorzugt in der Objektwelt unterwegs – ebenso wie mit Spring Data MongoDB. Das Ganze basiert auf dem Interface `MongoRepository`, das ein DAO bzw. Repository modelliert und alle wesentlichen CRUD-Operationen sowie einiges mehr bereitstellt. Dadurch

muss man sich nicht mehr mit den Details der Syntax der Abfragen von MongoDB beschäftigen, sondern für Abfragen nur entsprechende Methoden definieren.

Für die Klasse `Person` stellen wir die Operationen auf der Datenbank in einer
Klasse `PersonRepository` bereit, die wir von `MongoRepository` ableiten. Dort finden sich schon eine Vielzahl an Operationen, die insbesondere CRUD-Aktionen sowie
auch komplexe, selbst definierte Suchabfragen ermöglichen: Für jede Abfrage erstellt
man eine Methodendeklaration, die das gewünschte Attribut sowie gegebenenfalls eine
Bedingung im Namen angibt. Auf diese Weise spezifizieren wir unter anderem Abfragen wie etwa `findByFirstname(String)` und `findByAgeGreaterThan(int)`
folgendermaßen:

```java
import java.util.List;

import org.springframework.data.mongodb.repository.MongoRepository;

public interface PersonRepository extends MongoRepository<Person, String>
{
    public List<Person> findByFirstname(final String firstname);
    public List<Person> findByLastname(final String lastname);
    public List<Person> findByAge(final int age);

    public List<Person> findByAgeGreaterThan(final int age);
    public List<Person> findByAgeBetween(final int from, final int to);

    // Besonderheit 1: Es wird der erste Treffer geliefert
    // Besonderheit 2: Die Suche basiert auf zwei Attributen
    public Person findByFirstnameAndLastname(final String firstname,
                                             final String lastname);
}
```

Im obigen Listing sehen wir eine umgangssprachliche Notation von Abfragen, die
meiner Meinung nach sowohl einfach als auch genial ist und auf cleveren Annah-
men und Voreinstellungen beruht. Wie die Namensbestandteile der Abfragen auf
MongoDB abgebildet werden, erläutere ich im Anschluss. Zuvor sei noch ange-
merkt, dass die `find()`-Methoden in der Regel eine Liste von Daten zurückliefern. Definiert man in der Signatur jedoch eine einzelne Entität, wie wir es für
`findByFirstNameAndLastName(String, String)` getan haben, so erhalten wir
das erste Element der Treffermenge bzw. den Wert `null`, falls kein solches Element
existiert. Auch sehen wir, wie einfach sich Abfragen für mehrere Attribute mittels `And`
im Namen gestalten lassen.

Tipp: Vorteile von Spring Data MongoDB

Wie bereits für JDBC und JPA angedeutet, erstellt man sich in der Regel eigene DAOs bzw. Repositorys, die die Aktionen auf der Datenbank ausführen und die dazu notwendigen Details vor der Applikation verbergen.

Mit Spring Data MongoDB erfährt das Ganze eine fundamentale Erleichterung: Als Applikationsentwickler geben wir nur das gewünschte Interface unseres Repositorys vor und die Implementierung geschieht durch Spring automatisch beim Start der Applikation! Wenn dann doch einmal weiter gehende Funktionalität benötigt wird, lassen sich eigene Erweiterungen sehr einfach in ein Spring Repository einfügen: Dazu benötigt man lediglich ein Interface mit den Erweiterungen sowie eine Implementierung davon. Details entnehmen Sie bitte dem Buch »Spring in Action« von Craig Walls [20].

Hilfreiches Namens-Mapping   Im zuvor gezeigten Interface habe ich nur ein paar Methoden definiert, die Magie geschieht im Spring-Framework selbst. Dabei werden basierend auf Namenskonventionen entsprechende Abfragen generiert. Das funktioniert sowohl für JPA als auch MongoDB. Schauen wir uns an, was geschieht, wenn wir folgende Methoden deklarieren:

```
public List<Person> findByFirstname(final String firstname);
```

Das würde dann wie folgt transformiert:

- JPA: `SELECT p FROM Personen p WHERE p.firstname = <value>`
- MongoDB: `{ "firstname" : <value> }`

Praktischerweise lassen sich auch referenzierte bzw. aggregierte Daten verarbeiten. Bleiben wir bei Personen und Adressen. Wollten wir diejenigen Personen ermitteln, die in einer bestimmten Stadt wohnen, so würden wir dafür diese Methode anbieten:

```
public List<Person> findByAddressCity(final String city);
```

Das würde dann wie folgt transformiert:

- JPA: `SELECT p FROM Personen p WHERE p.address.city = <value>`
- MongoDB: `{ "address.city" : <value> }`

Auf einfache Weise lassen sich auch andere und deutlich komplexere Abfragen, z. B. inklusive Sortierung, formulieren. Nachfolgend sind in Tabelle 5-5 einige wichtige Mappings gezeigt.

Tabelle 5-5 *Abbildung von Names-Postfix auf Operation als JSON*

Names-Postfix	Operation als JSON
GreaterThan	`{ "age" : { "$gt" : <value> } }`
LessThan	`{ "age" : { "$lt" : <value> } }`
Between	`{ "age" : { "$gt" : from, "$lt" : to } }`
IsNotNull, NotNull	`{ "age" : { "$ne" : null } }`
IsNull, Null	`{ "age" : null }`
-/-	`{ "age" : <value> }`
Not	`{ "age" : { "$ne" : <value> } }`

Einfache CRUD-Applikation mit Spring Data MongoDB

Wir haben nun alle Dinge kennengelernt bzw. Klassen und Interfaces implementiert, die wir für eine CRUD-Applikation benötigen. In dieser erzeugen wir zunächst mit `create()` ein paar `Person`-Objekte als Testdaten. Im Anschluss daran führen wir verschiedene Abfragen in der `read()`-Methode aus. Eine Änderung an den Daten erfolgt durch die Methode `update()`. Zum Abschluss löschen wir die eingefügten Datensätze per `delete()`. Diese Abfolge implementieren wir wie folgt:

```
import org.springframework.beans.factory.annotation.Autowired;
import org.springframework.boot.CommandLineRunner;
import org.springframework.boot.SpringApplication;
import org.springframework.boot.autoconfigure.SpringBootApplication;

@SpringBootApplication
public class ODMappingExample implements CommandLineRunner
{
    @Autowired
    private PersonRepository repository;

    public static void main(final String[] args)
    {
        SpringApplication.run(ODMappingExample.class, args);
    }

    @Override
    public void run(final String... args) throws Exception
    {
        create();
        read();
        update();
        delete();
    }

    // ...
}
```

Listing 5.7 *Ausführbar als '**ODMappingExample**'*

Bevor wir die einzelnen Aktionen anschauen, möchte ich kurz auf ein paar Dinge eingehen. Zunächst einmal ist die Applikation ohne weitere Konfiguration direkt so lauffähig, wenn die MongoDB lokal auf ihrem Standardport erreichbar ist. Das liegt daran, dass Spring Data MongoDB entsprechende Standardwerte annimmt, hier also Convention over Configuration gewinnbringend nutzt. Dann fallen Ihnen sicher noch die Annotations @SpringBootApplication sowie @Autowired auf. Letztere dient ähnlich wie die Annotation @Inject aus der JEE- bzw. CDI-Welt für die korrekte Initialisierung per Dependency Injection. Dass dafür die Applikation als Spring Boot-Applikation geeignet gestartet wird und die benötigten Einstellungen vornimmt, sorgt die Annotation @SpringBootApplication sowie der Aufruf von SpringApplication.run() in der main()-Methode. Kommen wir nach diesen Erklärungen rund um Spring nun zurück zu den CRUD-Operationen.

Wie schon angedeutet, bietet das MongoRepository aus Spring Data MongoDB diverse Methoden, die für CRUD-Aktionen notwendig sind. Folgende Auflistung nennt möglicherweise notwendige Aktionen im Java-Programm und die Methoden aus dem MongoRepository:

- **C** – Objektkonstruktion gefolgt von save()
- **R** – findOne() sowie findAll()
- **U** – Objektmodifikation gefolgt von save()
- **D** – delete() oder deleteAll()

Create   Beim Erzeugen sehen wir, dass neue Person-Objekte konstruiert und dann per save() gesichert werden. Dass hier eine Interaktion mit einer Datenbank stattfindet, ist vollständig unsichtbar – wenn auch durch den Begriff repository zu erahnen:

```
protected void create()
{
    repository.save(new Person("Michael", "Inden", 44));
    repository.save(new Person("Michael", "Meyer", 33));
    repository.save(new Person("Tim", "Meyer", 50));
    repository.save(new Person("Andi", "Meier", 35));
}
```

Read   Nachdem ich im Repository schon verschiedene findXYZ()-Methoden deklariert habe, schauen wir uns deren Verwendung in der Applikation selbst an. Hier kommt zunächst die Methode findAll() zum Einsatz, bevor wir dann die eigenen Finder nutzen:

```
protected void read()
{
    System.out.println("findAll():");
    System.out.println("----------");
    final List<Person> findAllResults = repository.findAll();
    printPersons(findAllResults);
```

```
    System.out.println("findByFirstname('Michael'):");
    System.out.println("-------------------------");
    final List<Person> findByFirstnameResults =
                    repository.findByFirstname("Michael");
    printPersons(findByFirstnameResults);

    System.out.println("findByLastname('Meyer'):");
    System.out.println("---------------------");
    final List<Person> findByLastnameResults =
                    repository.findByLastname("Meyer");
    printPersons(findByLastnameResults);

    System.out.println("findByAge(44):");
    System.out.println("-------------");
    final List<Person> findByAgeResults =
                    repository.findByAge(44);
    printPersons(findByAgeResults);

    System.out.println("findByAgeGreaterThan(35):");
    System.out.println("-----------------------");
    final List<Person> findByAgeGTResults =
                    repository.findByAgeGreaterThan(35);
    printPersons(findByAgeGTResults);

    System.out.println("findByAgeBetween(32, 36):");
    System.out.println("-----------------------");
    final List<Person> findByAgeRangeResults =
                    repository.findByAgeBetween(32, 36);
    printPersons(findByAgeRangeResults);
}
```

Update und Delete   Als dritte und vierte der CRUD-Aktionen verbleiben das Ändern und Löschen von Daten. Auch dies erfolgt auf Objektebene und gut lesbar wie folgt:

```
protected void update()
{
    System.out.println("update('Michael Inden'):");
    System.out.println("-----------------------");
    final Person michaeli =
                repository.findByFirstnameAndLastname("Michael", "Inden");
    michaeli.changeFirstname("Micha");
    repository.save(michaeli);
    printPersons(repository.findAll());
}

protected void delete()
{
    repository.deleteAll();
}

private void printPersons(final List<Person> persons)
{
    persons.forEach(System.out::println);

    // Zur Separierung der Ausgaben
    System.out.println();
}
```

Starten wir das Programm ODMAPPINGEXAMPLE, so werden alle vier CRUD-Aktionen bzw. die korrespondierenden Methoden ausgeführt. Deren Arbeitsweise wird durch die folgenden Konsolenausgaben verdeutlicht:

```
findAll():
----------
Person [firstname='Michael', lastname='Inden', age=44]
Person [firstname='Michael', lastname='Meyer', age=33]
Person [firstname='Tim', lastname='Meyer', age=50]
Person [firstname='Andi', lastname='Meier', age=35]

findByFirstName('Michael'):
--------------------------
Person [firstname='Michael', lastname='Inden', age=44]
Person [firstname='Michael', lastname='Meyer', age=33]

findByLastName('Meyer'):
-----------------------
Person [firstname='Michael', lastname='Meyer', age=33]
Person [firstname='Tim', lastname='Meyer', age=50]

findByAge(44):
--------------
Person [firstname='Michael', lastname='Inden', age=44]

findByAgeGreaterThan(35):
------------------------
Person [firstname='Michael', lastname='Inden', age=44]
Person [firstname='Tim', lastname='Meyer', age=50]

findByAgeBetween(32, 36):
------------------------
Person [firstname='Michael', lastname='Meyer', age=33]
Person [firstname='Andi', lastname='Meier', age=35]

update('Michael Inden'):
-----------------------
Person [firstname='Micha', lastname='Inden', age=44]
Person [firstname='Michael', lastname='Meyer', age=33]
Person [firstname='Tim', lastname='Meyer', age=50]
Person [firstname='Andi', lastname='Meier', age=35]
```

Komplexere Abfragen mit Spring Data MongoDB

Beim Verarbeiten von Personen und Adressen nur mithilfe der im MongoDB-Treiber angebotenen Methoden haben wir gesehen, dass das schon ziemlich kompliziert wird. Zum Abschluss der Darstellung von Spring Data MongoDB möchte ich auch für diese Aufgabenstellung zeigen, wie sich damit die Implementierung vereinfacht.

Wir erweitern unsere Klasse Person um eine Liste von Address-Objekten und ändern zudem die Modellierung des Alters, indem wir statt eines simplen int ein LocalDate für die Definition des Attributs birthday aus dem mit Java 8 neu eingeführten Date and Time API wie folgt nutzen:

```
@Document(collection = "personsWithAddresses")
public class Person
{

    @Id
    private String id;

    private String firstname;
    private String lastname;
    private LocalDate birthday;

    private List<Address> addresses;

    public Person() {}

    public Person(final String firstname, final String lastname,
                  final LocalDate birthday, final Address... addresses)
    {
        this.firstname = firstname;
        this.lastname = lastname;
        this.birthday = birthday;
        this.addresses = Arrays.asList(addresses);
    }

    // ...
}
```

Anpassungen im Repository   Wir ergänzen Abfragen im Repository und benennen es in `PersonAddressRepository` um. Die folgende Variante des Repositorys wurde auf die Klasse `LocalDate` und die Speicherung von Adressen angepasst:

```
public interface PersonAddressRepository extends MongoRepository<Person, String>
{
  public List<Person> findByFirstname(final String firstname);
  public List<Person> findByLastname(final String lastname);
  public List<Person> findByBirthday(final LocalDate birthday);

  public List<Person> findByBirthdayGreaterThan(final LocalDate birthday);
  public List<Person> findByBirthdayBetween(final LocalDate from,
                                            final LocalDate to);

  // Erweiterung für eingebettete Listen von Adressen
  public List<Person> findByAddresses(final Address address);
  public List<Person> findByAddressesCity(final String city);
  public List<Person> findByAddressesZipCode(final int zipCode);
  public List<Person> findByAddressesZipCodeOrderByFirstname(final int zipCode);
}
```

Im Repository haben wir diesmal von der Möglichkeit der Sortierung Gebrauch gemacht. Die letzte Methode sortiert ihre Ergebnisse nach Vornamen, weil wir den Zusatz `OrderBy` mit dem Attributnamen `firstname` kombinieren.

Es sei noch darauf hingewiesen, dass aufgrund der Automatik die Methoden zu den Adressabfragen ein ganz klein wenig unnatürlich mit der Pluralform lauten, weil hier der Name in der Methode mit derjenigen der Collection übereinstimmen muss.[18]

---

[18]Das ist aber irgendwie verständlich, wenn auch nicht ganz optimal lesbar, damit bei so vielen Automatismen die Nachvollziehbarkeit erhalten bleibt.

Beispielapplikation

Mit diesen Änderungen erstellen wir eine Beispielapplikation, die wieder `Person`-Objekte erzeugt und diesen einige Adressen zuweist:

```
@SpringBootApplication
public class PersonAndAddressesODMappingExample implements CommandLineRunner
{
    @Autowired
    private PersonAddressRepository repository;

    public static void main(final String[] args)
    {
        SpringApplication.run(PersonAndAddressesODMappingExample.class, args);
    }

    @Override
    public void run(final String... args) throws Exception
    {
        createPersonsWithAddresses();
        read();

        repository.deleteAll();
    }

    protected void createPersonsWithAddresses()
    {
        final Address aachen = new Address(State.DE, 52070, "Aachen");
        final Address zürich = new Address(State.CH, 8003, "Zürich");
        final Address kiel = new Address(State.DE, 24106, "Kiel");

        repository.save(new Person("Michael", "Inden",
                        LocalDate.of(1971, 2, 7), zürich, aachen));
        repository.save(new Person("Michael", "Meyer",
                        LocalDate.of(1980, 6, 14), aachen));
        repository.save(new Person("Tim", "Meyer",
                        LocalDate.of(1960, 3, 27), kiel));
        repository.save(new Person("Andi", "Meier",
                        LocalDate.of(1984, 11, 26), kiel));
    }

    // ...
}
```

Listing 5.8 *Ausführbar als* **'PersonAndAddressesODMappingExample'**

Um verschiedene Varianten der `findXYZ()`-Methoden demonstrieren zu können, besitzt die Person Michael Inden zwei Adressen. Zudem lassen wir zwei Personen in Kiel mit der PLZ 24106 wohnen. Auf diesen Daten führen wir folgende Abfragen aus:

```
protected void read()
{
    System.out.println("findByAddresses('52070 Aachen'):");
    System.out.println("-------------------------------");
    final Address aachen = new Address(State.DE, 52070, "Aachen");
    printPersons(repository.findByAddresses(aachen));

    System.out.println("findByAddressesCity('Zürich'):");
    System.out.println("-----------------------------");
    printPersons(repository.findByAddressesCity("Zürich"));

    System.out.println("findByAddressesZipCode(24106):");
    System.out.println("-----------------------------");
    printPersons(repository.findByAddressesZipCode(24106));

    System.out.println("findByAddressesZipCodeAndOrderByFirstname(24106):");
    System.out.println("------------------------------------------------");
    printPersons(repository.findByAddressesZipCodeOrderByFirstname(24106));
}
```

Führen wir das Programm PERSONANDADDRESSESODMAPPINGEXAMPLE aus, so erhalten wir folgende Ausgaben (der besseren Lesbarkeit halber leicht umformatiert):

```
findByAddresses('52070 Aachen'):
--------------------------------
Person [firstname=Michael, lastname=Inden, birthday=1971-02-07,
        addresses=[Address [state=CH, zip=8003, city=Zürich],
                   Address [state=DE, zip=52070, city=Aachen]]]
Person [firstname=Michael, lastname=Meyer, birthday=1980-06-14,
        addresses=[Address [state=DE, zip=52070, city=Aachen]]]

findByAddressesCity('Zürich'):
------------------------------
Person [firstname=Michael, lastname=Inden, birthday=1971-02-07,
        addresses=[Address [state=CH, zip=8003, city=Zürich],
                   Address [state=DE, zip=52070, city=Aachen]]]

findByAddressesZipCode(24106):
------------------------------
Person [firstname=Tim, lastname=Meyer, birthday=1960-03-27,
        addresses=[Address [state=DE, zip=24106, city=Kiel]]]
Person [firstname=Andi, lastname=Meier, birthday=1984-11-26,
        addresses=[Address [state=DE, zip=24106, city=Kiel]]]

findByAddressesZipCodeAndOrderByFirstName(24106):
-------------------------------------------------
Person [firstname=Andi, lastname=Meier, birthday=1984-11-26,
        addresses=[Address [state=DE, zip=24106, city=Kiel]]]
Person [firstname=Tim, lastname=Meyer, birthday=1960-03-27,
        addresses=[Address [state=DE, zip=24106, city=Kiel]]]
```

Die Ausgaben der Abfragen nach Adresse und Stadt sind erwartungsgemäß. Zu den anderen beiden möchte ich Folgendes ergänzen: Wir erkennen, dass die Abfrage nach PLZ die Datensätze einfach in einer beliebigen Reihenfolge liefert. In der vierten Abfrage haben wir deklarativ eine Sortierung nach Vorname beschrieben, wodurch dann die Person Andi vor Tim ausgegeben wird.

Schlussbetrachtung Spring Data MongoDB

Anhand der präsentierten Beispiele wird deutlich, dass Spring Data MongoDB die Arbeit mit MongoDB im Vergleich zum selbst programmierten Zugriff über den Mongo-Treiber deutlich vereinfacht und viel lesbarer macht. In vorangegangenen Beispiel sehen wir noch zwei interessante Details, die verdeutlichen, dass Spring Data MongoDB eine sehr wertvolle Unterstützung bietet:

1. In der Klasse `Person` lassen sich sowohl die Liste der Adressen als auch der in JDK 8 neu eingeführte Typ `LocalDate` nutzen, ohne dass irgendeine Anpassung für das Mapping erforderlich ist.
2. In der Klasse `Address` können wir problemlos auch ein Enum für Staatenkürzel verwenden. Es wird automatisch korrekt abgebildet.

5.5   Fazit

In dieser Einführung zu MongoDB haben wir einige Facetten der Datenspeicherung und des Zugriffs auf MongoDB kennengelernt. Sie sollten nun für eigene Experimente gerüstet sein. Beachten Sie aber bitte, dass NoSQL-Datenbanken kein allgemeiner Ersatz für RDBMS sind, sondern eher eine gute Ergänzung: Je nach Einsatzzweck sollte man zwischen RDBMS und NoSQL-Datenbank mit Bedacht wählen. Mitunter ist auch eine Kombination empfehlenswert und man hält jeweils unterschiedliche Datenbestände in verschiedenartigen Datenbanken.

Für die Verarbeitung großer Datenmengen und auch bei vielen Schreibzugriffen ohne den Bedarf nach Transaktionen scheint MongoDB ideal. Typische Anwendungsfälle sind u. a. Logging, Auditing und sonstige Protokollierungen. Außerdem können die Flexibilität bei leichten Varianzen im Aufbau von Datensätzen sowie die Einbettung von Arrays und Subdokumenten für den Einsatz von MongoDB sprechen. Wenn man sich dafür entschieden hat, dann erhält man durch MongoDB folgende Vorteile:

- Einfache Installation
- Gute Dokumentation
- Viele Treiber für gängige Sprachen
- Ausfallsicherheit durch Replica Sets
- Skalierbarkeit durch Sharding
- Leichter Einstieg mit dem Mongo-Client

Wenn man zudem Spring Data MongoDB nutzt, so wird das Arbeiten zur reinen Freude, und man kann sich nahezu vollständig um die eigentliche Applikationslogik kümmern und muss sich kaum mit Details zur Datenbankanbindung beschäftigen. Das kann einen enormen Schub in der Produktivität geben, selbst (und vor allem auch) für diejenigen Entwickler, die sich weniger mit JSON und MongoDB auskennen.

Ausblick: MongoDB und Microservices

Momentan ist das Thema Microservices in aller Munde. Kurz gesagt geht es dabei darum, das man Applikationen in diverse kleinere, in sich abgeschlossene Services, sogenannte Microservices, zerteilt. Diese Microservices sind für ihre eigene Datenhaltung verantwortlich, wozu sich mitunter MongoDB gewinnbringend nutzen lässt. Zudem sind die Services meistens über das Netzwerk ansprechbar. Dazu lernen wir in Kapitel 6 die verteilte Kommunikation und das Bereitstellen von Funktionalität mithilfe von RESTful Webservices kennen.

5.6 Weiterführende Literatur

Innerhalb eines Kapitels lässt sich das Thema NoSQL und MongoDB nur überblicksartig darstellen. Ergänzende Informationen finden Sie in folgenden Büchern:

- »**MongoDB in Action**« von Kyle Banker, Peter Bakkum und Tim Hawkins [1]
  Dieses Buch ist für mich eines der besten Bücher zum Thema MongoDB. Es ist mittlerweile in der 2. Auflage erschienen und stellt sowohl die Grundlagen von NoSQL als auch die Spezialitäten von MongoDB ausgezeichnet und sehr verständlich dar.

- »**MongoDB: Der praktische Einstieg**« von Tobias Trelle [19]
  Im deutschsprachigen Bereich ist derzeit das Werk von Tobias Trelle eine Empfehlung für einen guten Einstieg in die Materie. Es sei allerdings darauf hingewiesen, dass die Grundlagen von NoSQL und MongoDB bei Kyle Banker in größerer Tiefe behandelt werden.

- »**Spring in Action**« von Craig Walls [20]
  Dieses Buch ist extrem gut zu lesen und informativ. Mittlerweile in der 4. Auflage deckt es die Aspekte Persistenz mit Spring in Kombination mit JDBC, JPA sowie MongoDB sehr gut ab. Zudem enthält es eine Einführung in Spring Boot. Es bietet sich als ideales Nachschlagewerk zu dem ODM-Teil dieses Kapitels an.

6 REST-Services mit JAX-RS und Jersey

Heutzutage ist es weit verbreitet, dass Applikationen als verteilte Systeme realisiert werden und verschiedene Systembestandteile auf unterschiedlichen Rechnern oder virtuellen Maschinen (VMs) laufen. Zur Bereitstellung von Funktionalität über das Netzwerk kann man sogenannte Webservices einsetzen. Anhand des Wortes erkennt man, dass es sich dabei um Dienste handelt, die auf das Web ausgerichtet sind. Im Gegensatz zu den klassischen, in einem Browser laufenden Webapplikationen sind Webservices weniger für menschliche Benutzer gedacht, sondern bieten Funktionalitäten in Form spezieller APIs (wie Twitter, Google usw.) an, die von anderen Programmen zugreifbar sind. Zur Implementierung verteilter Services nutzt man in der Java-EE-Welt oftmals Session Beans. Was unterscheidet Webservices von diesen? Zunächst die Möglichkeiten zum Deployment, aber vor allem die Art der Kommunikation: Zwischen Java-Applikationsservern ermöglichen es Java-spezifische Protokolle zum entfernten Methodenaufruf, gewöhnlich RMI (Remote Method Invocation), Funktionalitäten von Objekten in Form von Methoden aus einer anderen JVM aufzurufen. Für Webservices kommen beim Nachrichtenaustausch standardisierte, textbasierte und dadurch technologieunabhängige Formate und Protokolle wie XML oder JSON über HTTP zum Einsatz (Grundlagen zu HTTP finden Sie in Anhang B.

In diesem Kapitel wollen wir auf REST-Services schauen, die eine Interoperabilität zwischen Systemen erlauben, sodass sogar Unterschiede im eingesetzten Betriebssystem sowie der verwendeten Programmiersprache keine Rolle spielen. Dadurch können Java-Programme auch Funktionalität von C#-Systemen nutzen, oder in JavaScript realisierte Frontends auf in Java implementierte Services zugreifen.

Die Webservice-Varianten SOAP und REST

Für die Kommunikation in verteilten Systemen haben sich in den letzten Jahren zunehmend Webservices durchgesetzt. Hier unterscheidet man zwischen SOAP und REST. SOAP steht für Simple Object Access Protocol und beschreibt einen Standard, um auf Basis von XML entfernte Funktionalität (analog zu Methodenaufrufen) ausführen zu können. REST-Webservices folgen dagegen dem Architekturstil REST (Representional State Transfer), den Roy Fielding im Jahr 2000 in seiner Dissertation[1] beschrieben hat. Die grundsätzliche Idee besteht darin, alle Funktionalität in Form von adressierbaren Ressourcen bereitzustellen – und eben nicht über Methoden.

---

[1]https://www.ics.uci.edu/ fielding/pubs/dissertation/top.htm

6.1   REST im Kurzüberblick

REST nutzt HTTP für eine zustandslose Client-Server-Kommunikation, d. h., ein Client sendet Anfragen (*Requests*) an einen Server, der diese bearbeitet und dann Antworten (*Responses*) zurücksendet. Man unterscheidet zwischen einem REST-Server, der Ressourcen bereitstellt, und REST-Clients, die auf diese Ressourcen zugreifen. Dazu besitzt jede Ressource eine ID, die in der Regel als URI (Uniform Resource Identifier) modelliert ist.

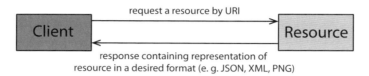

Abbildung 6-1 *Prinzipieller Ablauf bei der Client-Server-Kommunikation und REST*

Zur Adressierung eines **REST-Service** (auch **Ressource** genannt) dient eine URI, die aus Server und Port sowie einem Basispfad und einem Pfad der Ressource besteht:

```
http://server:port/basePath/resourcePath/
```

Damit wird der darunter registrierte REST-Service angesprochen, der die gewünschte Aktion ausführt. Es werden z. B. neue Datensätze angelegt oder Informationen zu bestehenden Datensätzen abgefragt. Die Kommunikation basiert auf HTTP und stützt sich vor allem auf die vier Operationen POST, GET, PUT und DELETE:

- ▪ POST – Erzeugt neue Daten, d. h. eine neue Ressource.
- ▪ GET – Definiert einen Lesezugriff auf eine oder mehrere Ressourcen.
- ▪ PUT – Verändert eine existierende Ressource. Falls diese noch nicht existiert, kann eine Ressource auch neu erzeugt werden.
- ▪ DELETE – Löscht eine Ressource.

Anforderungen an die Befehle

Damit ein REST-Service korrekt funktionieren kann, müssen die obigen Befehle einige Konventionen einhalten. Falls dies nicht geschieht, kann es unerwartet zu Fehlern kommen. Daher sind folgende Dinge relevant:

- ▪ Die GET-Methode muss seiteneffektfrei sein. Sie darf serverseitig nur lesen, aber nichts am Zustand der Ressourcen ändern – Logging ist erlaubt. Deshalb lassen sich GET-Aufrufe gefahrlos cachen, wodurch Webserver performant arbeiten können.
- ▪ Die Methoden GET, PUT und DELETE müssen im Server so implementiert werden, dass sie *idempotent* sind. Das bedeutet Folgendes: Der Client muss sie gefahrlos mehrfach mit denselben Parametern ausführen dürfen.

Idempotenz erleichtert die Fehlertoleranz. Wenn sich ein Client wegen einer Störung nicht sicher ist, ob ein gewünschtes Kommando beim Server angekommen ist und dort ausgeführt wurde, kann es gefahrlos nochmals gesendet werden. Lediglich POST ist nicht idempotent, da es eine Änderung der Daten vornimmt. PUT und DELETE sind idempotent, weil sie Daten nur für eine spezifische Ressource ändern. Wenn sie mehrmals aufgerufen werden, ändern sich die Werte nicht mehr bzw. wird keine weitere Ressource gelöscht.

Tabelle 6-1 Gebräuchliche REST-Kommandos

HTTP-Befehl	URL-Pfad	Beschreibung
POST	/customers	Erzeugt einen neuen Kunden mithilfe der Informationen des Bodys.
GET	/customers	Ermittelt alle Kunden.
GET	/customers/<id>	Ermittelt den Kunden mit der im Pfad übergebenen id.
PUT	/customers/<id>	Aktualisiert den Datensatz des Kunden mit der übergebenen id mithilfe der Informationen des Bodys.
DELETE	/customers/<id>	Löscht den Kunden mit der Id id.

Formate von Antworten

Die vom Server erzeugten Antworten können gewöhnlich verschiedene Repräsentationen besitzen, etwa XML, JSON oder Plain Text – je nach spezifischen Anforderungen von Clients werden Ressourcen dynamisch in unterschiedlichen Formaten zurückgeliefert. Durch Angaben im HTTP-Header kann man das oder die gewünschte(n) Format(e) festlegen, z. B. durch Accept: application/xml eine XML-Repräsentation anfordern. Die automatisch ablaufende **Content Negotiation** sorgt dafür, dass zwischen Client und Server ein bestmöglich passendes Format ausgehandelt wird.

Nehmen wir an, das später entwickelte Programm STANDALONERESTSERVER wäre gestartet. Ein GET an http://localhost:7777/rest/greeting/Mike liefert je nach gewünschtem Format als Antwort etwa die XML-Repräsentation eines Grußes:

```
<greeting>
   <salutation>Hello</salutation>
   <name>Mike</name>
</greeting>
```

Würde JSON präferiert, so sähe eine mögliche Antwort wie folgt aus:

```
{ greeting : [{ "salutation" : "Hello" },{ "name" : "Mike"}] }
```

Eigenschaften von RESTful Webservices

Bevor wir REST-Services in Aktion erleben, möchte ich folgende wichtige Eigenschaften in Erinnerung rufen:

- Adressierung von Ressourcen – Ein Nutzer (Client) kann Ressourcen über URIs direkt adressieren.
- Einheitliches Interface – REST-Services bieten oftmals ein an den CRUD-Operationen (Create, Read, Update und Delete) ausgerichtetes Interface, basierend auf den HTTP-Methoden `POST`, `GET`, `PUT` und `DELETE`.
- Client-Server-Kommunikation – Die Kommunikation bei REST läuft gemäß dem Client-Server-Modell ab und nutzt HTTP zum Datenaustausch.
- Zustandslos – Um Zustandslosigkeit zu erzielen, muss der Client immer alle für die Bearbeitung eines Requests vom Server benötigten Daten mitsenden. Es sollte keinen auf dem Server gehaltenen Zustand für eine Kommunikation geben. Bei einer verteilten Kommunikation erleichtern Zustandslosigkeit und Idempotenz die Skalierung der Lösung.
- Netzwerktransparenz – Verschiedene Netzwerkkomponenten wie Proxyserver, Gateways usw. sollten für die Kommunikation nicht von Relevanz sein.
- Vielfältige Formate – Die von einem Client angesprochenen Ressourcen können Daten in verschiedenen Repräsentationsformen, häufig XML oder JSON, aber auch Plain Text oder gar als PDF oder Bild (PNG, JPEG, ...), liefern.

6.1.1 Einführendes Beispiel eines REST-Service

Wenn man REST-Services mit Java aufrufen oder bereitstellen möchte, dann gibt es dafür den Standard JAX-RS (Java API for RESTful Web Services). Dazu benötigt man eine Implementierung von JAX-RS. Gebräuchlich ist die Bibliothek Jersey, die die Referenzimplementierung darstellt. In Applikationsservern kommen auch andere Implementierungen wie etwa RESTEasy zum Einsatz. Unabhängig von der konkreten Implementierung erlaubt es JAX-RS, REST-Services in einem Applikationsserver oder Servlet-Container bereitzustellen. Nur etwas Zusatzaufwand ist für die Bereitstellung von REST-Services in einem normalen Java-Programm nötig. Bevor wir das vertiefen, ergänzen wir zunächst unseren Build, schauen uns ein einführendes Beispiel an. Doch zuvor werfen wir einen Blick auf zentrale Annotations aus JAX-RS.

Vorbereitungsarbeiten JAX-RS und Jersey

JAX-RS definiert Klassen, Interfaces und Annotations. Damit diese verfügbar sind, müssen wir in unserem Gradle-Build einige Abhängigkeiten ergänzen. Neben JAX-RS als Spezifikation binden wir die auf verschiedene JARs aufgeteilte Bibliothek Jersey als konkrete Implementierung ein:

```
// JAX-RS
compile 'javax.ws.rs:javax.ws.rs-api:2.0'
// REST-Client
compile 'org.glassfish.jersey.core:jersey-client:2.22.1'
// REST-Server
compile 'org.glassfish.jersey.core:jersey-server:2.22.1'
// HTTP-Server
compile 'org.glassfish.jersey.containers:jersey-container-jdk-http:2.22.1'
// JAXB-Support
compile 'org.glassfish.jersey.media:jersey-media-jaxb:2.22.1'
// JSON-Support
compile 'org.glassfish.jersey.media:jersey-media-json-jackson:2.22.1'
```

Hier zeige ich bereits alle Abhängigkeiten, die zwar noch nicht alle sofort, aber später im Verlaufe des Kapitels zur Realisierung der Funktionalitäten benötigt werden.

Definition einer einfachen Ressource

Mithilfe der im JAX-RS definierten Annotations können wir eine Java-Klasse in eine von einem REST-Server bereitgestellte Ressource (auch REST-Service genannt) umwandeln. Schauen wir uns das am Beispiel der Klasse `HelloWorldResource` an:

```
@Path("/greeting")
public class HelloWorldResource
{
    @GET
    @Path("/{name}")
    @Produces(MediaType.TEXT_PLAIN)
    public Response getMsg(@PathParam("name") final String name)
    {
        final String output = "Hello " + name + "\n";
        return Response.status(Response.Status.OK).entity(output).build();
    }
}
```

Die Annotation `@Path` legt fest, unter welcher Adresse die Ressource relativ zum Pfad des REST-Servers zugreifbar ist, hier `greeting`. Die Zuordnung von Methoden zu HTTP-Kommandos geschieht ebenfalls mithilfe von auf Annotations: Durch die Angabe von `@GET` registriert sich die Methode `getMsg()` – deren Name im Kontext von JAX-RS keine Rolle spielt, da er nach außen nicht sichtbar ist – als Handler für HTTP `GET`. Für Methoden kann man weitere Pfadangaben annotieren, um Varianten von Kommandos anbieten oder wie hier Parameter im Pfad angeben zu können. Deren Auswertung geschieht automatisch, wenn man die Annotation `@PathParam` nutzt. Dabei müssen der in `@Path` in geschweiften Klammern notierte Parametername mit demjenigen in der Annotation `@PathParam` übereinstimmen: Im Listing bekommen wir als Parameter einen Namen übergeben und generieren daraus eine einfache textuelle Nachricht als Antwort. Den Typ des Inhalts der Antwort legen wir mithilfe der Annotation `@Produces` und der Angabe eines MIME-Types, hier durch `javax.ws.rs.core.MediaType.TEXT_PLAIN` beschrieben, fest.

Die Aufbereitung der Antwort nutzt die Klasse `Response`, die gemäß dem Entwurfsmuster BUILDER realisiert ist.[2] Über `status()` legen wir den HTTP-Statuscode fest. Der Nutzinhalt des Bodys wird über einen Aufruf von `entity()` definiert. Schließlich wird die Antwort durch einen Aufruf von `build()` erzeugt.

Hinweis: Eingabetypen und Rückgabewerte

In JAX-RS werden als Eingabetypen primitive Datentypen, `List<T>`, `Set<T>` und Typen, die die statische Methode `valueOf()` anbieten, unterstützt. Als Ergebnis wird entweder ein Wert oder aber in komplexeren Fällen ein Datensatz oder eine Menge davon zurückgeliefert. JAX-RS unterstützt die Konvertierung von POJOs in eine entsprechende XML- bzw. JSON-Repräsentation. Dazu kommt das bereits in Abschnitt 1.3 vorgestellte JAXB zum Einsatz.

Zentrale JAX-RS-Annotations im Überblick

Die gebräuchlichsten JAX-RS-Annotations aus dem Package `javax.ws.rs` sind in Tabelle 6-2 aufgeführt.

Tabelle 6-2 *Zentrale JAX-RS-Annotations*

Annotation	Beschreibung
`@Path`	Legt den Pfad fest, unter dem die Ressource ansprechbar ist.
`@POST`	Die annotierte Methode reagiert auf ein HTTP `POST`.
`@GET`	Die annotierte Methode bearbeitet einen HTTP `GET` Request.
`@PUT`	Die annotierte Methode reagiert auf HTTP `PUT`.
`@DELETE`	Die annotierte Methode behandelt HTTP `DELETE` .
`@Produces`	Bestimmt, welche Rückgabeformate von der annotierten Methode produziert werden können.
`@Consumes`	Legt für Eingabeparameter fest, in welchem Format diese von der annotierten Methode entgegengenommen werden können.
`@PathParam`	Beschreibt Parameter, die im Pfad der URL notiert werden.
`@QueryParam`	Beschreibt Parameter, die im Query-Teil der URL angegeben sind, also nach dem `?` als Name-Wert-Paar `name = value` und durch `&` voneinander getrennt.
`@FormParam`	Beschreibt Parameter, die über HTML-Formulare eingegeben werden.

---

[2]Entwurfsmuster beschreibe ich detailliert in meinem Buch »Der Weg zum Java-Profi« [8].

Für die beiden Annotations `@Produces` und `@Consumes` wird das Format der Daten durch MIME-Types und den Enum `javax.ws.rs.core.MediaType` spezifiziert: Dabei stehen `TEXT_PLAIN` (`"text/plain"`) für Plain Text, `APPLICATION_XML` (`"application/xml"`) für XML und `APPLICATION_JSON` (`"application/json"`) für JSON. Neben den in `MediaType` spezifizierten MIME-Types gibt es noch viele weitere, die dann textuell zu spezifizieren sind.

Bereitstellen des Webservice

Nachdem wir einen REST-Service implementiert haben, sollte dieser auch im Netzwerk zugänglich gemacht werden. Wenn Sie sich im Applikationsserverumfeld befinden, dann wird der REST-Service aufgrund der Annotations automatisch deployt und unter der im `@Path` angegebenen Adresse bereitgestellt. Weil wir unser Beispiel ohne Applikationsserver leichtgewichtiger halten wollen, muss die Bereitstellung selbst implementiert werden. Das ist problemlos möglich: Seit Java 6 ist ein HTTP-Server durch die Klasse `com.sun.net.httpserver.HTTPServer` ins JDK integriert, der für Jersey eine Erweiterung bietet, die JAX-RS-Ressourcen deployt. Einen solchen HTTP-Server erzeugt man durch Aufruf der statischen Methode `JdkHttpServerFactory.createHttpServer()`. Damit kann man Stand-alone-Applikationen wie folgt erstellen:

```
import org.glassfish.jersey.jdkhttp.JdkHttpServerFactory;
import org.glassfish.jersey.server.ResourceConfig;

public class StandAloneRESTServer
{
    private static final String BASE_URI = "http://localhost:7777/rest/";
    private static final String BASE_PACKAGE = "rest.jersey.server.basics";

    public static void main(final String[] args)
                throws URISyntaxException, IOException
    {
        final ResourceConfig rc = new ResourceConfig().packages(BASE_PACKAGE);
        final HttpServer server = JdkHttpServerFactory.
                        createHttpServer(URI.create(BASE_URI), rc);

        // ACHTUNG: Der Aufruf von server.start() geschieht als Seiteneffekt
        System.out.println("REST-Server is running at " + BASE_URI);
        System.in.read();
        server.stop(0);
    }
}
```

Listing 6.1 Ausführbar als 'STANDALONERESTSERVER'

Führen wir das Programm STANDALONERESTSERVER aus, so wird der Server nach der Konstruktion durch Aufruf von `createHttpServer()` automatisch auch gestartet und horcht auf Port 7777 auf Verbindungen. Alle im angegebenen Package `rest.jersey.server.basics` gefundenen REST-Services sind als Folge unter dem Basispfad `http://localhost:7777/rest/` zugreifbar.

6.1.2   Zugriffe auf REST-Services

Nachdem wir nun REST-Funktionalität im Netz veröffentlicht haben, wollen wir natürlich auch sehen, wie wir darauf zugreifen können. Dazu gibt es verschiedene Varianten, auf die ich im Anschluss ein wenig genauer eingehen werde.

Zugriffe mit CURL

Wir beginnen mit dem Kommandozeilentool CURL, um HTTP-Abfragen auszuführen.[3] Probieren wir es einfach mal aus, beispielsweise wie folgt:

```
curl http://localhost:7777/rest/greeting/Mike
```

Sofern der zuvor erstellte REST-Server läuft, liefert dieser Aufruf Folgendes:

```
Hello Mike
```

Zugriffe mit dem REST-Client-API

JAX-RS und Jersey bieten ein REST-Client-API. Mit dessen Hilfe kann man Zugriffe auf eine REST-Ressource auf einer höheren Abstraktionsebene formulieren. Dabei spielen folgende Klassen, Interfaces und Methoden aus Jersey eine zentrale Rolle:

- `Client` – Ein solcher REST-Client wird von einem `ClientBuilder` erzeugt.
- `WebTarget` – Um einen REST-Service anzusprechen, benötigt man eine Instanz eines `WebTarget`. Eine solche erhält man von einem `Client` durch Aufruf einer der mehrfach überladenen `target()`-Methoden. Eine Ressource wird über ihren Pfad durch Aufruf der Methode `path()` angesprochen. Um nun einen Request abzusetzen, verwenden wir die Methode `request()`. Das gewünschte HTTP-Kommando wird dann über eine korrespondierende Methode, wie z. B. `get()` oder `post()`, ausgeführt und die Antwort in Form einer `Response` zurückgegeben.
- `Response` – Repräsentiert die Antwort einer HTTP-Anfrage. Eine `Response` bietet Zugriff auf den Statuscode (`getStatus()`) und die Daten (`readEntity()`) sowie darauf, ob es diese überhaupt gibt (`hasEntity()`). Dabei übergibt man der Methode `readEntity()` den gewünschten Typ von Antwortdaten. Die im Body vorliegenden Daten werden automatisch durch das JAX-RS-Framework (genauer durch `javax.ws.rs.ext.MessageBodyReader`) in den Typ konvertiert, sofern dies möglich ist. Wie schon zuvor im Praxishinweis »Eingabetypen und Rückgabewerte« erwähnt, ist dies für primitive Typen sowie `List<T>` und `Set<T>` der Fall.[4]

---

[3]Es ist ohne weitere Installation unter Mac OS X und Linux verfügbar. Für Windows steht es unter `http://curl.haxx.se/` frei zum Download bereit.

[4]Zudem können eigene `MessageBodyReader` zum Lesen spezieller Typen registriert werden. Zum Schreiben dienen korrespondierende `MessageBodyWriter`.

Mit diesem Wissen können wir die Abfrage mithilfe einer Methode `performGet()` wie folgt implementieren:

```java
public static void main(final String[] args) throws Exception
{
    final String basePath = "http://localhost:7777/rest/";
    final String resourcePath = "greeting/Mike";

    final Client client = ClientBuilder.newClient();

    final String result = performGet(client, basePath, resourcePath);
    System.out.println("Response Content: " + result);
}

private static String performGet(final Client client,
                                 final String basePath,
                                 final String resourcePath)
{
    final WebTarget webTarget = client.target(basePath).path(resourcePath);
    System.out.println("\nSending 'GET' request to URL '" + basePath +
                       resourcePath + "'");

    final Response response = webTarget.request().get();
    final int responseCode = response.getStatus();
    System.out.println("Response Code: " + responseCode);

    if (responseCode != Response.Status.OK.getStatusCode())
    {
        throw new RuntimeException("HTTP error code: " + responseCode);
    }

    if (response.hasEntity())
    {
        return response.readEntity(String.class);
    }
    throw new IllegalStateException("response expected to contain data");
}
```

Listing 6.2 *Ausführbar als 'HELLOCLIENTEXAMPLE'*

Erwähnenswert an der ansonsten recht eingängigen Implementierung dieses Clients ist, das Verhalten für den Fall, dass in der Response keine Daten vorhanden sind. Eine leere Response zeugt von einem Programmierfehler im Server und mündet hier deshalb in einer Exception.

Startet man das Programm HELLOCLIENTEXAMPLE, so erhält man folgende Konsolenausgaben:

```
Sending 'GET' request to URL 'http://localhost:7777/rest/greeting/Mike'
Response Code: 200
Response Content: Hello Mike
```

6.1.3 Unterstützung verschiedener Formate

Wie eingangs erwähnt, unterstützen Webservices in der Regel verschiedene Formate für Eingabeparameter und Rückgaben. Wir betrachten zunächst den Fall, dass wir die Aufbereitung der unterstützten Antwortformate selbst implementieren. Dieses Vorgehen ist bereits für simple Beispiele etwas schwerfällig und führt zu einigen Wiederholungen oder zumindest recht ähnlichen Abschnitten im Sourcecode. Dies akzeptieren wir hier, weil das Beispiel nur der Demonstration dient und wir im Verlauf noch eine elegantere Variante durch den Einsatz von JAXB kennenlernen werden.

Ergänzungen im REST-Service

Um neben XML auch JSON als Format des Grußes zu unterstützen, fügen wir der Ressourcenklasse einige Methoden hinzu. Abhängig von dem in `@Produces` angegebenen Format bereiten wir innerhalb der Methode selbst die Daten adäquat auf. Wir sehen später, wie man das Ganze deutlich besser lösen kann.

```java
@Path("/greeting")
public class HelloWorldResource
{
    @GET
    @Path("/{name}")
    @Produces(MediaType.TEXT_PLAIN)
    public Response getGreetingAsText(@PathParam("name") final String name)
    {
        final String output = "Hello " + name;

        return Response.status(Response.Status.OK).entity(output).build();
    }

    @GET
    @Path("/{name}")
    @Produces(MediaType.APPLICATION_XML)
    public Response getGreetingAsXML(@PathParam("name") final String name)
    {
        final String output = "<greeting>\n" +
                              "   <salutation>Hello</salutation>\n" +
                              "   <name>" + name + "</name>\n" +
                              "</greeting>";

        return Response.status(Response.Status.OK).entity(output).build();
    }

    @GET
    @Path("/{name}")
    @Produces(MediaType.APPLICATION_JSON)
    public Response getGreetingAsJson(@PathParam("name") final String name)
    {
        final String output = "{ greeting : [{ \"salutation\" : \"Hello\" }," +
                              "{ \"name\" : \"" + name + "\"}] }";

        return Response.status(Response.Status.OK).entity(output).build();
    }
}
```

Abfragen mit dem Client-API

Schauen wir uns nun an, wie wir bei Abfragen mithilfe eines Aufrufs von `accept()` den gewünschten Formattyp für die Antwort vorgeben:

```java
private static final String REST_URI  = "http://localhost:7777/rest/";
private static final String HELLO_MIKE_RESOUCRE_PATH = "greeting/Mike";

public static void main(final String[] args)
{
    final Client client = ClientBuilder.newClient();
    final WebTarget target = client.target(REST_URI);
    final WebTarget helloService = target.path(HELLO_MIKE_RESOUCRE_PATH);

    System.out.println("As Response:  " + getOutput(helloService));
    System.out.println("As XML:       " + getOutputAsXML(helloService));
    System.out.println("As JSON:      " + getOutputAsJSON(helloService));
    System.out.println("As Text:      " + getOutputAsText(helloService));
}

private static Response getOutput(final WebTarget service)
{
    return service.request().accept(MediaType.APPLICATION_XML).get();
}

private static String getOutputAsXML(final WebTarget service)
{
    return getOutputOfType(service, MediaType.APPLICATION_XML);
}

private static String getOutputAsJSON(final WebTarget service)
{
    return getOutputOfType(service, MediaType.APPLICATION_JSON);
}

private static String getOutputOfType(final WebTarget service,
                                      final String type)
{
    return service.request().accept(type).get(String.class);
}

private static String getOutputAsText(WebTarget service)
{
    return service.request().accept(MediaType.TEXT_PLAIN).get(String.class);
}
```

Listing 6.3 *Ausführbar als* 'HELLORESTCLIENTWITHFORMATS'

Führen wir das Programm HELLORESTCLIENTWITHFORMATS aus, so erhalten wir folgende Ausgaben, die die Abfrage der unterschiedlichen Formate demonstrieren:

```
As Response:  InboundJaxrsResponse{context=ClientResponse{method=GET, uri=http:
    //localhost:7777/rest/greeting/Mike, status=200, reason=OK}}
As XML:       <greeting>
   <salutation>Hello</salutation>
   <name>Mike</name>
</greeting>
As JSON:      { greeting : [{ salutation : Hello },{ name : Mike}] }
As Text:      Hello Mike
```

6.1.4   Zugriffe auf REST-Services am Beispiel von MongoDB

Als Abschluss der Einführung in REST möchte ich den in MongoDB integrierten REST-Server einsetzen, um Ihnen verschiedene Zugriffsvarianten zu zeigen.

Viele Applikationen (Twitter, Google usw.) bieten zum externen Zugriff ein REST API. Das gilt ebenso für MongoDB, wenn beim Start des MongoDB-Servers die Option `--rest` angegeben wird. Der zugehörige REST-Service ist auf Port 28017 erreichbar.

Von MongoDB angebotene REST-Ressourcen

Das von MongoDB angebotene REST API bietet nicht allzu viel Funktionalität, sondern vor allem lesenden Zugriff an. Hier folgen einige Beispiele:

- Anzeige aller Datenbanken –
  `http://127.0.0.1:28017/listDatabases`
- Abfragen der Daten einer Collection –
  `http://127.0.0.1:28017/<dbName>/<collectionName>/`
- Abfragen mit Filterung –
  `http://127.0.0.1:28017/<dbName>/<collectionName>/`
  `?filter_<attributeName>=<value>`

Wir schauen uns nachfolgend ein paar Varianten an, wie wir den von MongoDB bereitgestellten REST-Service aufrufen können.

REST-Aufruf per Browser

Probieren wir doch den einen oder anderen der obigen Befehle einmal aus. Das können wir mit dem bereits kennengelernten CURL machen. Mitunter etwas bequemer als die Kommandozeile ist der Einsatz unseres Browsers zur Interaktion mit dem MongoDB-REST-Service (vgl. Abbildung 6-2).

Abbildung 6-2 REST-Abfrage per Browser an MongoDB

REST-Aufruf per Postman

Die Aufrufe per CURL bzw. Browser sind für einfaches Ausprobieren und einen schnellen Test durchaus akzeptabel. Wenn Sie Ihre REST-Schnittstelle aber komfortabel testen wollen, sind oft eine Historie der Aufrufe (GET, POST, DELETE usw.) und der transportierten Daten für Sie wichtig. Dafür sollten Sie einen Blick auf das Tool Postman werfen (vgl. Abbildung 6-3). Ursprünglich als Erweiterung zum Chrome-Browser entstanden, ist es nun auch separat als Chrome-App verfügbar. Weitere Details finden Sie unter https://www.getpostman.com/.

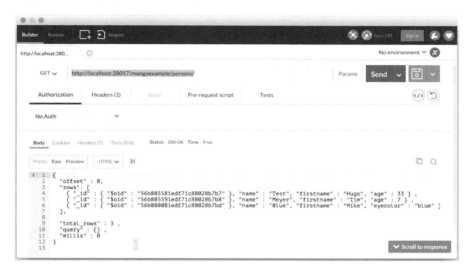

Abbildung 6-3 Postman und der Aufruf an MongoDB

Fazit

Wir haben nun schon einige Varianten eingesetzt, um auf REST-Services zuzugreifen. Das manuelle Ausführen ist für einfache Abfragen sicher in Ordnung. Auch für das Kennenlernen von und das Experimentieren mit einem REST-Service kann das nützlich sein – insbesondere kann man über das Tool Postman erste, manuelle Tests der Schnittstelle vornehmen. Zur Automatisierung von Tests und für die Kommunikation zwischen verschiedenen Systemen benötigt man aber eine programmatische Umsetzung mit einem problemangepassteren API. Dafür hatten wir bereits das REST-Client-API kennengelernt. Dieses sollte auch bevorzugt werden, weil es, wie eingangs schon erwähnt, bei Webservices eigentlich nicht um Interaktivität geht, sondern um eine Kommunikation zwischen Programmen.

Bevor wir uns im Anschluss mit weiteren Details zum Implementieren von REST-Services beschäftigen, möchte ich im nachfolgenden Praxishinweis eine Abgrenzung von REST-Services zu anderen Formen der verteilten Kommunikation vornehmen.

Hinweis: Abgrenzung zu SOAP-Webservices, XML-RPC oder RMI

Es gibt verschiedene Varianten für die verteilte Kommunikation. Ziel dabei ist es, Funktionalitäten auch außerhalb der Applikation im Netzwerk verfügbar zu machen. Dazu wurden Konzepte wie der *entfernte Methodenaufruf* ersonnen. Typische Vertreter sind RPC (Remote Procedure Call), RMI (Remote Method Invocation) und CORBA (Common Object Request Broker Architecture). Diese ermöglichen es, die Funktionalität eines anderen Objekts bzw. Systembestandteils aufzurufen, ähnlich zu einem lokalen Methodenaufruf – aber eben über das Netzwerk. Dabei entsteht eine recht enge Bindung zwischen Aufrufer und Aufgerufen, also zwischen den an der Kommunikation beteiligten Systemen und meist auch zum Framework. Für die entfernte Kommunikation könnte man das Telefonieren oder ein Interview als Analogie nehmen, wobei der Aufrufer bzw. Interviewer dem Gesprächspartner Fragen stellt und diese beantwortet werden. Das funktioniert nur dann, wenn beide Kommunikationspartner verfügbar sind: Wenn nach einem Fußballspiel ein Trainer noch nicht präsent ist, dann ist kein Gespräch möglich. Sitzen sich die Kommunikationspartner gegenüber, entspräche dies einem lokalen Methodenaufruf. Findet das Interview am Telefon statt, so könnte man das als entfernten Methodenaufruf ansehen. In beiden Fällen sollte der Fragesteller die Antwort abwarten, bevor er eine neue Frage stellt – tatsächlich ist die Realität zwar komplexer, die Idee der synchronen Kommunikation und die Notwendigkeit der Erreichbarkeit hoffe ich Ihnen aber vermittelt zu haben.

Alternativ gibt es die sogenannte *Middleware* als Kommunikationsinfrastruktur. Häufig wird eine nachrichtenbasierte Variante genutzt: Dort kommunizieren Systeme durch den Versand von Nachrichten, die von der Middleware zugestellt werden. Dieses Vorgehen kann man sich in etwa wie den Versand von Post vorstellen. Als Absender übergibt man einen Brief oder eine Sendung (Nachricht) an eine Versandstelle, z. B. einen Briefkasten oder einen Postschalter. Die Sendung wird durch die Post (Middleware) zum Empfänger transportiert. Diese Variante der Kommunikation mithilfe einer Middleware besitzt folgende Eigenschaften: Asynchronität und Fehlertoleranz. Ein Brief bzw. eine Nachricht kommt auch dann an, wenn man nicht zu Hause ist. Zudem erfordert die Übergabe an die Post nur die Erreichbarkeit der Middleware, aber keine direkte Präsenz des anderen Kommunikationspartners. Im Gegensatz dazu läuft der zuvor beschriebene entfernte Methodenaufruf synchron ab: Es wird dabei so lange gewartet, bis der Aufgerufene ein Ergebnis liefern kann. Nur für den Fall, dass kein Rückgabetyp (`void`) für die aufgerufene Methode definiert ist, kehrt der Aufruf direkt zurück.

Während SOAP-Webservices, XML-RPC oder RMI jeweils unterschiedliche Ausprägungen von entfernten Methodenaufrufen darstellen, bei dem zwei Objekte miteinander kommunizieren, spricht man in REST eben Ressourcen an, auf denen durch die HTTP-Kommandos lediglich eine vordefinierte Menge von Operationen vorgesehen ist. Bei SOAP und RMI können dagegen nahezu beliebig viele Methoden angeboten werden. Bei SOAP und XML-RPC erfolgt eine Transformation der aufzurufenden Methode in Form von XML, dagegen nutzt RMI ein eigenes proprietäres Protokoll. Bei RPC, RMI und SOAP sind die Aufrufe synchron. Das gilt auch für REST.

6.2   Ein REST-Service mit CRUD-Funktionalität

In diesem Abschnitt wollen wir eine simple REST-basierte CRUD-Applikation erstellen, die verschiedene Datenformate unterstützt und auch die vier HTTP-Kommandos POST, GET, PUT und DELETE einsetzt.

6.2.1   MIME-Types und unterschiedliche Datenformate

Zuvor habe ich die manuelle Unterstützung verschiedener Formate gezeigt. Allerdings wurde dabei im REST-Service das vom Client gewünschte Format in einer dafür explizit vorgesehenen Methode erstellt. Ein solches Vorgehen wird schnell fehlerträchtig und mühsam. Zumindest für die gebräuchlichen Formate XML und JSON kann man von JAXB profitieren. Dazu sind Angaben in @Consumes bzw. @Produces nötig. Zur Demonstration nutzen wir folgende Klasse Message als Datenelement:

```java
@XmlRootElement
public class Message
{
    private static AtomicLong counter = new AtomicLong();

    private long    id;
    private String msg;
    private LocalDateTime   creationDate;

    Message()      {}

    public Message(final String msg)
    {
        this.id = counter.getAndIncrement();
        this.msg = msg;
        this.creationDate = LocalDateTime.now();
    }

    public long getId()
    {
        return id;
    }

    // ...

    @XmlJavaTypeAdapter(LocalDateTimeAdapter.class)
    public LocalDateTime getCreationDate()
    {
        return creationDate;
    }

    public void setCreationDate(LocalDateTime creationDate)
    {
        this.creationDate = creationDate;
    }
}
```

Um die Konvertierung in XML und JSON etwas spannender zu machen, nutzen wir hier die Klasse LocalDateTime aus dem neuen Date and Time API aus Java 8. Diese Umwandlung wird von JAX-RS nicht direkt unterstützt, sondern erfordert einen

Adapter. Einen solchen zu implementieren ist recht einfach, wenn man die Klasse `javax.xml.bind.annotation.adapters.XmlAdapter` als Basis nutzt. Dann wird nur die zuvor gezeigte Referenzierung `@XmlJavaTypeAdapter(LocalDateTimeAdapter.class)` einer nachfolgend gezeigten Adapterklasse nötig:

```java
public class LocalDateTimeAdapter extends XmlAdapter<String, LocalDateTime>
{
    @Override
    public LocalDateTime unmarshal(String s) throws Exception
    {
        return LocalDateTime.parse(s);
    }

    @Override
    public String marshal(LocalDateTime dateTime) throws Exception
    {
        return dateTime.toString();
    }
}
```

Implementierung der Ressourcenklasse

Kommen wir nun zur Implementierung des zugehörigen REST-Service `Message-Resource`, der XML und JSON als Format unterstützt. Statt dazu explizit Methoden zu implementieren, wie wir dies zur Demonstration eingangs getan haben, führen wir einfach mehrere mögliche Typen in der Annotation `@Produces` an:

```java
@Path("/messages")
public class MessageResource
{
    private static final List<Message> messages = new ArrayList<>();
    static
    {
        // JDK 8: Streams und Lambdas: 8 Nachrichten erzeugen
        IntStream.range(0, 8).forEach(i -> messages.add(new Message("Test" + i)));
    }

    @GET
    @Path("/{id}")
    @Produces({ MediaType.APPLICATION_XML, MediaType.APPLICATION_JSON })
    public Response getMessageById(@PathParam("id") final long id)
    {
        final Optional<Message> optionalMsg = findMessageBy(id);
        if (optionalMsg.isPresent())
        {
            final Message msg = optionalMsg.get();
            return Response.status(Response.Status.OK).entity(msg).build();
        }

        return Response.status(Response.Status.NOT_FOUND).build();
    }

    private Optional<Message> findMessageBy(final long id)
    {
        // JDK 8: Streams, Lambdas und Optional: Filterung nach Id
        return messages.stream().filter(msg -> msg.getId() == id).findFirst();
    }
}
```

Vereinfachend speichern wir die Nachrichten in einer `List<Message>` direkt in der Ressourcenklasse selbst und fügen zur Demonstration acht Nachrichten in die Liste ein. Dafür nutzen wir die mit JDK 8 neu eingeführten Streams und Lambdas – das gilt ebenfalls für die in der Methode `findMessageBy()` realisierte Suche, in der zudem noch die mit JDK 8 neu eingeführte Klasse `Optional<T>` zum Einsatz kommt.[5] Eventuell fragen Sie sich, warum diese Liste statisch definiert wurde. Das liegt daran, dass standardmäßig für jeden eingehenden Request eine neue Instanz einer Ressourcenklasse erzeugt wird und ansonsten keine Datenspeicherung zwischen einzelnen Aufrufen von REST-Methoden möglich wäre – normalerweise ist das für REST-Services so gewollt, hier zur Demonstration aber nicht.

Die Umwandlung der Nachrichten in die Formate geschieht automatisch durch das JAX-RS-Framework, was eine große Erleichterung ist, da man sich nur um das Aufbereiten der Nutzdaten, nicht aber um ihre Repräsentation, kümmern muss. Um das Ganze auszuprobieren, verwenden wir verschiedene Accept-Header, die mit CURL über die Option `-H` angegeben werden. Dann ruft man CURL wie folgt für den Typ XML auf:

```
curl -H "Accept: application/xml" http://localhost:7777/rest/messages/0
```

Als Antwort erhält man folgendes XML – hier etwas hübscher formatiert:

```
<?xml version="1.0" encoding="UTF-8" standalone="yes">
<message>
<creationDate>2016-01-09T11:22:37.502+01:00</creationDate>
<id>0</id>
<msg>Test0</msg>
</message>
```

Alternativ kann man im Header auch mit einer Gewichtung arbeiten, die die Präferenzen angibt, die der REST-Service nach bestem Können befolgen kann:

```
curl -H "Accept: application/json; q=1.0, application/xml; q=0.7"
        http://localhost:7777/rest/messages/0
```

Als Ergebnis erhält man mit einer Präferenz für JSON dann etwa Folgendes:

```
{"id":0,"msg":"Test0","creationDate":"2016-01-13T19:23:08.133"}
```

6.2.2 HTTP-Kommandos und CRUD-Funktionalität

Das bislang gewonnene Wissen zu REST-Services wollen wir ausbauen und dazu schrittweise eine CRUD-Funktionalität mit den dazu passenden HTTP-Kommandos realisieren. Das Grundgerüst haben wir mit der Klasse `MessageResource` erstellt, die wir nachfolgend sukzessive ergänzen. Vereinfachend sollen die Nachrichten in einer Liste gespeichert werden – in der Praxis geschieht dies vermutlich in einer Datenbank.

---

[5]Einen Einstieg und weiterführende Informationen zu Java 8 finden Sie in meinen Büchern »Der Weg zum Java-Profi« [8] und »Java 8 – Die Neuerungen« [9].

POST

Wie schon erwähnt, dient POST zum Erzeugen von Ressourcen. Alle dafür benötigten Informationen müssen beim Aufruf angegeben werden. Gewöhnlich werden diese Daten basierend auf Eingaben in einem HTML-Formular im Body übertragen, was durch @Consumes(MediaType.APPLICATION_FORM_URLENCODED) ausgedrückt wird. Zur Auswertung nutzt man die Annotation @FormParam:

```
@POST
@Consumes(MediaType.APPLICATION_FORM_URLENCODED)
public Response createMessage(@FormParam("msg") final String msgText)
{
    if(msgText.trim().length() > 0)
    {
        final Message msg = new Message(msgText);
        messages.add(msg);

        return Response.created(URI.create("/rest/messages/" +
                            msg.getId())).build();
    }
    return Response.status(Response.Status.BAD_REQUEST).build();
}
```

Durch diese Methode wird ein Message-Objekt erzeugt und in der Liste der Nachrichten gespeichert, wenn beim Aufruf ein entsprechender Form-Parameter angegeben wird, wie beispielsweise bei CURL durch die Option -d:

```
curl -X POST -d "msg=Dies ist eine Nachricht"
               http://localhost:7777/rest/messages
```

GET

Bekanntermaßen dient der GET-Befehl zum Ermitteln von Daten. Wir haben bereits Abfragen nach spezifischen Nachrichten über deren id realisiert. Nun wollen wir uns anschauen, wie wir alle derzeit gespeicherten Nachrichten abrufen können. Dazu implementieren wir die Methode getMessages() ohne großes Nachdenken wie folgt:

```
// Achtung: Intuitiv, aber falsch
@GET
@Produces({"application/xml", "application/json"})
public Response getMessages()
{
    return Response.status(Response.Status.OK).entity(messages).build();
}
```

Obwohl diese Variante absolut sinnvoll und einleuchtend erscheint, kommt es zu folgendem Fehler:

```
MessageBodyWriter not found for media type=application/xml,
    type=class java.util.ArrayList, genericType=class java.util.ArrayList.
```

Das Problem liegt darin, dass Listen von JAXB nicht direkt verarbeitet werden können. Das hatten wir bereits in Abschnitt 1.3.2 gesehen. Bei reinem XML benötigt man ein umschließendes Element. Für JAX-RS muss man dagegen den speziellen, generischen Typ `javax.ws.rs.core.GenericEntity<T>` folgendermaßen nutzen:

```
@GET
@Produces({"application/xml", "application/json"})
public Response getMessages()
{
    final GenericEntity<List<Message>> entityList =
                        new GenericEntity<List<Message>>(messages) {};

    return Response.status(Response.Status.OK).entity(entityList).build();
}
```

Nach dieser Korrektur mit einem Wrapping der `messages` liefert eine Abfrage der Daten als JSON eine korrekte Rückgabe. Prüfen Sie es mit folgendem Kommando:

```
curl -H "Accept: application/json" http://localhost:7777/rest/messages
```

Dann erhalten Sie mit abweichenden Zeitangaben in etwa diese Antwortdaten (gekürzt):

```
[
    {"id":0, "msg":"Test0", "creationDate":"2016-01-13T19:23:08.133"},
    {"id":1, "msg":"Test1", "creationDate":"2016-01-13T19:23:08.136"},
    ...
    {"id":6, "msg":"Test6", "creationDate":"2016-01-13T19:23:08.136"},
    {"id":7, "msg":"Test7", "creationDate":"2016-01-13T19:23:08.136"},
]
```

PUT

Mitunter sind bestehende Daten zu verändern. Dazu dient bei REST das `PUT`-Kommando. Diesem werden alle benötigten Informationen mitgegeben. Die als Eingabe akzeptierten Formate werden in `@Consumes` festgelegt. Um sowohl XML als auch JSON entgegennehmen zu können, schreiben wir folgende Methode:

```
@PUT
@Consumes("application/xml", "application/json")
public Response updateMessage(final Message msg)
{
    final Optional<Message> optionalMsg = findMessageBy(msg.getId());
    if (optionalMsg.isPresent())
    {
        final Message origMsg = optionalMsg.get();
        // Aktualisierung der gewünschten Attribute
        origMsg.setMsg(msg.getMsg());
        origMsg.setCreationDate(msg.getCreationDate());
    }
    else
    {
        messages.add(msg);
    }
    return Response.created(URI.create("/rest/messages/" + msg.getId())).build();
}
```

Auch die gerade implementierte Aktualisierungsfunktionalität wollen wir ausprobieren. Dazu nutzen wir CURL mit der Angabe von –d für Nutzdaten wie folgt:

```
curl -X PUT -H "Content-Type: application/json" -d '{"id": "7",
     "msg" : "My New Message", "creationDate": "2016-01-01T11:22:33.456"}'
     http://localhost:7777/rest/messages/7
```

Mit diesem Kommando wird die zuvor erzeugte Nachricht mit der Id 7 textuell geändert sowie das Attribut `creationDate` auf den Zeitpunkt `2016-01-01T11:22:33.456` gesetzt.

```
{
    "id" : 7,
    "msg" : "My New Message",
    "creationDate" : 2016-01-01T11:22:33.456
}
```

DELETE

Zur voll umfänglichen Behandlung der CRUD-Operationen verbleibt noch das Löschen von Nachrichten. Das Löschen implementieren wir mithilfe des `DELETE`-Befehls, dem wir zur Identifikation der entsprechenden Nachricht eine Id im Pfad mitgeben:

```
@DELETE
@Path("/{id}")
public Response deleteMessageById(@PathParam("id") final long id)
{
    final Optional<Message> optionalMsg = findMessageBy(id);
    if (optionalMsg.isPresent())
    {
        final Message msg = optionalMsg.get();
        messages.remove(msg);

        return Response.noContent().build();
    }
    return Response.status(Response.Status.NOT_FOUND).build();
}
```

Wollen wir die Nachricht mit der Id 1 löschen, so können wir mit CURL folgendes Kommando ausführen:

```
curl -X DELETE http://localhost:7777/rest/messages/1
```

Fazit

Wir haben zwar nur eine einfache CRUD-Funktionalität umgesetzt, dabei aber schon einiges kennengelernt: Zum einen sind dies verschiedene Formate und HTTP-Befehle und zum anderen die Rückgabe von Ergebnissen sowie die Kommunikation von Erfolgs- und Fehlersituationen durch verschiedene HTTP-Statuscodes. Dazu haben wir

Methoden der Klasse `Response` und Konstanten der inneren Klasse `Status` genutzt. Das Ganze werden wir nach folgendem Praxishinweis vertiefen.

Hinweis: Signifikante Änderungen von Jersey 1.x auf JAX-RS 2.0

Beim Wechsel von Jersey 1.x auf das neuere JAX-RS 2.0 kann es mitunter den einen oder anderen Stolperstein geben, da sich das API doch ziemlich geändert hat. Um Ihnen einen möglichen Umstieg zu erleichtern, möchte ich Ihnen zwei typische Anwendungsfälle präsentieren und dafür die beiden Varianten gegenüberstellen.

Zugriffe auf Ressourcen

Jersey 1.x Bei Jersey 1.x bilden die Klassen `Client` und `WebResource` die Ausgangsbasis. Ein `Client` wird über eine Konstruktionsmethode erzeugt. Von einem `Client` erhält man dann eine `WebResource` durch Aufruf der Methode `resource()`. Ergänzende Pfadangaben werden mit `path()` angegeben. Für die HTTP-Kommunikation ruft man eine passende Methode auf, z. B. `get()`:

```
final Client client = Client.create();
final WebResource webResource = client.resource(restURL).
                                path("myresource/{param}").
                                pathParam("param", "paramValue");
```

JAX-RS 2.0 Bei JAX-RS 2.0 arbeitet man mit den Klassen `Client` und `WebTarget`. Zum Erzeugen eines `Client`s nutzt man einen `ClientBuilder`. Vom `Client` erhält man durch Aufruf von `target()` Zugriff auf die gewünschte Ressource. Ergänzende Pfadangaben werden mit `path()` angegeben.

```
final Client client = ClientBuilder.newClient();
final WebTarget target = client.target(restURL).
                         path("myresource").
                         path("paramValue");
```

Zugriffe auf eine textuelle Repräsentation

Jersey 1.x Für die HTTP-Kommunikation ruft man eine passende Methode auf, z. B. `get()`, und spezifiziert den erwarteten Rückgabetyp:

```
final String result = webResource.get(String.class);
```

JAX-RS 2.0 Die HTTP-Kommunikation erfolgt durch Aufruf von `request()` und eine passende Methode, z. B. `get()`, in der man den Rückgabetyp spezifiziert:

```
final String result = webTarget.request().get(String.class);
```

6.3 Tipps zum Design von REST-Interfaces

Beim Entwurf eines REST-Interface gibt es unterschiedliche Dinge zu bedenken. Hier kann ich nur einen Einstieg bieten und verweise für eine ausführlichere Besprechung auf die am Kapitelende angegebene Literatur.

6.3.1 Varianten der Rückgabe und Error Handling bei REST

Bei der Rückgabe von Daten gibt es verschiedene Varianten. Bislang haben wir immer mit `Response`s gearbeitet, weil diese eine sehr große Flexibilität insbesondere bei der Kommunikation von Fehlersituationen über HTTP-Statuscodes erlauben.

Rückgabe von Ressourcen

Mitunter scheint es aber natürlicher, das Interface so zu gestalten, dass die Entities direkt zurückgegeben werden. Schauen wir zum besseren Verständnis nochmal auf die Nachrichten vom Typ `Message`. Nachfolgend wird eine solche Ressource durch die Methode `getMessageById()` direkt als Objekt zurückgegeben:

```java
@GET
@Path("/asObject/{id}")
@Produces({"application/xml", "application/json"})
public Message getMessageById(@PathParam("id") final long id)
{
    try
    {
        return findMessageBy(id);
    }
    catch (final MessageNotFoundException e)
    {
        throw new RuntimeException(e);
    }
}

private Message findMessageBy(final long id) throws MessageNotFoundException
{
    // JDK 8: Streams, Lambdas und Optional
    final Optional<Message> optionalMsg = messages.stream().
                                 filter(msg -> msg.getId() == id).
                                 findFirst();

    // JDK 8: Optional-Spezialitäten orElseThrow()
    return optionalMsg.orElseThrow(() -> new MessageNotFoundException());
}
```

Wir sehen, dass wir bei dieser Variante keine Chance haben, bei der Rückgabe des HTTP-Statuscodes steuernd einzugreifen. Weil eine Suche nach Id aber potenziell kein Ergebnis liefert, würde hier eine `MessageNotFoundException` ausgelöst, die in eine `RuntimeException` konvertiert wird. Diese Exception führt dann immer zu einer Rückgabe des HTTP-Statuscodes `500 INTERNAL_SERVER_ERROR`. Sinnvoller wäre es, die fehlende Ressource durch Rückgabe von `404 NOT_FOUND` zu kommunizieren, was hier aber nicht ohne Weiteres möglich ist.

Ein ähnlich gelagerter Fall ist das Erzeugen von Nachrichten, das man wie folgt realisieren könnte:

```
@POST
@Consumes(MediaType.APPLICATION_FORM_URLENCODED)
public Message createMessage(@FormParam("msg")  final String msgText)
{
    if (msgText.trim().length() > 0)
    {
        final Message msg = new Message(msgText);
        messages.add(msg);

        return msg;
    }
    return new IllegalStateException("no message text given");
}
```

Diese Umsetzung besitzt aber folgende Unzulänglichkeiten: Zum einen löst eine leere Eingabe eine Exception aus, die wiederum zu einem 500 INTERNAL_SERVER_ERROR führt. Dieses könnte besser durch 400 BAD REQUEST ausgedrückt werden. Zum anderen wird im Erfolgsfall der Statuscode 200 OK statt 201 CREATED geliefert. Schlimmer noch: Man kann den Pfad zur neu erzeugten Ressource nicht an den Client zurückgeben.

Basierend auf diesen Beispielen wollen wir für Methodenrückgaben nachfolgend immer Instanzen von Response nutzen.

Rückgabe von Response mit HTTP-Statuscode

Wenn wir mehr Kontrolle über die Gestaltung der Rückgabe haben wollen, so müssen wir das API leicht ändern. Statt konkreter Typen aus unserer Applikation nutzen wir den Typ Response, wie wir es auch schon getan haben. Für das Beispiel der Suche nach einer Nachricht per Id bedeutet das Folgendes: Wenn wir eine Nachricht finden, so liefern wir diese über einen Aufruf von entity() zurück. Sofern wir jedoch zu einer gegebenen Id keine Nachricht finden, erzeugen wir eine Antwort mit dem HTTP-Statuscode 404 NOT FOUND.

```
@GET
@Path("/asRessource/{id}")
@Produces({"application/xml", "application/json"})
public Response getMessageByIdV2(@PathParam("id") final long id)
{
    final Optional<Message> optionalMsg = findMessageByV2(id);
    if (optionalMsg.isPresent())
    {
        final Message msg = optionalMsg.get();
        return Response.status(Response.Status.OK).entity(msg).build();
    }
    return Response.status(Response.Status.NOT_FOUND).build();
}

private Optional<Message> findMessageByV2(final long id)
{
    return messages.stream().filter(msg -> msg.getId() == id).findFirst();
}
```

Die programmatische Rückgabe von HTTP-Statuscodes kann – wie bereits mehrfach eingesetzt – durch Aufruf von `Response.status(Response.Status)` geschehen. Dazu sind im Enum `Response.Status` eine Menge relevanter HTTP-Statuscodes definiert. Eine Auswahl der gebräuchlichsten zeigt Tabelle 6-3.

Tabelle 6-3 *Wichtige HTTP-Statuscodes*

Code	Bedeutung
`200 OK`	Die Anfrage wurde erfolgreich bearbeitet.
`201 CREATED`	Die Ressource wurde erfolgreich angelegt. Die URI dazu sollte in der Response zurückgegeben werden.
`204 NO_CONTENT`	Die Ressource wurde erfolgreich gelöscht.
`400 BAD REQUEST`	Der Request ist ungültig oder die gewünschte Operation kann nicht ausgeführt werden.
`401 UNAUTHORIZED`	Zum Zugriff ist eine Authentifizierung nötig, die entweder noch nicht erfolgt ist, oder der Zugriff ist nicht erlaubt.
`403 FORBIDDEN`	Der Zugriff ist nicht erlaubt: Es liegen keine Zugriffsrechte vor (keine Autorisierung).
`404 NOT FOUND`	Unter der angegebenen URL wird keine Ressource gefunden: Die angeforderten Daten liegen auf dem Server nicht vor.
`405 METHOD NOT ALLOWED`	Die verwendete Methode (`GET`, `POST` usw.) wird nicht unterstützt: Das gewünschte Kommando, etwa ein `DELETE`, ist für die angegebene Ressource nicht erlaubt.
`406 NOT ACCEPTABLE`	Die Ressource wird mit einem nicht unterstützten Content-Type angesprochen.
`500 INTERNAL_SERVER_ERROR`	Es ist zu einem Fehler im Server gekommen.
`501 NOT IMPLEMENTED`	Der Server kennt das Kommando nicht.
`503 SERVICE_UNAVAILABLE`	Der Server ist gerade nicht verfügbar.

Die Klasse `Response` bietet für einige HTTP-Statuscodes spezifische Methoden:

- `Response.ok()`
- `Response.created()`
- `Response.noContent()`
- `Response.serverError()`

Wie schon für `Response.created()` und `Response.noContent()` gezeigt, wird der Sourcecode durch den Einsatz der aufgelisteten Methoden kürzer und besser lesbar.

Inkonsistenz: Authentifizierung und Autorisierung

Das Naming im HTTP-Standard ist ein wenig unglücklich. Der HTTP-Statuscode 401 UNAUTHORIZED hätte vermutlich besser UNAUTHENTICATED heißen sollen: Authentifizierung bedeutet, dass ein Benutzer bekannt ist. Autorisierung bedeutet, dass ein Benutzer die benötigten Rechte besitzt.

6.3.2 Wertübergabe als `@QueryParam` oder `@PathParam`

Im Folgenden möchte ich den Unterschied zwischen `@PathParam` und `@QueryParam` darlegen. Ein `@PathParam` ist Bestandteil des Pfads der URL.

```
http://rest-server:port/resourcePath/${id}
```

Ein `@QueryParam` wird als Name-Wert-Paar im Query-String einer URL angegeben:

```
http://rest-server:port/resourcePath?<paramName>=<paramValue>
```

Wann sollte man was verwenden?

Als Faustregel könnte man etwa Folgendes formulieren: `@PathParams` sollte man für alle benötigten Angaben nutzen. Das umfasst vor allem Ressourcennamen und Ids. `@QueryParams` sollten eher für optionale, ergänzende Angaben, beispielsweise zur Unterstützung von Querschnittsfunktionalitäten wie Filterung, Paging, d. h. die seitenweise Aufbereitung von Inhalten, oder Sortierung genutzt werden. Der Grund dafür ist, dass ansonsten der Aufbau der URL recht schnell unhandlich wird.

Beispiele

Nehmen wir an, wir wollten einen spezifischen Kunden anhand seiner Id ermitteln. Dazu nutzen wir einen `@PathParam`:

```
GET /customers/{id}
```

Wollen wir dagegen die Liste aller Kunden mit Paging aufbereiten, bietet es sich an, dazu die zwei `@QueryParams` `offset` und `limit` zu nutzen:

```
GET /customers?offset=20&limit=10
```

Alternativ lassen sich verschiedene `@QueryParams` für Filterungen einsetzen:

```
GET /customers?min-age=30
GET /customers?bornIn=February
```

6.3.3 Paging bei `GET`

Im vorhergehenden Abschnitt habe ich bereits angedeutet, dass man Query-Parameter zur Definition von Filterbedingungen oder zum Paging nutzen kann. Das möchte ich an einem Beispiel für Paging weiter ausbauen.

Nehmen wir an, die Menge an gespeicherten Nachrichten wäre riesig und wir wollten deshalb Paging realisieren. Dafür benötigen wir sowohl einen Startwert als auch die Angabe, wie viele Datensätze geliefert werden sollen. Wir nutzen dazu die Query-Parameter `offset` und `limit`. Im nachfolgenden Listing sehen wir eine weitere praktische Annotation: `@DefaultValue`. Diese dient dazu, Standardwerte zu definieren: Falls der eine oder andere oder beide Query-Parameter nicht angegeben werden, nutzen wir 0 als Startwert und eine Seitengröße von 20.

Die Implementierung des Ganzen ist verblüffend einfach und verständlich, wenn man auf die vom Interface `List<E>` bereitgestellte Methode `subList(int fromIndex, int toIndex)` zurückgreift. Zu beachten ist noch, dass der Wert des Parameters `toIndex` maximal auf die in der Liste verfügbaren Elemente begrenzt werden muss, da eine Subliste immer nur maximal alle Elemente einer Liste enthalten kann:

```
@GET
@Produces({"application/xml", "application/json"})
public Response getMessages(@QueryParam("offset") @DefaultValue("0") int offset,
                            @QueryParam("limit") @DefaultValue("20") int limit)
{
    final int max = Math.min(offset+limit, messages.size());
    final List<Message> subList = messages.subList(offset, max);

    final GenericEntity<List<Message>> entityList =
                new GenericEntity<List<Message>>(subList) {};

    return Response.status(Response.Status.OK).entity(entityList).build();
}
```

Die folgende Abfrage mit `offset=5` und `limit=3`

```
curl "http://localhost:7777/rest/messages?offset=5&limit=3"
```

liefert erwartungsgemäß die Nachrichten mit den Ids 5, 6 und 7:

```
<?xml version="1.0" encoding="UTF-8" standalone="yes"?>
<messages>
    <message>
        <creationDate>2016-01-16T14:04:05.608</creationDate>
        <id>5</id><msg>Test5</msg
    </message>
    <message>
        <creationDate>2016-01-16T14:04:05.608</creationDate>
        <id>6</id><msg>Test6</msg>
    </message>
    <message>
        <creationDate>2016-01-16T14:04:05.608</creationDate>
        <id>7</id><msg>Test7</msg>
    </message>
</messages>
```

Anmerkung zur Realisierung von Filterungen Ich möchte darauf hinweisen, dass sich eine Filterung mit dem zuvor erlangten Grundwissen problemlos implementieren lässt. Das gilt insbesondere durch den Einsatz von Java 8 und den dort neu eingeführten Streams, der Methode `filter()` sowie Lambda-Ausdrücken und dem `java.util.function.Predicate<T>` zur Formulierung von Filterbedingungen.

Achtung: Fallstrick bei der Abfrage

Bei Anfragen mit CURL und der Angabe von Query-Parametern stolpert man schnell über das Problem, dass nichts ausgeführt wird oder eine scheinbar unvollständige Auswertung der Query-Parameter erfolgt. Das liegt oft am Und-Zeichen (&). Dieses wird von der Kommandozeile als Steuerzeichen erkannt und im Hintergrund ausgeführt. Gibt man beispielsweise

```
curl http://localhost:7777/rest/messages?offset=5&limit=3
```

ein, so startet die Ergebnismenge zwar – wie erwartet – beim Offset 5, jedoch wird der Wert für `limit` nicht übernommen und besitzt daher den Defaultwert, im Beispiel den Wert 20. Damit wirklich alle Parameter ausgewertet werden, muss man die URI in Hochkommata eingeben, wie ich es zuvor gezeigt habe.

6.4   Fortgeschrittene Themen

Dieses Unterkapitel beschäftigt sich mit speziellen Request- und Response-Filtern, die dabei helfen, Querschnittsfunktionalität wie Logging und Auditing[6] bereitzustellen und nur einmal zu realisieren, statt überall in jeder Ressource.

Ein konkreter Anwendungsfall sind Prüfungen von Zugriffsrechten. Das Thema Security werde ich kurz in Abschnitt 6.4.2 beleuchten.

6.4.1   Einsatz von Request- und Response-Filtern

Request- und Response-Filter können aufseiten des Clients und des Servers genutzt werden, um eingehende Requests sowie ausgehende Responses zu modifizieren.

Filter setzt man ein, wenn man im Request bzw. in der Response vor der Bearbeitung durch einen REST-Service einige Änderungen vornehmen möchte, etwa um einen speziellen Eintrag im Request- oder Response-Header zu ergänzen. Die Grundlage bilden folgende Interfaces aus dem Package `javax.ws.rs.container`:

- `ContainerRequestFilter`
- `ContainerResponseFilter`
- `ClientRequestFilter`
- `ClientResponseFilter`

---

[6]Das Protokollieren von Informationen, z. B. wer hat wann welche Aktion ausgeführt.

Alle Arten von Filtern sind sich ähnlich, jedoch besitzt ein `RequestFilter` noch keinen Zugriff auf die Daten der Response; ein `ResponseFilter` dagegen schon. Ein `RequestFilter` wird vor der Methode eines REST-Service aufgerufen, ein `ResponseFilter` danach.

Protokollierung von Methodenaufrufen

Nehmen wir an, wir wollten eine Übersicht über alle aufgerufenen Methoden bekommen. Im ersten Schritt bestünde die Anforderung einfach nur darin, die Methode samt bereitstellender Klasse der REST-Ressource auszugeben. Diese Protokollierungsfunktionalität könnten wir in jeder einzelnen Methode realisieren, jedoch gibt es eine elegantere Variante: Wir nutzen einen Filter.

Für die Ausgabe nach der Ausführung einer Methode aus der REST-Ressource bietet sich ein `ContainerResponseFilter` an. Ein solcher besitzt die Methode `filter()`. Für die Protokollierung kann man einen `java.util.logging.Logger` nutzen.[7] Zudem ermitteln wir die Klasse und die Methode und geben diese aus:

```java
import javax.ws.rs.container.ContainerRequestContext;
import javax.ws.rs.container.ContainerResponseContext;
import javax.ws.rs.container.ContainerResponseFilter;
import javax.ws.rs.container.ResourceInfo;
import javax.ws.rs.core.Context;
import javax.ws.rs.ext.Provider;

@Provider
public class AfterDispatchRestServiceFilter implements ContainerResponseFilter
{
    private static final Logger LOGGER =
                        Logger.getLogger("AfterDispatchRestServiceFilter");

    @Context
    ResourceInfo resourceInfo;

    @Override
    public void filter(final ContainerRequestContext requestContext,
                    final ContainerResponseContext responseContext)
                    throws IOException
    {
        final Class<?> resourceClass = resourceInfo.getResourceClass();
        final Method method = resourceInfo.getResourceMethod();

        LOGGER.info("called: method '" + method.getName() +
                "' of class " + resourceClass.getSimpleName());
    }
}
```

Damit dieser Filter wirksam wird, ist die Angabe der Annotation `@Provider` aus dem Package `javax.ws.rs.ext.Provider` notwendig. Dadurch wird diese Klasse als Filterimplementierung durch das JAX-RS-Framework erkannt und wie gewünscht aufgerufen. Die Informationen zur gerade aktiven REST-Ressource werden automatisch

---

[7]In realen Projekten wird man eher Log4j, Log4j2, Slf4J oder ähnliche Logging-Frameworks verwenden. Im Beispiel wird das Java-Logging genutzt, weil es direkt im JDK verfügbar ist.

in die Variable `resourceInfo` vom Typ `javax.ws.rs.container.ResourceInfo`
injiziert, wenn diese – wie oben – mit der Annotation `@Context` aus dem Package
`javax.ws.rs.core` versehen ist.

Um die Funktionalität der Protokollierung der Aufrufe des zugehörigen REST-
Service ausprobieren zu können, implementieren wir analog zu dem schon vorgestellten
REST-Server eine Klasse `AdvancedStandAloneRESTServer`. Dort wird jedoch ein
anderes Package und eine andere Basis-URL verwendet:

```java
public class AdvancedStandAloneRESTServer
{
    private static final String BASE_URI = "http://localhost:8888/rest/";
    private static final String PACKAGES = "rest.jersey.advanced";

    public static void main(final String[] args) throws URISyntaxException,
            IOException
    {
        final ResourceConfig rc = new ResourceConfig().packages(PACKAGES);
        final HttpServer server = JdkHttpServerFactory.
                        createHttpServer(URI.create(BASE_URI), rc);

        System.out.println("Advanced REST-Server is running at " + BASE_URI);
        System.in.read();
        server.stop(0);
    }
}
```

Listing 6.4 *Ausführbar als* '**ADVANCEDSTANDALONERESTSERVER**'

Wir starten das Programm ADVANCEDSTANDALONERESTSERVER und führen eine
Abfrage aller Nachrichten wie folgt aus:

```
curl -H "Accept: application/xml" http://localhost:8888/rest/messages/
```

Daraufhin wird der Methodenaufruf im Server auf der Konsole wie folgt protokolliert:

```
Jan 17, 2016 1:58:05 PM rest.jersey.advanced.AfterDispatchRestServiceFilter
        filter
INFORMATION: called: method 'getMessages' of class MessageResource
```

Verbesserte Protokollierung   Auch ohne die eben beschriebenen Details zu den
Annotations lässt sich der Sourcecode recht gut verstehen und zu ausgeklügelteren
Funktionalitäten ausbauen.

Gehen wir im Folgenden davon aus, dass wir für das Erzeugen und Löschen von
Einträgen eine genauere Protokollierung wünschen. Ziel ist es also, gewisse Funktio-
nalität nur in speziellen, gewünschten Fällen auszuführen. Dazu kann man sich eine
Annotation wie die folgende `ShowMethodDetails` definieren:

```java
@Retention(RetentionPolicy.RUNTIME)
@Target(ElementType.METHOD)
public @interface ShowMethodDetails
{
}
```

Dann können wir diese Annotation für das Erzeugen angeben, beispielsweise so:

```
@POST
@Consumes(MediaType.APPLICATION_FORM_URLENCODED)
@ShowMethodDetails
public Response createMessage(@FormParam("msg")  final String msgText)
{
    ...
}
```

In unserem Filter ergänzen wir die fett markierten Zeilen:

```
@Override
public void filter(final ContainerRequestContext requestContext,
                   final ContainerResponseContext responseContext)
                   throws IOException
{
    final Class<?> resourceClass = resourceInfo.getResourceClass();
    final Method method = resourceInfo.getResourceMethod();

    LOGGER.info("called: method '" + method.getName() +
                "' of class " + resourceClass.getSimpleName());

    if (method.isAnnotationPresent(ShowMethodDetails.class))
    {
        LOGGER.info("=> method details: " + method);
    }
}
```

Rufen wir zum Test einmal POST auf:

```
curl -X POST -d "msg=SpecialLogging" http://localhost:7777/rest/messages
```

Wir erhalten dann eine detailliertere Protokollierung der Methodenaufrufe:

```
Jan 17, 2016 2:14:00 PM rest.jersey.advanced.AfterDispatchRestServiceFilter
      filter
INFORMATION: called: method 'createMessage' of class MessageResource
Jan 17, 2016 2:14:00 PM rest.jersey.advanced.AfterDispatchRestServiceFilter
      filter
INFORMATION: => method details: public javax.ws.rs.core.Response rest.jersey.
      advanced.MessageResource.createMessage(java.lang.String)
```

Das Ganze kann man natürlich nahezu beliebig ausbauen oder andere Querschnittsfunktionalität ergänzen, wie wir dies nun für eine Security-Prüfung tun werden.

Hinweis: Interzeptoren

Neben Requests und Responses, die sich für Client und Server in der Verarbeitung unterscheiden, gibt es sogenannte Interzeptoren, die ein einheitliches API für Client und Server bieten. Interzeptoren erlauben es, eingehende Entitäten und den ausgehenden Ausgabestream zu modifizieren, etwa um eine Komprimierung zu ergänzen. Es gibt die Typen ReaderInterceptor und WriterInterceptor. Ein ReaderInterceptor dient der Manipulation der eingehenden Daten, ein WriterInterceptor demzufolge der ausgehenden Daten.

6.4.2 Security im Kontext von REST

In diesem Buch kann ich das Thema Security im Kontext von REST leider nur kurz behandeln. Wichtig ist mir jedoch, darauf hinzuweisen, dass Sie beim Bereitstellen Ihrer APIs das Thema Security im Hinterkopf haben sollten. Wie bei normalen APIs und Applikationen auch ist sicherlich nicht jeder Nutzer berechtigt, alle Aktionen auszuführen. Das gilt mitunter selbst für Leseoperationen, da hier ansonsten potenziell sensible Informationen öffentlich im Web bereitgestellt werden könnten.

Eine Idee, wie man Security-Prüfungen durchführen kann, besteht im Einsatz von Filtern, die ich im Anschluss beschreibe. Für unsere CRUD-Applikation der Nachrichten wollen wir nur zwischen Lese- und Schreibrechten unterscheiden und nehmen dazu an, dass diese Rechte im Server hinterlegt sind. Beim Zugriff auf die jeweilige Ressource fordern wir eine Autorisierung mithilfe von auf HTTP Basic Auth. Nachfolgend zeige ich, wie man einen Filter zur Prüfung von Zugriffsrechten nutzen kann. Diese Informationen werden dann vor dem Aufruf der gewünschten Ressource abgeglichen und ein Zugriff gegebenenfalls aufgrund nicht ausreichender Rechte verweigert.

Hinweis: Authentifizierungsvariante HTTP Basic Auth

Für eine Kommunikation mit HTTP stellt Basic Auth die einfachste und unsicherste Variante einer Authentifizierung mithilfe von Benutzername und Passwort dar. Diese Angaben können von einem Client beim Versenden eines Requests mitgegeben werden. Da diese Informationen jedoch unverschlüsselt und nur Base64-codiert übertragen werden, ist dies im Allgemeinen nicht sicher genug und dient in diesem Beispiel nur zur Demonstration.

Für HTTP Basic Auth benötigt man eine Kombination aus Benutzername und Passwort und folgende Schritte:

1. Eine Darstellung der Informationen in der Form `username:password`.
2. Eine Codierung mithilfe von Base64.
3. Eine Übergabe als Header-Parameter `Authorization`, etwa bei CURL wie unten angegeben, wenn die Kombination `Michael:Inden` genutzt wird. Noch einfacher ist die Kommandozeilenoption `-u` für User:

```
curl -H "Authorization: Basic TWljaGFlbDpJbmRlbg==" ...
curl -u "Michael:Inden" ...
```

Implementierung eines Filters zur Security-Prüfung

Basierend auf einem `ContainerRequestFilter` wollen wir eine einfache Sicherheitsprüfung realisieren. Wie schon zuvor müssen wir dazu die Methode `filter()` implementieren. Dort werden wir den Header-Parameter `Authorization` auslesen und mit einem erwarteten Wert abgleichen. Weil diese Prüfung nur für spezielle Methoden ausgeführt werden soll, definieren wir ähnlich wie zur Anzeige der Methodendetails wieder eine Annotation, hier `ModificationAccess`:

```
@Retention(RetentionPolicy.RUNTIME)
@Target(ElementType.METHOD)
public @interface ModificationAccess
{
}
```

Die Implementierung der Sicherheitsabfrage in `filter()` prüft zunächst, ob die auszuführende REST-Methode mit der obigen Annotation markiert ist. Lediglich für diesen Fall wird der `Authorization`-Header ausgelesen und mit der codierten Angabe
`Michael:Inden`, also Base64-codiert mit dem Wert `TWljaGFlbDpJbmRlbg==`, verglichen. Das implementieren wir folgendermaßen:

```
@Provider
public class ServerAuthenticationRequestFilter implements ContainerRequestFilter
{
    private static final Logger LOGGER =
                        Logger.getLogger("ServerAuthenticationRequestFilter");

    @Context
    ResourceInfo resourceInfo;

    @Override
    public void filter(final ContainerRequestContext requestContext)
    {
        final Method method = resourceInfo.getResourceMethod();
        if (method.isAnnotationPresent(ModificationAccess.class))
        {
            final String authorization =
                        requestContext.getHeaderString("Authorization");

            // Prüfe auf Michael:Inden
            final String expectedAuthorization = "Basic TWljaGFlbDpJbmRlbg==";
            final boolean isValid = authorization != null &&
                                authorization.equals(expectedAuthorization);

            if (!isValid)
            {
                LOGGER.warning("Authentication FAILED!");

                final Response response =
                            Response.status(Status.UNAUTHORIZED).build();
                requestContext.abortWith(response);
            }
            else
            {
                LOGGER.info("Authentication accepted!");
            }
        }
    }
}
```

Wird die Prüfung des `Authorization`-Headers nicht bestanden, so kommt es zu einer Fehlermeldung, die durch `requestContext.abortWith(response)` ausgelöst
wird. Diese Methode dient dazu, die Verarbeitung eines Requests abzubrechen, sofern
keine sinnvolle Programmfortsetzung möglich ist. Die an die Methode `abort()` übergebene Response wird als Antwort geliefert. War die Prüfung erfolgreich, so wird die
Verarbeitung mit Aufruf der eigentlich adressierten REST-Methode fortgesetzt.

Wir können nun die gerade realisierte Security-Funktionalität per CURL prüfen:

```
curl -X DELETE http://localhost:8888/rest/messages/7
```

Dieser Aufruf führt im Server zu einer Ausgabe von `Authentication FAILED!`, aber aufseiten des Clients, also hier der Kommandozeile, sieht man zunächst nicht, dass etwas schiefgelaufen ist. Dann sind die Optionen `-i` beim Aufruf von CURL zur Anzeige der Header und des Rückgabewerts hilfreich – oder wie in diesem Fall `-v` für verbose:

```
curl -v -X DELETE http://localhost:8888/rest/messages/7
```

Auf diese Weise werden dann viele Details inklusive des HTTP-Statuscodes 401, der besagt, dass keine Authentifizierung vorliegt, ausgegeben:

```
*   Trying ::1...
* Connected to localhost (::1) port 8888 (#0)
> DELETE /rest/messages/7 HTTP/1.1
> Host: localhost:8888
> User-Agent: curl/7.43.0
> Accept: */*
>
< HTTP/1.1 401 Unauthorized
< Date: Sat, 23 Jan 2016 12:05:20 GMT
< Content-length: 0
<
* Connection #0 to host localhost left intact
```

Wenn mehr Angaben erfolgen müssen, wird die Arbeit mit CURL leicht unhandlich, dann bevorzuge ich Postman. Zum einen erhält man eine übersichtliche Darstellung des HTTP-Statuscodes auch im Fehlerfall und zum anderen kann man Benutzername und Passwort komfortabel im GUI eingeben. Postman übernimmt automatisch die Konvertierung in Base64 und die Übertragung als Header (vgl. Abbildung 6-4).

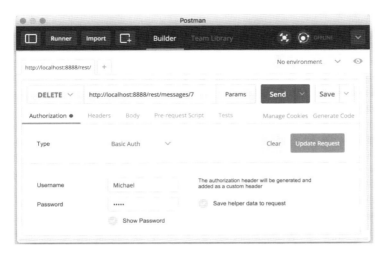

Abbildung 6-4 *Darstellung in Postman*

Achtung: Weiter gehende Security

Die hier gezeigte Security-Prüfung bietet nur einen ersten rudimentären Schutz. Ich möchte unbedingt darauf hinweisen, dass es außer dieser »selbst gestrickten« Art der Authentifizierung auch andere gibt, die üblicher sind, z. B. eine Prüfung von Benutzername und Passwort gegen eine Datenbank oder eine rollenbasierte Rechteprüfung. Zudem sollten die Daten möglichst verschlüsselt übertragen werden. Darüber hinaus gibt es Token-basierte Varianten wie OAuth.

6.4.3   Testen mit restfuse

Praktischerweise kann man die Basisfunktionalität eines REST-Service relativ gut durch Unit Tests prüfen, weil die Methoden auch ohne eine Bereitstellung im Netzwerk durch normale Java-Klassen, im Speziellen eben Unit-Test-Klassen, aufgerufen werden können. Wünschenswert für REST-Services ist es aber, deren Verfügbarkeit und korrekte Arbeitsweise bei Aufrufen aus dem Netz zu prüfen. Dazu ist die Bibliothek restfuse nützlich, die eine Erweiterung von JUnit darstellt und insbesondere eine spezielle Testausführung bietet. Zentraler Bestandteil ist die Annotation `@HttpTest`, die zur Beschreibung von Testfällen und zur Konfiguration von Requests dient.

Erweiterung im Build

Das Einbinden von restfuse in unsere Programme erfordert lediglich die Angabe folgender Dependency in unserem Gradle-Build:

```
// REST-Testing-Support
compile 'com.restfuse:com.eclipsesource.restfuse:1.2.0'
```

Typische Imports

Beim Implementieren von Tests von REST-Services helfen die von restfuse im Package `com.eclipsesource.restfuse` bereitgestellten Klassen, Interfaces, Aufzählungen und Annotations. Weil diese im normalen Java-Alltag eher ungebräuchlich sind, zeige ich nachfolgend eine typische Menge an `import`-Anweisungen:

```
import static com.eclipsesource.restfuse.Assert.assertOk;
import static org.junit.Assert.assertEquals;

import org.junit.Rule;
import org.junit.runner.RunWith;

import com.eclipsesource.restfuse.Destination;
import com.eclipsesource.restfuse.HttpJUnitRunner;
import com.eclipsesource.restfuse.MediaType;
import com.eclipsesource.restfuse.Method;
import com.eclipsesource.restfuse.Response;
import com.eclipsesource.restfuse.annotation.Context;
import com.eclipsesource.restfuse.annotation.HttpTest;
```

Test einer REST-Service-Methode

Wir wollen uns nun den Test einer REST-Service-Methode vornehmen und dies für den einfachsten unserer REST-Services, nämlich den unter `greeting` erreichbaren Gruß, ausprobieren. Die Basis-URL des REST-Servers wird mithilfe einer `Destination` definiert. Die Testmethode annotieren wir mit `@HttpTest`. Schauen wir uns zuerst die Implementierung an, bevor ich auf weitere Details eingehe:

```java
@RunWith(HttpJUnitRunner.class)    // Spezieller Testrunner
public class BeispielRestfuseTest
{

    // Definition der Basis-URL
    @Rule
    public final Destination destination =
                        new Destination(this, "http://localhost:7777/rest/");

    @Context
    private Response response; // wird nach jedem Request injiziert

    // Verweist auf die auszuführende REST-Methode
    @HttpTest(method = Method.GET, path = "/greeting/Micha")
    public void sayHelloPlainText()
    {
        final String body = response.getBody();
        final int responseCode = response.getStatus();

        // Spezielles Assert von restfuse, das auf den HTTP-Code 200 prüft
        assertOk(response);

        assertEquals(200, responseCode);
        assertEquals("Hello Micha", body);
        assertEquals(MediaType.TEXT_PLAIN, response.getType());
    }

}
```

Bei restfuse geschieht ein wenig Magie durch die Annotations: Die Annotation `@RunWith` und die Angabe von `HttpJUnitRunner` sorgen dafür, dass der Test mit diesem speziellen Testrunner ausgeführt wird. Es erfolgt zunächst die HTTP-Kommunikation mit dem REST-Server. Voraussetzung dazu ist, dass dieser gestartet ist und auf Anfragen reagieren kann. Dann wertet restfuse die empfangene Antwort aus und stellt diese schlussendlich geeignet bereit. Jede einzelne Testmethode wird mit `@HttpTest` annotiert. Einer Testmethode muss man zum einen das gewünschte Kommando und zum anderen natürlich den relativen Pfad zur REST-Ressource angeben.

Schauen wir uns kurz an, was in der obigen Testmethode abläuft: Zunächst einmal wird ein HTTP-Request gegen den angegebenen REST-Service abgesetzt. Als Folge wird durch restfuse die Antwort in das Attribut `Response` injiziert, sofern dieses mit `@Context` annotiert ist. Basierend auf der `Response` können nun verschiedene Werte ausgelesen werden und Prüfungen erfolgen. Wir interessieren uns hier für die im Body zurückgelieferten Daten sowie den HTTP-Statuscode. Diesen können wir mithilfe der Methode `assertEquals()` aus JUnit prüfen, ebenso auch den Inhalt der Nachricht. Eine einfachere Auswertung des HTTP-Statuscodes ist durch spezialisierte Methoden aus restfuse möglich, etwa durch einen Aufruf von `assertOk()`, der prüft, ob die über-gebene `Response` den HTTP-Statuscode 200 besitzt.

Fallstrick: Import der Aufzählung `MediaType`

Bei restfuse gibt es einen Fallstrick, wenn man in Asserts den `MediaType` wie zuvor im Listing vergleicht. Mitunter erhält man folgende Fehlermeldung:

```
java.lang.AssertionError: expected: java.lang.String<text/plain> but was:
com.eclipsesource.restfuse.MediaType<text/plain>
```

Das ist immer dann der Fall, wenn man (wie gewohnt) die in JAX-RS definierte Aufzählung `MediaType` importiert. Achten Sie bei restfuse darauf, den `MediaType` wirklich aus dem Package `com.eclipsesource.restfuse` zu importieren und eben nicht aus dem Package `javax.ws.rs.core`.

Fazit zum Testen mit restfuse

Normalerweise sollten Tests dem sogenannten »ARRANGE ACT ASSERT«-Stil folgen, d. h., zunächst die benötigten Voraussetzungen für den Test herstellen, dann die zu testende Aktion ausführen und schließlich das gewünschte Ergebnis im Assert-Teil prüfen. Das ist bei restfuse leider nicht der Fall, aber trotzdem ist das Testen von REST-Services recht einfach und verständlich möglich. Neben der korrekten Arbeitsweise lässt sich auch die HTTP-Kommunikation gut prüfen.

Damit die Tests jedoch ausgeführt werden können, müssen die dort angesprochen-nen REST-Services erreichbar sein, d. h., der bereitstellende REST-Server muss ge-startet sein. Diese Voraussetzung erschwert die automatisierte Testbarkeit ein wenig. Mithilfe von JUnit Rules kann man sich aber eine Erweiterung schreiben, die zunächst den REST-Server startet und dann im normalen Testablauf die einzelnen Testmethoden ausführt.

6.5 Fazit

In diesem Kapitel habe ich Ihnen zunächst einen Schnelleinstieg in die Grundlagen der Implementierung von REST-Services gegeben. Dabei haben wir mit CURL, Post-man und dem Client-API verschiedene Zugriffsvarianten kennengelernt, die je nach Anwendungsfall die passende Wahl darstellen können. Danach bin ich auf das Erstel-len von CRUD-Funktionalität und die Abbildung auf HTTP-Kommandos eingegangen. Abgerundet wurde das Ganze durch eine Beschreibung verschiedener Datenformate. Des Weiteren wurden einige Hinweise zu typischen Fragestellungen beim Entwurf eines REST-APIs behandelt. Das mündete dann in fortgeschrittenen Themen, wie dem Einsatz von Request- und Response-Filtern zur Protokollierung von Methodenaufrufen sowie zur Realisierung einfacher Security-Checks. Abschließend haben wir einen kur-zen Blick auf die Bibliothek restfuse zum Testen von REST-Services geworfen.

In den einzelnen Unterkapiteln haben wir jeweils wichtige Bausteine und Facetten einer REST-Applikation kennengelernt. Dadurch sollten Sie mittlerweile genügend Wissen gesammelt haben, um Funktionalitäten im Netz als REST-Services bereitstellen zu können. Wenn Sie noch ein paar Ideen benötigen, möchte ich Ihnen die Lektüre des nachfolgenden Kapitels nahelegen, in dem ein durchgängiges Beispiel entwickelt wird, das nahezu alle Themen des Buchs in einer Applikation vereint. Mit den Ausführungen in diesem Kapitel wurden die letzten Grundlagen dafür gelegt, eine solche Applikation implementieren zu können.

6.6   Weiterführende Literatur

Innerhalb eines Kapitels lässt sich das Thema JAX-RS und Jersey nur überblicksartig darstellen. Ergänzende und weiterführende Informationen finden Sie in folgenden Büchern:

- ■ »**REST und HTTP**« von Stefan Tilkov, Martin Eigenbrodt, Silvia Schreier und Oliver Wolf [18]
  Stefan Tilkov ist wohl einer der Experten, wenn es um REST geht, und sein Buch zu diesem Thema ist mittlerweile in der 3. Auflage erschienen. Wenn Sie sich vielschichtig über das Thema REST informieren wollen, dann ist dieses Buch sicher eine Empfehlung. Falls Sie aber direkt mit der Programmierung mit JAX-RS loslegen wollen, liefert es wenig Hilfe, da es eher konzeptionell ausgerichtet ist. Zum Programmiereinstieg empfehle ich das folgende Buch.

- ■ »**RESTful Java with JAX-RS 2.0**« von Bill Burke [5]
  Dieses Buch von Bill Burke ist gut zu lesen und gibt einen fundierten Hands-on Einstieg in JAX-RS. Neben Grundlagen werden auch fortgeschrittenere Themen wie Security, Filter, Asynchronität sowie Skalierbarkeit behandelt.

- ■ »**REST in Practice**« von Jim Webber, Sava Parastatitidis und Ian Robinson [21]
  Ähnlich wie Stefan Tilkovs Buch fokussiert auch REST in Practice mehr auf den konzeptionellen und abstrakteren Teil, zeigt mitunter aber auch einfache Java-Implementierungen. Abgerundet werden die Beschreibungen durch Informationen zum Atom-Protokoll, Security und einen Blick auf SOAP sowie die Behandlung von Transaktionen.

7 Entwurf einer Beispielapplikation

Um die in den vorhergehenden Kapiteln vorgestellten Themen im Zusammenspiel zu erleben, entwickeln wir in diesem Kapitel ein durchgängiges Beispiel. Darin werden XML und JSON zur Datenspeicherung und zum Austausch genutzt und schließlich Aufrufe von REST-Services in einer MongoDB protokolliert.

Als Beispiel wird eine Highscore-Verwaltung erstellt. Beginnend mit einem einfachen Programm, das eine Highscore-Liste aus einer CSV-Datei einlesen kann, wird die Funktionalität schrittweise ausgebaut. In mehreren Iterationen entsteht dann eine Applikation, die über das Netzwerk durch andere Applikationen angesprochen werden kann und dazu über eine REST-Schnittstelle verfügt. Außerdem wird ein simples Administrations-GUI in HTML angeboten. Kleine JavaScript-Elemente rufen den REST-Service auf. Eine kurze Einführung in HTML und JavaScript, die das Verständnis des hier entwickelten Web-GUI erleichtern, bieten jeweils die Anhänge C und D.

7.1 Iteration 0: Ausgangsbasis

Die Ausgangsbasis bildet ein Programm, das Highscore-Daten aus einer CSV-Datei einliest und diese als Liste aufbereitet. Diese CSV-Daten haben in etwa das nachfolgend gezeigte Format – damit das Ganze praxisnäher wird, soll unsere gleich realisierte Einlesekomponente auch mit unvollständigen Angaben zurechtkommen und diese bei der Weiterverarbeitung ignorieren. Außerdem sind Zeilen, die mit dem Zeichen # starten, Kommentare und sollen nicht ausgewertet werden:

```
# Name, Punkte, Level,   Datum
Matze,    1000,     7,   12.12.2012
ÄÖÜßöäü,   777,     5,   10.10.2010
Peter,     985,     6,   11.11.2011


# Fehlender Datumswert
Peter,     985,     6

# Falsches Format des Levels
Peter,     985,    K6,   11.11.2009

# Fehlerhaftes Datumsformat
Micha,     100,     1,   1/1/2001
```

Business-Objekt

Nachdem wir das Datenformat der Eingabe kennen, schauen wir uns die Implementierung der Klasse `Highscore` an. Sie bildet das einfache Domänen- oder Business-Modell. Diese Klasse verwaltet dazu einen Namen, einen Punktestand, ein Level sowie ein Datum vom Typ `LocalDate`:

```
public final class Highscore
{
    private final String name;
    private final int points;
    private final int level;
    private final LocalDate day;

    public Highscore(final String name, final int points,
                     final int level, final LocalDate day)
    {
        this.name = name;
        this.points = points;
        this.level = level;
        this.day = day;
    }

    // ...
}
```

CSV-Import von Highscores

Die Implementierung zum Einlesen von Highscore-Daten aus einer CSV-Datei wird nur kurz dargestellt, da der Fokus auf den nachfolgenden Erweiterungen liegt. Erwähnenswert ist, dass im Sourcecode verschiedene mit JDK 8 eingeführte Neuerungen, etwa `Files.readAllLines()`, `Iterable<E>.forEach()`, `Optional<T>` und Lambdas, zum Einsatz kommen. Bei `readAllLines()` ist es möglich, das Encoding der Eingabedaten anzugeben, hier durch die Konstante `ISO_8859_1` repräsentiert:

```
public final class HighscoresCsvImporter
{
    private static final Logger log =
                    Logger.getLogger("HighscoresCsvImporter");

    public static List<Highscore> readHighscoresFromCsv(final String fileName)
    {
        final List<Highscore> highscores = new LinkedList<Highscore>();

        try
        {
            // JDK 8: readAllLines(), forEach(), Optional<T> & Lambdas
            final List<String> lines = Files.readAllLines(
                        Paths.get(fileName), StandardCharsets.ISO_8859_1);
            lines.forEach(line ->
            {
                final Optional<Highscore> optHighscore =
                                    extractHighscoreFrom(line);
                optHighscore.ifPresent(highscore -> highscores.add(highscore));
            });
        }
```

```
        catch (final IOException e)
        {
            log.warning("processing of file '" + fileName + "' failed: " + e);
        }

        return highscores;
    }

    // ...
}
```

Die eigentliche Extraktionsarbeit findet in der im nachfolgenden Listing gezeigten Methode extractHighscoreFrom(String) statt. Beim Umwandeln der textuellen Informationen nutzen wir die Methoden Integer.parseInt() für Zahlen und LocalDate.parse() für Datumsangaben. Weil Letztere im deutschen Format vorliegen, verwenden wir hier einen speziellen DateTimeFormatter:

```
private static Optional<Highscore> extractHighscoreFrom(final String line)
{
    final int VALUE_COUNT = 4;

    // Spalte die Eingabe mit ';' oder ',' auf
    final String[] values = line.split(";|,");

    // Behandlung von Leerzeilen und Kommentaren sowie unvollständigen Einträgen
    if (isEmptyLineOrComment(values) || values.length != VALUE_COUNT)
    {
        return Optional.empty();
    }

    try
    {
        // Auslesen der Werte als String + Typprüfung + Konvertierung
        final String name = values[0].trim();
        final int points = Integer.parseInt(values[1].trim());
        final int level = Integer.parseInt(values[2].trim());
        final String dateAsString = values[3].trim();

        final DateTimeFormatter dateTimeFormatter =
                        DateTimeFormatter.ofPattern("dd.MM.yyyy");
        final LocalDate day = LocalDate.parse(dateAsString, dateTimeFormatter);

        return Optional.of(new Highscore(name, points, level, day));
    }
    catch (final NumberFormatException e)
    {
        log.warning("Skipping invalid point or level value '" + line + "'");
    }
    catch (final DateTimeParseException e)
    {
        log.warning("Skipping invalid date value '" + line + "'");
    }
    return Optional.empty();
}
```

Schließlich verbleibt noch die Hilfsmethode isEmptyLineOrComment(String), die aber für das Beispiel nicht von Relevanz ist und daher hier nicht gezeigt wird. Diese finden Sie selbstverständlich im online verfügbaren Sourcecode zum Buch.

Beispielapplikation

Nachdem wir die Basiskomponenten betrachtet haben, wollen wir uns deren Kombination zum Einlesen der CSV-Datei und der Extraktion von `Highscore`-Objekten in Form einer `main()`-Methode anschauen.

```
public static final void main(final String[] args)
{
    final String filePath = "resources/Highscores.csv";

    final List<Highscore> highscores = readHighscoresFromCsv(filePath);

    highscores.forEach(System.out::println);
}
```

Listing 7.1 *Ausführbar als '*READHIGHSCOREFROMCSVEXAMPLE*'*

Starten wir das Programm READHIGHSCORESFROMCSVEXAMPLE, so kommt es zu folgender Ausgabe:

```
Highscore [name=Matze, points=1000, level=7, date=2012-12-12]
Highscore [name=ÄÖÜßöäü, points=777, level=5, date=2010-10-10]
Highscore [name=Peter, points=985, level=6, date=2011-11-11]
```

Erwartungskonform zur Implementierung werden die im CSV vorliegenden Kommentare übersprungen und nur die drei Zeilen der validen Nutzdaten in `Highscore`-Objekte konvertiert.

Design

Die Implementierung ist bislang überschaubar. Für die geplanten Erweiterungen empfiehlt es sich trotzdem, einen Überblick z. B. in Form eines UML-Klassendiagramms zu erstellen. Werfen wir also einen kurzen Blick auf das Design für eine Bestandsaufnahme und schauen dann in den nachfolgenden Iterationen, wie sich das Ganze entwickelt.

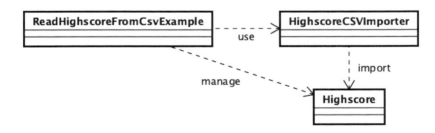

Abbildung 7-1 *Iteration 0 der Beispielapplikation*

Fazit

Wir haben nun die Ausgangsbasis kennengelernt. Diese einfache Applikation erlaubt jedoch nur das Lesen eines vorgegebenen Datenbestands. Um als Highscore-Verwaltung brauchbar zu werden, müssen wir auch eine Änderung und die Persistierung des Datenbestands vorsehen. Das ist Thema der kommenden Iteration 1.

7.2 Iteration 1: Zentrale Verwaltung von Highscores

In dieser Iteration erstellen wir eine Klasse `HighscoreManager`, die sich um die Verwaltung von `Highscore`-Einträgen kümmern soll. Zudem ist es das Ziel, eine Persistierung mithilfe von Serialisierung zu realisieren – für Spieler unseres Spiels wäre es wohl kaum akzeptabel, wenn deren errungene Highscores nicht gespeichert würden. Schauen wir uns die dazu notwendigen Schritte an.

Verwaltung von `Highscore`-Einträgen

Bisher wurde die Liste der Highscores nur eingelesen, aber nicht zentral verwaltet. Als erste Abhilfe implementieren wir die Klasse `HighscoreManager`, die eine Liste von `Highscore`-Objekten als Attribut besitzt und zunächst nur das Hinzufügen von Highscores sowie den Import aus einer CSV-Datei anbietet. Diese Funktionalitäten realisieren wir in einer Variante 1 folgendermaßen:

```
public class HighscoreManagerV1
{
    private final List<Highscore> highscores = new ArrayList<>();

    public List<Highscore> getHighscores()
    {
        // Kopie erzeugen: keine internen Daten herausgeben
        return new ArrayList<>(highscores);
    }

    public void add(final Highscore highscore)
    {
        highscores.add(highscore);
    }

    public void populateFromCsv(final String filePath)
    {
        final List<Highscore> readHighscores = readHighscoresFromCsv(filePath);

        highscores.clear();
        highscores.addAll(readHighscores);
    }
}
```

Beispielapplikation

Unser Hauptprogramm zum Starten ändert sich nur minimal, wird aber durch den Einsatz und die Abstraktion des `HighscoreManager`s klarer. Zudem lassen sich nun neue Highscores hinzufügen. Das probieren wir gleich aus, nachdem wir einen initialen Datenbestand aus der CSV-Datei importiert haben:

```java
public static final void main(final String[] args)
{
    final HighscoreManagerV1 manager = new HighscoreManagerV1();

    manager.populateFromCsv("resources/Highscores.csv");
    manager.add(new Highscore("Michael", 7271, 10, LocalDate.of(2016, 2, 7)));
    manager.add(new Highscore("Werner", 1000,  8, LocalDate.of(2016, 1, 31)));

    final List<Highscore> highscores = manager.getHighscores();
    highscores.forEach(System.out::println);
}
```

Listing 7.2 *Ausführbar als* '**HIGHSCORELISTEXAMPLE**'

Startet man das obige Programm HIGHSCORELISTEXAMPLE, so wird die CSV-Datei eingelesen und zwei `Highscore`-Objekte erzeugt. Zusätzlich zu den drei aus der CSV-Datei importierten Einträgen werden noch die beiden per `add()` hinzugefügten Highscores dargestellt:

```
Highscore [name=Matze, points=1000, level=7, date=2012-12-12]
Highscore [name=ÄÖÜßöäü, points=777, level=5, date=2010-10-10]
Highscore [name=Peter, points=985, level=6, date=2011-11-11]
Highscore [name=Michael, points=7271, level=10, date=2016-02-07]
Highscore [name=Werner, points=1000, level=8, date=2016-01-31]
```

Wenn man die Ausgabe genauer anschaut, bemerkt man, dass eine Sortierung, wie man sie für eine Liste von Highscores intuitiv erwarten würde, noch fehlt: Die Sortierung soll nach Punktestand und Datum erfolgen – auch soll das Level eine Rolle spielen. Höhere Punktestände sollen zuoberst eingeordnet werden. Beim Level wird ein höheres weiter oben angesiedelt. Beim Datum werden ältere bevorzugt, weil der Highscore dann schon länger besteht. Das wollen wir nun implementieren. Dabei hilft uns, dass die obigen Testdaten (abgesehen vom Datum) so gewählt sind, dass wir die Sortierung leicht prüfen können.

Verbesserungen im `HighscoreManager`

Es gibt verschiedene Varianten, wo wir die Sortierfunktionalität ansiedeln können: Zunächst einmal wäre das die Klasse `Highscore` selbst. Man könnte diese das Interface `Comparable<Highscore>` erfüllen lassen, womit eine natürliche Ordnung beschrieben würde. Doch wie soll diese aussehen? Eine Variante besteht in der Definition von `Comparator<Highscore>`-Instanzen in der Klasse `HighscoreManager`. Das scheint hier näher am zu lösenden Problem zu sein, weil hier eine Menge von Komparatoren definiert und kombiniert werden sollen.

Die Teilschritte einer Sortierung nach Punkten, Datum und Level sowie deren Kombination kann man sehr einfach mithilfe von `Comparator<Highscore>` modellieren. Wir greifen hier auf die vielfältigen Neuerungen aus Java 8 zurück, insbesondere die Methode `Comparator.comparing()`, die einen einsatzfähigen Komparator liefert. Auch nutzen wir die beiden Methoden `thenComparing()` zur Hintereinanderschaltung und `reversed()` zur Umkehrung der Reihenfolge. Mit diesem Wissen ergänzen wir die Sortierfunktionalität im `HighscoreManager` folgendermaßen:

```
public class HighscoreManager
{
    final Comparator<Highscore> byPoints = comparing(Highscore::getPoints);
    final Comparator<Highscore> byDay = comparing(Highscore::getDay);
    final Comparator<Highscore> byLevel = comparing(Highscore::getLevel);

    final Comparator<Highscore> byPointsLevelAndDay =
                                    byPoints.reversed().
                                    thenComparing(byLevel.reversed()).
                                    thenComparing(byDay);

    private final List<Highscore> highscores = new ArrayList<>();

    public List<Highscore> getHighscores()
    {
        // Kopie erstellen: keine internen Daten herausgeben
        final List<Highscore> sortedResults = new ArrayList<>(highscores);

        sortedResults.sort(byPointsLevelAndDay);
        return sortedResults;
    }

    // ...
}
```

Mit diesen im Listing fett markierten Erweiterungen werden die Einträge wunschgemäß sortiert. Das zeigt ein Start des Programms HIGHSCORELISTIMPROVEDEXAMPLE und vor allem dessen Konsolenausgabe:

```
Highscore [name=Michael, points=7271, level=10, date=2016-02-07]
Highscore [name=Werner, points=1000, level=8, date=2016-01-31]
Highscore [name=Matze, points=1000, level=7, date=2012-12-12]
Highscore [name=Peter, points=985, level=6, date=2011-11-11]
Highscore [name=ÄÖÜßöäü, points=777, level=5, date=2010-10-10]
```

Persistenz-Komponente

Die Highscore-Verwaltung besitzt nun mit dem `HighscoreManager` einen zentralen Zugriffspunkt. Eine nutzende Applikation könnte bereits Highscores hinzufügen, jedoch fehlt noch eine Speicherung und das Einlesen zuvor gespeicherter Highscores.

Im Rahmen dieser ersten Iteration wollen wir uns zur Persistierung auf den in Java integrierten Serialisierungsmechanismus stützen. Dazu muss die Klasse `Highscore` das Interface `Serializable` implementieren:

```
public final class Highscore implements Serializable
```

Dann kann die eigentliche Interaktion mit dem Dateisystem basierend auf Standards aus dem JDK geschehen. Wir erstellen folgende Klasse `HighscorePersister`, um die Funktionalität in einer Klasse sauber zu kapseln:

```java
public class HighscorePersister
{
    public void persist(final OutputStream os,
                        final List<Highscore> highscores) throws IOException
    {
        final ObjectOutputStream outStream = new ObjectOutputStream(os);
        outStream.writeObject(highscores);
    }

    public List<Highscore> readFrom(final InputStream is) throws IOException
    {
        final ObjectInputStream inStream = new ObjectInputStream(is);
        try
        {
            return (List<Highscore>) inStream.readObject();
        }
        catch (ClassNotFoundException e)
        {
            // hier nicht möglich, weil alle Klassen unter unserer Kontrolle
        }
        return Collections.emptyList();
    }
}
```

Die Klasse `HighscoreManager` ergänzen wir dann um die Methoden `saveTo()` und `loadFrom()`, die wir folgendermaßen realisieren:

```java
public class HighscoreManager
{
    // ...

    public void saveTo(final OutputStream os) throws IOException
    {
        final HighscorePersister persister = new HighscorePersister();
        persister.persist(os, highscores);
    }

    public void loadFrom(final InputStream is) throws IOException
    {
        final HighscorePersister persister = new HighscorePersister();
        final List<Highscore> readHighscores = persister.readFrom(is);

        highscores.clear();
        highscores.addAll(readHighscores);
    }
}
```

Beispielapplikation

Die gerade realisierte Funktionalität zur Persistenz wollen wir prüfen und schreiben dazu eine `main()`-Methode. Dort erzeugen wir zwei `Highscore`-Einträge und speichern diese in der Datei `Highscores.ser`. Danach werden die Daten aus der bereits bekannten CSV-Datei gelesen und zum Schluss die `Highscore`-Objekte aus der zuvor gespeicherten Datei `Highscores.ser` rekonstruiert:

```java
public static final void main(final String[] args) throws IOException
{
    final HighscoreManager manager = new HighscoreManager();

    manager.add(new Highscore("Michael", 7271, 10, LocalDate.of(2016, 2, 7)));
    manager.add(new Highscore("Werner", 1000,  8, LocalDate.of(2016, 1, 31)));

    performActionOnFile(manager, "resources/Highscores.ser");
}

private static void performActionOnFile(final HighscoreManager manager,
                                        final String fileName)
                                        throws IOException
{
    try (final OutputStream os = new FileOutputStream(fileName);
         final InputStream is = new FileInputStream(fileName))
    {
        System.out.println("After save to file: " + fileName);
        manager.saveTo(os);
        manager.getHighscores().forEach(System.out::println);

        System.out.println("\nAfter load from csv: ");
        manager.populateFromCsv( "resources/Highscores.csv");
        manager.getHighscores().forEach(System.out::println);

        System.out.println("\nAfter load from file: " + fileName);
        manager.loadFrom(is);
        manager.getHighscores().forEach(System.out::println);
    }
}
```

Listing 7.3 *Ausführbar als '*HIGHSCOREPERSISTEXAMPLE*'*

Starten wir das Programm HIGHSCOREPERSISTEXAMPLE, so sehen wir, dass die beschriebenen Aktionen ausgeführt werden. Die Auswirkungen sind anhand der folgenden Konsolenausgaben gut nachvollziehbar:

```
After save to file: Highscores.ser
Highscore [name=Michael, points=7271, level=10, date=2016-02-07]
Highscore [name=Werner, points=1000, level=8, date=2016-01-31]

After load from csv:
Highscore [name=Matze, points=1000, level=7, date=2012-12-12]
Highscore [name=Peter, points=985, level=6, date=2011-11-11]
Highscore [name=ÄÖÜßöäü, points=777, level=5, date=2010-10-10]

After load from file: Highscores.ser
Highscore [name=Michael, points=7271, level=10, date=2016-02-07]
Highscore [name=Werner, points=1000, level=8, date=2016-01-31]
```

Design

Das Programm ist ein klein wenig umfangreicher und komplexer geworden. Für die nutzende Applikationsklasse werden Details aber sehr gut durch die Klasse `Highscore-Manager` versteckt. Insgesamt ergibt sich folgendes UML-Klassendiagramm, in dem die neuen Klassen grau hinterlegt sind – diese Kennzeichnung nutze ich auch in den folgenden Diagrammen.

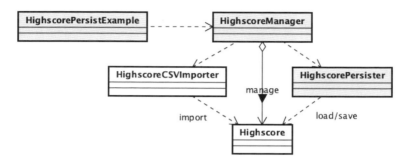

Abbildung 7-2 *Iteration 1 der Beispielapplikation*

Fazit

Die wichtigsten Funktionalitäten zur lokalen Verwaltung einer Highscore-Liste haben wir mittlerweile umgesetzt. Möglicherweise kommt aber der Wunsch auf, die Daten in einem portablen Format wie XML exportieren zu können. Ideal wäre, wenn sich dies ohne größere Änderungen in den `HighscoreManager` integrieren ließe.

7.3   Iteration 2: Verwaltung von XML

Wie gerade motiviert, soll nun mit XML ein portables Format zum Datenaustausch bereitgestellt werden. Die Funktionalität des Ex- und Imports von XML wollen wir in das bisherige Design integrieren. Die Persistierung erfolgt bislang durch die Klasse `HighscorePersister`. Somit scheint diese ein geeigneter Kandidat zu sein, dort die Erweiterung vorzunehmen. Natürlich könnte man die unterschiedlichen Ausprägungen durch Fallunterscheidungen mit `if`-Anweisungen realisieren. Das wird aber recht schnell unübersichtlich und schlecht erweiterbar. Funktionalität in Objekten bereitzustellen ist unter anderem Bestandteil des Entwurfsmusters STRATEGY. Dieses beschreibe ich ausführlich in meinem Buch »Der Weg zum Java-Profi« [8].

Strukturelle Vorarbeiten

Um die Varianten des Ex- und Imports im restlichen Programm nicht unterscheiden zu müssen, extrahieren wir ein gemeinsames Interface `IPersistStrategy` aus der ursprünglich zur Persistierung genutzten Klasse `HighscorePersister`:

```
public interface IPersistStrategy
{
    void persist(OutputStream os, List<Highscore> highscores) throws IOException;
    List<Highscore> readFrom(InputStream is) throws IOException;
}
```

Zudem implementieren wir eine Strategie zur Persistierung auf Basis von Serialisierung sowie in Form von XML. Dazu definieren wir folgende Aufzählung `PersistMode`:

```
public enum PersistMode
{
    SERIALIZATION
    {
        IPersistStrategy getStrategy()
        {
            return new PersistWithSerializationStrategy();
        }
    },
    XML
    {
        IPersistStrategy getStrategy()
        {
            return new PersistWithXmlStrategy();
        }
    };

    abstract IPersistStrategy getStrategy();
}
```

Außerdem benennen wir die in Iteration 1 entwickelte Klasse `HighscorePersister` in `PersistWithSerializationStrategy` um und lassen diese das zuvor gezeigte Interface wie folgt implementieren – die beiden Methoden sind unverändert:

```
public class PersistWithSerializationStrategy implements IPersistStrategy
{
    @Override
    public void persist(final OutputStream os,
                        final List<Highscore> highscores)
                        throws IOException
    {
        final ObjectOutputStream outStream = new ObjectOutputStream(os);
        outStream.writeObject(highscores);
    }

    @Override
    public List<Highscore> readFrom(final InputStream is) throws IOException
    {
        final ObjectInputStream inStream = new ObjectInputStream(is);
        try
        {
            return (List<Highscore>) inStream.readObject();
        }
        catch (ClassNotFoundException e)
        {
            // kann hier nicht auftreten, weil nur eigene Klassen
        }
        return Collections.emptyList();
    }
}
```

Schließlich benötigen wir wieder eine Klasse zur zentralen Steuerung der Persistierung. Dabei orientieren wir uns an der Klasse `HighscorePersister`, integrieren jedoch die beiden zu unterstützenden Strategien: In den Methoden zum Laden und Speichern steuert nun ein Parameter, welche Strategie zur Persistierung gewählt wird:

```
public class HighscorePersister
{
    public void persist(final PersistMode mode,
                        final OutputStream os,
                        final List<Highscore> highscores)
                        throws IOException
    {
        final IPersistStrategy strategy = mode.getStrategy();
        strategy.persist(os, highscores);
    }

    public List<Highscore> readFrom(final PersistMode mode,
                                    final InputStream is)
                                    throws IOException
    {
        final IPersistStrategy strategy = mode.getStrategy();
        return strategy.readFrom(is);
    }
}
```

XML-Persistierung

Wir haben mit der Klasse `HighscorePersister` die zentrale, steuernde Komponente zum Ex- und Import kennengelernt. Dort wurde beim Befüllen der Map bereits die `PersistWithXmlStrategy` erzeugt, die der Verarbeitung von XML dient. Wie schon bei der Verarbeitung von XML in Abschnitt 1.3.2 angedeutet, muss man zum Speichern von Listen eine zusätzliche Klasse bereitstellen, damit die JAXB-Automatiken funktionieren. Wir implementieren dazu die Hilfsklasse `HighscoreList` folgendermaßen:

```
@XmlRootElement (name="Highscores")
@XmlAccessorType (XmlAccessType.FIELD)
public class HighscoreList
{
    @XmlElement(name = "Highscore")
    private List<Highscore> highscores;

    public List<Highscore> getHighscores()
    {
        return highscores;
    }

    public void setHighscores(final List<Highscore> highscores)
    {
        this.highscores = highscores;
    }
}
```

Mithilfe dieser Klasse können wir uns dann auf die in JAXB integrierten Automatiken von `Marshaller` und `Unmarshaller` abstützen, um die XML-Verarbeitung wie folgt zu implementieren:

```java
public class PersistWithXmlStrategy implements IPersistStrategy
{
    @Override
    public void persist(final OutputStream os,
                        final List<Highscore> highscores)
                        throws IOException
    {
        final HighscoreList highscoreList = new HighscoreList();
        highscoreList.setHighscores(highscores);

        try
        {
            final Marshaller marshaller = createMarshaller();
            marshaller.marshal(highscoreList, os);
        }
        catch (final JAXBException ex)
        {
            throw new IOException(ex);
        }
    }

    @Override
    public List<Highscore> readFrom(final InputStream is) throws IOException
    {
        try
        {
            final Unmarshaller unmarshaller = createUnmarshaller();
            final HighscoreList highscoreList = (HighscoreList)
                                        unmarshaller.unmarshal(is);
            return highscoreList.getHighscores();
        }
        catch (final JAXBException ex)
        {
            throw new IOException(ex);
        }
    }

    private Marshaller createMarshaller() throws JAXBException,
            PropertyException
    {
        final JAXBContext context = JAXBContext.newInstance(HighscoreList.class);
        final Marshaller marshaller = context.createMarshaller();
        marshaller.setProperty(Marshaller.JAXB_FORMATTED_OUTPUT, true);
        return marshaller;
    }

    private Unmarshaller createUnmarshaller() throws JAXBException
    {
        final JAXBContext context = JAXBContext.newInstance(HighscoreList.class);
        return context.createUnmarshaller();
    }
}
```

Beispielapplikation

Um die gerade erweiterte Funktionalität zur Persistenz auszuprobieren, sind lediglich minimale Anpassungen bzw. Erweiterungen um Parameter vom Typ `PersistMode` notwendig. Das zieht sich recht weit durch das Programm und betrifft auch die Klasse `HighscoreManager` und deren beide Methoden `saveTo()` und `loadFrom()`:

```java
public static final void main(final String[] args) throws IOException
{
    final HighscoreManager manager = new HighscoreManager();
    manager.add(new Highscore("Michael", 7271, 10, LocalDate.of(2016, 2, 7)));
    manager.add(new Highscore("Werner", 1000,  8, LocalDate.of(2016, 1, 31)));

    performActionOnFile(manager, PersistMode.SERIALIZATION,
                              "resources/Highscores.ser");
    performActionOnFile(manager, PersistMode.XML, "resources/Highscores.xml");
}

private static void performActionOnFile(final HighscoreManager manager,
                            final PersistMode mode,
                            final String fileName)
                            throws IOException
{
    try (final OutputStream os = new FileOutputStream(fileName);
         final InputStream is = new FileInputStream(fileName))
    {
        System.out.println("After save to file: " + fileName);
        manager.saveTo(mode, os);
        manager.getHighscores().forEach(System.out::println);

        System.out.println("\nAfter load from csv: ");
        manager.populateFromCsv( "resources/Highscores.csv");
        manager.getHighscores().forEach(System.out::println);

        System.out.println("\nAfter load from file: " + fileName);
        manager.loadFrom(mode, is);
        manager.getHighscores().forEach(System.out::println);
    }
}
```

Listing 7.4 *Ausführbar als* '**HIGHSCOREPERSISTIMPROVEDEXAMPLE**'

Starten wir das Programm HIGHSCOREPERSISTIMPROVEDEXAMPLE, so wird nun auch eine Datei `Highscores.xml` mit folgendem Inhalt geschrieben:

```xml
<?xml version="1.0" encoding="UTF-8" standalone="yes"?>
<Highscores>
    <Highscore>
        <day>2016-02-07</day>
        <level>10</level>
        <name>Michael</name>
        <points>7271</points>
    </Highscore>
    <Highscore>
        <day>2016-01-31</day>
        <level>8</level>
        <name>Werner</name>
        <points>1000</points>
    </Highscore>
</Highscores>
```

Design

Unter der Motorhaube hat sich einiges getan. Aber aus Sicht einer nutzenden Applikation bleibt das Design recht stabil – natürlich ändern sich Kleinigkeiten, um die neuen Funktionalitäten ansprechen zu können. Die größten Änderungen erfährt die Klasse `HighscorePersister`, die nun abhängig vom gewünschten Format eine korrespondierende Ex-/Import-Strategie wählt.

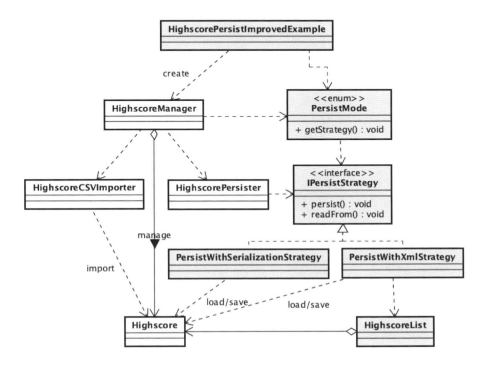

Abbildung 7-3 *Iteration 2 der Beispielapplikation*

Fazit

In nur wenigen Iterationen haben wir aus einer ziemlich einfachen Applikation eine vollwertige Highscore-Verwaltung entwickelt, die für ein einzelnes Spiel ausreichend wäre. Sollen aber Highscores unterschiedlicher Spieler auf verschiedenen Rechnern miteinander abgeglichen werden, so benötigt man eine über das Netzwerk aufrufbare Funktionalität, wozu sich ein REST-Service anbietet.

7.4 Iteration 3: Bereitstellen als REST-Service

Mittlerweile besitzen wir eine recht ausgereifte Highscore-Verwaltung, die wir nun im Netzwerk verfügbar machen wollen. Bei der Realisierung des dazu verwendeten REST-Service sind aber einige Dinge zu beachten, auf die ich vorab eingehen möchte:

- Adressierung von Ressourcen
- Zustandslosigkeit

Adressierung von Ressourcen   Bei REST werden Daten als adressierbare Ressourcen angesehen. Unsere Highscores besitzen momentan aber noch nicht so etwas wie eine Id, was bislang auch nicht notwendig war. Wenn wir aber ganz spezielle `Highscore`-Objekte ansprechen möchte, so benötigen wir ein zusätzliches Attribut. Hier nutzen wir den Datentyp `long` sowie den Namen `id`. Dieses spezielle Attribut kommt uns in der nächsten Iteration noch zugute.

```
public final class Highscore implements Serializable
{
    private static final AtomicLong counter = new AtomicLong();

    private long id;
    private String name;
    private int points;
    private int level;
    private LocalDate day;

    // für XML-Serialisierung
    public Highscore()
    {}

    public Highscore(final String name, final int points,
                     final int level, final LocalDate day)
    {
        this.id = counter.getAndIncrement();
        this.name = name;
        this.points = points;
        this.level = level;
        this.day = day;
    }

    // ...
}
```

Zur Generierung der Id verwenden wir einen `AtomicLong`. Für eine nutzende Applikation bleibt die Existenz dieser Id nahezu verborgen. Im REST-Service kann man aber über diese Id die Ressourcen adressieren. Insbesondere dient diese Id dazu, die passenden Einträge aus der Highscore-Liste zu finden.

Der Einfachheit des Beispiels ist geschuldet, dass diese Lösung nur bis zu einem Neustart funktioniert, denn dann startet der Counter wieder bei 0.

Zustandslosigkeit   Im Rahmen der Vorstellung von Jersey habe ich erwähnt, dass REST-Services für jeden Aufruf aus dem Netzwerk wieder neu erzeugt werden. Das beißt sich aber mit der Forderung einer persistenten Datenhaltung unserer Highscores. Daher kann in dem im Anschluss implementierten REST-Service nicht einfach eine Instanz der Klasse `HighscoreManager` wie folgt als Attribut definiert werden:

```
private final HighscoreManager highscoreManager = new HighscoreManager();
```

Stattdessen muss man sich eines Tricks bedienen: Man führt eine Indirektion und eine spezielle Zugriffskomponente auf zentrale Applikationsbausteine ein – hier könnten weitere Funktionalitäten bereitgestellt werden:

```java
public class ManagerProvider
{
    private static HighscoreManager highscoreManager = null;

    public static synchronized HighscoreManager getHighscoreManager()
    {
        if (highscoreManager == null)
        {
            highscoreManager = new HighscoreManager();
        }
        return highscoreManager;
    }
}
```

Eine vom Design her etwas hässlichere Variante wäre eine statische Datenhaltung:

```java
private static final HighscoreManager highscoreManager = new HighscoreManager();
```

Für unser Beispiel hätte man auch auf ein Singleton zurückgreifen können, die obige Lösung lässt sich jedoch besser erweitern.

Erstellung eines REST-Service

Nach diesen Vorbetrachtungen können wir uns an die Realisierung des gewünschten REST-Service machen, der eine leicht reduzierte CRUD-Funktionalität bietet – ohne Update, da dies für diese Applikation nicht benötigt wird. Die Implementierung ist nahezu selbsterklärend, weil wir fast immer auf die korrespondierenden Methoden des `HighscoreManager`s delegieren:

```java
@Path("/highscores")
public class HighscoreRESTService
{
    private final HighscoreManager highscoreManager =
                            ManagerProvider.getHighscoreManager();

    @POST
    public Response createHighscore(@FormParam("name") final String name,
                            @FormParam("points") final int points,
                            @FormParam("level") final int level)
    {
        if (name.trim().length() > 0)
        {
            final Highscore highscore = new Highscore(name, points, level,
                            LocalDate.now());
            highscoreManager.add(highscore);
```

```
                  return Response.created(URI.create("/rest/highscores/" +
                                        highscore.getId())).build();
        }

        return Response.status(Response.Status.BAD_REQUEST).build();
    }

    @GET
    @Produces({ MediaType.APPLICATION_XML, MediaType.APPLICATION_JSON })
    public List<Highscore> getHighscores()
    {
        return highscoreManager.getHighscores();
    }

    @DELETE
    @Path("/{id}")
    public Response deleteHighscoreById(@PathParam("id") final long id)
    {
        final Optional<Highscore> optHighscore = highscoreManager.findBy(id);
        if (optHighscore.isPresent())
        {
            highscoreManager.delete(optHighscore.get());

            return Response.noContent().build();
        }

        return Response.status(Response.Status.NOT_FOUND).build();
    }
}
```

Die Methoden `findBy()` und `delete()` für die Klasse `HighscoreManager` kennen
wir bisher noch nicht. Diese sind wie folgt implementiert:

```
public class HighscoreManager
{
    // ...

    public void delete(final Highscore highscore)
    {
        highscores.remove(highscore);
    }

    public Optional<Highscore> findBy(final long id)
    {
        final Predicate<Highscore> sameId = highscore -> highscore.getId() == id;

        return highscores.stream().filter(sameId).findFirst();
    }
}
```

Top-N-Funktionalität

Zusätzlich gibt es noch ein Detail zu bedenken: Bislang bieten wir eine `add()`-
Methode, sodass der Datenbestand potenziell unbegrenzt wächst. Tatsächlich würde es
vollkommen reichen, wenn der `HighscoreManager` maximal 50 Highscores vorhält.
Zudem wäre auch eine Top-N-Funktionalität wünschenswert, weil eine Highscore-Liste
in der Regel auf die Top 10 oder Top 20 beschränkt ist.

Wenn wir unsere Implementierung anschauen, so ist diese funktional korrekt, besitzt aber ein paar Schwächen. Diese werden insbesondere dann deutlich, wenn viele Lesezugriffe erfolgen: Bei jedem Mal wird wieder die gesamte Liste kopiert und sortiert. Das kann für die Performance (zumindest bei sehr großen Listen) suboptimal sein.

Mögliche Probleme bei der Längenbeschränkung

Eine Längenbeschränkung scheint einfach umsetzbar zu sein, etwa wie folgt:

```java
public void add(final Highscore highscore)
{
    if (highscores.size() < 50)
    {
        highscores.add(highscore);
        highscores.sort(byPointsLevelAndDay);
    }
}
```

Wenn wir in `add()` die Beschränkung der Einträge derart forcieren, dann fügen wir bei Erreichen des Maximalwerts keine neuen Einträge mehr in die Liste ein. Das ist aber problematisch, da wir so eventuell relevante Einträge verlieren. Der Grund liegt darin, dass wir die Sortierung erst beim Ausliefern der Daten vornehmen, aber nicht schon bei der Datenhaltung.

Verbesserungen der Längenbeschränkung

Um über die beschriebenen Probleme erst gar nicht zu stolpern, sollten wir in `add()` den übergebenen `Highscore` immer zur Liste hinzufügen, dann die Liste sortieren und per `subList()` auf den Maximalwert von 50 Einträgen beschränken. Das lässt sich mit zwei kleinen Hilfsmethoden folgendermaßen gut lesbar implementieren:

```java
public void add(final Highscore highscore)
{
    highscores.add(highscore);
    highscores.sort(byPointsLevelAndDay);

    final List<Highscore> first50 = truncateToMax(highscores, 50);
    populateFrom(first50);
}

private List<Highscore> truncateToMax(final List<Highscore> list, final int n)
{
    final int max = Math.min(n, list.size());

    return new ArrayList<>(list.subList(0, max));
}

private void populateFrom(final List<Highscore> first50)
{
    highscores.clear();
    highscores.addAll(first50);
}
```

Optimierungen beim Zugriff

Den Zugriff über `getHighscores()` modifizieren wir so, dass eine Kopie der internen Liste zurückgegeben wird – eine Sortierung ist nicht mehr nötig, da die Elemente schon in der korrekten Reihenfolge vorliegen.

```java
public List<Highscore> getHighscores()
{
    // Kopie erzeugen: keine internen Daten herausgeben
    return new ArrayList<>(highscores);
}
```

Verbleibt noch das Ermitteln der Top 10 bzw. Top 20. Dazu implementieren wir allgemeiner eine Methode `getHighscoresTopN(int)`, die die Highscore-Liste auf die ersten n Einträge beschränkt:

```java
public List<Highscore> getHighscoresTopN(final int n)
{
    final List<Highscore> allHighscores = getHighscores();

    return truncateToMax(allHighscores, n);
}
```

Erweiterung des REST-Service

Um diese Funktionalität auch im REST-Service anbieten zu können, fügen wir dort noch folgende Methode hinzu:

```java
@GET
@Path("/top10")
@Produces({ MediaType.APPLICATION_JSON, MediaType.APPLICATION_XML })
public List<Highscore> getTop10()
{
    return highscoreManager.getHighscoresTopN(10);
}
```

Diese Längenbeschränkung besitzt den Vorteil, dass viel weniger Daten vom Server zum Client und damit über das Netzwerk zu transportieren sind.

Design

Wir haben intern einige Details verbessert und extern Funktionalitäten als REST-Service angeboten. Das Ganze hat lediglich überschaubare Änderungen verursacht und alle Implementierungsdetails »unterhalb« des `HighscoreManagers` bleiben unangetastet.

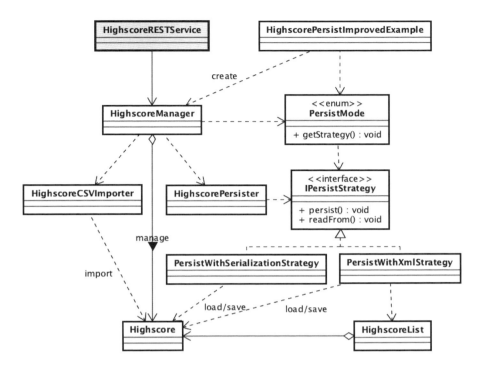

Abbildung 7-4 *Iteration 3 der Beispielapplikation*

Fazit

Schon mit dieser 3. Iteration haben wir eine aus dem Netzwerk zugreifbare Highscore-Verwaltung realisiert. Insbesondere können wir ganz zufrieden mit dem gewählten Design sein, weil es uns auf einfache Weise erlaubte, die vielfältigen Ergänzungen ohne größere Aufwände umzusetzen.

Bevor wir noch eine Datenbankanbindung mit MongoDB in den REST-Server integrieren, schauen wir uns ein einfaches Web-GUI an, das auf den Funktionalitäten des REST-Service aufbaut.

7.5   Iteration 4: Web-GUI mit HTML und JavaScript

Neben klassischen Desktop-Anwendungen nimmt der Wunsch bei vielen Benutzern zu, mit Programmen auch über eine Weboberfläche interagieren zu können. Daraus leitet sich die Erweiterung in dieser Iteration ab, bei der es darum geht, die Gestaltung einer Webseite zur Administration der Highscores vorzunehmen. Auch dies möchte ich wieder schrittweise in Form folgender Funktionalitäten vorstellen:

- Schritt 1: HTML-Formular zur Eingabe von Highscores
- Schritt 2: Dynamische Generierung einer Highscore-Tabelle
- Schritt 3: Kombination der beiden Schritte sowie Löschfunktionalität

Vorbetrachtungen

Was mit dem Wissen und der Erfahrung aus Desktop-Anwendungen zunächst recht einfach klingt, erweist sich im Web aber als gewisse Herausforderung, weil – wie im Anhang zu HTML beschrieben – man mit purem HTML lediglich statische Inhalte beschreiben kann. Derartige Informationen sind aber recht langweilig. Zudem ist eine Interaktivität, die immer erst einen Round-Trip zum Server und das komplette Neuladen einer Webseite erfordert, heute nicht mehr zeitgemäß und vor allem auch vom Bedienfluss meistens eher schwerfällig und nicht sehr angenehm. Techniken wie Ajax (Asynchronous JavaScript and XML) erlauben eine Dynamik auch ohne kompletten Round-Trip zum Server. Stattdessen werden nur gewisse Teile der Webseite bei Bedarf dynamisch, also zur Laufzeit, nachgeladen und aufseiten des Clients in die HTML-Darstellung integriert. Dabei nutzt man, dass wohlgeformtes HTML sich wie XML als DOM-Baum darstellen lässt. Wie aus Abschnitt 1.2.3 bekannt, können im DOM problemlos Modifikationen vorgenommen werden. So kann man mit nur ein ganz klein wenig JavaScript bereits REST-Aufrufe ausführen und dynamisch neue Bedienelemente, sogar ganze Tabellen, in Webseiten integrieren. Genug der Vorrede – ran an die Tasten.

Schritt 1: HTML-Formular zur Eingabe von Highscores

Wir beginnen mit einem einfachen HTML-Formular, für das noch kein JavaScript oder sonstiges größeres HTML-Know-how erforderlich ist. Nachfolgendes HTML definiert einige Eingabefelder und einen Submit-Button:

```
<html>
<body>

    <h1>JAX-RS createHighscore</h1>

    <form action="http://localhost:3333/rest/highscores"
        method="post" accept-charset="UTF-8">

        <p>Name:   <input type="text" name="name" /></p>
        <p>Points: <input type="text" name="points" /></p>
        <p>Level:  <input type="text" name="level" /></p>

        <input type="submit" value="Add Highscore" />

    </form>

</body>
</html>
```

Im `action`-Attribut des `form`-Elements sehen wir die Adresse unseres Highscore-REST-Service. Im `method`-Attribut wird der HTTP-Befehl, hier `POST`, hinterlegt. Um auch Sonderzeichen verarbeiten zu können, spezifizieren wir in `accept-charset` den Wert `UTF-8` für eine korrespondierende Zeichensatzcodierung.

Tipp: Webbrowser zum Zugriff auf lokale Dateien

Für erste Gehversuche beim Entdecken der Möglichkeiten von HTML ist es sehr praktisch, dass man mit einem Webbrowser (und der IDE) nicht nur auf Daten aus dem Netzwerk, sondern auch auf Daten zugreifen kann, die lokal auf dem eigenen Rechner vorliegen.

Öffnen wir das obige HTML im Browser oder über die IDE, so erhalten wir in etwa folgende Darstellung:

Abbildung 7-5 Darstellung des Formulars

Wir können nun einen Namen, Punktestand und ein Level eingeben. Drücken wir dann den Submit-Button (`Add Highscore`), so werden die Werte ausgelesen und als Formulardaten per HTTP `POST` an unseren REST-Service gesendet. Mit diesen Daten wird dort ein neuer Highscore-Eintrag erzeugt. Das kann man durch Abfragen mit CURL oder Postman prüfen. Komfortabler wäre aber eine grafische Aufbereitung, was uns zu Schritt 2 führt.

Schritt 2: Dynamische Generierung einer Highscore-Tabelle

Nachdem wir Highscore-Einträge erzeugen, aber noch nicht darstellen können, wollen wir uns nun an die Visualisierung der auf Serverseite vorliegenden Highscores machen. Dazu nutzen wir den bereits bekannten `GET`-Aufruf zum Ermitteln der Highscore-Liste. Als Antwort erhalten wir eine XML-Repräsentation, die wir in eine HTML-Tabelle konvertieren. Das erfordert ein klein wenig JavaScript – dazu gleich mehr. Zunächst schauen wir uns aber das einfache HTML-Gerüst an, das einen Button als Auslöser der dynamischen Tabellengenerierung definiert. Des Weiteren gibt es ein `div`-Element, das später mit der Tabelle befüllt wird.

```html
<html>
<head>
    <script type="text/javascript" src="createTable.js"></script>
</head>
<body>

    <h2>Highscores<h2>

    <input type="button" id="create" value="Load highscores from server"
           onclick="Javascript:addTable()">

    <div id="myDynTableDiv">
    </div>

</body>
</html>
```

Wir müssen nun noch ein wenig JavaScript-Code schreiben, um einen REST-Aufruf auszuführen und die Ergebnisdaten in eine Tabelle umzuwandeln und diese dynamisch ins HTML zu integrieren. Dazu schreiben wir die folgende Methode `addTable()`, die ihre Arbeit wieder an verschiedene andere Methoden delegiert:

```javascript
function addTable()
{
    var highscores = getHighscoresFromREST();
    var table = createHtmlTable(highscores);

    var myDynTable = document.getElementById("myDynTableDiv");
    myDynTable.innerHTML = "";
    myDynTable.appendChild(table);
}
```

Nun machen wir uns Stück für Stück an die Implementierung der Hilfsmethoden. Wir beginnen mit `getHighscoresFromREST()`, das mithilfe eines HTTP `GET` die Highscores vom REST-Service ermittelt. Dazu nutzen wir einen `XMLHttpRequest`, den wir geeignet parametrieren:

```javascript
function getHighscoresFromREST()
{
    var highscores = new Array();

    var xhr = new XMLHttpRequest();
    xhr.open("get", "http://localhost:3333/rest/highscores", false);
    xhr.setRequestHeader("Accept", "application/xml");
    xhr.onreadystatechange = function ()
    {
        if (xhr.readyState == 4 && xhr.status == 200)
        {
            extractHighscoresFromXml(xhr, highscores);
        }
    };
    xhr.send();

    return highscores;
}

function extractHighscoresFromXml(xhr, highscores)
{
    var xmlDoc = xhr.responseXML;

    var allhighscoreNodes = xmlDoc.getElementsByTagName("highscore");
    for (i = 0; i < allhighscoreNodes.length; i++)
    {
        var highscoreNode = allhighscoreNodes[i];

        var name = getChildNodeValue(highscoreNode, "name");
        var points = getChildNodeValue(highscoreNode, "points");
        var level = getChildNodeValue(highscoreNode, "level");
        var day = getChildNodeValue(highscoreNode, "day");

        highscores.push([name, points, level, day]);
    }
}
```

Für die Zugriffe auf die Werte in den Knoten müssen wir wieder etwas tricksen und auf die richtigen Daten zugreifen. Dazu erstellen wir folgende beiden Hilfsfunktionen:

```javascript
function getChildNodeValue(element, name)
{
    return getChildElement(element, name).childNodes[0].nodeValue;
}

function getChildElement(element, name)
{
    var child = element.firstChild;
    while (child)
    {
        if (child.nodeType == Node.ELEMENT_NODE && child.nodeName == name)
        {
            return child;
        }
        child = child.nextSibling;
    }
}
```

Was noch fehlt, ist die Aufbereitung einer HTML-Tabelle basierend auf den ermittelten Highscores. Diese haben wir zuvor schon in ein Array umgewandelt, das nur noch durchlaufen werden muss. Dabei erzeugen wir dann die entsprechenden Tabellenzeilen und Dateneinträge wie folgt:

```
function createHtmlTable(highscores)
{
    var table = document.createElement("TABLE");
    table.border = "1";

    // Add the header row.
    var headerColumns = ["Name", "Points", "Level", "Date"];
    var headerColumnsCount = headerColumns.length;
    var row = table.insertRow(-1);
    for (var i = 0; i < headerColumnsCount; i++)
    {
        var headerCell = document.createElement("TH");
        headerCell.innerHTML = headers[i];
        row.appendChild(headerCell);
    }

    // Add the data rows.
    var columnCount = highscores[0].length;
    for (var i = 0; i < highscores.length; i++)
    {
        row = table.insertRow(-1);

        for (var j = 0; j < columnCount; j++)
        {
            var cell = row.insertCell(-1);
            cell.innerHTML = highscores[i][j];
        }
    }

    return table;
}
```

Öffnen wir das HTML im Browser oder über die IDE, so erhalten wir in etwa folgende Darstellung, wenn wir mithilfe der zuvor erzeugten Webseite bereits ein paar Daten eingefügt haben und dann den Button Load highscores from server drücken:

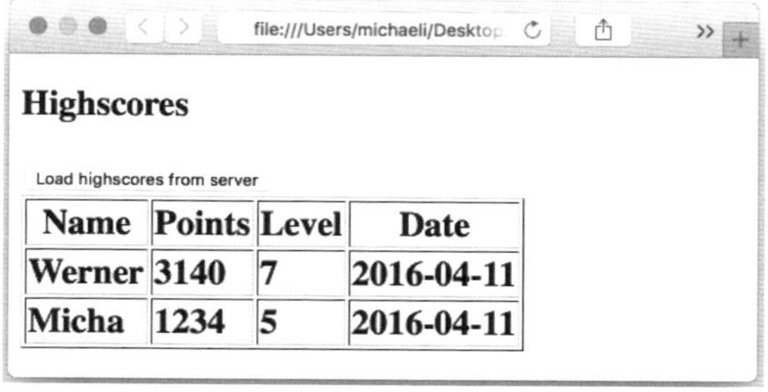

Abbildung 7-6 *Darstellung der Highscore-Liste mit Daten*

Schritt 3: Kombination der beiden Schritte sowie Löschfunktionalität

Mit den Schritten 1 und 2 haben wir die Grundlage für das in diesem Schritt 3 zu realisierende Administrations-GUI gelegt. Dort sollen neben dem Auflisten und Erzeugen
von Daten auch Einträge (Tabellenzeilen) wieder gelöscht werden können. Dazu soll die
Tabelle um Delete-Buttons erweitert werden und das Erzeugen von Highscores direkt
auf der Seite erfolgen können. Schauen wir zunächst auf die Änderungen im HTML:

```html
<html>
<head>
    <script type="text/javascript" src="admin.js"></script>
</head>
<body>

    <h1>Top 10 Highscores<h1>

    <input type="button" id="create" value="Load highscores from server"
           onclick="Javascript:addTable()">

    <div id="myDynTableDiv">
    </div>

    <br>

    <h2>JAX-RS createHighscore</h2>

    <form id="createForm" accept-charset="UTF-8">

        <p>Name:   <input type="text" name="name" /></p>
        <p>Points: <input type="text" name="points" /></p>
        <p>Level:  <input type="text" name="level" /></p>

        <input type="button" value="Add Highscore"
               onclick="Javascript:createHighscoreWithREST()" />
    </form>

</body>
</html>
```

Wir benötigen wieder ein wenig JavaScript, um für jede Zeile einen Delete-Button anzuzeigen und bei dessen Betätigung eine Aktion auszuführen. Gleiches gilt für das Erzeugen von Einträgen. In beiden Fällen soll die Liste der Highscores automatisch aktualisiert werden, weil zwischenzeitlich auch andere Applikationen unseren Datenbestand
auf dem Server ändern können.

Die Erweiterung um einen Delete-Button fügen wir in der nachfolgenden Funktion
`createHtmlTable()` ein. Jeder Zeile wird am Beginn eine Spalte mit einem Button
hinzugefügt, der auf eine JavaScript-Methode verweist:

```
function createHtmlTable(highscores) {

    var table = document.createElement("TABLE");
    table.id = "myTable"
    table.border = "1";

    var headers = ["", "Name", "Points", "Level", "Date", "id"];
    var headerCount = headers.length;
    var row = table.insertRow(-1);
    for (var i = 0; i < headerCount; i++)
    {
        var headerCell = document.createElement("TH");
        headerCell.innerHTML = headers[i];
        row.appendChild(headerCell);
    }

    var columnCount = highscores[0].length;
    for (var i = 0; i < highscores.length; i++)
    {
        row = table.insertRow(-1);
        var cell = row.insertCell(-1);
        var id = highscores[i][4];
        cell.innerHTML = "<input type='button' value = 'Delete' " +
                          "onClick='Javacsript:deleteRow(this, "+id+")'>";

        for (var j = 0; j < columnCount; j++)
        {
            var cell = row.insertCell(-1);
            cell.innerHTML = highscores[i][j];
        }
    }

    return table;
}

function deleteRow(obj, id)
{
    var index = obj.parentNode.parentNode.rowIndex;
    var table = document.getElementById("myTable");
    table.deleteRow(index);

    deleteHighscoreWithREST(id);
    addTable();
}

function deleteHighscoreWithREST(id)
{
    var xhr = new XMLHttpRequest();
    xhr.open("delete", "http://localhost:3333/rest/highscores/" + id, false);
    xhr.send();
}
```

Auch für das Erstellen von Highscore-Datensätzen nutzen wir wieder JavaScript – dieses Mal wie nachfolgend gezeigt. Dabei sind zwei Dinge erwähnenswert: Erstens muss man zum Übertragen der Daten per HTTP POST die Werte aus dem Formular selbst auslesen, das passierte zuvor automatisch. Zweitens müssen die Werte noch geeignet als &-separierte Folge von Name-Wert-Paaren aufbereitet werden, wie es von unserem REST-Service als Eingabeformat erwartet wird:

```
function createHighscoreWithREST()
{
    var form = document.getElementById("createForm");
    var queryString = joinFormParameters(form);

    var xhr = new XMLHttpRequest();
    xhr.open("post", "http://localhost:3333/rest/highscores/", false);
    xhr.setRequestHeader("Content-type", "application/x-www-form-urlencoded");
    xhr.setRequestHeader("Content-length", queryString.length);
    xhr.send(queryString);

    addTable();
}

function joinFormParameters(form)
{
    var keyvaluepairs = [];

    for (var i = 0; i < form.elements.length; i++ )
    {
        var e = form.elements[i];
        keyvaluepairs.push(encodeURIComponent(e.name) + "=" +
                           encodeURIComponent(e.value));
    }

    return keyvaluepairs.join("&");
}
```

Öffnen wir das HTML im Browser oder über die IDE, so erhalten wir in etwa eine Darstellung wie in Abbildung 7-7.

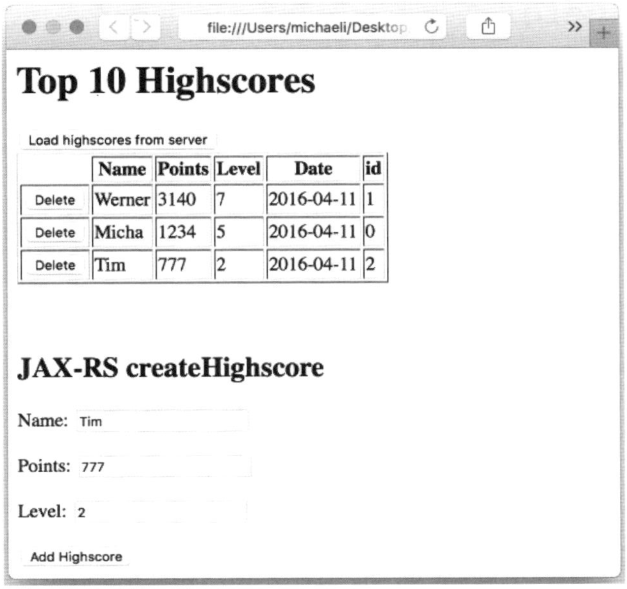

Abbildung 7-7 *Administrations-GUI für die Highscore-Liste*

Design

Am Design der Java-Applikation verändert sich nichts. Allerdings haben wir mit der Webseite nun einen weiteren Konsumenten unseres REST-Service erstellt.

Fazit

Die Erweiterung unserer Applikation um ein einfaches Web-GUI war – das entsprechende, grundlegende JavaScript-Know-how vorausgesetzt – durch die Bereitstellung der wichtigsten Applikationsfunktionalität als REST-Service problemlos möglich. Es ist schon erstaunlich, wie wenig HTML und JavaScript für dieses einfache Administrations-GUI nötig sind. Mithilfe von CSS (Cascading Stylesheet) könnte man das Ganze optisch aufpolieren.

> **Tipp: JavaScript-Know-how**
>
> Auch wenn Sie sich – wie ich auch – eher in der Java-Welt zu Hause fühlen, kann ein solides JavaScript-Basiswissen für die berufliche Praxis sicher nicht schaden. Zum Einstieg kann ich JavaScript [12] empfehlen. Außerdem habe ich verschiedene Grundlagen in Anhang D zu einem Kurzüberblick zu JavaScript zusammengetragen.

7.6 Iteration 5: Protokollierung von Aktionen mit MongoDB

Wir haben schon einiges bewegt und eine ganze Menge an Erweiterungen in die ursprüngliche Applikation integriert. Zum Abschluss unseres Beispiels wollen wir eine Protokollierung der Zugriffe auf unseren REST-Service und im Speziellen der aufgerufenen Methoden sowie der ausführenden REST-Service-Klasse realisieren.

Diese Informationen wollen wir als Dokument, basierend auf JSON, mit MongoDB in der Datenbank `auditlog` und der Collection `auditentries` speichern.

Protokollierung in MongoDB

Um die Aufrufe an den REST-Service in einem Audit-Log zu protokollieren, bestünde eine erste Idee darin, in jeder Methode einen Aufruf zur Protokollierung zu ergänzen. Das ist aber aufwendig und fehlerträchtig: Schnell ist mal ein wichtiger Aufruf übersehen. Vielleicht erinnern Sie sich an die Lektüre über Filter in Abschnitt 6.4.1. Basierend auf einem `ContainerResponseFilter` entwickeln wir folgende Klasse, in deren `filter()`-Methode wir die aufgerufene Klasse und Methode ermitteln und dann zur Protokollierung in MongoDB an eine Instanz der Klasse `MongoDbWriter` übergeben:

```
@Provider
public class AuditingFilter implements ContainerResponseFilter
{
    private static final Logger LOGGER =
                Logger.getLogger("AuditingFilter");

    @Context
    ResourceInfo resourceInfo;

    @Override
    public void filter(final ContainerRequestContext requestContext,
                    final ContainerResponseContext responseContext)
                    throws IOException
    {
        final Class<?> resourceClass = resourceInfo.getResourceClass();
        final Method method = resourceInfo.getResourceMethod();

        LOGGER.info("called: method '" + method.getName() +
                "' of class " + resourceClass.getSimpleName());

        final String className = resourceClass.getSimpleName();
        MongoDbWriter.getInstance().writeAuditLogEntry(className,
                                        method.getName(),
                                        LocalDateTime.now());
    }
}
```

Die eigentliche Protokollierung geschieht mithilfe folgender Klasse `MongoDbWriter`:

```
public class MongoDbWriter
{
    private final MongoClient mongo = new MongoClient("localhost", 27017);
    private final MongoDatabase db = mongo.getDatabase("auditlog");
    private final MongoCollection<Document> collection =
                                db.getCollection("auditentries");

    private static final MongoDbWriter INSTANCE = new MongoDbWriter();

    private MongoDbWriter()
    {
    }

    public static MongoDbWriter getInstance()
    {
        return INSTANCE;
    }

    public void writeAuditLogEntry(final String className,
                            final String methodName,
                            final LocalDateTime timestamp)
    {
        final Document document = Document.parse("{ " +
                "\"class\": \"" + className + "\", " +
                "\"method\" : \"" + methodName + "\", " +
                "\"timestamp\": \"" + timestamp + "\"}");

        collection.insertOne(document);
    }
}
```

Schnelltest der Protokollierung

Wenn wir beispielsweise unsere simple Webseite zum Erzeugen von Einträgen nutzen, wird im Server etwa Folgendes protokolliert:

```
Feb 05, 2016 10:05:19 PM rest.jersey.server.highscores.iteration5.AuditingFilter
    filter
INFORMATION: called: method 'createHighscore' of class HighscoreRESTService
```

Ein Aufruf der Highscore-Liste über ein GET an die URL http://localhost:4444/ rest/highscores mithilfe von CURL oder Postman sollte Einträge folgender Art im Server ausgeben:

```
Feb 05, 2016 10:05:19 PM rest.jersey.server.highscores.iteration5.AuditingFilter
    filter
INFORMATION: called: method 'getHighscores' of class HighscoreRESTService
```

Diese Log-Ausgaben bestätigen zunächst, dass unser Filter korrekt angesprochen wird. Nun wollen wir aber auch wissen, ob in der MongoDB entsprechende Einträge ankommen. Am einfachsten starten wir durch die Eingabe von mongo den Mongo-Client. Nachfolgend zeige ich ein paar Befehle sowie die erwarteten Antworten. Prüfen wir mit dem Kommando show dbs zunächst, ob es die Datenbank namens auditlog gibt:

```
> show dbs
auditlog        0.078GB
...
```

Zusätzlich zur Existenz der Datenbank sollte dort eine Collection namens auditentries angelegt worden sein, was wir mit dem Kommando show collections prüfen:

```
> show collections
auditentries
system.indexes
```

Schließlich schauen wir uns den Inhalt der Collection an. Nach ein paar Lese- und Scheibzugriffen auf den REST-Service sollte das in etwa einen solchen Mix ergeben:

```
> db.auditentries.find()
{ "_id" : ObjectId("56b50c826d9ca2a09348b192"), "class" : "HighscoreRESTService"
    , "method" : "getHighscores", "timestamp" : "2016-02-05T21:56:34.307" }
{ "_id" : ObjectId("56b50e8f6d9ca2a09348b193"), "class" : "HighscoreRESTService"
    , "method" : "createHighscore", "timestamp" : "2016-02-05T22:05:19.877" }
{ "_id" : ObjectId("56b50f0d6d9ca2a09348b194"), "class" : "HighscoreRESTService"
    , "method" : "getHighscores", "timestamp" : "2016-02-05T22:07:25.102" }
{ "_id" : ObjectId("56b50f936d9ca2a09348b195"), "class" : "HighscoreRESTService"
    , "method" : "getHighscores", "timestamp" : "2016-02-05T22:09:39.084" }
{ "_id" : ObjectId("56b50f936d9ca2a09348b195"), "class" : "HighscoreRESTService"
    , "method" : "deleteHighscoreById", "timestamp" : "2016-02-05T22:09:40.022"
`      }
{ "_id" : ObjectId("56b50f936d9ca2a09348b195"), "class" : "HighscoreRESTService"
    , "method" : "getHighscores", "timestamp" : "2016-02-05T22:09:41.014" }
```

Auswertung mit dem Mongo-Client

Wir wollen exemplarisch eine Auswertung mit MongoDB durch zwei Abfragen realisieren. In einem realen Projekt habe ich deutlich weitreichendere Abfragen mitsamt einer Auswertungs-Webapplikation erstellt. Etwas in der Art ist natürlich auch für eigene Experimente denkbar. Wir wollen uns hier aber auf Abfragen mit dem Mongo-Client beschränken und damit folgende Fragen beantworten:

- Wie viele Lese-/Schreibzugriffe oder auch Löschaktionen gab es?
- Welche Aufrufe in einer Zeitspanne, z. B. im Bereich 5.2. 2016 21:45 – 5.2.2016 22:15, wurden protokolliert?

Wie viele Lese-/Schreibzugriffe oder auch Löschaktionen gab es?   Das Ermitteln der Anzahl der Lesezugriffe ist wirklich sehr einfach:

```
> db.auditentries.find({"method" : "getHighscores"}).count()
```

Für Schreibzugriffe führt man Folgendes aus:

```
> db.auditentries.find({"method" : "createHighscore"}).count()
```

Möglicherweise stattgefundene Löschaktionen erhält man durch dieses Kommando:

```
> db.auditentries.find({"method" : "deleteHighscoreById"}).count()
```

Welche Aufrufe in einer Zeitspanne wurden protokolliert?   Es ist ganz leicht, die Audit-Log-Einträge vor oder nach einem Zeitpunkt zu ermitteln:

```
> db.auditentries.find({timestamp : { $lt: "2016-02-05T22:00:00" } })
```

Interessanter sind aber meistens die Audit-Log-Einträge in einer Zeitspanne:

```
> db.auditentries.find({ $and: [ {timestamp : { $gt: "2016-02-05T21:45:00"}},
                                 {timestamp : { $lt: "2016-02-05T22:15:00"}} ]})
```

Mit derartigen Abfragen könnte man etwa feststellen, ob vermehrt Bestellungen in der Vorweihnachtszeit oder am Valentinstag eingehen, oder ob es signifikant mehr Suchanfragen während einer Quizshow gab. Auch hier sind die Möglichkeiten zur Auswertung vielfältig.

Für den Betrieb interessant könnten vor allem die Anzahl an Zugriffen pro Stunde und die durchschnittliche und längste Antwortzeit sein. Liegen diese Daten unter einem Schwellwert, so muss man sich eventuell noch keine Gedanken über einen Ausbau der Infrastruktur machen.

Design

Auch die Erweiterungen zur Protokollierung in einer MongoDB können wir ohne Auswirkungen auf unsere Architektur vornehmen – somit werden hier nur die wesentlichen Klassen gezeigt.

Für die Protokollierung sind lediglich ein Filter sowie eine Zugriffsklasse auf die MongoDB zu ergänzen. Durch die Annotation `@Provider` wird eine Instanz der Klasse `AuditingFilter` automatisch als Filter registriert, sodass nicht einmal eine direkte Abhängigkeit in unserem REST-Service existiert.

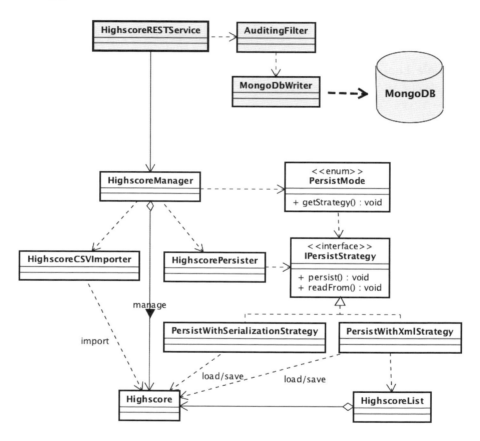

Abbildung 7-8 *Iteration 5 der Beispielapplikation*

Fazit

In dieser abschließenden Iteration haben wir eine einfache Variante von *Auditing*, also der Protokollierung von Aufrufen, zu unserer Applikation hinzugefügt. Weil lediglich ein paar Daten in die MongoDB geschrieben werden, wurde eine simple Stringkonkatenation zur Aufbereitung eines JSON-Objekts genutzt. Für Erweiterungen sollte man besser ein Datenobjekt erstellen, das die zur Protokollierung benötigten Daten kapselt. Dieses kann man dann etwa mit Jackson oder XStream in JSON wandeln und in der MongoDB speichern.

Für genauere Auswertungen sollten sicherlich noch der ausführende Benutzer oder beim Aufruf übergebene Parameter protokolliert werden. Je nach gewünschten Auswertungen können diverse andere Informationen von Interesse sein. Hier haben wir uns wirklich auf ein Minimalset beschränkt, um das Beispiel übersichtlich zu halten.

7.7 Fazit zum Abschluss der Iterationen

In diesem Kapitel habe ich Ihnen anhand einer Highscore-Verwaltung recht plakativ vorgestellt, wie Sie Ihre Applikationen in überschaubaren und beherrschbaren Schritten modularisieren und erweitern können. Mithilfe der dargestellten Iterationen konnten Sie sehen, wie sich sukzessive der Übergang von einer eher einfachen Anwendung in eine komponentenorientierte bis hin zu einer verteilten Applikation vollzieht.

An diesem Beispiel wollte ich Ihnen verdeutlichen, dass sich Anforderungen auch nachträglich in eine Applikation einfügen lassen, sofern man sich beim (initialen) Design ein wenig Mühe gegeben hat und auf klare Zuständigkeiten und eine überschaubare Anzahl an Abhängigkeiten geachtet hat. Für eine Reihe weiterer Tipps und Tricks zur Modernisierung von Anwendungen sowie zu gutem objektorientiertem Design inklusive der Behandlung von Entwurfsmustern verweise ich auf mein Buch »Der Weg zum Java-Profi« [8] und auch auf die Bücher »Clean Code« [13] von Robert C. Martin sowie »Refactoring« [6] von Martin Fowler.

Anhang

A   Einführung Gradle

In diesem Anhang stelle ich Ihnen das Build-Tool Gradle kurz vor, weil es für die Beispiele dieses Buchs die Basis bildet. Gradle erlaubt es auf einfache Weise, einen von
der IDE unabhängigen Build-Prozess (Programme kompilieren, testen, Auslieferungen
erzeugen usw.) zu beschreiben. Insbesondere die Verständlichkeit des eigentlichen auf
Groovy basierenden Build-Skripts sowie die einfache Verwaltung von Abhängigkeiten
sind Vorzüge von Gradle gegenüber Maven und vor allem Ant.[1] Für weitere Informationen zu diesen Tools verweise ich auf mein Buch »Der Weg zum Java-Profi« [8].

A.1   Projektstruktur für Maven und Gradle

Im Sourcecode erreicht man durch eine einheitliche Formatierung und Namensgebung
eine gute Lesbarkeit. Wenn man das Ganze auf die Dateien eines Projekts überträgt,
erleichtert eine einheitliche Projektstruktur die Orientierung in fremden (und auch in
eigenen) Projekten. Nachfolgend beschreibe ich eine Projektstruktur, die sich durch
die Verbreitung von Maven als Build-Tool als De-facto-Standard etabliert hat. Für die
Beispiele in diesem Buch nutze ich diese Konvention.

Einheitliches Projektlayout

Bei einem nicht standardisierten Verzeichnislayout eines Projekts ergeben sich schnell
Inkonsistenzen bezüglich der genutzten Verzeichnisse für kompilierte Klassen, Fremd-
bibliotheken usw. Dies wird von den beiden Build-Tools Maven und Gradle adressiert,
indem diese eine einheitliche Verzeichnisstruktur für alle Projekte fordern mit folgendem Grundaufbau:

```
+ <project-root>
¦
+---src
    +---main
    ¦   +---java          - Java-Klassen
    ¦   +---resources     - Ressourcendateien für Java-Klassen
    ¦
    +---test
        +---java          - Testklassen
        +---resources     - Ressourcendateien für Testklassen
```

---

[1]Sicherlich auch von Vorteil ist die sehr aktive Community mit unzähligen Erweiterungen.

Durch diese standardisierte Verzeichnisstruktur befinden sich Sourcen und Tests in unterschiedlichen Verzeichnissen. Darüber hinaus benötigte Ressourcendateien werden wiederum in getrennten Verzeichnissen hinterlegt. Mit diesem Wissen ist auch für Projektneulinge sofort klar, wo sie nach Dateien gewünschten Inhalts suchen müssen. Und zudem ist für Gradle nichts zu konfigurieren, wenn man sich an den Standard hält.

Projektlayout am Beispiel   Nutzen wir die obige Projektstruktur für eine einfache HelloWorld-Applikation, so ergibt sich folgendes Verzeichnislayout – unter der Annahme, dass wir die Applikation mit einer Klasse `App.java` und der dazugehörigen Testklasse `AppTest.java` im Package `de.javaprofi.helloworld` realisieren:

```
+---src
    +---main
    |   +---java
    |       +---de
    |           +---javaprofi
    |               +---helloworld
    |                       App.java
    |
    +---test
        +---java
            +---de
                +---javaprofi
                    +---helloworld
                            AppTest.java
```

Gradle verwendet für Sourcen, Tests und Ressourcen die Maven-Konventionen zur Strukturierung der Verzeichnisse. Allerdings besitzen die erzeugten Verzeichnisse einen leicht abweichenden Standard. Es entsteht ein Verzeichnis `build` mit verschiedenen Unterverzeichnissen:

```
+ <project-root>
|
+---build
|   +---classes
|   |   +---main
|   |   |   +---de
|   |   |       +---javaprofi
|   |   |           +---helloworld
|   |   |                   App.class
|   |   |
|   |   +---test
|   |       +---de
|   |           +---javaprofi
|   |               +---helloworld
|   |                       AppTest.class
|   |
|   +---dependency-cache
|   +---libs
|   |       helloworld.jar
|   |
|   +---reports
|   |   +---tests
|   |   |   |   index.html
|   |   |   |
...
```

A.2   Builds mit Gradle

In diesem Abschnitt stelle ich einige Grundlagen zum Build-Tool Gradle vor. Wir werden dieses Wissen nutzen, um die Beispielapplikationen dieses Buchs unabhängig von der eingesetzten IDE kompilieren und starten zu können.

Installation

Gradle kann frei unter `http://www.gradle.org/downloads`[2] bezogen werden, wobei derzeit (Februar 2016) Version 2.11 aktuell ist. Nachdem Sie den Download abgeschlossen haben, entpacken Sie das Archiv in einen beliebigen Ordner, z. B. `C:\tools\gradle` oder `/usr/local/gradle` für Mac OS. Danach ergänzen Sie die `PATH`-Variable um einen Eintrag auf dieses Installationsverzeichnis und das Unterverzeichnis `bin`. Öffnen Sie eine Konsole und tippen Sie dort das Kommando `gradle` ein. Daraufhin sollte Gradle starten und in etwa folgende Ausgaben produzieren:

```
Michaels-MacBook-Pro:~ michaeli$ gradle
:help

Welcome to Gradle 2.11.

To run a build, run gradle <task> ...

To see a list of available tasks, run gradle tasks

To see a list of command-line options, run gradle --help

To see more detail about a task, run gradle help --task <task>

BUILD SUCCESSFUL

Total time: 1.558 secs
```

Erscheint diese Ausgabe, so haben Sie das Build-Tool Gradle erfolgreich installiert und wir können unsere Entdeckungsreise zu Gradle mit einem konkreten Beispiel beginnen. Falls Sie Gradle jedoch nicht starten können, so prüfen Sie nochmals die korrekten Angaben in den Umgebungsvariablen und konsultieren Sie die Gradle-Homepage.

Beispielprojekt

Wir werden gleich sehen, wie man ein Projekt mit Gradle per Hand aufsetzt, um verschiedene Dinge zu lernen.

Bevor wir aber Builds mit Gradle starten, werfen wir zunächst einen Blick auf das zu verwaltende Beispielprojekt `GradleExample`. Die Verzeichnisstruktur folgt den Maven-Richtlinien. Im Source-Ordner `src/main/java` finden wir zwei Java-Klassen, für die momentan noch keine Tests und daher auch kein `src/test/java`-Unterverzeichnis existieren.

---

[2]Dort finden Sie diverse weitere Informationen rund um Gradle – insbesondere gibt es dort auch verschiedene Tutorials, die als Ergänzung zu diesem Text dienen können.

```
GradleExample
|
+---src
    +---main
        +---java
            +---de
                +---javaprofi
                    +---gradle
                            HelloGradle.java
                            HelloGradle2.java
```

Beide Java-Klassen besitzen eine extrem einfache Implementierung und führen lediglich eine Ausgabe auf der Konsole aus:

```java
package de.javaprofi.gradle;

public class HelloGradle
{
    public static void main(final String[] args)
    {
        System.out.println(getMessage());
    }

    public static String getMessage()
    {
        return "Hello Gradle World";
    }
}
```

Die zweite Java-Klasse wird hier nicht gezeigt, da sie nahezu identisch ist und einen
leicht abweichenden Text ausgibt.

Das erste Build-Skript

Nun wollen wir unsere Java-Klassen mit Gradle kompilieren und daraus ein JAR bauen.
Ähnlich wie bei Ant und Maven werden die Abläufe mithilfe einer speziellen Build-
Datei (auch Build-Skript genannt) festgelegt, die standardmäßig `build.gradle` heißt.
Sie muss im Hauptverzeichnis des Projekts liegen, also für das Beispielprojekt im Ver-
zeichnis `GradleExample`. In dem Build-Skript wird der Ablauf des Builds als Groovy-
Skript durch verschiedene Tasks mithilfe einer eigenen DSL (Domain Specific Langua-
ge) beschrieben. Ein solcher Task ist eine Aufgabenbeschreibung, wie etwa das Kompilieren von Sourcen oder das Ausführen von Tests.

Praktischerweise liefert Gradle bereits eine Vielzahl an Erweiterungen (Plugins)
mit, die dem Build viele Tasks zur Verfügung stellen. Basierend auf dem Plugin für
Java erstellen wir die Build-Datei namens `build.gradle` folgendermaßen:

```
apply plugin: 'java'
```

Auch wenn es kaum zu glauben ist, diese eine Zeile stellt die vollständige Build-Datei
dar, die neben dem Kompilieren und Erstellen eines JARs noch diverse weitere Funktionalität in Form vordefinierter Tasks bietet. Schauen wir uns die Möglichkeiten an.

Anzeige aller verfügbaren Tasks

Zur Prüfung der Installation hatten wir das Kommando `gradle` ausgeführt. In der Konsolenausgabe wurde das Kommando

```
gradle tasks
```

angepriesen, um die verfügbaren Tasks anzuzeigen. Führen wir dieses Kommando aus, so wird folgende, beeindruckende Liste verfügbarer Tasks auf der Konsole ausgegeben (hier zur Lesbarkeit etwas mit ... gekürzt und leicht umformatiert):

```
:tasks

------------------------------------------------------------
All tasks runnable from root project
------------------------------------------------------------

Build tasks
-----------
assemble - Assembles the outputs of this project.
build - Assembles and tests this project.
buildDependents - Assembles and tests this project and all projects that ...
buildNeeded - Assembles and tests this project and all projects it depends on.
classes - Assembles classes 'main'.
clean - Deletes the build directory.
jar - Assembles a jar archive containing the main classes.
testClasses - Assembles classes 'test'.

...

Documentation tasks
-------------------
javadoc - Generates Javadoc API documentation for the main source code.

Help tasks
----------
dependencies - Displays all dependencies declared in root project 'Gradle...
dependencyInsight - Displays the insight into a specific dependency in root ...
help - Displays a help message
projects - Displays the sub-projects of root project 'GradleExample'.
properties - Displays the properties of root project 'GradleExample'.
tasks - Displays the tasks runnable from root project 'GradleExample'.

Verification tasks
------------------
check - Runs all checks.
test - Runs the unit tests.

...

BUILD SUCCESSFUL

Total time: 6.659 secs
```

Anhand der Ausgaben erkennt man, dass Gradle das aktuelle Verzeichnis als Projektverzeichnis ansieht und deswegen entsprechend auf dem Verzeichnisnamen von einem gleichnamigen Projekt `GradleExample` ausgeht.

Sourcen kompilieren

Probieren wir einen Build-Lauf aus und tippen Folgendes ein:

```
gradle build
```

Gradle startet seine Arbeit und es kommt zu folgenden Konsolenausgaben:

```
:compileJava
:processResources UP-TO-DATE
:classes
:jar
:assemble
:compileTestJava UP-TO-DATE
:processTestResources UP-TO-DATE
:testClasses UP-TO-DATE
:test UP-TO-DATE
:check UP-TO-DATE
:build

BUILD SUCCESSFUL

Total time: 3.331 secs
```

Die Ausgaben lassen die im Build-Lauf abgearbeiteten Schritte erahnen: Zunächst werden die Java-Dateien kompiliert (Task `compileJava`) und später zu einem JAR (Task `jar`) zusammengefasst. Während des Builds entsteht ein Verzeichnis `build`, in dem erzeugte Dateien landen. Im Unterverzeichnis `libs` entsteht ein JAR namens `GradleExample.jar`, das die beiden kompilierten Klassen enthält.

```
GradleExample
¦
+---build
¦    +---classes
¦    ¦    +---main
¦    ¦         +---de
¦    ¦              +---javaprofi
¦    ¦                   +---gradle
¦    ¦                        HelloGradle.class
¦    ¦                        HelloGradle2.class
¦    ¦
¦    +---dependency-cache
¦    +---libs
¦    ¦         GradleExample.jar
¦    ¦
¦    +---tmp
¦         +---jar
¦               MANIFEST.MF
```

Neben dem Kompilieren ist es auch wünschenswert, Dokumentation zu generieren und Unit Tests auszuführen. Experimentieren wir noch ein wenig herum und lernen die dazu notwendigen Gradle-Kommandos kennen.

Hinweis: Inkrementelle Builds

Als Besonderheit erkennt Gradle, ob die Ausführung eines Tasks überhaupt notwendig ist oder ob dieser zuvor schon erfolgreich ausgeführt wurde. Dann protokolliert Gradle dies mit der Ausgabe von `UP-TO-DATE` und überspringt die Ausführung, wodurch sich Build-Läufe häufig zeitlich recht kurz halten lassen.

Ausführen von Unit Tests

Um das Programm zu testen, sollte die Ausführung vorhandener Unit Tests ein fester Bestandteil des Build-Laufs sein. Werfen wir also noch einen Blick auf das Testen und prüfen die Funktionalität der Klasse `HelloGradle` durch folgenden Unit Test:

```java
package de.javaprofi.gradle;

import static org.junit.Assert.*;
import org.junit.Test;

public class HelloGradleTest
{
    @Test
    public void testGetMessage()
    {
        assertEquals("Hello Gradle World", HelloGradle.getMessage());
    }
}
```

Diese Testklasse speichern wir im Verzeichnis `src/test/java/de/javaprofi`. Zum Ausführen des Tests geben wir Folgendes ein:

```
gradle test
```

Statt der Ausführung unseres Tests kommt es jedoch unerwartet zu Kompilierfehlern. Die Ursache liegt darin, dass die benötigte JUnit-Bibliothek nicht im Build-Lauf verfügbar ist. Dazu müssen wir eine externe Abhängigkeit angeben, bei der wir uns praktischerweise auf das zentrale Maven-Repository beziehen können.

Externe Abhängigkeit spezifizieren   In Maven gibt man Abhängigkeiten recht gesprächig in Form mehrerer XML-Tags in beispielweise wie folgt an:

```xml
<dependencies>
    <dependency>
        <groupId>junit</groupId>
        <artifactId>junit</artifactId>
        <version>4.9</version>
    </dependency>
</dependencies>
```

Das wird mit Gradle deutlich leichter, viel kürzer und klarer. Die Syntax zur Angabe der Abhängigkeit ist recht selbsterklärend. In diesem Beispiel wird die Abhängigkeit zu JUnit während des Kompilierens und zur Ausführung der Tests benötigt. Dies lässt sich wie folgt spezifizieren – auch der Artefaktname wird direkt sichtbar:

```
apply plugin: 'java'

repositories
{
    mavenCentral()
}

dependencies
{
    testCompile 'junit:junit:4.+'
}
```

Tipp: Abhängigkeiten definieren

Für einen Build können verschiedene Abhängigkeiten existieren. Für jede davon kann durch verschiedene Schlüsselwörter in der Sektion `dependencies` festgelegt werden, welchen Gültigkeitsbereich sie besitzt.[a] Abhängigkeiten können beim Kompilieren (`compile`), beim Ausführen (`runtime`), beim Kompilieren von Tests (`testCompile`) und beim Ausführen der Tests (`testRuntime`) existieren und durch die zuvor in Klammern angegebenen Schlüsselwörter festgelegt werden. Standardmäßig sind alle Abhängigkeiten von `testRuntime` eine Obermenge von `testCompile`, was wiederum alle Abhängigkeiten von `compile` enthält. Demnach bildet `compile` die Basis und auch die kleinste Menge von Abhängigkeiten.

---

[a]Jeder Gültigkeitsbereich entspricht einer Configuration. Für jede im Build-Skript definierte `configuration` können Dependencies definiert werden. Plugins definieren ihre eigenen Configurations. Das Java-Plugin definiert so z. B. `compile`, `testCompile` usw.

Führen wir nun erneut das Kommando `gradle test` aus, so werden die Abhängigkeiten aufgelöst und dazu die JUnit-Bibliotheken aus dem Internet nachgeladen. Zudem werden die vorhandenen und automatisch ermittelten Unit Tests ausgeführt und Test-Reports – sowohl in HTML als auch XML – generiert (siehe Abbildung A-1).

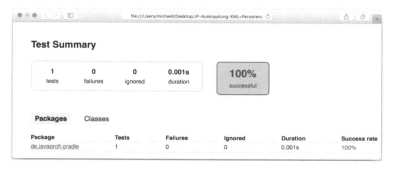

Abbildung A-1 *Von JUnit als HTML erzeugter Bericht*

JAR erstellen

Zum Erzeugen eines Artefakts kann man den `jar`-Task nutzen. Auch hier geschieht in der Regel vieles automatisch. Sollen jedoch spezielle Attribute in der Manifest-Datei gesetzt werden, so kann man dies einfach wie folgt spezifizieren:

```
jar
{
    manifest
    {
        attributes ( "Implementation-Title" : "<title>",
                     "Implementation-Version": version )
    }
}
```

Oftmals enthält das JAR auch eine zu startende `main`-Klasse. Dazu schreibt man Folgendes:

```
jar
{
    manifest
    {
        attributes ( "Main-Class" : "de.javaprofi.gradle.HelloGradle" )
    }
}
```

Teilweise enthält ein JAR aber auch mehrere Klassen mit `main()`-Methoden. Die Frage ist nun, wie man die `main()`-Methode einer beliebigen gewünschten Klasse aus einem JAR ausführen kann. Dazu lernen wir nun die Definition eines eigenen Tasks kennen.

Eigene Tasks definieren – Abhängigkeiten zwischen Tasks

Bis hierher haben wir bereits diverse Funktionalität allein mit Gradle-Basics realisieren können, jedoch ist es mit Gradle-Bordmitteln nicht direkt möglich, die `main()`-Methoden verschiedener Klassen ausführen zu können. Diese Funktionalität benötigen wir aber beispielsweise zum Starten der Beispielprogramme in diesem Buch: Die einzelnen JARs zu den Kapiteln dieses Buchs enthalten in der Regel eine Vielzahl startbarer Demo-Applikationen.

Zur Vervollständigung unseres Build-Laufs nutzen wir das Schlüsselwort `task`, um einen eigenen Task zu definieren, den wir zum Starten von `main()`-Methoden beliebiger Klassen nutzen. Den neuen Task bauen wir auf dem vordefinierten Typ `JavaExec` auf und erweitern diesen um die benötigte Funktionalität bzw. hier um die Angaben zu `CLASSPATH` und `main`-Klasse wie folgt:

```
task HelloGradle(type: JavaExec) { // <- öffnende Klammer muss aufgrund von
                                   // Groovy-Besonderheiten hier stehen
    dependsOn jar

    // Groovy-Notation [] für Liste
    classpath = files(["build/libs/GradleExample.jar"])
    main = "de.javaprofi.gradle.HelloGradle" // Achtung: ohne .class
}
```

Wie man bei der Definition sieht, existieren gewisse Abhängigkeiten der Tasks untereinander. Im obigen Beispiel soll beim Aufruf von `gradle HelloGradle` zunächst
der Task `jar` abgearbeitet werden, um die Applikation zu bauen. Die Reihenfolge zwischen Tasks lässt sich durch das Schlüsselwort `dependsOn` festlegen. Damit wird definiert, dass etwa das Kompilieren vor dem Testen erfolgt oder aber das Bereinigen von
Verzeichnissen vor dem Kompilieren.

Während die Angabe der `main`-Klasse noch recht intuitiv ist, bedarf es bei der
Angabe des zu nutzenden `CLASSPATH` noch eines kleinen Hinweises. Dort finden
wir die Methode `files()`. Sie ist Bestandteil der Gradle DSL und erlaubt es, eine Menge von Dateien zu spezifizieren. In diesem Fall ist es genau eine Datei, nämlich `GradleExample.jar` im Unterverzeichnis `build/libs`. Die Angabe in eckigen
Klammern ist ein sogenanntes Collection-Literal und beschreibt in Groovy und somit
auch in Gradle eine Liste.

IDE-Projekte erzeugen

Bisher haben wir zu Demonstrationszwecken die Dateien mit einem Texteditor erstellt
und dabei entgegen meinem Hinweis aus der Einleitung, zur Bearbeitung von Java-
Projekten eine IDE zu nutzen, hier bewusst darauf verzichtet. Weil die Bearbeitung
von Sourcecode mithilfe von IDEs komfortabler ist, wäre es wünschenswert, wenn wir
passend zum Projektstand entsprechende Dateien für unsere IDE generieren könnten.
Tatsächlich ist dies mit Gradle sowohl für Eclipse als auch Intellij IDEA möglich.

Eclipse-Projekt erzeugen und einbinden   Um das Gradle-Plugin zu integrieren,
fügen wir folgende Angabe in der Build-Datei ein:

```
apply plugin: 'eclipse'
```

Als Folge stehen uns mit `eclipse` und `cleanEclipse` zwei weitere Tasks für Gradle
zur Verfügung. Wenn wir den Task `gradle eclipse` ausführen, dann werden Eclipse-
spezifische Dateien, nämlich `.project` und `.classpath`, erzeugt. Darüber hinaus
kümmert sich Gradle um das Dependency Management und lädt benötigte `jar`-Dateien
herunter und bindet diese als Referenced Libraries korrekt in Eclipse-Projekte ein.

Um ein wie eben erzeugtes Projekt in Eclipse zu importieren, wählen Sie das Kon-
textmenü IMPORT > GENERAL > EXISTING PROJECTS INTO WORKSPACE.

Fazit

Ausgehend von der maximal einfachsten Build-Datei, bestehend aus einer Zeile, haben
wir schrittweise den Build um sinnvolle weitere Funktionalität ergänzt. Dabei haben
wir sowohl das Verwalten von externen Abhängigkeiten und das Ausführen von Unit
Tests als auch das Aufbereiten von deren Ergebnissen kennengelernt. Zudem wurde der
Abgleich mit den Projektdateien der genutzten IDE kurz thematisiert.

B Client-Server-Kommunikation und HTTP im Überblick

In diesem Anhang gebe ich zum besseren Verständnis des Kapitels über RESTful Webservices eine kurze Einführung in die dafür relevanten Basisthemen Client-Server-Kommunikation und HTTP.

In einer verteilten Anwendung müssen mehrere Bestandteile oder Komponenten über das Netzwerk miteinander kommunizieren. Die Client-Server-Kommunikation ist eine Möglichkeit und wird in Abschnitt B.1 kurz beschrieben. Zum Transport der ausgetauschten Informationen wird vielfach HTTP (Hypertext Transfer Protocol) genutzt. Wesentliche Punkte davon stelle ich in Abschnitt B.2 überblicksartig vor.

B.1 Client-Server-Kommunikation

Die Kommunikation in einer verteilten Anwendung kann gemäß dem Client-Server-Modell erfolgen: Dort sendet ein Programm (der Client) Anfragen, sogenannte *Requests*, an ein anderes Programm (den Server) und dieses bereitet daraufhin Antworten, sogenannte *Responses*, auf, die es an den Client zurücksendet. Clients rufen also Funktionalität am Server auf. Dort wird in der Regel der größte Teil der Anwendungslogik ausgeführt und die Daten und häufig auch die Darstellung für die Klienten aufbereitet. Für Programmsysteme, die derart miteinander kommunizieren, spricht man auch von Request-Response-Kommunikation. Eine solche ist vereinfacht in Abbildung B-1 dargestellt.

Abbildung B-1 *Request-Response-Kommunikation*

Mit Client und Server meint man häufig sowohl den programmausführenden Rechner als auch das Programm selbst. Da eine Client-Server-Kommunikation normalerweise zwischen unterschiedlichen Rechnern stattfindet, ist eine strikte Unterscheidung zwischen Rechner und Programm nur dann notwendig, wenn Client und Server auf demselben Rechner laufen und miteinander kommunizieren. Dann bezeichnen die Begriffe Client und Server wirklich nur noch die Programme und nicht mehr die Rechner.[1]

Damit Client und Server überhaupt kommunizieren können und sich verstehen, müssen diese ein gemeinsames Verständnis der ausgetauschten Informationen besitzen. Man könnte sagen, sie müssen eine gemeinsame Sprache, ein sogenanntes ***Protokoll***, sprechen. Im Internet ist dazu HTTP sehr verbreitet, das eine Reihe vordefinierter Kommandos kennt, z. B. GET und POST zum Abfragen und Übertragen von Daten.

Grundsätzlicher Ablauf des Datenaustauschs

Wie läuft die Kommunikation bei HTTP genauer ab? In HTTP sind Anfragen und Antworten als textuelle Nachrichten definiert und werden mithilfe von TCP/IP versendet, wobei die Anfrage an einen bestimmten Netzwerkport des Servers gerichtet wird. Auf diesem Port horcht ein spezielles Programm, der Server. Dieser bearbeitet eingehende Anfragen, indem er entweder statische Daten oder Dateiinhalte ausliest oder Programme ausführt, um die Antwort aufzubereiten. Der prinzipielle Ablauf wird in Abbildung B-2 dargestellt.

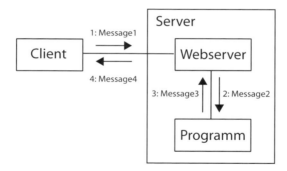

Abbildung B-2 *Kommunikation zwischen Client und Webserver*

Für gewöhnliche Webapplikationen ist der Client ein beliebiger Webbrowser, der es einem Menschen erlaubt, auf Daten eines Servers, genauer Webservers, zuzugreifen. Theoretisch sind als Client auch Programme denkbar. In diesem Fall wird die Kommunikation zwischen zwei Softwaresystemen realisiert, und man spricht von ***Webservices***.

---

[1]Diese Art der Kommunikation auf einem Rechner nutzen wir in diesem Buch, weil dies die Beispiele einfacher hält und es trotzdem erlaubt, die Grundideen der verteilten Kommunikation nachvollziehen zu können.

B.2   Basiswissen HTTP

Bekanntermaßen beruht HTTP auf einer Client-Server-Kommunikation mit einem Request-Response-Mechanismus. Als Folge wird eine *synchrone Kommunikation* realisiert: Während der Zeit der Aufbereitung für die Antwort durch den Server, wartet der Client synchron auf deren Erhalt. Für eine gute Benutzbarkeit ist es erforderlich, dass die Aufbereitung der Antwort nicht allzu lange dauert.

Nun wollen wir HTTP und insbesondere den Aufbau der versendeten Nachrichten ein wenig genauer betrachten.

Wichtige HTTP-Befehle im Überblick

HTTP ist ein textbasiertes Protokoll, das einen festen Aufbau hat und zur Kommunikation lediglich eine Handvoll Befehle definiert, die der Client als Anfragen an den Server senden darf und auf die er eine Antwort in einem festgelegten Format erhält. Ein Client kann unter anderem folgende Befehle als Anfrage an den Server senden:

- GET
- POST
- PUT
- DELETE

Als Antwort erhält der Client vom Server eine Rückmeldung, die besagt, dass der Befehl angekommen ist und ausgeführt wurde oder dass dabei ein Fehler aufgetreten ist.

Gemeinsamkeiten im Aufbau von Anfrage und Antwort

Der grundsätzliche Aufbau von Anfrage und Antwort ist identisch. Beide bestehen aus einem Header und einem Datenblock (auch Body genannt):

1. **Header** – Im Header oder Nachrichtenkopf (Message Header oder HTTP-Header) finden sich der gewünschte HTTP-Befehl als Klartext sowie weitere Steuer- und Statusinformationen, z. B. Angaben zu den angeforderten Daten.
2. **Body** – Der Datenblock oder Nachrichtenkörper (Message Body oder Body) enthält die Nutzlast. Diese ist optional. Sofern sie vorhanden ist, wird der Datenblock durch eine Leerzeile vom Header separiert.

Aufbau einer Anfrage   Eine Anfrage besitzt folgende Struktur:

```
BEFEHL URL HTTP/Version
Header

Body
```

Aufbau einer Antwort   Eine Antwort besitzt fast den gleichen Aufbau wie eine Anfrage, wobei im Datenblock die angeforderten Informationen zurückgeliefert werden:

```
HTTP/Version Statuscode Statusmeldung
Header

Body
```

Statt eines Befehls findet man in der Antwort Informationen zur verwendeten HTTP-Version und eine Statusmitteilung, die sich aus einem numerischen Statuscode sowie einer Statusmeldung zusammensetzt. Für die Kombination von Statuscode und Statusmeldung sind die in Tabelle B-1 aufgeführten Werte gebräuchlich.

Tabelle B-1 Wichtige HTTP-Statuscodes im Überblick

Code	Bedeutung
200 OK	Die Anfrage wurde erfolgreich bearbeitet.
201 CREATED	Die Ressource wurde erfolgreich angelegt. Die URI dazu sollte in der Response zurückgegeben werden.
204 NO_CONTENT	Die Ressource wurde erfolgreich gelöscht.
400 BAD REQUEST	Der Request ist ungültig oder die gewünschte Operation kann nicht ausgeführt werden.
401 UNAUTHORIZED	Zum Zugriff ist eine Authentifizierung nötig, die entweder noch nicht erfolgt ist, oder der Zugriff ist nicht erlaubt.
403 FORBIDDEN	Der Zugriff ist nicht erlaubt: Es liegen keine Zugriffsrechte vor (keine Autorisierung).
404 NOT FOUND	Unter der angegebenen URL wird keine Ressource gefunden: Die angeforderten Daten liegen auf dem Server nicht vor.
405 METHOD NOT ALLOWED	Die verwendete Methode (GET, POST usw.) wird nicht unterstützt: Das gewünschte Kommando, etwa ein DELETE, ist für die angegebene Ressource nicht erlaubt.
406 NOT ACCEPTABLE	Die Ressource wird mit einem nicht unterstützten Content-Type angesprochen.
500 INTERNAL_SERVER_ERROR	Es ist zu einem Fehler im Server gekommen.
501 NOT IMPLEMENTED	Der Server kennt das Kommando nicht.
503 SERVICE_UNAVAILABLE	Der Server ist gerade nicht verfügbar.

Beispiel zum Ablauf der Kommunikation

Möglicherweise sind die vorangegangenen Beschreibungen noch ein wenig abstrakt. Wie sieht nun eine HTTP-Anfrage und die zugehörige HTTP-Antwort aus?

Nehmen wir an, wir hätten in die Adresszeile unseres Webbrowsers folgenden Text eingegeben: `http://www.oracle.com/index.html`. Anhand dieser Angaben ist klar, dass der Webbrowser das Protokoll `http` für eine Anfrage an den Server `www.oracle.com` und die Daten `index.html` verwenden soll. Dazu wird zunächst eine TCP-Verbindung zum Server aufgebaut.[2] Nun kommt das HTTP-Protokoll ins Spiel: Zum Anfordern von Daten versendet der Webbrowser einen `GET`-Befehl und codiert die Informationen in etwa folgendermaßen:[3]

```
GET /index.html HTTP/1.1
Host: www.oracle.com
```

Nach Erhalt dieser Nachricht bereitet der Webserver seinerseits die Antwortdaten auf. In diesem Fall schaut er nach, ob es eine Ressource `/index.html` gibt. Welche Aktion dazu im Detail auszuführen ist, lässt sich über Konfigurationsdateien beschreiben. Im einfachsten Fall kann der Server einfach im Dateisystem vorliegende Dateien zur Generierung der Antwort nutzen. Im komplexeren Falle werden Programme ausgeführt, um die Antwortdaten zu erzeugen.

Im Beispiel wird vom Server ein HTML-Dokument zurückgesendet. Diese Antwort folgt wieder dem vorgestellten Aufbau von HTTP: Eine Antwort besitzt einen Header, der mit einer Statuszeile beginnt. Danach folgen Angaben zur Nutzlast, etwa deren Länge und Typ. Durch eine Leerzeile getrennt sehen wir dann im folgenden Listing ein (stark gekürztes) HTML-Dokument:

```
HTTP/1.1 200 OK
Content-Length: ...
Content-Language: en
Connection: close
Content-Type: text/html

<!DOCTYPE html PUBLIC "-//W3C//DTD XHTML 1.0 Transitional//EN" "http://www.w3.
    org/TR/xhtml1/DTD/xhtml1-transitional.dtd">

<html xmlns="http://www.w3.org/1999/xhtml" lang="en-US">
...
</html>
```

Je nach Status der Antwort wird entweder eine Fehlermeldung generiert oder im Erfolgsfall nur derjenige Teil im Webbrowser dargestellt, der im Body der Nachricht (hier als HTML) übertragen wurde. Im Firefox sieht man dann eine Darstellung wie in der nachfolgenden Abbildung B-3.

---

[2]Standardmäßig wird Port 80 genutzt, sofern kein anderer Port in der URL spezifiziert ist.

[3]Einige zum Verständnis unwichtige Angaben wurden der Übersichtlichkeit halber entfernt.

Abbildung B-3 *Oracle-Seite*

Unterschiede GET und POST

Für den GET-Befehl gibt es keinen Datenblock, sondern alle benötigten Daten müssen in der URL codiert werden. Dadurch enthält der Header neben dem eigentlichen Befehl einige Zusatzinformationen, die dem Server als Hinweis beim Aufbereiten der Antwort dienen. Beispielsweise kann festgelegt werden, dass der Client nur Antworten in den Formaten HTML und XML versteht. Der POST-Befehl transportiert im Gegensatz zu GET sämtliche Nutzdaten im Datenblock. Das hat mehrere Implikationen:

- GET: Die Informationen sind in der URL als Klartext sichtbar. Das ist für vertrauliche Daten sicher nicht optimal.
  POST: Die Nutzdaten sind nicht Bestandteil der URL und somit nicht direkt sichtbar.
- GET: Die Länge der URL ist in verschiedenen Webbrowsern beschränkt und auch im HTTP-Standard ist eine Maximallänge definiert. Somit können umfangreiche Daten nicht per GET transportiert werden.
  POST: Weil ein POST-Request die Nutzdaten im Body überträgt, lassen sich Nutzdaten in nahezu unbegrenzter Länge transportieren. Es gelten für den Body weit weniger strenge Restriktionen bezüglich der Größe, sodass somit auch die übertragbare Parameteranzahl (nahezu) unbeschränkt ist.
- GET: URLs dürfen weitestgehend nur aus ASCII-Zeichen bestehen (z. B. keine Umlaute enthalten). Informationen, die etwa Zeilenumbrüche und Sonderzeichen enthalten, lassen sich nur mit Aufwand, wenn überhaupt, in der URL codieren.
  POST: Die Nutzdaten sind keinen Beschränkungen bezüglich Zeichensatz unterworfen, sondern die Zeichensatzcodierung der Nutzdaten des Bodys kann explizit festgelegt werden.

■ GET: Eine GET-Anfrage lässt sich als Bookmark im Browser nutzen.

POST: POST-Requests lassen sich nicht bookmarken, da nicht alle für eine Anfrage benötigten Informationen in ein Bookmark aufgenommen werden können. Erinnern wir uns nochmal daran, dass eine Anforderung mit einem POST-Befehl in etwa folgendermaßen aussieht und Daten im Body spezifiziert:

```
POST / HTTP/1.1
Host: localhost:8088
User-Agent: Mozilla/5.0 (Windows NT 6.1; WOW64; rv:10.0.7) Gecko/20100101
    Firefox/10.0.7
Accept: text/html,application/xhtml+xml,application/xml;q=0.9,*/*;q=0.8
Accept-Language: en-us,en;q=0.5
Accept-Encoding: gzip, deflate
Connection: keep-alive
Content-Type: application/x-www-form-urlencoded
Content-Length: 87

Top5=Pizza+Salami&Zutat=sardellen&Vorname=Micha&Name=Inden&Text=Bitte+
    schnell+liefern.+
```

HTTP-Aufrufe per `HttpURLConnection` an MongoDB senden

Man kann nicht nur den Browser nutzen, um eine HTTP-Kommunikation auszuführen, sondern auch die Klasse java.net.HttpURLConnection verwenden, die eine Low-Level-Kommunikation erlaubt und eine auf HTTP ausgerichtete Spezialisierung der Klasse java.net.URLConnection ist.

In der nachfolgenden main()-Methode wollen wir mehrere GET-Abfragen ausführen. Um das Ganze ein wenig interessanter zu machen und einen Bezug zu den Kapiteln im Buch herzustellen, entsprechen die GET-Abfragen einigen REST-Kommandos an die MongoDB.

Die HTTP-Kommunikation geschieht durch Aufrufe der Methode performGet(), in der wir wiederum die Klasse HttpURLConnection nutzen und für die Aufrufe geeignet parametrieren:

```java
public static void main(final String[] args) throws Exception
{
    final String basePath = "http://127.0.0.1:28017/";

    performGet(new URL(basePath + "listDatabases"));
    performGet(new URL(basePath + "mongoexample/persons/"));
    performGet(new URL(basePath + "mongoexample/persons/?filter_vorname=Tim"));
}

private static void performGet(final URL url) throws IOException
{
    final HttpURLConnection con = (HttpURLConnection) url.openConnection();
    con.setRequestMethod("GET");
    con.setRequestProperty("User-Agent", "HttpURLConnectionMongoDbExample");

    System.out.println("\nSending 'GET' request to URL: '" + url+ "'");
    System.out.println("Response Code: " + con.getResponseCode());
    System.out.println(extractResponse(con));
}
```

```
private static String extractResponse(final HttpURLConnection con)
                throws IOException
{
    final StringBuilder response = new StringBuilder();
    try (final BufferedReader in = new BufferedReader(
                            new InputStreamReader(con.getInputStream())))
    {
        String inputLine;
        while ((inputLine = in.readLine()) != null)
        {
            response.append(inputLine);
        }
    }
    return response.toString();
}
```

Listing B.1 *Ausführbar als* 'HttpURLConnectionMongoDbExample'

Zum Ausführen der Kommandos wird ein URL-Objekt erzeugt, das dem REST-Endpoint inklusive der Adresse der gewünschten Ressource von MongoDB entspricht. Etwas irritieren mag der Cast des Rückgabewerts von openConnection(). Je nachdem, welches Protokoll in der URL verwendet wird, liefert der Aufruf von openConnection() eine Spezialisierung von URLConnection. Für HTTP ist dies eine HttpURLConnection.

Zum Ermitteln der Antwortdaten dient die Methode extractResponse(). Weil die HttpURLConnection einen InputStream bereitstellt, lassen sich die Daten mit normalen Stream-Mitteln auslesen. Hier entsprechen die Antwortdaten den Resultaten der an die MongoDB abgesetzten Abfragen.

Starten wir das obige Programm HttpURLConnectionMongoDbExample, so werden die dort vordefinierten GET-Kommandos an einen MongoDB-Server gesendet. Läuft dieser, dann erhalten wir folgende Antwortdaten (gekürzt):

```
Sending 'GET' request to URL: 'http://127.0.0.1:28017/listDatabases'
Response Code : 200
{ "databases" : [
  { "name" : "mongoexample", "sizeOnDisk" : 83886080, "empty" : false }, ...
, { "name" : "test", "sizeOnDisk" : 83886080, "empty" : false } ], ...
}

Sending 'GET' request to URL: 'http://127.0.0.1:28017/mongoexample/persons/'
Response Code: 200
{ "offset" : 0,  "rows": [
  { "_id" : { "$oid" : "565acd12854e43b69881cd26" },  "name" : "Test",
    "vorname" : "Hugo", "alter" : 33 } ,
    { "_id" : { "$oid" : "565acd13854e43b69881cd27" },  "name" : "Meyer",
    "vorname" : "Tim", "alter" : 7 }  ], ...
}

Sending 'GET' request to URL: 'http://127.0.0.1:28017/mongoexample/persons/?
    filter_vorname=Tim'
Response Code: 200
{ "offset" : 0,  "rows": [
  { "_id" : { "$oid" : "565acd13854e43b69881cd27" },  "name" : "Meyer",
    "vorname" : "Tim", "alter" : 7 }  ], ...
}
```

C   Grundlagenwissen HTML

HTML und XML sind Auszeichnungssprachen, die weit verbreitete Standards zur Beschreibung der Nutzdaten von Webanwendungen darstellen. In diesem Anhang werden wir einige Grundlagen zu HTML kennenlernen.

Tipp: Motivation von Auszeichnungssprachen

Eine **Auszeichnungssprache** ist eine deskriptive, textuelle Repräsentation von Daten, die es erlaubt, neben den eigentlichen Nutzinformationen auch Metainformationen zu modellieren. Auszeichnungssprachen enthalten dazu spezielle reservierte Zeichenfolgen, die nicht als Nutzdateninhalt interpretiert werden, sondern bestimmte Aktionen, Formatierungen oder Strukturierungen der Informationen bewirken, etwa die Darstellung als Tabelle oder Aufzählung.

Häufig bietet sich eine textuelle Form der Datenrepräsentation an, weil somit ein unkomplizierter Austausch von Daten zwischen verschiedenen Rechnern und bei Bedarf sogar unterschiedlichen Betriebssystemen möglich wird.

C.1   Basiswissen HTML

In HTML werden sowohl Daten als auch Formatierungs- und Layoutinformationen miteinander »gemixt«. Zur korrekten Darstellung müssen die textuellen Informationen später entwirrt werden. Betrachten wir ein einfaches Beispiel einer HTML-Seite mit den Tags `html`, `body` und `h1`. Das Tag `html` bildet den Rahmen um das HTML-Dokument. Im Tag `body` wird der Inhalt angegeben, der vom Webbrowser dargestellt werden soll. Das Tag `h1` beschreibt eine Überschrift. Wir nutzen diese Tags wie folgt:

```
<html>
    <body>
        <h1>
            Überschrift Größe 1
        </h1>
        Herzlich willkommen!
    </body>
</html>
```

C.1.1   HTML am Beispiel

Zur Darstellung einer Webseite wird durch den Webbrowser das HTML bzw. genauer die dort enthaltenen Kommandos und Daten interpretiert. Ein erstes Beispiel habe ich gerade gezeigt. Eine reale Webapplikation nutzt natürlich deutlich mehr Gestaltungselemente wie Listen, Auswahl- und Texteingabeelemente, aber auch Hyperlinks zur Verknüpfung von Seiten.

Unser Ziel für die nächsten Abschnitte ist es, einen einfachen Pizza-Onlineshop als Webseite zu entwickeln und die dafür benötigten HTML-Elemente kurz kennenzulernen. Eine ausführliche Dokumentation rund um HTML finden Sie online unter `http://selfhtml.org/`.

Tabellen, Listen und Absätze

Nachfolgend wollen wir uns mit Aufzählungslisten, Tabellen, Textattributen usw. ein paar Gestaltungselemente von HTML anschauen, die eine strukturierte Aufbereitung von Daten ermöglichen. Dazu liste ich zunächst die korrespondierenden Tags auf und zeige im Anschluss deren Verwendung anhand eines kleinen Beispiels.

- Aufzählungslisten
  - `ul` (unordered list) – Eine Aufzählung mit Bullet-Points
  - `ol` (ordered list) – Eine Aufzählung mit Nummerierung
  - `li` (list item) – Einzelne Aufzählungspunkte
- Tabellen
  - `table` – Die Tabelle selbst
  - `th` (table header) – Eine (optionale) Kopfzeile
  - `tr` (table row) – Eine Zeile
  - `td` (table data) – Die Daten in den einzelnen Spalten
- Paragraphen, Textabschnitte und Textattribute
  - `p` (paragraph), `br` (break) – Eine Strukturierung von Text lässt sich mithilfe von Absätzen oder Paragraphen (`p`) sowie über Zeilenumbrüche (`br`) realisieren.
  - `b` (bold), `i` (italics) – Innerhalb eines Absatzes können einzelne und mehrere Zeichen oder Wörter mit Textattributen, beispielsweise `b` bzw. `i` für Fett- bzw. Kursivschrift, hervorgehoben werden.

Folgendes HTML nutzt die meisten der eben genannten Tags zur Definition einer Über-schrift, einer Aufzählung sowie einer Tabelle:

```html
<html>
    <body>
        <h1>Überschrift Größe 1</h1>
        Dies ist die erste HTML-Seite.
        Text kann speziell ausgezeichnet werden: <b>fett</b>, <i>kursiv</i> usw.
        <p>
            <ul>
                <li>Aufzählungspunkt 1</li>
                <li>Aufzählungspunkt 2<br>Und seine zweite Zeile.</li>
            </ul>
        </p>

        <table border=2>
            <th bgcolor="#D0D0D0">Vorname</th>
            <th bgcolor="#D0D0D0">Name</th>
            <tr>
                <td>Michael</td>
                <td>Inden</td>
            </tr>
            <tr>
                <td>Max</td>
                <td>Muster</td>
            </tr>
        </table>
    <body>
</html>
```

Öffnen Sie dieses HTML mit einen Webbrowser, dann sollten Sie in etwa eine Darstel-lung wie in Abbildung C-1 erhalten.

Abbildung C-1 *Tabellen, Listen und Absätze am Beispiel*

C.1.2   Interaktivität und Formulare

Statische Webseiten wie die zuvor gezeigte erlauben noch keine Interaktivität. Dazu dienen in HTML die sogenannten Formulare, die durch ein Tag `form` beschrieben sind, das verschiedene Eingabeelemente gruppiert.

Wir machen das Ganze wieder konkret und nutzen entsprechend den Anforderungen an unsere simple Pizza-Bestellseite verschiedene HTML-Tags, die zur Darstellung von Radiobuttons, Checkboxen und Textfelder im Browser führen. Dazu setzen wir folgende Tags ein:

- **Listen** (`select`) – Die Top 5 der beliebtesten Pizzen sollen in einer Liste dargestellt und eine daraus ausgewählt werden können. Dazu nutzen wir das `select`-Tag in Kombination mit dem `option`-Tag zur Definition der Listeneinträge.

```
<select name="Top5" size="5">
    <option>Pizza Gyros</option>
    <option>Pizza Fantasia</option>
    <option>Pizza Hawaii</option>
    <option>Pizza Napoli</option>
    <option>Pizza Salami</option>
</select>
```

- **Checkboxen** (`input type="checkbox"`) – Der Pizza-Hungrige soll optional weitere vordefinierte Beläge wählen können. Dazu sollen Checkboxen präsentiert werden.

```
Bitte wählen Sie folgende zusätzliche Pizza-Beläge:
<br>
<input type="checkbox" name="Zutat" value="sardellen"> Sardellen<br>
<input type="checkbox" name="Zutat" value="mais"> Mais<br>
```

- **Texteingabefelder** (`input type="text"` bzw. `textarea`) – Zur Texteingabe kann man einzeilige Texteingabefelder vom Typ `<input type="text">` nutzen. Für längere Texte, hier Anmerkungen zur Bestellung, bietet sich der Einsatz einer `<textarea>` an.

```
Name:
<input type="text" name="Name" size="50" maxlength="50">
<br>
Kommentar:
<textarea name="Text" rows="7" cols="50"></textarea>
```

- **Aktionsknöpfe** (`input type="submit"` und `input type="reset"`) – Eine Bestellung kann schließlich über spezielle Knöpfe abgeschickt bzw. zurückgesetzt werden.

```
<input type="submit" value="Schicken Sie Ihre Bestellung ab">
<input type="reset" value="Löschen Sie Ihre Daten">
```

Erweiterung des Beispiels um ein Formular

Wir nutzen das vorangegangene Beispiel mit den statischen Gestaltungselementen als Basis und erweitern es, indem wir die obigen Tags sinnvoll einfügen. Alle zu einem Formular gehörenden Eingabeelemente müssen über ein `form`-Tag gruppiert werden. Diesem kann man im Attribut `action` die bei `submit` auszulösende Aktion mitgeben. Nachfolgend verweisen wir auf eine Seite, die automatisch eine Antwort mit Eingabedaten generiert:

```html
<html>
<body>
<h1>Pizza-Onlineshop</h1>

<form action="https://httpbin.org/post" method="POST">

    <!-- Tabelle zur Strukturierung der Pizza-Auswahl -->
    <table bgcolor="#D0D0D0">
        <tr>
            <td>
                <b>Unsere Top 5</b>
                <br>
                <select name="Top5" size="5">
                    <option>Pizza Gyros</option>
                    <option>Pizza Fantasia</option>
                    <option>Pizza Hawaii</option>
                    <option>Pizza Napoli</option>
                    <option>Pizza Salami</option>
                </select>
            </td>
            <td>
                Bitte wählen Sie folgende zusätzliche Pizza-Beläge:
                <br>
                <input type="checkbox" name="Zutat" value="sardellen"> Sardellen
                <br>
                <input type="checkbox" name="Zutat" value="mais"> Mais
                <br>
                <input type="checkbox" name="Zutat" value="mais"> Champignons
                <br>
            </td>
        </tr>
    </table>

    <!-- Tabelle zur Strukturierung von Besteller und Kommentar -->
    <table bgcolor="#D0D0D0">
        <tr>
            <td><b>Bestellinformationen:<b></td>
        </tr>
        <tr/>
        <tr>
            <td>Vorname:</td>
            <td><input name="Vorname" type="text" size="50" maxlength="50"></td>
        </tr>
        <tr>
            <td>Name:</td>
            <td><input name="Name" type="text" size="50" maxlength="50"></td>
        </tr>
        <tr>
            <td valign="top">Kommentar:</td>
            <td><textarea name="Text" rows="7" cols="50"></textarea></td>
        </tr>
    </table>
```

```
    <br>
    <br>

    <!-- Die Bedienknöpfe unten auf der Seite -->
    <input type="submit" value="Schicken Sie Ihre Bestellung ab">
    <input type="reset" value="Löschen Sie Ihre Daten">
  </form>
  </body>
  </html>
```

In dieser einfachen Variante codieren wir Layoutinformationen mithilfe von Tabellen in das HTML, wodurch eine Ausrichtung erreicht wird, wie dies Abbildung C-2 zeigt. **Beachten Sie bitte, dass dieses Vorgehen nur für derart einfache Beispiele in Ordnung ist.** Das Layout und das Aussehen sollte bevorzugt durch ein CSS (Cascading Stylesheet) beschrieben werden, da man dann die Aspekte Layout, Gestaltung sowie Datenhaltung sauber voneinander trennt.

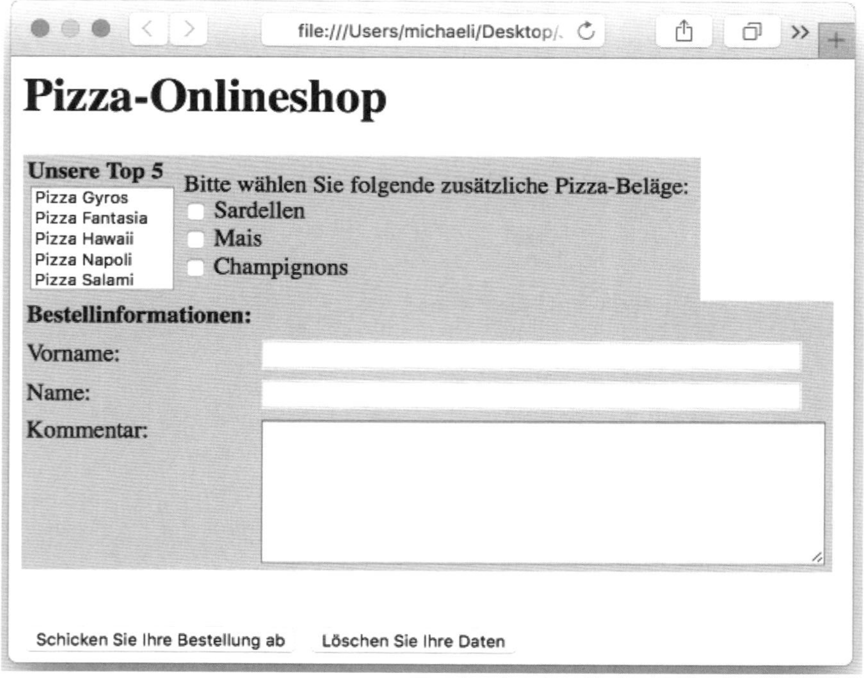

Abbildung C-2 Simpler Onlineshop

Öffnen wir die HTML-Seite in einem Webbrowser und geben dann einige Werte ein. Wenn wir auf den »Bestellen«-Knopf drücken, werden die Informationen vom Browser automatisch aus dem Formular ausgelesen und als Schlüssel-Wert-Paar aufbereitet. Der Schlüssel entspricht dem Namen des Bedienelements (wodurch sich ergibt, dass dieser eindeutig in einem Formular sein sollte). Der Wert wird durch ein =-Zeichen getrennt angehängt. Mehrere Angaben werden durch & separiert. Das hört sich noch etwas abstrakt an. Nehmen wir an, es würde eine Pizza Salami mit Sardellen vom Besteller Micha Inden geordert, wobei dieser keinen Kommentar eingibt. Diese Angaben werden wie folgt codiert `Top5=Pizza+Salami&Zutat=sardellen&Vorname=Micha&Name=Inden&Text=`.

Diese Angaben werden an die im Attribut `action` hinterlegte Seite gesendet, wobei die Form der Übertragung je nach HTTP-Kommando abweicht: Bei `POST` werden die Daten im Body übertragen, bei `GET` im Query-String der URL.

Tipp: Behandlung von Sonderzeichen

Wenn wir bereits ein wenig für mögliche Probleme sensibilisiert sind, so könnten wir uns fragen, was eigentlich passiert, wenn man Leerzeichen oder die Sonderzeichen ?,+ und = nutzen möchte. Das ist eine berechtigte Frage! Dem aufmerksamen Leser fällt bereits bei der Codierung von `Pizza Salami` auf, dass ein Leerzeichen durch ein +-Zeichen ersetzt wird.

Selbstverständlich ist es immer möglich, dass der Benutzer Eingaben vornimmt, die in Konflikt mit den Zeichen stehen, die in der Codierung einer URL genutzt werden dürfen. Das ist insbesondere bei `GET` ein Problem, weil beispielsweise die Sonderzeichen ?, = und # in der URL semantische Bedeutung tragen. Um diese Zeichen übermitteln zu können, findet aufseiten des Clients automatisch ein Escaping statt. Aufseiten des Empfängers (des Servers) erfolgt automatisch eine Rücktransformation (De-Escaping), sodass nachfolgend mit den tatsächlichen Werten weitergearbeitet werden kann.

D   Wissenswertes zu JavaScript

Dieser Anhang versorgt Sie so weit mit Basiswissen zu JavaScript, wie dies das Nach-vollziehen der Beispiele erfordert. Eine fundierte Einführung finden Sie in dem Buch »JavaScript« von Stefan Koch [12].

JavaScript ist eine einfache, aber doch recht mächtige, dynamisch getypte Sprache, deren Syntax sich ein wenig an Java anlehnt – viel mehr Gemeinsamkeiten finden sich dann jedoch nicht. JavaScript ist ursprünglich im Kontext von Webapplikationen im Browser entstanden, wird mittlerweile aber auch auf dem Server eingesetzt – populär ist dabei Node.js.[1] Nachfolgend wollen wir uns aber auf JavaScript auf dem Client und im Speziellen im Browser konzentrieren. Praktischerweise bedarf es keiner Installation, sondern JavaScript wird direkt von allen gängigen Browsern unterstützt und dort von einem Interpreter ausgeführt. JavaScript erlaubt es, die Limitationen statischer HTML-Seiten zu umgehen und für Interaktivität zu sorgen. Dabei ist es möglich, auf den Inhalt der HTML-Seite zuzugreifen, diesen zu inspizieren und bei Bedarf zu modifizieren.

Zunächst schauen wir uns einige Grundlagen an und betrachten dann Modifikatio-nen von HTML. Abgerundet wird dieser Anhang durch einen Einblick in die Verarbei-tung von JSON und den Aufruf von REST-Services.

D.1   Grundlagen zur Sprache

Variablen

In JavaScript kann man ebenso wie in Java Variablen benutzen. Allerdings muss we-der ein Typ angegeben werden noch sonst wie eine Variable als solche gekennzeichnet werden. Um aber die Lesbarkeit zu fördern, empfiehlt es sich, das Schlüsselwort `var` bei der ersten Definition einer Variablen wie folgt zu nutzen:

```
var name = "Michael";
var age = 45;
```

---

[1]Weiterführende Informationen zu JavaScript im Enterprise-Bereich finden Sie unter anderem im Buch »JavaScript für Enterprise-Entwickler« von Oliver Ochs [15].

Arrays

JavaScript unterstützt im Gegensatz zu Java nur wenige Collections, jedoch Arrays, die dynamisch wachsen und schrumpfen können, sowie eine Vielzahl an Verarbeitungsmethoden bieten. Somit entsprechen Arrays in JavaScript eher den Listen in Java.

```
var names = ["Michael", "Tim", "Tom", "Andy" ];
var count = names.length;
```

Zur Verarbeitung besitzen Arrays unter anderem folgende Funktionen:

- `toString()` – Kommasepartierte Aufbereitung
- `join(separator)` – Konkatenation aller Einträge mit `separator` als Trennzeichen
- `push(item1, ..., item n)` – Hinzufügen der Einträge `item1`, ..., `item n`
- `sort()` – Sortierung der Liste

Funktionen

Neben den oben aufgeführten vordefinierten Funktionen für Arrays ist es in JavaScript (selbstverständlich) auch möglich, eigene Funktionen zu definieren. Funktionen sind ähnlich zu den Methoden in Java, jedoch sind sie keinem Objekt bzw. keiner Klasse zugeordnet, sondern global verfügbar. Schauen wir uns eine Multiplikation und Addition als Funktionen an:

```
function calculations()
{
    function mult(value1, value2)
    {
        return value1 * value2;
    };

    var adder = function add(value1, value2)
    {
        return value1 + value2;
    };

    var result1 = mult(5,2);
    alert("result1: " + result1);

    // add ist nicht bekannt: var result = add(5,2);
    var result2 = adder(5,2);
    alert("result2: " + result2);
}
```

Zu beachten ist, dass wenn man Funktionen einer Variablen zugewiesen hat (hier: `adder`), diese nicht mehr über ihren Namen (für `mult()` möglich, für `add()` nicht), sondern nur noch über den Variablennamen angesprochen werden können (`adder()`).

Als Besonderheit können Funktionen auch innerhalb von Funktionen definiert werden, ähnlich wie innere Klassen in Java.

Dialogboxen und Debug-Hilfen

Gerade haben wir im Beispiel schon die Funktion `alert()` aufgerufen, die eine Dialogbox anzeigt.

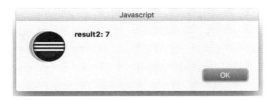

Abbildung D-1 *Einfache Dialogbox mit* `alert()`

Beim Experimentieren mit JavaScript ist es darüber hinaus mitunter recht praktisch, ein einfaches Logging ausführen zu können. Dazu dient der folgende Befehl:

```
console.log(msg);
```

D.2   Modifikation von HTML

JavaScript erlaubt es auf einfache Weise, Modifikationen an HTML-Dokumenten vorzunehmen, im Speziellen auch an der gerade im Browser angezeigten HTML-Seite.

HTML-Seite einer Addition

Zur Demonstration der Verarbeitung von Daten und der Ausführung von JavaScript erstellen wir eine HTML-Seite, die auf das Klicken des Buttons reagiert und daraufhin die Summe aus den Werten aus zwei Eingabefeldern mithilfe einer JavaScript-Funktion berechnet:

```
<html>
<head>
    <script type="text/javascript" src="addition.js"></script>
</head>

<body>

    <h1>Addition mit JavaScript in HTML</h1>

    <form name="Formular" action="">

        <input type="number" id="input1" value="0" >
        +
        <input type="number" id="input2" value="0" >
        =
        <input type="text" id="result" >

        <input type="button" id="adder" value="Add" onclick="Javascript:add()" >

    </form>
```

```
    <div id="div1">DIV1</div>

</body>
</html>
```

Zwar könnte man den JavaScript-Code zur Addition direkt in die HTML-Seite integrieren. Das ist jedoch meistens unpraktisch, da schlecht wart- und wiederverwendbar. Es empfiehlt sich, die JavaScript-Funktionalität in eigene Dateien zu definieren und bei Bedarf in die jeweilige HTML-Seite einzubinden. Dazu dient das `script`-Element, das man im `head`-Bereich des HTML-Dokuments wie oben gezeigt notiert. Damit ergibt sich folgende Seite.

Abbildung D-2 *Addition mit HTML*

Einfache Modifikationen von HTML

Es ist sehr einfach, auf die Elemente des HTML-Dokuments aus JavaScript zuzugreifen. Hierbei wird ausgenutzt, dass sich HTML wie XML als Baum, im Speziellen als DOM, darstellen lässt. Idealerweise besitzen die Elemente eine Id, dann kann man per `getElementById()` direkt auf die gewünschten Elemente zugreifen:

```
var div1 = document.getElementById('div1');
alert("div1.innerHTML = " + div1.innerHTML);
```

Jedes HTML-Element besitzt eine Property namens `innerHTML`, die den HTML-Code enthält. Durch Zuweisen dieser Property kann man in den strukturellen Aufbau des HTML-Dokuments eingreifen, etwa zunächst den Wert ausgeben und dann das HTML für das zuvor ermittelte Element setzen:

```
div1.innerHTML = '<h2>Berechnet</h2>';
```

Das Ergebnis ist in Abbildung D-3 dargestellt.

Abbildung D-3 *Addition mit HTML mit geändertem* `div`*-Element*

Zugriffe und Modifikationen an einem Beispiel

Mit dem bisherigen Wissen ändern wir die zuvor erstellte `add()`-Funktion derart ab, dass sie auf das HTML zugreift, um die beiden Eingabewerte auszulesen und die Addition auszuführen. Als Ergebnis wird ein HTML-Fragment mit der Summe aufbereitet sowie zusätzlich eine Dialogbox mit dem Ergebniswert angezeigt:

```
function add()
{
    var input1 = document.getElementById('input1').value;
    var input2 = document.getElementById('input2').value;

    // wichtig, sonst textuelle Addition
    var result = parseInt(input1) + parseInt(input2);

    alert("Die Summe ist " + result);

    var resultField = document.getElementById('result');
    resultField.value = result;

    var div1 = document.getElementById('div1');
    div1.innerHTML = '<h2>Berechnet</h2>';
}
```

Allerdings sind noch ein paar Details zu beachten: Erstens liest man den Wert eines Eingabefelds über das Property `value` aus. Zweitens ist dieser Wert textueller Natur, weshalb für mathematische Berechnungen zunächst durch Aufruf der vordefinierten Funktion `parseInt()` in eine Ganzzahl umgewandelt wird.

Tipp: Implizite Objekte

Gerade wenn man mit einer Webseite interagieren möchte, benötigt man Zugriff auf das HTML oder das Browserfenster. Dazu bietet JavaScript zwei implizite Objekte:

- `window` – Das `window`-Objekt repräsentiert das Browserfenster. Damit kann man andere Fenster öffnen oder die Attribute des Fensters ändern.
- `document` – Interessanter ist oftmals das `document`-Objekt, das die HTML-Seite des Browserfenster repräsentiert.

Änderungen in Tabellen an einem Beispiel

Abschießend zu den bisher durchgeführten einfacheren Modifikationen schauen wir uns nun an, wie man eine Tabelle dynamisch um Zeilen und Spalten erweitern kann. Das basiert auf den beiden Methoden insertRow() und insertCell() – diese Methoden nehmen einen Index entgegen, bei einem negativen Wert erfolgt das Einfügen am Ende:

```
function addTableRow()
{
    // Find a <table> element with id="myTable":
    var table = document.getElementById("myTable");

    // Create an empty <tr> element and add it to the last position of the table:
    var row = table.insertRow(-1);

    // Insert new cells (<td> elements) at the 1st and 2nd position of the "new"
        <tr> element:
    var cell1 = row.insertCell(0);
    var cell2 = row.insertCell(1);

    // Add some text to the new cells:
    cell1.innerHTML = "Michael";
    cell2.innerHTML = "Inden";
}
```

Jetzt schauen wir uns noch die HTML-Seite an, die das obige JavaScript einbindet:

```
<html>
<head>
    <script type="text/javascript" src="dynamicTable.js"></script>
</head>

<body>
    <table id="dynTable" border="1">
        <th>Vorname</th> <th>Name</th>
    </table>
    <br>
    <button onclick="JavaScript:addTableRow()">Add Row</button>
</body>
</html>
```

Öffnen wir das obige HTML und drücken ein paar Mal auf den Button Add Row, so erhalten wir in etwa folgende Darstellung.

Abbildung D-4 *Dynamische Erzeugung von Tabellenzeilen*

D.3   JSON-Verarbeitung

JavaScript erlaubt neben einfachen Datentypen auch die Definition komplexerer Datenstrukturen mithilfe von JSON (JavaScript Object Notation).

JSON ist ein textuelles, einfach aufgebautes und leicht zu verstehendes Format, das auf Schlüssel-Wert-Definitionen beruht, um Daten und Objekte zu beschreiben. Es bietet primitive Datentypen wie Zahlen, aber auch textuelle Werte. Letztere werden wie für Strings üblich in Hochkommata eingeschlossen – wobei auch einfache Anführungszeichen erlaubt sind. Selbstverständlich lassen sich Werte zu Arrays zusammenfassen. Dabei gelten folgende Regeln:

- Die Daten werden als Paar `Name : Wert` angegeben.
- Die Daten werden durch Kommata separiert.
- Objekte werden durch geschweifte Klammern definiert.
- Eckige Klammern beschreiben Arrays.
- Leerzeichen tragen keine semantische Bedeutung und können beliebig zur Formatierung genutzt werden.

Tatsächlich reichen diese wenigen Regeln, um selbst komplexe Objekte beschreiben zu können. Schauen wir zum Kennenlernen auf ein einfaches Beispiel:

```
{
   "boolean" : true,
   "number" : 4711,
   "string" : "Text",
   "object" : { "Attribute1" : "Value1", "Attribute2" : "Value2" },
   "array" : [ "Element1", "Element2", "Element3", "Element4" ],
}
```

JSON an einem Beispiel

Die Verarbeitung von JSON ist mit JavaScript sehr einfach möglich. Dabei ist die Konvertierung von JSON-Objekten in Strings und aus einer stringbasierten Repräsentation in ein JSON-Objekt durch Aufrufe der Funktionen `JSON.stringify()` sowie `JSON.parse()` leicht möglich.

Nachfolgendes Listing zeigt die Definition einer Person als JSON und deren Konvertierung in einen String, aus dem wieder ein JSON-Objekt erzeugt und darin ein Wert geändert wird:

```
var personAsJSON =
{
    firstname: "Mike",
    name: "Meyer",
    age: 33
};

var personAsString = JSON.stringify(personAsJSON);
alert("As string: " + personAsString);
```

Das Objekt wird als String wie folgt dargestellt:

```
{"firstname":"Mike","name":"Meyer","age":33}
```

Aus dieser textuellen Repräsentation kann man durch Aufruf von `parse()` wieder ein JSON-Objekt erzeugen und dort Attribute verändern:

```
var personObjFromString = JSON.parse(personAsString);
personObjFromString.age = 55;
```

D.4   REST-Services ansprechen

Wir haben bereits gesehen, wie wir Webseiten durch den Einsatz von JavaScript interaktiver machen können. Das ist schon mal ein wichtiger Schritt im Gegensatz zu den statischen Webseiten aus den Anfangszeiten des Internets. Damals war für die Verarbeitung von Eingaben immer ein Round-Trip zum Server notwendig, der dann eine neue HTML-Seite bereitgestellt hat. Die Bedienung war somit meilenweit von dem entfernt, was die Benutzer von Desktop-Applikationen gewohnt waren.

In JavaScript ist es möglich, mit einem `XMLHttpRequest` per HTTP mit einem Server zu kommunizieren. Dieser kann HTML-Fragmente oder andere Daten liefern, die dann über die schon kennengelernten Mechanismen in bestehendes HTML eingefügt werden können. Man spricht auch von *Ajax* (Asynchronous JavaScript and XML). Eine dafür notwendige HTTP-Kommunikation kann man in JavaScript in etwa wie folgt ausführen:

```
var req = new XMLHttpRequest();
req.open('get', 'data.txt', false);
req.send();
```

Ein `XMLHttpRequest` wird per `new` erzeugt und danach wird durch einen Aufruf von `open()` der HTTP-Befehl sowie die zu ermittelnden Daten als URL und schließlich ein boolescher Parameter übergeben. Dieser steuert, ob der Aufruf synchron (`false`) oder asynchron erfolgen soll (`true`). Die HTTP-Kommunikation wird dann durch einen Aufruf von `send()` gestartet.

Abschließend zeige ich, wie man einen `POST`-Request abschicken kann, der die Daten als `&`-separierte Folge von Name-Wert-Paaren im Body transportiert:

```
function sendDataWithPost(var parameterString)
{
    var xhr = new XMLHttpRequest();

    xhr.open("post", "http://server:port/rest/path/", false);

    xhr.setRequestHeader("Content-type", "application/x-www-form-urlencoded");
    xhr.setRequestHeader("Content-length", parameterString.length);

    xhr.send(parameterString);
}
```

Literaturverzeichnis

[1]   Kyle Banker, Peter Bakkum und Tim Hawkins. *MongoDB in Action*. Manning, 2. Auflage, 2016.

[2]   Christian Bauer und Gavin King. *Java Persistence with Hibernate*. Manning, 2006.

[3]   Alan Beaulieu. *Einführung in SQL*. O'Reilly, 2009.

[4]   Lynn Beighley. *Head First SQL*. O'Reilly, 2007.

[5]   Bill Burke. *RESTful Java with JAX-RS 2.0*. O'Reilly, 2. Auflage, 2013.

[6]   Martin Fowler. *Refactoring: Improving the Design of Existing Code*. Addison-Wesley, 1999.

[7]   Michael Inden. *Der Weg zum Java-Profi*. dpunkt.verlag, 2. Auflage, 2012.

[8]   Michael Inden. *Der Weg zum Java-Profi*. dpunkt.verlag, 3. Auflage, 2015.

[9]   Michael Inden. *Java 8 – Die Neuerungen*. dpunkt.verlag, 2. Auflage, 2015.

[10] Bill Karwin. *SQL Antipatterns*. Pragmatic Programmers, 2010.

[11] Mike Keith und Merrick Schincariol. *Pro JPA 2*. Apress, 2. Auflage, 2013.

[12] Stefan Koch. *JavaScript*. dpunkt.verlag, 6. Auflage, 2011.

[13] Robert C. Martin. *Clean Code: A Handbook of Agile Software Craftsmanship*. Prentice Hall, 2008.

[14] Bernd Müller und Harald Wehr. *Java Persistence API 2*. Carl Hanser Verlag, 2012.

[15] Oliver Ochs. *JavaScript für Enterprise-Entwickler*. dpunkt.verlag, 2012.

[16] Thomas J. Sebestyen. *XML*. Franzis, 2004.

[17] Johannes Siedersleben. *Moderne Softwarearchitektur: Umsichtig planen, robust bauen mit Quasar*. dpunkt.verlag, 2004.

[18] Stefan Tilkov, Martin Eigenbrodt, Silvia Schreier und Oliver Wolf. *REST und HTTP*. dpunkt.verlag, 2015.

[19] Tobias Trelle. *MongoDB: Der praktische Einstieg*. dpunkt.verlag, 2014.

[20] Craig Walls. *Spring in Action*. Manning, 4. Auflage, 2014.

[21] Jim Webber, Sava Parastatitidis und Ian Robinson. *REST in Practice*. O'Reilly, 2010.

[22] Seth White, Maydene Fisher, Rick Cattell, Graham Hamilton und Mark Hapner. *JDBC API Tutorial and Reference*. Addison-Wesley, 2. Auflage, 1999.

Index

Rezensieren & gewinnen!

Besprechen Sie dieses Buch und helfen Sie uns und unseren Autoren, noch besser zu werden.

Als Dankeschön verlosen wir jeden Monat unter allen neuen Einreichungen fünf dpunkt.bücher. Mit etwas Glück sind dann auch Sie mit Ihrem Wunschtitel dabei.

Wir freuen uns über eine aussagekräftige Rezension, aus der hervorgeht, was Sie an diesem Buch gut finden, aber auch was sich verbessern lässt. Dabei ist es egal, ob Sie den Titel auf Amazon, in Ihrem Blog oder bei YouTube besprechen.

Schicken Sie uns einfach den Link zu Ihrer Besprechung und vergessen Sie nicht, Ihren Wunschtitel anzugeben:
www.dpunkt.de/besprechung oder besprechung@dpunkt.de

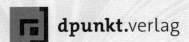

dpunkt.verlag

dpunkt.verlag GmbH · Wieblinger Weg 17 · 69123 Heidelberg
fon: 0 62 21/14 83 22 · fax: 0 62 21/14 83 99